林 采成
LIM CHAISUNG

鉄道員と身体

帝国の労働衛生

京都大学学術出版会

鉄道員と身体──目次

序　章　帝国日本下の鉄道労働衛生分析 ……………………… 1

　　第1節　鉄道員の労働衛生に顕著に見える，帝国日本と戦時経済の特質
　　　　　　──本書の課題　3
　　第2節　看過されてきた，労働力の保持体としての鉄道員の労働衛生
　　　　　　──既存研究の問題点　8
　　第3節　「捻れた近代化」と，その戦前─戦後の連続性・断絶性を労働
　　　　　　衛生史に見る──本書の分析視角　14
　　第4節　本書の構成　24

第Ⅰ部　日本国鉄と労働衛生

第1章　鉄道員と身体〔1907-1936〕 ……………………… 29

　　第1節　労働衛生の成立と第一次世界大戦のショック　33
　　　　①鉄道国有化の実施と労働衛生システムの成立　33
　　　　②第一次世界大戦の勃発と職員健康の悪化　45
　　第2節　労働衛生制度の拡充と職員の健康・疾病　52
　　　　①鉄道医療と保険・年金制度の強化　52
　　　　②疾病からの回復と健康の維持　59
　　　　　コラム①　鉄道員とスペイン・インフルエンザ　67
　　　　　コラム②　逓信員の労働衛生Ⅰ──日本逓信省　73

第2章　戦争と労働衛生〔1937-1945〕 ……………………… 79

　　第1節　人的構成の変化と健康の悪化　83
　　　　①労働力構成の変化と生活水準の低下　83
　　　　②業務上死傷病の増加　87
　　　　③業務以外の死傷病の増加　91
　　第2節　生活安定対策と戦時医療の拡充　97

①生活安定対策と共済組合の強化　97
　　②内部医療の拡充と身体的管理の強化　102
　　　コラム③　戦争と鉄道員　111

第3章　鉄道員と結核──国鉄における「国民病」の流行 ………… 117

　第1節　国鉄労働者と疾病　122
　第2節　国鉄職員の結核　125
　第3節　結核への対策　133
　　　コラム④　女工と結核　144

第4章　国鉄と医師──鉄道医の制度的展開と学知の追求 ……… 149

　第1節　直営医療機関の歴史的文脈　153
　第2節　鉄道医，彼らは誰なのか　160
　第3節　日本鉄道医協会と学知の追求　169
　　　コラム⑤　日本鉄道医協会の第一回総会　176

第Ⅱ部　植民地鉄道と労働衛生

第5章　「南国」台湾における鉄道員と労働衛生
　　　──植民地鉄道の労働衛生管理の始まり ……………………… 183

　第1節　台湾国鉄の植民地雇用構造　186
　第2節　鉄道労働者の罹患と死亡　193
　第3節　衛生管理対策としての共済組合と鉄道医療機関　202
　　　コラム⑥　台湾とマラリア　211

第6章　「半島」朝鮮における鉄道員の健康と疾病
　　　──朝鮮国鉄の経営と労働衛生の展開 ………………………… 215

　第1節　鉄道業の展開と植民地雇用構造　219

第2節　死亡率および罹病率の民族別・系統別実態――謎と逆説　227
　　　第3節　労働衛生対策――誰のための病院と共済組合？　236
　　　　　コラム⑦　逓信員の労働衛生Ⅱ――朝鮮逓信局　250
　　　　　コラム⑧　植民地鉄道病院の戦後再編――旧竜山鉄道病院を中心に　257

第7章　「大陸」中国における鉄道員の健康と衛生
　　――満鉄鉄道業を中心として …………………………… 263

　　　第1節　満鉄の事業展開と雇用構造　267
　　　第2節　鉄道員の健康と疾病　276
　　　第3節　労働衛生管理の展開　288
　　　補　論　華北交通の労働衛生　301
　　　　　コラム⑨　南満医学堂から満州医科大学へ　312

終　章　帝国日本下での「健康のパラドックス」 …………… 317

　　　第1節　労働職場と疾病　319
　　　第2節　内外からのショックと鉄道当局の対応　320
　　　第3節　植民地雇用構造と対応策　323
　　　第4節　総力戦下の鉄道員と労働衛生管理　326
　　　第5節　産業医学，植民地医学研究としての鉄道医研究　328
　　　第6節　近代化の経験と戦後の労働衛生管理　329

　　附表1　日本国有鉄道における従事員の死因別死亡率（千人当たり死亡数）　338
　　　　2　台湾国有鉄道における従事員の死亡率（千人当たり死亡数）　340
　　　　3　朝鮮国有鉄道における従事員の死亡率（千人当たり死亡数）　341
　　　　4　南満州鉄道株式会社における従事員の死亡率（千人当たり死亡数）　342

　あとがき　343
　参考文献　346
　索引　359

鉄道員と身体

大正元年に撮影された，国鉄新橋工場（現在のJR東日本東京総合車両センター）鍛冶職場の職員たち。鉄道員は，いわゆる駅員などと呼ばれる運輸従事員，運転上の業務に従事する機関車乗務員，車掌などの列車乗務員，保線要員，工場従業員，船舶業務，各種電気装置の管理・修繕，通信等々，極めて多様で広汎な職種にわたる。彼らは，急速な近代化，帝国としての拡張，そして破局的な戦争という，日本近代史を最前線で担った人々であった（日本国有鉄道『日本国有鉄道百年写真史』1972年より）。

序章

帝国日本下の鉄道労働衛生分析

第1節　鉄道員の労働衛生に顕著に見える，帝国日本と戦時経済の特質——本書の課題

　本書の目的は，近代日本をはじめとする東アジアの鉄道を対象として，労働衛生の近代性（modernity）がどのような形で実現されたのかを明らかにし，さらに帝国圏内の本国と植民地を比較し，それぞれの地域が抱えている労働衛生史的特徴を植民地性（coloniality）とともに抽出することである。それを通じて東アジアにおける労働衛生学的に「管理される身体」の登場を吟味したい。

　鉄道の登場は人力・畜力あるいは自然力に依存していた輸送方式を大きく変えて輸送の大量化と迅速化を実現した[1]。この性格から鉄道が各地域における産業革命を促し，なおかつそのプロセスを加速化するインフラストラクチャーになったことは周知の事実である[2]。しかし，衛生学的側面から見れば，鉄道は多くの旅客と貨物を輸送することで特定の地域に限定されていた疾病を広範囲に伝染させる役割を果たすものでもあった。この現象は，鉄道によって奥地が開発されながら，既存の生態系が破壊され，宿主としての人間が病原体と接触するようになるとより著しくなった。それにより，鉄道運営には，公衆衛生学的観点から清潔性（cleanliness）の維持が要求され，さらに有事には，旅客と貨物への迅速な防疫対策を実施する必要が生じた[3]。

　その一方で，鉄道はこのような利用者との関係を持つだけでなく，その組織内部に大量の従事員[4]（たとえば，1945年前半に日本国鉄は約45万人，台湾国鉄は約1万9千人，朝鮮国鉄は約10万7千人，満鉄は約40万人，華北交通は約17万5千人）を雇用したため，従事員に対する衛生管理も同時に要請された。鉄道は現業員が多く，その80％以上は他の公共機関に勤務する場合よ

1）　ヴォルフガング・シヴェルブシュ著・加藤二郎訳『鉄道旅行の歴史：19世紀における空間と時間の工業化』法政大学出版局，2011年。
2）　その代表的事例が1918年に世界的に大流行したスペイン・インフルエンザである。エピデミックの原因には，欧州大戦の影響もあるだろうが，人間の移動にとって革命的変化をもたらした汽船や鉄道を度外視できない。
3）　馬渡一得『鉄道衛生』鉄道時報局，1940年。

図序-1

1909（明治42）年6月，奥羽本線赤岩付近で起きた列車逆行転覆事故。日本国有鉄道『日本国有鉄道百年写真史』1972年より。急勾配区間を進行中の機関車の車輪が空転し，補助機関車の乗務員が蒸気と煤煙で意識を失ったまま列車は急勾配を逆行，脱線転覆して5人が死亡，26人が負傷した。蒸気機関車の時代は，こうした煤煙による鉄道員の健康被害と事故への対策が，大きな問題であった。

り勤務時間が長く，そのうち4分の1程度が隔日もしくは循環で徹夜勤務に従事しなければならなかった。とくに乗務員の場合，昼夜区別のない，ダイヤグラムに従って勤務スケジュールが作成され，不規則的な業務を遂行せざるを得なかった。このような勤務形態は高い事故率とともに職業病などによる労働力損失の可能性を高めるものであった。こうした点で，経営陣は従事員を衛生学的観点から管理しなければならなかったのである。

---

4) 現場労働者から上層の経営陣までの勤務者を総称する用語として「従業員」の事例もあるが，当時鉄道では「従事員」が一般的に使われた。国有鉄道（日本，台湾，朝鮮）の場合，「職員」が傭人から高等官にいたるまでの「従事員」として使われることも多いが，国有鉄道以外の株式会社の形態をとった満鉄や華北交通では「職員」が「准職員」「雇員」「傭員」とともに，一つの身分であったため，東アジア全体の鉄道を論じる際，適した用語ではない。ただし，国有鉄道において歴史的固有名詞として「職員」が資料上「従事員」を示すものとして記載された場合，そのまま使うことにする。また「社員」という用語は国鉄のほうでは使われないし，「社員外」の身分たる「傭員」を含まないため，適さない。

こうして鉄道当局は労働衛生学的観点より対策を採り，関連する膨大なデータを残してきた。すなわち，鉄道病院の入院患者・外来患者，鉄道療養所の入所患者，鉄道診療所の外来患者，従事員の公務上死傷病人員，公傷病療養料の支給人員および金額，職員健康診断成績，救護および消毒材料設備，伝染病患者，共済組合健康給付組合員数などに関する各種疾病別（外因死傷，伝染病，寄生虫病，癌などの腫瘍，リウマチ疾患障碍，血液および造血臓器疾患，神経系疾患，視覚疾患，聴覚疾患，循環器疾患，呼吸器疾患，消化器疾患，泌尿生殖器・妊娠関連疾患，皮膚および皮下組織疾患，骨格および運動器疾患，急性および慢性中毒など）に整理されたデータである。それとともに，鉄道当局の統計類は従事員らの年齢別・性別・学歴別構成をも示している。労働者個々人に対する日常的な衛生管理が，長期間にわたって包括的に行われてきたのである。

 したがって衛生学的観点から見たとき，鉄道は適した研究素材であるといえよう。近代東アジアにおける鉄道建設は，各国民族資本による敷設の動きもあったものの，おもに全世界に植民地を抱えて帝国をすでに構築していた欧米諸国，あるいは明治維新を通じて新しい近代国家への脱皮に成功した日本によって行われた。なかでも日本の場合，日清戦争の結果，台湾を領有して縦貫鉄道を建設して以来，日露戦争，満州事変，日中全面戦争など一連の戦争過程を経て朝鮮と中国を植民地化あるいは占領地化し，その支配のため，膨大な鉄道網を構築した[5]。まさに鉄道は通信とともに帝国の手先（a tool of empire）になったのである[6]。

 たとえば，朝鮮では日露戦争に際してそれ以前より推進中であった京釜鉄道を速成建設し，さらに臨時軍用鉄道監部によって敷設された京義鉄道を加え，後に湖南線や京元線を敷設して，X字型の基本幹線網を整備したが，ほぼ同時期にロシア側によって建設された東清鉄道の南部路線と野戦鉄道提理

---

[5] 鉄道省編『日本鉄道史』上篇・中篇・下篇，1921 年；台湾総督府交通局鉄道部『台湾鉄道史』上巻・中巻・下巻，1910 年-1911 年；朝鮮総督府鉄道局編『朝鮮鉄道史』第 1 巻，1929 年；南満州鉄道株式会社『南満州鉄道株式会社十年史』1919 年；華北交通株式会社編纂委員会『華北交通株式会社創立史』興亜院華北連絡部，1941 年。

[6] D.R. ヘッドリク著・原田勝正・多田博一・老川慶喜訳『帝国の手先：ヨーロッパ膨張と技術』日本経済評論社，1989 年。

部の安奉鉄道が日本側に統合され、満州事変の勃発をきっかけとして、武力で全満州鉄道網が日本の支配下に置かれた。こうした鉄道網の拡張は日中全面戦争の勃発後、山海関以南を対象として展開された。これらの路線を運営するため、台湾総督府鉄道部（台湾国有鉄道）、朝鮮総督府鉄道局（朝鮮国有鉄道）、南満州鉄道株式会社（満鉄）、華北交通株式会社、華中鉄道株式会社などが設立された。その結果日本は、内地から朝鮮や台湾を経て中国大陸へ至る鉄道網を有する鉄道帝国となり、さらにアジア・太平洋戦争期には「南方」と呼ばれた東南アジアの鉄道網の運営をも治めた[7]。これが大東亜縦貫鉄道を構想する基盤となり、その一部が悪名高い泰緬鉄道として具体化された。これらの鉄道を利用して、日本側が該当地域を政治経済的かつ軍事的に支配したことは周知の通りである。

「不足の経済」（economy of shortage）[8]が甚だしくなった戦時下では、輸送需要が急増したにもかかわらず、それに応じられる鉄道側の輸送力は常に足りなくなった。投資財となる各種金属素材および機械類の確保が制限されたため、日本帝国圏の諸鉄道は追加的投資としての改良事業を行ったうえで、現場労働力をより多く配置することで、車両運営を中心として輸送供給力を強化しようとした[9]。この方式は日本内地に限定されず、植民地朝鮮や台湾、そして中国占領地でも同様に採用され、鉄道が戦時経済の運営を輸送面でも支えた。とはいえ、海上輸送を、鉄道をはじめとする陸運輸送に代替しようとした陸運転嫁輸送が日本内地と大陸部で同時に実施され、さらに経営資源の不足が著しくなり、戦況の悪化に伴って鉄道への攻撃が加えられると、こうした対応が限界を示したこともまた事実である。

図序-2 は日本的鉄道運営システム（Japanese Railway Operation System）の特徴

---

7) 原田勝正編・解説『大東亜縦貫鉄道関係書類』不二出版、1988年。
8) コルナイ・ヤーノシュ著・盛田常夫・門脇延行編訳『反均衡と不足の経済学』日本評論社、1983年。
9) 林采成『戦時経済と鉄道運営：「植民地」朝鮮から「分断」韓国への歴史的経路を探る』東京大学出版会、2005年；同「日本国鉄の戦時動員と陸運転移の展開」『経営史学』46-1、2011年6月、3-28頁；同「満鉄における鉄道業の展開：効率性と収益性の視点より」『歴史と経済』55-4、2013年7月13日、1-15頁；同「鉄道業の展開：推計と実態」須永徳武編著『植民地台湾の経済基盤と産業』日本経済評論社、2015年；同『華北交通の日中戦争史：中国華北における輸送戦の実態とその歴史的意義』日本経済評論社、2016年。

図序-2　日本帝国における鉄道資本ストックと労働力の拡張経路

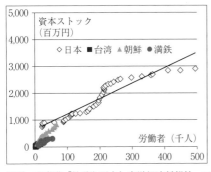
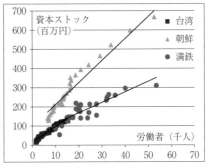

出所：南亮進『鉄道と電力』東洋経済新報社，1965年；林采成『戦時経済と鉄道運営：「植民地」朝鮮から「分断」韓国への歴史的経路を探る』東京大学出版会，2005年；同「満鉄における鉄道業の展開：効率性と収益性の視点より」『歴史と経済』55-4，2013年7月13日，1-15月；同「鉄道業の展開：推計と実態」須永徳武編著『植民地台湾の経済基盤と産業』日本経済評論社，2015年。

注：日本国鉄は1901-1944年，台湾国鉄は1901-1941年，朝鮮国鉄は1907-1943年，満鉄社線は1907-1939年の数値である。

の一つともいえる労働集約的鉄道運営方式（labor intensive railway operation method）が実現されたことを示している[10]。諸鉄道間には拡張経路の格差が生じており，そのなかで朝鮮の場合，他の鉄道に比べて要員配置は少なく，資本集約的であったこともあったが，戦時下での労働集約的対応がより進んでいたことは間違いない。このような点からみて，組織外部から質的に良好な労働力をいかに確保するかだけでなく，組織内部ですでに確保した労働力をいかに良好な状態のものとして維持するのかも，当時の重要な実践的課題とならざるを得なかった。鉄道運営から内在的に労働衛生論理が必要とされ，衛生的な「健康」の維持こそが重視されなければならなかったのだ。というものの，帝国では，本国からの日本人のみならず，現地人たる朝鮮人と，当時「台湾人」「満州人」とも呼ばれた中国人をも抱え，とりわけ戦時下では労働力不足のため帝国圏の全鉄道がともに従事員を大量採用せざるを得なかった。

---

10) このような特徴は人口密度の高い東アジアにおける経済発展でも見られる現象であろう。

第2節　看過されてきた，労働力の保持体としての鉄道員の労働衛生――既存研究の問題点

　労働対策の観点からの労務衛生が鉄道当局にとって内在的に要請されたにもかかわらず，日本帝国圏の鉄道が，日本を含めてそれぞれの地域で経営資源を調達し，さらに従来の現地社会と接しながら直面せざるを得なかったさまざまな衛生管理問題は，歴史学の研究史上あまり注目されてこなかった。これは，既存の労働分析が労働関係からの賃金，労働争議，職務配置などをめぐって行われたからであろうが，とりあえず鉄道労働史の観点から労働衛生問題を検討してみよう。

　まず，日本国鉄についてみれば，藤原壮介（1960）は労働運動の観点から現業委員会とともに共済組合を検討し，「労働生活上の主要な手段に対する包括的保護」として「国鉄大家族主義」の基礎となる機構であったと，共済組合の歴史性に対する評価を下した。これが階級としての労働者側の自主性を否定し，経営陣側にとって従順的な「鉄道人」への陶冶を促したと批判した[11]。共済組合は現業委員会とあいまって「大衆的労働者福祉の一層の向上」によって労働者の不満解消を図ったものであったと見た。「国鉄大家族主義」というのは戦時下の「奉公会」の結成にも繋がるものとして戦前鉄道労働を分析する際，重要な概念であるものの，氏は「健康」な身体作りを指向した国鉄当局の対応を労働衛生の観点から解明することはなかった。

　林采成（2013）によれば，事実上，療養施設および保健衛生施設拡張に関する要請は国鉄従事員からも「現業委員会」を通じて多く出されるものであった[12]。議案の分類法によって第7類の共済組合（共済組合，購買部，貸付部，貯金部）と第8類の保健，慰安及救済（療養機関，保健，慰安及其設備，退職後の救済及慰安，雑件）として多くの提案が行われ，そのうち一部が可決

11）　藤原壮介『戦前における国鉄労働政策の変遷』日本労働協会調査研究部，1960年；禹宗杬『「身分の取引」と日本の雇用慣行』日本経済評論社，2004年。

12）　林采成「戦前国鉄における現業委員会の構成と運営：大家族主義に包摂された国鉄労使関係の実態」『経営史学』48-3，2013年，27-50頁。

を得て国鉄当局によって処理された。両類の可決案は1920年代から30年代にかけて全体の約10-18％に達した。もちろん可決案のすべてが国鉄当局によって採択されたわけではないものの，労働衛生についての従事員の関心は常にあったといえよう。とりわけ，戦時下では不熟練の青少年層従事員が変則かつ長時間の労働を行ったため，彼らの体力低下は避けられなかった。そのため，運転事故などによる勤務中の死傷病人員が増えており，私傷病の罹病率も上昇し，従事員全体の健康状態が悪化した[13]。その点で，労働衛生問題は国鉄側にとって実践的な課題として浮上したのである。ただし，村山隆志（2011）が自ら「鉄道医」として産業医たる鉄道医の役割・勤務と鉄道衛生業務について紹介しているが，その内容は戦後国鉄・JRに限られる[14]。

　この研究状況は植民地鉄道に関する歴史研究においても同様であって，労働衛生問題が主要なアジェンダとなることはなかった。日本帝国にとって初めての植民地鉄道であった台湾国有鉄道については，蔡龍保（2007）が，1910年から36年までの台湾国鉄の建設・改良から鉄道による産業開発・地域開発・観光事業の促進に対する網羅的分析を行い，鉄道の発展が台湾社会経済の要求の下で推進されたことを明らかにした[15]。その中で，台湾国鉄の従事員は運転，公務，工作などの勤務中，危険に晒され，死傷病に対する措置として鉄道職員共済組合が設置され，これが作業効率の向上や死亡・廃疾・傷病への保険だけでなく労使対立・貧富格差を緩和する社会政策としての性格を持っていたことを指摘した。とりわけ日本人の従事員に関して，日本人の従事員は風土病と炎暑に悩まされ，その健康状態は決して良くなかったものの，日本国鉄に比べて医療面での対策が乏しかったことやこの是正に対する要求が出されたことにより，1935年に共済組合に医療部が設置され，医療サービスが提供されたことを明らかにしている[16]。こうして共済組合を取り上げて，その設置と運営に関する歴史的実態が分析されたものの，氏の

---

13) 林采成「戦争の衝撃と国鉄の人的運用」『歴史と経済』53-1，2010年10月30日，46-62頁。
14) 村山隆志『鉄道医　走る：お客さまの安全・安心を支えて』交通新聞社，2011年，38-56頁。
15) 蔡龍保『推動時代的巨輪：日治中期的台湾国有鉄路（1910-1936）』台湾書房出版有限公司，2007年；同「戦時体制下台湾総督府交通局鉄道部的官制改革（1937-1945）」『台湾師大歴史学報』42，2009年12月，317-319頁。
16) 蔡龍保『日治中期的臺灣國有鐵路　1910-1936』台湾書房，2004年。

問題意識は労働衛生の観点とは異なることから，労働衛生問題が正面から取り上げられず，共済組合が設置される前提となる労使関係の実態や職員の健康状態の実態と衛生対策が全面的に検討されたとは言い難い。

　これに比べて，朝鮮総督府鉄道局の雇用構造を，朝鮮人従事員の量的膨張と質的成長に焦点を合わせて分析したのは鄭在貞（2008）であった[17]。朝鮮人に対する差別政策が実施され，朝鮮人のほとんどは最末端の傭人の身分で現業機関に配置されたが，戦時下には日本人労働力の不足を補うため朝鮮人労働者の採用が積極的に行われたことで変化が生じ，現業部署の長や中間監督者・中上級技術者に成長した人々も登場したと見た。この量的・質的変貌は，植民地的雇用構造を自らの経験蓄積と技術習得を通して徐々に打破し，中級技術者・管理者を成長させたと，氏は評価している。

　確かに量的増加と質的変貌があったことも事実だが，戦争末期の時点に注目すれば，その過半数が，10代の青少年と思われる経験年数2年以下の層で構成されるという，甚だしい労働力の希釈化が進行していたことも見逃せない[18]。林采成（2005）は戦争，解放などの外部環境の激変に直面した朝鮮国鉄が内外部に行った組織的対応を実証的に分析し，そのなかで，労働力の希釈化，すなわち労働力の流動化とその質的低下によって，技能的側面だけでなく経験不足でもあった若年従事員が肉体的・心理的消耗を免れなかったことを指摘した。たとえば，徴兵検査に際しての甲種合格者数が大幅に減少したのみならず，結核の患者数が急増してそれによる死亡者も増加し，結果的に平均的な勤続年数も低くなっていたことから，若年層の体力が著しく低下したことが判明した。これに対する朝鮮国鉄当局の対策として従事員および家族の健康のため，体力管理を行うとともに，馬山結核保養所を筆頭とする各種医療施設を拡充したことが指摘されたものの，これはフリンジ・ベネフィット（fringe benefit）の一環として説明され，労働衛生の観点からのアプローチは実施されなかった。

　これらの鉄道研究に対して比較史的立場から横断的に植民地鉄道の経営史

---

17) 鄭在貞著・三橋広夫訳『帝国日本の植民地支配と韓国鉄道　1892-1945』明日書店，2008年。
18) 林采成「書評 鄭在貞著，三橋広夫訳『帝国日本の植民地支配と韓国鉄道：1892-1945』」『経営史学』45-3，2010年12月，71-73頁。

を分析したのが高橋泰隆（1995）である[19]。台湾国鉄については，鉄道管理における重層的統轄・人格支配・民族別分断支配を指摘しており，朝鮮国鉄についても鉄道従事員の民族構成を分析し，中間管理層以上が日本人で占められており，全体としてみれば朝鮮人は約4割であったことから，イギリス植民地下のインド鉄道のようであるとの評価を下した。しかし，日本帝国圏の植民地鉄道は，同化主義（policy of assimilation）に従って下級層までも日本人の進出によって補われており，イギリス人の割合が1割以下であったイギリスの植民地鉄道「類型」とは異なっていたことに注意しなければならない。ともあれ，氏の研究史上の寄与は，分析の量と質の両面から見て，満鉄とそれに関連する華北交通に関する分析にある。そのうち，満鉄労働問題については戦時下の運輸手段の拡充強化に伴って，日本人を内部ヒエラルキーの頂点に置いたことで鉄道労働者の顕著な増加があったことが示された。しかしながら，とくに日本人を中心に，新規採用された社員の大部分が勤続年数の短くかつ年齢の低い不熟練労働者であったため，これが必然的に労働強化をもたらしたと分析したことに関連し，氏は高い離職率のみに注目する一方，勤続年数および年齢の低下，そして労働力の希釈化はともに，充分に考慮されていなかった。

　これに対し，松村高夫・解学詩・江田憲治（2004）は，中国側の档案館資料を利用し，満鉄とその傘下の事業部門たる鉄道，土建，港湾，炭鉱，製鉄，そして生活，中国側の抵抗・蜂起を分析し，満鉄労働史を詳細に明らかにした[20]。そのうち，伊藤一彦（2004）は，中国人社員はあくまで補助的な役割しか担わされておらず，待遇面での差別を受け，鉄道工場では彼らを対象とする検査も行われており，労働力の豊富さから機械の使用が立ち遅れたことを指摘した[21]。さらに，郭洪茂（2004）は，鉄道業を主な対象として中国人労働者の編成と労働条件そして生活状態などを分析し，労働と待遇の面で比較的恵まれた上層労働者でも戦時下の災難から逃れられず，過重な輸送

---

19)　高橋泰隆『日本植民地鉄道史論：台湾，朝鮮，満州，華北，華中鉄道の経営史的研究』日本経済評論社，1995年。
20)　松村高夫・解学詩・江田憲治編『満鉄労働史の研究』日本経済評論社，2004年。
21)　伊藤一彦「満鉄労働者と労働体制」『満鉄労働史の研究』日本経済評論社，2004年，162-163頁。

業務と生活難が強いられ、戦争末期の鉄道輸送の急激な下降をもたらす要因にもなったと分析した[22]。しかしながら、中国人労働者を分析の対象としているため、高橋氏の指摘している鉄道運営の中核たる日本人に関する人的管理は、明確にされていない。同共同プロジェクトのなかで、江田いづみ（2004）は、日中全面戦争前後の中国人労働者の食「生活」を分析した。戦時下での食糧不足に対して中国人食事への栄養学的分析が加えられ、生産効率の向上は図られたが、コーリャン、粟、トウモロコシといった糧穀3品の減産が著しく、栄養障害に伴う死亡も増えたと見た。氏の分析は「生活」に分析の焦点を絞って既存の鉄道労働史に対して新しい論点を提示したものの、主要な指摘は食糧対策の範囲を超えることはなかった。

華北交通について、高橋泰隆（1995）は経営史的観点から満鉄の華北進出や、華北交通会社の成立とその営業実態を分析し、とりわけ組織内部的には職制改革や身分別構成の変化に注目し、人事においては「日本人中心主義」がとられ、他の植民地鉄道とは異なって傭員資格の日本人が存在しないことや、その反面、中国人が傭員を中心とした従事員が大部分であること、民族別構成では中国人が急増して80％を超えたことなどを指摘した。しかし、満鉄から移植された人的運用の特徴が、戦時下の日本帝国で一般的に現れる労働問題（労働力の不足・質的低下・流動化、生活水準の低下など）といかなる関連を有するか、そしてそれが戦況の悪化に伴って、いかなる動態を示すかという論点が分析されておらず、人的運用における「日本人中心主義」を指摘しているが、その内容が全面的に解明されなかった。

これに対し、林采成（2007）は、戦況の進行とともに、要員の確保が制約され、労働力は不足し、質も低下したにもかかわらず、より多くの輸送サービスを提供しなければならなかったため、華北交通は外部からの人的資源確保を組織化する一方、内部教育制度の強化およびイデオロギー的教化や人的運用の効率化を図り、労働集約的な鉄道運営によって労働生産性の向上が実現されたことを分析した[23]。とりわけ、生活物資不足やインフレの急進のた

---

22) 郭洪茂「鉄道運輸」『満鉄労働史の研究』2004年、209頁。
23) 林采成「戦時期華北交通の人的運用の展開」『経営史学』42-1、2017年、3-26頁。

め，実質賃金が低下したのに対し，「現物給与」を拡大し，インセンティヴ提供を図ったことを明らかにした。さらに，林采成（2016）では満州から中国華北へ派遣された社員らの健康が日中両社員とも悪化しており，全般的に体力の低下が避けられなかったことを指摘した[24]。というものの，労働衛生学的観点からいかなる対策が採られたのかは依然として不明のままである。

　中国鉄道に限ったものの，鉄道衛生史に関する体系的分析を試みたのが黄華平（2016）である[25]。この研究は清朝の『交通官報』，国民政府の『鉄道公報』『鉄道半月刊』『鉄道衛生季刊』『鉄道衛生』，地方鉄路管理局の公刊資料を利用し，近代中国における鉄道衛生事業の歴史的展開，鉄道医療，鉄道衛生保健，鉄道公共衛生，鉄道衛生防疫などについて網羅的分析を行っている。中国鉄道の研究史上，欠けている鉄道衛生史の空白を埋め，1930年代には「衛生課」が国有鉄道の衛生行政機構の根幹となったことなどに基づいて鉄道当局による公共衛生管理的全面介入が行われたと判断し，「衛生現代性」の実現に注目している。鉄道衛生は衛生体系上の独立性を持ちながら，鉄道員の福利改善や沿線住民への社会的寄与を図り，さらに医療衛生水準の向上，鉄道建設および運輸の発展，西洋医学の現地化を促したと積極的に評価している。とはいえ，国民政府による国有鉄道への運営管理の一元化は決して完了されなかった[26]ため，黄華平（2016）は当然鉄道衛生業務も分権的に実施されざるを得ず，鉄路衛生体系の「不健全」，鉄路公共衛生および防疫の「薄弱」などといった限界を有したと指摘している。これらの点から見れば，「衛生現代性」の達成は議論の余地があると考えられるが，何よりも，分析の焦点が鉄道病院に当てられたことから，労務対策の一環としての労働衛生制度という概念が明示されておらず，鉄道員の健康状態と鉄道当局の労働衛生対策が立体的に描かれなかった。本書の分析対象となっている満鉄・華北交通については「帝国主義者」の中国侵略の道具でありながらも，「比較的健全な医療衛生体系」を構築したと認めたものの，その検討記述は

---

24)　林采成『華北交通の日中戦争史：中国華北における輸送戦の実態とその歴史的意義』日本経済評論社，2016年。
25)　黄華平『近代中国鉄路史研究（1876-1949）』合肥工業大学出版社，2016年。
26)　これについては林采成（2016）の第1章を参照されたい。

極めて短い。

　以上のような日本帝国圏の鉄道労働分析を通じて示されたように,「国鉄大家族主義」の具体化として試みられた鉄道病院の設置,共済組合の新設などが,体力の保全や健康増進はもとより,労使関係の安定化に対しても一定の効果を有したことは確かである。というものの,労使関係ないし人的運営からの労働衛生学的アプローチは全面的に採られず,不明のところが多く,経営者側,場合によって国家機関あるいは国策会社によって鉄道員の身体をどのように把握し,個々人の健康状態を含めて労働者側をどのように包摂したのかが明確にされていない。したがって当然,鉄道衛生という側面から見られる植民地性（coloniality）と近代性（modernity）が本格的に議論されていない。植民地を中心として衛生史に対する包括的研究を検討することによって,日本帝国鉄道の衛生学に対する比較史的分析がもっている研究範囲と内容について考察してみよう。

第3節　「捻れた近代化」と，その戦前―戦後の連続性・断絶性を労働衛生史に見る――本書の分析視角

　近代国家の成立に伴って西洋医学が日本に導入され,それに基づいて医学の制度化が進められた[27]。その中で,「医制」が発布され,衛生行政機構,医学教育と医師開業免許制度,医薬分業などといった医療・衛生行政に関する網羅的制度が法律的に整えられた。しかし,その後公衆衛生は速やかに定着するには至らず,急性伝染病の蔓延に効果的に対応できなかった。このこともあり,衛生行政は文部省から分離されて内務省に移管され,さらに公選衛生委員制度の代わりに衛生組合が設立され,警察主導の官治的なものへ変わった。

　この点から,公衆衛生に関する研究では,おもに内務省を中心として防疫行政が形成され,さらに地域社会を巻き込んで防疫の組織化が行われたこと

---

27)　新村拓編『日本医療史』吉川弘文館,2006年。

が分析された[28]。もちろん，その一方で内務省衛生局技術官僚に対する分析が進められ，「事務官や警察組織に対抗するもの」（株本千鶴 2010, 193 頁）と「法制官僚と同等の地位の確立を要求する」「技術官僚」（横田陽子 2011）の姿が提示された[29]。さらに，急性伝染病（スペイン・インフルエンザを含めて）がパンデミック状態になった時，国家がどのように対応したのかを分析することも重要であろう[30]。外的ショックが日本社会に甚大な影響を及ぼし，これに対する公衆衛生学的対応が要請され，それが国家の衛生管理権が日本社会に浸透するプロセスを促したのである。場合によってはハンセン病対策で見られる暴力性が「近代性」にオーバーラップして現れたのである[31]。西洋では神への不敬がもたらした災いとしてハンセン病は認識されていた[32]。

　その一方で，日本の植民地でも疫病への対応として近代医療機関とともに，警察衛生体制が導入されたことはいうまでもない。台湾や朝鮮は近代社会化の過程において植民地化を経験したため，近代性の導入は植民地性によって媒介されて展開されていた。これは近代性が西欧から直接導入されたというより，日本を通じて伝播したことを意味し，このような過程で近代性の歪曲が不可避であったことを意味する。もちろん，植民地化以前にも欧米

---

28) 小林丈広『近代日本と公衆衛生：都市社会史の試み』雄山閣出版，2001 年。
29) 株本千鶴「内務省衛生局技術官僚の特性：官僚制における専門性についての一考察」『参加と批評』第 4 号，2010 年 3 月，253-307 頁；横田陽子『技術から見た日本衛生行政史』晃洋書房，2011 年。
30) 友部謙一「近代日本におけるジフテリア疾病統計の分析」『三田学会雑誌』97-4，2005 年 1 月，37-54 頁；永島剛「感染症統計にみる都市の生活環境：大正期東京の腸チフスを事例として」同上書，79-98 頁；坂口誠「近代大阪のペスト流行，1905-1910 年」同上書，99-120 頁；永島剛「大正期日本における発疹チフス 1914 年」『三田学会雑誌』99-3，2006 年 10 月，41-60 頁；石谷誓子「日本におけるスペイン風邪の流行と既存の結核との変遷」同上書，83-102 頁；馬場わかな「日本における赤痢の流行と感染症対策の変遷 1890-1930」同 103-120 頁；速水融『日本を襲ったスペイン・インフルエンザ：人類とウィルスの第一次世界戦争』藤原書店，2006 年。
31) 廣川和花『近代日本のハンセン病問題と地域社会』大阪大学出版会，2011 年。このハンセン病への差別的構造と国家統制管理は「断種」などで見られるように植民地でも繰り返された（滝尾英二『朝鮮ハンセン病死：日本植民地下の小鹿島』未来社，2001 年）。
32) Zachary Gussow, *Leprosy, Racism and Public Health: Social Policy and Chronic Disease Control*, Westview Press, 1989.

からの近代的文物が導入されなかったわけではない。その上で本書が注目するのは、欧米型のモデルがあったにもかかわらず、植民地政策の進展に伴って日本型が主流となったことである。医療衛生分野以外にも、近代性の代表的表象であり得る教育の場合、近代的教育の導入に伴って、相当の植民地性に対する差別性が存在し[33]、物質的豊かさの基盤になり得る近代的工場の建設・運営でも植民地住民は多くの構造的差別を免れなかった[34]。にもかかわらず、その中でいかなる変化が生じたのかを見ることも重要であろう。人間の肉体に対する身体的規律という衛生学的次元でもこれは例外ではない。すなわち、日本による近代的衛生管理体制が導入されて急性伝染病の発病率の減少、寿命の延長などが実現される一方、多くの植民地住民が衛生警察の監督下で身体の規律化を強要され、従来とは異なる生活の方式が要求されたのである。

　日本帝国の植民地医学は日清戦争後初めての植民地であった台湾で始まった。李尚仁著編（2008）が植民地期における新医学の導入、熱帯神経衰弱、阿片、乳児死亡率、衛生観念などを検討し、帝国ネットワークが医学分野での学知の伝播に寄与して「殖民医学」が構築されたことを明らかにした[35]。中でも范燕秋（2008）は、民政長官の後藤新平が内務省衛生局技術官吏としてドイツ留学の上、医学博士号を持っていただけに、「新医学」の導入を図り、府立病院の設置や公医制度の実施、台湾伝染病・地方病の研究を進める一方、警察の指導下で保甲制度を利用して防疫衛生活動を展開したことを指摘した[36]。阿片漸禁策、乳児死亡率の低下、衛生医療施設などといった大きな衛生学的効果をもたらしたことはいうまでもないが、劉士永（2001）によれば、日本の非主流派の医学研究者を中心に、臨床医学と熱帯医学研究が盛んに行われて、植民地台湾では「南方医学」が出現したのである[37]。中国大

---

33) 呉成哲『植民地期初等教育의 形成』教育科学社、2000年。
34) 鄭昞旭『韓国近代金融研究：朝鮮殖産銀行과 植民地経済』歴史批評社、2004年；宣在源『近代朝鮮の雇用システムと日本：制度の移植と生成』東京大学出版会、2006年；崔在聖『植民地朝鮮의 社会経済와 金融組合』2006年；松村高夫『日本帝国主義下の植民地労働史』不二出版、2007年。
35) 李尚仁著編『帝國與現代醫學』聯經、2008年。
36) 范燕秋「新医学在台湾的実践（1898-1906）」李尚仁著編『帝國與現代醫學』聯經、2008年。

陸の開港場たる天津市を対象として，Rogaski（2004）は日本内地で進捗した衛生システムが導入されるプロセスを分析し，白色近代化（white modernization）を相対化する黄色近代化（yellow modernization）が中国大陸の医療衛生システムの形成に大きな影響を及ぼしたことを明らかにした[38]。

植民地医学の特徴は他の植民地であった朝鮮でも確認できる。申東源（1997）は朝鮮総督府の保健医療政策を分析して西欧の保健医療が朝鮮人の意思とは関係なしに「植民地遂行」のために移植され，予防医学よりは治療医学を中心として都市・農村間の甚だしい不均衡を伴ったと見た。取締中心の保健行政であったため，積極的な環境衛生事業や予防接種などが実施されておらず，伝染病の流行を防ぐ「禁止」としての保健事業が続けられたと指摘した。その中で，民衆の福祉を増進するというよりは政治的医療が国家の力を見せつけたと批判している[39]。この論点は朴潤栽（2005）にも見られて，朝鮮王朝末期から植民地期にかけての近代的医学体制の形成と再編過程を分析し，中央と地方の医療機関の設立，医学教育機関の整備，医療人への免許制など近代的医学体系が整えられたものの，衛生警察中心の医療体系が変わることはなく，朝鮮人はその統制範囲のなかにある客体の範疇に留まったと見ている[40]。

これに対し，当時人口のほとんどが生活していた農村部は，都市に比べて医療の恩恵が少なかったものの，総督府の「規律権力」の下で決して自由ではなかったことを，松本武祝（1999）は明らかにした。総督府の衛生行政は，大韓帝国時代との連続もあるが，西洋医を中心に再編されたことなどの断絶的側面を持つと見たが，そこにおいて朝鮮農民は，「客体」というよりは，衛生行政と「啓蒙」活動を通じて「〈啓蒙されるべき主体〉として自ら

---

37) 劉士永「台湾における植民地医学の形成とその特質」『疾病・開発・帝国医療：アジアにおける病気と医療の歴史学』東京大学出版会，2001年。
38) Ruth Rogaski, *Hygienic Modernity: Meanings of Health and Disease in Treaty-Port China*, Oakland, CA.: University of California Press, 2004.
39) 申東源『韓国近代保健医療史』한울，1997年；趙亨根「植民地体制와 医療的規律化」『近代主体와 植民地規律権力』문학과지성사，1997年；松本武祝「植民地期朝鮮農村における衛生・医療事業の展開」『商経論叢』34-4，1999年；同「植民地朝鮮における衛生・医療制度の改編と朝鮮人社会の反応」『歴史学研究』834, 2007年11月, 5-15頁。
40) 朴潤栽『韓国近代医学의 起源』慧眼，2005年。

を認識する主体」へと作り上げられたと把握している（松本武祝 2007）。この点で，韓国側の研究は植民地主義への抵抗を強調する傾向がある。趙亨根（1997）は植民地支配体制を近代的規律権力の強化過程として理解し，植民地的医療体制のなかで近代的身体観と医療的規律が形成されたと指摘した。辛圭煥（2007）は植民地京城と占領地北京における衛生医療制度を検討し，衛生行政において警察と軍隊などの暴力を伴ったという点と，宗主国民と植民地住民の衛生条件において懸隔の差異が存在したという点で，植民地衛生行政の特徴が見られると指摘した[41]。

このような植民地医学と関連し，歴史学研究会編集委員会（2007）は，植民地でも宗主国のような近代化が実現されたと見る植民地での近代化（modernization in colony）よりは「近代社会のもたらした桎梏を宗主国・植民地関係の位相の中に位置づける」植民地的近代性（colonial modernity）に注目しなければならないことを指摘している[42]。本書は，日本国鉄を比較の軸として，均衡のある東アジア鉄道の衛生史を描き出すことを指向していることから，植民地期の経済政策と社会政策が展開される中，医療・衛生の近代化が促進されたというシンプルな論点より，植民地的近代性の視点から近代社会がもってきた衛生学的規律および桎梏が，植民地本国であった日本と植民地であった台湾や朝鮮，半植民地であった中国においていかなる様相として現れたのかという歴史的含意を探る[43]。

見市雅俊・斉藤修・脇村孝平・飯島渉編（2001）は「近代アジアの疾病と医療」を分析して西洋を中心とする近代世界の均質化過程が近代アジアにおいても現れたと見て，植民地化に伴って「開発原病」（developogenic disease）が発生し，これに対応する「帝国医療」（imperial medicine）が構築されたこと

---

41) 辛圭煥「20世紀，京城と北京における衛生・医療制度の形成と衛生統計」『歴史学研究』834, 2007年11月, 16-26頁。
42) 歴史学研究会編集委員会「特集　東アジアにおける医療・衛生の制度化と植民地近代性：特集によせて」『歴史学研究』834, 2007年11月, 1-4頁。
43) 多くの場合，このような議論は時代像に関する先験的認識に基づいて断片的資料を利用し，自己主張を繰り返す傾向があり，共通の認識を追及することが困難である。これに対して本研究はほぼ同様の作業形態を持つ日本国鉄，朝鮮鉄道，満鉄，華北交通における衛生関連資料を収集して数量的分析を加え，鉄道員の健康状態とそれへの鉄道当局の衛生政策に対する相互比較可能な客観的結果を提示する。

を世界史の中で明らかにした[44]。その共同研究メンバーの一人であった飯島渉（2005）はこのような論点を発展させ，マラリアという一つの疾病をテーマとして「近代日本の植民地医学と帝国医療」を分析した[45]。近代日本の場合，軍医学の貢献は必ずしも大きいといえないと見て，「伝染病研究所，北里研究所，植民地研究機関及び医学校」がこれに代わったと把握した。また帝国の医療というものは，医療衛生行政の発展によって植民地社会に対する介入が進展すると，ある種の感染症は管理できるが，その一方でこれを通じて植民地政策がより浸透度を高める構造を持っていることを明確にした。南アジアや東南アジアそしてアフリカで進行していたヨーロッパ諸国による植民地権力の浸透は，支配と従属，支配と抵抗，同化と差別化を伴いながら，医療と公衆衛生を通じて植民地支配の正統性を示した（脇村孝平 2002）が，このプロセスが東アジアでも展開されたのである[46]。まさに Arnold（1993）の指摘した通り，帝国は伝統社会の政治経済だけでなく，衛生面でも植民地住民の身体それ自体を植民地化した（Colonizing the Body）のである[47]。

　鉄道機関を対象として東アジアの各地域の保健衛生を比較史的観点から分析する本書の結果は，当然各地域がもっている特徴を示すこととなる。日本国鉄によって確立された国家主導の医療および衛生体制は当然日本帝国鉄道網の基本類型となった。これは帝国大学医学部の出身という人的ネットワークとも連結されており，各種医療制度の導入が日本国鉄より始まったことからもわかる。これを制度的モデルとして，朝鮮国鉄，満鉄など植民地鉄道の日本人職員を対象とした包括的意味での保健衛生制度がまず実施され，時差を持ちながら，朝鮮人や中国人に対して実施された。このような鉄道衛生を媒介として国家主導の医療衛生体制が帝国医療衛生として展開される過程において，植民地鉄道は日本国鉄と多少異なる特徴を持たざるを得ず，植民地鉄道内部においても朝鮮国鉄は半植民地あるいは占領地状態であった満鉄，華北交通とは異なる様相を呈していた。このような研究成果からは，東アジ

---

44) 見市雅俊・斉藤修・脇村孝平・飯島渉編『疾病・開発・帝国医療』東京大学出版会，2001年．
45) 飯島渉『マラリアと帝国』東京大学出版会，2005年．
46) 脇村孝平『飢饉・疾病・植民地統治』名古屋大学出版会，2002年．
47) David Arnold, *Colonizing the Body: State Medicine and Epidemic Disease in Nineteenth-century India*, University of California Press, 1993.

ア鉄道衛生システムで現れる普遍性と特殊性について,東アジア史的観点から,いかなる意味を持つのかが現れるだろう。

その際,労働衛生（labor hygiene or occupational health）の観点から注目しなければならないのは石原修「女工と結核」(1913) である[48]。当時としては基幹産業であった繊維産業における結核の蔓延という実態を明らかにし,社会的に大きな反響を及ぼした。その元となる農商務省工務局『工場衛生調査資料』が 1910 年に発表され,工場法の制定 (1911) を促した。「労働時間は 14−16 時間に及ぶが普通で,紡績では 12 時間であったが,7-8 日周期の連続徹夜業が採用されていたので,女子労働者の肉体は資本の蓄積とともに破壊されていった」[49]。そのため,胃腸病,脚気,感冒,結膜炎,婦人科疾患などに罹っており,なかでも結核が深刻であったことから,「紡績に行くと肺病になる」と,農村ではいわれた。劣悪な労働環境を改善するため,工場法の制定が推進されたにもかかわらず,第 26 帝国議会で否定されると,繊維産業における労働環境調査が広範囲に行われ,石原によって纏められて『国家医学雑誌』に発表され,その要約本たる「女工と結核」が議員らに配布され,工場法の成立を見たのである。

この反響は工場法の制定だけでなく結核撲滅運動とともに結核予防法の制定と療養所の設置をもたらすに至った[50]。実は鉄道労働衛生にとって長い期間にわたって最大の悩みとなったのは急性伝染病よりは慢性伝染病としての結核であった。戦前から戦時にかけてその感染実態が甚だしくなったのに対し,採用段階から慢性的な感染症対策が採られたものの,その「撲滅」は戦後医療衛生の中心的な課題となり,治療剤の常用化を待たなければならなかった（村山隆志 2011）[51]。さらに,社会経済の格差は貧困と病気の悪循環を生み出し,医療費の重圧が大きな社会問題となり,開業医への批判も出され,実費診療所の設置,健康保健法の実施,国民健康保険法の施行といった

---

48) 石原修の関連著作と詳しい調査経緯は篭山京編集・解説『女工と結核』光生館,1970 年を参照されたい。
49) 川上武『現代日本医療史』勁草書房,1962 年,309-317 頁。
50) 青木純一『結核の社会史：国民病対策の組織化と結核患者の実像を追って』御茶の水書房,2004 年；福田真人『結核の文化史：近代日本における病のイメージ』名古屋大学出版会,1995 年。
51) 村山隆志『鉄道医 走る：お客さまの安全・安心を支えて』交通新聞社,2011 年,38-56 頁。

「医療の社会化」を促した[52]。

医療の社会化を背景に，直接的には工場法が実施されるにしたがって，労働衛生への関心が生じ始めた。労働時間の制限の影響を埋めるため，労働強度の強化が進められた結果，生産性の向上に伴って労働災害・業務上疾病が多発したのである。そのため，台湾総督府政務長官と満鉄総裁を経て鉄道院総裁になっていた後藤新平の決断によって，国鉄ではいち早く常磐病院が設置されていた（詳しくは後述）が，大工場でも「産業医局」「工場医局」「医務室」などが設置された（上川武1967）[53]。健康保険法の実施によってその存在意義は縮小されたが，後に産業医局の意味は治療よりは労務管理の一環として重視され，戦時下では工場医の設置が法制化された[54]。この産業医局の普及に際して倉敷紡績では倉敷労働科学研究所（1921）が設置され，暉峻義等によって生理学と心理学が導入され，労働疲労，労働環境，労働のエネルギー消費などに関する研究が進められた。この研究所は『労働科学研究』（後に『産業医学』を経て『労働科学』）の刊行を始め，後に東京で日本労働科学研究所として再出発した。そうした中で産業医学・労働衛生の問題が，国民の体力低下が深刻となる戦時下で大きく浮上したことは周知の通りである。

以上のような東アジア保健衛生史の成果を踏まえて図序-3のような分析視角をもって鉄道労働衛生に関する歴史的検討を試みる。鉄道衛生に関する資料を利用することによって，鉄道事業部門における労働者の健康状態と衛生政策を把握できる。いままでの研究では充分に取り扱われてこなかった作業場としての駅，機関区，保線区，列車区，鉄道工場などの衛生問題に対するミクロ的分析を通じて，開業医・病院，医学校，パンデミック分析，内務省衛生局などを中心として把握されてきた衛生・医療研究とは異なる，労働

---

52) 猪飼周平（2010）は1920年代まで医師の専門医化を重視し，20世紀の医療システムを「病院の世紀」として把握する立場から，「医療の社会化」論とそれに基づく「開業医制度」概念を運動論的な観点から捉え，1920-30年代あるいは戦後を含めて1920-60年代を「医療の社会化運動の時代」と規定している（猪飼周平『病院の世紀の理論』有斐閣，2010年，141頁）。
53) 川上武『現代日本医療史』勁草書房，1962年，397-407頁。
54) 産業医の歴史的経緯と実際についてはおもに戦後労働基準法・労働安全衛生法体制を中心としているが，保原喜志夫『産業医制度の研究』北海道大学図書刊行会，1998年を参照されたい。

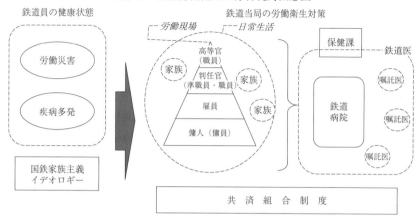

図序-3 鉄道労働衛生の分析視角概念図

出所：筆者作成。
注：身分名は国有鉄道のものである。ただし，その括弧内は満鉄の身分名であるが，身分名は時期によってやや変わる。

衛生制度・産業医制度の観点から，この時期の衛生学的社会構造について考察する。共済組合あるいは鉄道病院などの統計と労働統計を連結することで組織内部のヒエラルキーに密接な関係を持ち，特定作業を行っていた労働者の健康状況が浮かび上がってくる。これが当然時期的変異を示しており，鉄道当局の労働衛生的対応策を要請した。

そこで，鉄道労働に関する医療衛生を支えた三つの柱は直接的に予防と治療に当たる医療機関（および研究所），それを経済的に支える基盤としての共済組合，さらに両機構を労務管理ないし人的運営面から総括した保健課であった。図序-3のように，労働衛生対策は第一に労働災害に対して行われたものの，感染症のパンデミックに伴って労働現場への衛生措置のみでは対応し切れなかったことから，第二に労働者の日常生活や家族にまでも浸透していく。鉄道病院をはじめとする医療機構と職員および家族の検診・治療のための医療保険制度などが植民地期にいかに実施されたのかについての認識とともに，これの衛生学的効果を客観的に示し，この時期の保健衛生学的社会構造および医療政策に対する新しい歴史像を示すことと期待する。鉄道員に対する労働衛生的身体的管理がどのように行われたのかが明らかにされる

序章　帝国日本下の鉄道労働衛生分析　23

図序-4

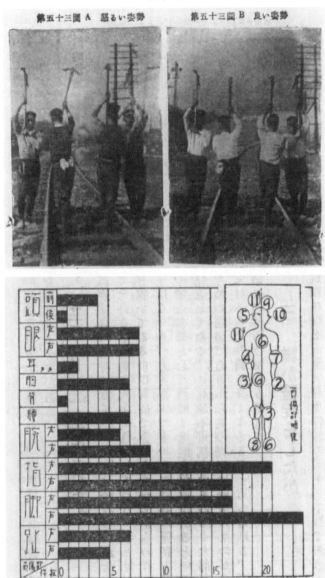

保線要員の傷害対策を記した『線路作業員傷害防止読本』(鉄道省上野保線事務所編，鉄道技術社，1941年) より。保線の際につるはしの先がバラバラで自身と同僚に危険が及び事故を起こしやすい姿勢が指摘され，保線要員の怪我の部位が示されている。

のだろう。鉄道病院は現在日本でJR病院として存続している日本だけでなく、韓国、台湾、中国大陸でも戦後にも存続し、共済組合に匹敵する医療保険・年金制度が設けられたことに注目しなければならない。これは植民地期と解放後の歴史的断面における連続と断絶の問題にほかならない。もちろん、各地域ごとに該当政府の政策と経済条件の差異にしたがってその発展過程は、「捻れた近代化」「植民地性」「身体的規律」などを含みながら、多様なスペクトルを示すが、むしろこれが戦前の労働衛生を理解するのに有用であろう。

第4節　本書の構成

　第Ⅰ部では日本国鉄を中心として、鉄道労働衛生の実態とそれに対して採られた衛生政策について検討する。

　第1章では、日露戦争後の鉄道国有化を通じて成立した日本国鉄（すなわち、鉄道院→鉄道省→運輸通信省→運輸省）が、官鉄と私鉄の人的統合を推進する過程のなかで作られた国鉄衛生システムを検討する。同時に、そうしたシステム化のための基盤として鉄道病院が整備され、保険制度の一環として職員共済組合が整えられたことを指摘する。また日本経済が急速に成長できた第一次世界大戦期を経て、日本国鉄は輸送量が客貨とも急激に増加した反面、実質賃金が低下し、労働異動率が急激に高まる傾向を示した。これに対応するため、実質賃金の調整に相まって労働条件の改善のための一環として国鉄衛生システムの変容が不可避であった。この対策が1920年代の不況によって就業機会の減少とともに労働異動率を低下させた要因の一つになったことが指摘できる。

　第2章においては、1937年の盧溝橋事件をきっかけとして日中全面戦争が勃発する中で生じていた、日本国鉄衛生システムの戦時的特徴を指摘する。戦争によって日本内の鉄道輸送が急増する中、中堅現業員を中心に多くの従事員が入営・応召されるに従って、これに代わって10代の若年層の従事員が大量に国鉄に配置された。それによって、労働力の質的低下が避けら

れず，無理な列車運行，長時間労働による事故率および発病率が急激に高まる状況が展開された。とくに，戦争病ともいえる結核は増加趨勢を示した。これに対し，鉄道病院の拡充とフリンジ・ベネフィットの強化を通じて生活安定対策が実施されたが，戦況の悪化に伴って日本国鉄の対策は限界点に直面せざるを得なかった。

第3章においては，当時「国民病」とも呼ばれた結核が，国鉄内部でどのような流行状態にあり，またそれに対する対策がどのようなものであったのかを検討し，戦前日本の労働衛生の実態を明らかにする。国鉄労働と一般生活の特徴から室内勤務に従事する国鉄労働者を中心に結核がはやるが，これによって，時間の推移とともに，青少年層の多くが病原体に曝されることになり，国鉄労働力の減耗だけでなく戦時下では兵力の予備資源の弱化をもたらし，社会的にも問題視された。これに対し，治療剤の開発ができなかった当時，予備対策また事後対策としていかなる衛生措置が採られたのかを検討する。それを通じて国鉄ならでの特徴を抉り出す。

第4章では，戦前国鉄における従事員の健康管理と治療を担当した鉄道医制度を分析し，これが国鉄内部でどのように受け止められたかを検討する。医療の社会化ともその軸を一にしながら，事実上最先端のものとして「産業医」体制が国鉄で成立し，組織外部の「開業医」体制とは対照的な医療機関となっていた。それが可能となりあるいは要請された理由を探るとともに，鉄道医の採用と待遇が「嘱託」から「職員」へと国鉄内部の身分層として統合されるプロセスを示す。さらに彼らを人的基盤として「日本鉄道医協会」が創立され，機関誌たる『日本鉄道医協会雑誌』を公刊し，地方会の設置といった組織の拡大を伴い，鉄道衛生の学知を創り出したことを検討する。

第Ⅱ部では，第Ⅰ部で検討された日本国鉄の鉄道衛生システムを座標軸として，植民地鉄道たる，第5章の台湾国鉄（すなわち，台湾総督府鉄道部→交通部），第6章の朝鮮国鉄（すなわち，朝鮮総督府鉄道局→交通局），第7章の南満州鉄道株式会社（補論では華北交通株式会社）においていかなる衛生政策が展開されたのかを比較の視点に基づいて分析する。それを通じて民族別衛生状態と生活水準に関する分析を行うとともに，植民地的差別を前提として衛生対策が設けられたことを指摘する。日本人に比して現地人である朝鮮人

と当時「台湾人」や「満州人」とも呼ばれた中国人は，生活水準が低かっただけでなく相対的に劣悪な衛生状態に置かれていた。これは鉄道に限定されておらず，一般的に確認できる現象であるが，このような差別的構造が他の分野と比較して深刻であったのか，あるいは軽微であったのかを比較してみるのも有意義である。

　とりわけ，戦時期鉄道衛生システムが植民地鉄道においていかに作動したのかを検討する。朝鮮と中国でも労働力の流動化と希釈化は戦時期に生じており，その現象はすでに日本より深刻であった。というのも，10代の若年雇用が急速に増え，その相当数が解放時点で勤続年数が5年未満であったからである。彼らのほとんどが，充分な訓練を受けない状況で総力戦のために現場に配置されて鉄道運行に従事した。つまり，それまで発育段階にあった多くの若年層が，長時間労働と栄養不足のため深刻な体力低下現象に直面せざるをえなかったということである。これに対し，鉄道病院（朝鮮）ないし鉄路医院（中国）を拡充し，結核療養所を建設するなど鉄道経営人の対策が設けられたものの，事態の悪化を防ぐのには力不足であったことが指摘できる。

　以上のような考察に際しての分析方法として，文献研究はもとより，労働衛生関係の数量データを分析する。日本側の鉄道院・鉄道省・運輸通信省・運輸省，韓国側の朝鮮総督府鉄道局・交通局・韓国政府の交通部，中国東北部たる満州側の満鉄，中国華北側の華北交通株式会社から発刊された『鉄道統計』『要覧』『共済組合事業成績』『共済組合事業概況』などで関連統計を収集する。これをもって数量分析することによって，疾病，衛生，生活水準の面で民族的差別構造と植民地的特徴が検証されるだろう。さらに衛生学的効果も客観的に観測できる。それを通じて確保されたデータをもって各地域の鉄道経営陣が持っている政策的立場と衛生保健制度を分析する。

第1部

日本国鉄と労働衛生

関東大震災を原因とする列車事故は，100名を超える死者を出した熱海線（現在は東海道本線）根府川駅での列車転落事故の他，東海道本線，横浜線，横須賀線，中央本線、東北本線，山手線，総武本線，常磐線，房総線（現在の外房線・内房線）などで発生し，鉄道員の被害も多く，またその復旧は鉄道員の大きな負担となった。復旧直後茅ヶ崎駅の混雑（鉄道省『国有鉄道震災史』1927年より）。

第1章 鉄道員と身体（1907-1936）

地図1　1944年段階での日本国鉄の鉄道網

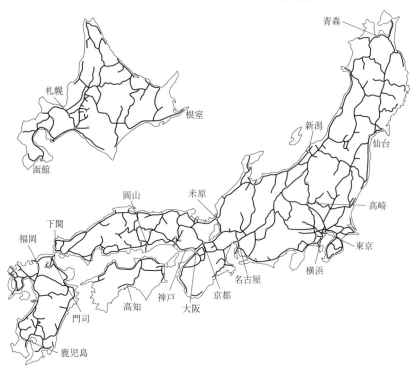

『日本国有鉄道百年写真史』(1972) より著者作成

第 1 章　鉄道員と身体（1907-1936）　31

　本章の目的は戦前日本国鉄を対象として捉え，従事員側の衛生状態の変化とそれに対して取られた国鉄当局の措置を検討し，組織内部に労働衛生システムがいかに構築されたかを明らかにすることである。

　日本の鉄道は1873年に横浜・東京間を最初の列車が走ったことをはじめとして，官鉄の敷設のかたわら，私鉄の事業展開を通じて全国的ネットワークとして形成された。1907年に至って私鉄17社を買収して日本国鉄が設置されると，鉄道施設と運営制度の統合が至急の課題となり，その一環として各社別に異なっていた人的運用を統一化しようとする動きが現れた。とくに，約3万から9万へといっきょに人員が増えたため，これらの異質的職員に対して国鉄大家族主義が鉄道院総裁の後藤新平によって強く唱えられた。とはいえ，それが実質的内容を有し個々人に対する規定力を持たない限り，全国的鉄道システムを運営するのに過誤の発生が避けられない。すなわち，列車運行が昼夜にわたって全国化し，それに伴う業務も複雑なものになっていただけに，多岐な業務に携わる現業員の能力が遺憾なく発揮されなければならない。これを可能としたのは従事員の健康維持と生活保障であったことはいうまでもない。

　そもそも鉄道の場合，運転上客貨の安全を期することはもとより，一地方から他地方へ客貨を運搬することで伝染病等の危険を伝播する媒介として働くおそれがある。そのため，平時より車両，停車場などの清潔さを保持するとともに，それに携わる現業員に対して健康診断，慰安休養，栄養食料，災害予防，職業的疾患，診療機関，社会保険など保健衛生業務が施された。とはいえ，それが最初から完全なものとして構築されたとはとうていいえず，従事員側の健康状態と労働市場の推移によってその改善の必要が国鉄当局に痛感されてからはじめて，具体策が提示されたのである。そのなかで，衛生コンセプトが社会的に重視されるにつれ，国鉄の労働衛生も根本的に変容された。というものの，国鉄はそのプロセスのなかでけっして受身的存在ではなく，他の部分より先進的ともいえる独特なものになった側面がある。その制度的仕組みは単に日本国内にとどまらず，日本植民地鉄道にも伝播され，その地域ならではの特徴を反映した労働衛生制度が構築されたのである。

　こうして，労働衛生の実態を明らかにし，なおかつ分析の対象を広げるた

めには，その中心軸となる国鉄労働衛生を検討することが有意義である。それにもかかわらず，いままでの研究史のなかではあまり注目されなかったことは，序章で指摘された通りである。石原修「女工と結核」(1913年)をはじめ戦前より紡績業，鉱山業などの分野では労働衛生に対する検討が行われた[1]ものの，鉄道業ではほとんど検討されてこなかった。管見の限り，戦後学術的論文としては松藤元（1992）が唯一である[2]。しかし氏の研究は「鉄道労働衛生」の歴史ではなく，「鉄道労働衛生学」の歴史の分析を目指して，国鉄内部の研究機関を中心として戦前から戦後にかけて行われた研究内容を考察した。そのため，一般労働者の健康・衛生状態との接点はあまり見えてこない。また，藤原壮介（1960）はすでに指摘したように国鉄大家族主義の観点から共済組合を分析したが，労働力保全の観点から注目すべき労働衛生学的側面がほとんど見落とされている[3]。このような研究状況は労働衛生問題を社会経済史あるいは労働史の研究のなかで重視しなかったこととも関係があると思われる。しかし，従事員の健康状態は鉄道運営のヴァイタル要素として認識されてきた。それは国鉄従事員の生活はもとより，労働力の不足のなかで労働強度の強化と長時間労働が強いられると，その影響は大きくならざるを得なかった。まさにそうした時期に国鉄衛生政策にとって大きな進展があった。

　本章の構成は以下のようである。第1節では鉄道国有化の実施に伴って国鉄内部で包括的意味での衛生システムがどのように形成されたかを検討し，第2節では第一次世界大戦期を経ていかなるシステムへと変容したかを分析する。こうした分析を通じて国鉄内部での労働衛生管理体制が整えられることによって国鉄従事員の健康とはどのようなものになっていたかを明らかにする。

---

1)　石原修「女工と結核」『国家医学会雑誌』第322号，1913年11月。
2)　松藤元「日本の鉄道労働衛生学の歴史」『労働科学』68-3，1992年，102-114頁。
3)　藤原壮介『戦前における国鉄労働政策の変遷』日本労働協会調査研究部，1960年。

第1節　労働衛生の成立と第一次世界大戦のショック

①鉄道国有化の実施と労働衛生システムの成立

　日本の鉄道は1876年に開通して以来，殖産興業をはじめとする後発国たる日本の工業化を物流面で支えており，日露戦争に至っては作戦地への陸軍および軍需品の送出を担当した。その過程で，幹線鉄道網が数十社からなり車両の運用，乗務員の連絡，連絡運賃の算定などがきわめて複雑であることが問題になり，国家による幹線網の運営が切実に要請された。そのため，鉄道国有法が成立し，私鉄17社の買収が決定され，1907年3月に日本で全国的鉄道網を有する国有鉄道（逓信省帝国鉄道庁→1908年12月に鉄道院→1920年5月に鉄道省→1943年11月に運輸通信省→1945年5月に運輸省）が成立した。

　その後，日本国鉄は景気変動の推移に影響されながら，発展していった。1910年代の第一次世界大戦中に欧米からの資本財などの輸入途絶と日本の景気拡大にともなって，輸送需要が急激に拡大した（後掲図1-5）。しかしながら，1920年に戦後反動恐慌が生じてから，関東大震災，金融恐慌などによる長期不況が続き，ついには1929年に世界大恐慌と緊縮金融財政のショックを受けて，昭和恐慌が発生したため，32年まで景気後退による輸送量の減少が生じていた。その過程で満州事変が起こり，軍事費を中心とする財政拡大によって景気が刺激され拡大に転じると，国鉄輸送量は再び増加した。さらに，1937年の日中全面戦争，1941年末のアジア・太平洋戦争の勃発が国鉄への輸送需要をさらに拡大させたことはいうまでもない。こうした動きは輸送量をベースとして推計された労働生産性をみれば，明らかである。もとより，44年から45年にかけて日本の敗戦が近づくにつれ，輸送量が急激に低下したことも見逃してはいけない。

　このような輸送量の拡大を可能とするため，資本ストックの拡充とともに，従事員の採用が必要とされた。図1-1からわかるように，1907年に8万8,266人であった従事員数は15年に11万2,102人を記録した後，10年代

図 1-1 国鉄の資本と労働

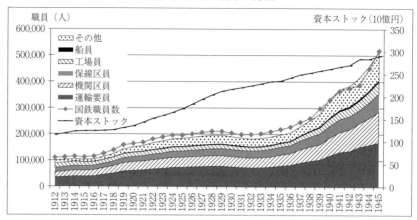

出所：南亮進『鉄道と電力』東洋経済新報社，1965 年；鉄道省『鉄道統計』各年度版；運輸省『国有鉄道陸運統計』各年度版；日本国鉄『鉄道要覧』各年度版．
注：1. 職務系統別構成は資料上 1939 年までは共済組合員，40 年以降は職員統計による．
　　2. 1939 年に新しく区分された自動車と電気は従来よりのデータの連続性を重視し，それぞれ機関区員とその他に入れた．

後半に急増して 20 万人近くになり，しかし 28 年に 21 万 883 人を頂点として昭和恐慌期に減少し，31-32 年には 20 万人を切ったが，その後再び上昇し 36 年に 22 万 7,689 人に達した．要するに，1910 年代末から 30 年代前半にかけて国鉄労働力はおよそ 20 万人体制であったといえよう．しかし，これに対して大きなショックとなったのが，日中全面戦争とアジア・太平洋戦争であった．戦時期に入ってから兵力集中・兵站輸送，生産力拡充産業の進展，国民の戦時動員などに伴って，輸送需要が爆発的に増加し，国鉄輸送力増強が必要とされ，それを支えるための多大な投資と新規採用が要請された．

しかし，20 年代に比較的急であった資本ストックの傾きが昭和恐慌のショックを受けてから緩慢なものに変わり，その傾向は戦時期になっても維持された．すなわち，投資率の低下が 30 年代以降生じたわけである．しかも，戦時中には資材不足のため鉄道投資は大きく制限されたので，それを補いながら鉄道輸送を拡大する方法として取られたのが，労働集約的鉄道運営方式であった．そのため，国鉄の実働要員数は戦前期の 20 万人体制から 1940 年 33 万 356 人を記録して，わずか 3-4 年で 30 万人を超えており，さ

らに大量採用が続く44年には44万9,444人，45年51万8,134人へと40-50万人に達した。国鉄はこうして大量採用された労働力を利用し限られた鉄道車両と施設をもって列車運行の多頻度化と列車単位の長大化を図り，効率的な鉄道運営を達成した。この効果は労働生産性が戦時期に入って急増したことからも確認できる（後掲図1-5）。

とはいうものの，このような鉄道運営方式は労働衛生上の大きな問題をもたらさざるを得なかった。その影響を確認するため，まず，系統別に労働力構成に注目することにする。国鉄要員を職務系統別に大分類すれば，運輸，運転（自動車含む），保線，船舶，工場，その他（本省・鉄道局・電気など）となる[4]。系統別構成において時期別に若干の変化があったが，第一は駅員を始めとする運輸要員で，35-40％を占めて最も多かった。運輸要員は非乗務員と乗務員とに区分されるが，非乗務員の場合，駅長，助役の幹部より出札，改札，貨物掛，操車掛，駅夫にいたるまですべて駅を職場として勤務した。そのなかでも，旅客，貨物などに関する事務系統に属する者と運転系統に属する構内に従事する者と区分できる。列車乗務員には車掌を中心として車掌監督，制動手，列車給仕などがいた。第二は機関区員とも呼ばれた運転要員で，20％程度であった。主として機関手，機関助手（火夫）であったが，機関庫などの屋内で運転上の業務に従事する者もいた。乗務員（機関車乗務員と列車乗務員）の場合，絶えず振動，騒音の中にあり，外気に身を曝し，あるいは深夜にも勤務し，つねに職務上の責任感に心を労した。職務がその従事員の心身に及ぼす影響がもっとも大きかったのは彼らである。

第三は保線要員で15％前後であった。主として鉄道の建設改良および線路保存の土木工事，踏切，隧道などの監視などに従事し，屋外作業が多かった。第四は工場従事員で1910年代前半に16-18％を占めたが，10年代後半には10-11％となり，それ以降7-9％であった。工場従事員は車両の組立，修繕などを担当したが，その業態はおおむね一般工場との共通点が多かった。その比率の低下は国有化直後は場当たり的に行われていた車両修繕作業

---

[4] 小林鉄太郎「本邦鉄道労働事情」『社会政策時報』27，1922年11月1日，33-57頁；鉄道省官房保健課鉄道医馬渡一得「従事員の心身に及ぼす鉄道労務の影響に就て」『日本鉄道医協会雑誌』16-1，1930年1月，1-9頁。

が体系化されるにしたがって，修繕要員が大きく減ったことを意味する。第五は鉄道固有の業務ではないが，国鉄連絡船の運航を担当する船員の比率で，1％であった。彼はおもに短距離の運航に従事した。第六の「その他」は初期には約10％であったが，20年代以降には17-20％に達した。これは各種電気装置の施設の管理・修繕業務を担当する電気要員が増加したからである。

これらの従事員は現場の肉体労働者たる傭人，現業の頭脳労働・熟練労働を担う雇員，現場上層部ないし本省・鉄道局の中間管理層にたる判任官（以下官吏），上位管理層にある高等官（奏任官，勅任官）からなる身分的ヒエラルキーに属し，特定の職務に携わった。例えば，駅務関係では駅手（荷物の積卸，運搬，配達，車両の手押入換，覆布の簡易修繕，清掃その他の雑務），転轍手（転轍機，連動装置，双信閉塞機，通信閉塞機の取扱），信号掛（信号機，連動装置，双信閉塞機，通信閉塞器の取扱），操車掛（列車の組成，列車および車両の入換），助役（駅長の補佐または代理），駅長（所属員の指揮監督し駅に属する一切の事務）などの間に分業関係が成立しており，機関庫関係では庫内手（機関車の清掃，機関車洗缶の補助，その他庫内の雑務），炭水夫（給水器および転車台の取扱，機関車用燃料および用水の供給，焚渣の排除その他の雑務），機関助手（機関車の焚火および注油），機関手（機関車の運転および洗缶）の間に機関車運行に関する分業が行われた。下から上へと配置されたそれぞれの職務に身分上昇を伴う昇進ルートが形成されていた。

このように分業の下で業務が行われたため，勤務形態はすでに指摘したように，一般工場では見られない多様な形をとっていた。鉄道員18万8,715人の勤務形態別配置構成（1929）に注目すれば，日勤44.1％，一昼夜交代19.4％，乗務16.0％，循環交代8.5％，特殊日勤（日勤より長時間勤務）6.9％，三交代2.2％，宿直交代1.0％，隔日交代0.6％，宿直0.4％，五交代0.4％，直制交代[5] 0.4％，夜勤0.1％，計100.0％であった[6]。正常の日勤は

---

5) 直制交代とは一昼夜にわたる作業を一昼夜交代勤務のように連続することを避け，昼間勤務と夜間勤務に二分して一定期間この勤務を継続して交互に交代する勤務である。
6) 鐵道大臣官房現業調査課「勤務方法別より見た現業従事員」『現業調査資料』4-3, 1930年5月31日，11-18頁。

44.1％に過ぎず，そのほかの55.9％は主として交代制による勤務もしくは乗務などのような昼夜の区別ない勤務であった。駅，機関庫，車掌所，電車庫，検車所，船舶，通信所などで直接輸送に携わる運輸，運転従事員がこれらの勤務形態に当たった。例えば，乗務員の場合，「勤務時間もその時刻長短等の点に於て特殊」であって，「列車の運転が昼夜の別なきが故に機関車，列車乗務員の出席時間は甚だ不足にして深夜と雖も勤務」せざるを得なかった。その反面，電車，自動車の乗務員は深夜の運転が少なかった。駅員の場合，列車が終夜運転されるところでは，徹夜勤務が多く，日勤者に比して勤務の負担が大きかった。そのため，特定の勤務が従事員に及ぼす影響は大きくなり，個々人の栄養状態とそれに外的要因が加わって，疾病とくに職業的疾病に罹らざるを得なかった。これに対する労働衛生対策が鉄道当局によって講じられなければならなかった。

　国鉄が巨大組織として誕生した当時に注目してみると，その実はレールの重量，敷設の方法，車両規格，運送制度などが異なっており，とくに人的運用の側面から見れば，従事員数が1906年3月の2万8,878人から1908年11月に9万491人へと4倍も増え，その後10万人を超えていったことが問題であった。当局の立場からみれば，管理すべき従事員数が急激に増加し，それに応じられる労務管理制度を構築しなければならなかったのである[7]。

　とりわけ，私鉄の買収に伴って引き継がれる現業員においては，「会社職制ノ下ヨリ転ジテ政府ノ官紀ニ服スルハ係員身分上ノ一変動ニシテ，其ノ俸給及給与ノ如キモ，亦従前ト異リタル規定ニ依ルガ故ニ，係員個々ニ在リテハ引継ノ際如何ナル変動ニ遭遇スベキカノ懸念ナキ能ハズ」ため，「係員の不安が動もすれば職務の曠廃をさへ来す虞があった」と，当局者より判断された（山縣逓信大臣「鉄道国有の実行を速かにするの議」1906年7月18日）[8]。また各社の重役はもとより高級社員の引継ぎは望まないとされたため，「親分が居なくなって孤立の虚しさといったやうな暗い気分も手伝ったりして一層不安を高めた」。日本鉄道（現在の東北本線や高崎線，常磐線など，東日本の

7）鉄道大臣官房保健課『国鉄共済組合三十年史』1938年，8頁。
8）鉄道大臣官房保健課『国鉄共済組合三十年史』1938年，8-13頁。

路線の多くを建設・運営していた私鉄）の機関方の場合，東北線一帯で列車運行を中止する同盟罷業を断行して要求事項を貫徹した勝利の経験を持っていたため，不安は現実的なものと考えられた。

その具体策として①「鉄道精神を作興し，上下意思の疎通を計り，身分上不安の念を一掃」するとともに，②「適当の福祉施設を実行し，共通制度の増進を計り後顧の憂なからしむるやう講ずること」を決定した。対策①は国鉄大家族主義を指向したものであり，それを具体化する対策②はドイツ労働保険制度の研究を経て，救済組合の成立を見るに至った。a. 強制加入，b. 掛金の分担と国庫補助，c. 国の事務，d. 公傷，老衰，疾病，死亡への給付を内容とするドイツ労働保険が理想的であると認識されて，「鉄道作業局保険法案」が作成されたが，大蔵省や法制局との折衝過程で，強制保険の実施は時期尚早であり，国鉄のみに先行するのは不均衡の嫌いがあるなどを理由として，保険法案は1907年2月に断念された[9]。その代案として社会保険の第一段階たる共済組合制度へと大幅な修正が行われ，帝国鉄道庁の設置にあわせて，救済組合制度が実施された[10]。

国鉄救済組合（→1918年共済組合）は組合員の掛金（月給額3%）と政府の補給金（月給額2%）を財源（月給額5%）とし，公傷不具廃疾者に対する傷痍救済金と死亡・老衰者に対する救済金を給与した。傷痍，死亡，老衰に対する保険事業が実現されたが，しかし疾病救済は当時として経理数理がなく，保険技術的に至難であり，財源もなかったので，その実施が保留された。もちろん，公傷の療養は組合の負担となった。「此共済組合なるものは，鉄道衛生の最初の卵子」「核子」であったと日本鉄道医協会の佐藤三吉会頭によって評価されている[11]。図1-2のようにこの対象となる組合員には三種類があった。①甲種は年齢50歳未満の現業員として年齢55歳まで掛金

---

9) 鉄道大臣官房保健課『国鉄共済組合三十年史』1938年，44-45頁；日本国有鉄道厚生局『国鉄共済組合五十年史』国鉄共済組合，1958年，32頁。

10) これに関連する法律および規程は次のようである。「帝国鉄道庁現業共済組合に関する件」（1907年4月，勅令第127号）；「現業員に関する件」（1907年4月，公達第314号）；「帝国鉄道庁職員救済組合規則」（1907年4月，公達第315号）；「帝国鉄道庁職員救済組合事務取扱規程」（1907年5月，達第34号）。

11) 「日本鉄道医協会第一次総会記事」『日本鉄道医協会雑誌』1-3，1915年5月，85頁。

図1-2 種類別共済組合員数（単位：人，％）

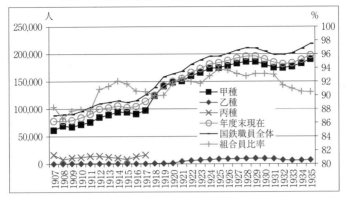

出所：日本国有鉄道厚生局『国鉄共済組合五十年史』国鉄共済組合，1958年，108-109頁。
注：組合員比率のみが％である。

を支払った。②乙種は現業員以外の吏員として組合に任意加入したものであって，この場合，政府の補給金はなかった。③丙種は年齢15歳未満あるいは50歳以上の者と就職6ヵ月以内の者であって掛金が免除された。このうち，甲種と丙種は強制加入を原則としたが，丙種は時期によってなくなり，甲種の基準も後には拡大された。

このような制度の対象となった職員の健康状態はどのようになったのか。初期の状態を把握できる資料としては断片的なものしか残っていないが，これらを参照すれば，死亡率（千人当たり死亡数）は7-9であって，そのうち，傷痍による死亡率は2台であった（後掲図1-9）。公傷のなかでもっとも多かったのが運転事故であった。もちろん，図1-3のように，列車運行100万キロを基準とする事故件数と死傷者数は長期的に下がっていったが，年中5,000件を超える事故と2,000人を超える死傷者を記録した。それだけでなく，列車運行と直接関係のない鉄道工場でも多くの公傷事故が発生し，頻度では他の職場より画然と多かった（後掲図1-8）。このような公傷の推移に対して，疾患による死亡率は4-5台に達した。すなわち死亡者の約3分の2が疾病のため死んだわけである。

年齢的にみれば，1907年に20代の現業員が多く死亡し，30代になる前に死亡した人々が死亡者の半数を超えた（表1-1）。最大死因は肺結核であっ

図 1-3　日本国鉄における運転事故およびその死傷者数

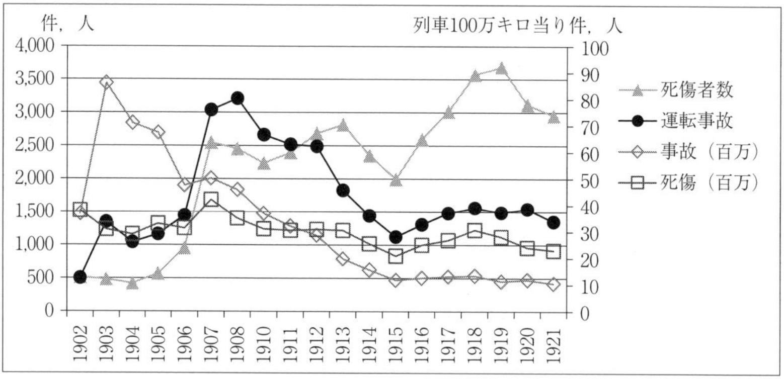

出所：日本国有鉄道『鉄道統計年報』各年度版。
注：1909 年度の数値は資料上なし。

表 1-1　1907 年共済組合員の年齢別死因構成（単位：％，人）

	庁務上の傷痍（％）	疾病（％）		その他（％）	計（％）	
		肺結核	その他			
15-20 歳	9.1	2.9	3.6	1.4	17.0	(95)
20-30 歳	12.7	6.8	17.0	1.3	37.7	(211)
30-40 歳	5.5	3.6	12.5	0.5	22.2	(124)
40-50 歳	0.4	1.3	11.3	0.4	13.2	(74)
50-55 歳	0.9	0.4	3.2	0.0	4.5	(25)
55 歳以上	1.1	0.0	4.3	0.0	5.4	(30)
計	29.7 (166)	14.8 (83)	51.9 (290)	3.6 (20)	100.0 (559)	(559)

出所：帝国鉄道庁『帝国鉄道庁年報』1907 年。
注：1. カッコ内は人数。
　　2. 死因構成＝死因別死亡者÷全死亡者×100。

た。それ以外の疾患は不詳である。それより 3 年後の 1910 年の死因表をもってその内訳を把握してみよう[12]。疾患では呼吸器疾患が死亡率 2.3 であって一番多く，つぎに消化器疾患 1.0，神経系疾患 0.8，血行器（循環器）疾患 0.4，急性伝染病 0.3，泌尿生殖器疾患 0.3 の順であった。これを個別疾

---

12)　鉄道院『鉄道院統計図表　国有鉄道之部』1910 年。

病にブレイクダウンすると，死亡率1.7の轢傷以外には肺結核1.5が一番多く，つぎに脚気0.4，肺炎0.4，脳膜炎0.2，腹膜炎0.2，腸チフス0.2，脳出血0.2などが多かった。当時肺結核が伝染病より循環器疾患として区分された。結核には肺結核以外の疾患（結核性脳膜炎など）もあるので，これらの結核性疾患をあわせると，結核は全死因の20.1％であった。

勤務系統別死亡率が初期には把握できないが，1913年度全体の死亡率が7.05（そのうち公傷病2.48，私傷病4.49）であったのに対し，工場員は7.41（それぞれ0.85, 6.26）であった。工場の場合，公傷事故が多く発生したが，しかしそれによる死亡率はそれほど高くなかった[13]。その反面，私傷病による死亡は他の職員に比べてきわめて高いことがわかる。この現象は1920-30年代にも見られ，戦前を貫いてあらわれたものである。それだけに，鉄道工場に対しては早くから対策が講じられた。1907年に大宮工場に医師を招聘し応急手当所を開始した[14]ことに端を発し，次々と治療所（1914年には16ヵ所）が設置されており[15]，1911年5月には常磐橋内高架線下の空間を利用した常盤病院が開院されるに至った[16]（図1-4）。

このような医療機関は救済組合の経営の下にあったものの，これらに関連する業務を管掌する当局の部署として総裁官房保健課が1908年に設置され，職員の療養，救済組合，職員の慰安施設，身体検査，鉄道衛生および鉄道病院，療養所，治療所，鉄道嘱託医に関する事項などを掌理した[17]。また各鉄道局には1913年7月に庶務課衛生嘱託[18]（→保健掛）が設けられ，局長の命を受けて所管内における保健衛生事務を処理した（1916年8月，達第79号

---

13) 鉄道院『鉄道院統計図表』1913年度版。
14) 日本鉄道医協会「保健課事務一般」『日本鉄道医協会雑誌』3-10，1917年10月，20頁。
15) 治療所の所在工場を見れば，組合創設時に引き継がれた神戸を除いてすべての工場治療所は組合創設後に設置された。大宮は1907年5月，鷹取は1909年11月，新橋は1910年12月，浜松は1912年2月，小倉は1912年3月，四日市は1912年5月，土崎は1912年7月，長野，行橋は1913年，金沢，盛岡，旭川，苗穂，岩見沢は1914年であった。日本国有鉄道厚生局『国鉄共済組合五十年史』国鉄共済組合，1958年，474頁。
16) 日本鉄道医協会「東京鉄道病院創立十年記念式記事」『日本鉄道医協会雑誌』7-6，1921年6月，34頁。
17) 鉄道省官房保健課「国有鉄道ノ保健衛生施設」『日本鉄道医協会雑誌』12-7，1926年7月，12-45頁。
18)「日本鉄道医協会第一次総会記事」『日本鉄道医協会雑誌』1-3，1915年5月，86頁。

図1-4 常磐病院（東京市麹町区，1911年5月-1916年4月）

出所：中央鉄道病院編『中央鉄道病院史：新病院完成記念』1980年。

鉄道局分課規程）。保健課あるいは鉄道局保健掛を中心として毎年保健事務協議会や衛生嘱託打合会，調剤事務打合会などが開かれ，健康診断，工場法の実施，伝染病予防，公傷事故対処法などについての協議が各鉄道局衛生嘱託，鉄道医，保健係員の間で行われた[19]。

それに伴い，治療患者数は毎年増加した。鉄道治療所の公傷患者数は1907年3,976人から1913年に1万3,475人へと増加した。病院の場合，入院患者とその延人員は1911年に498人，1万4,273人，1912年552人，1万8,848人，1913年426人，1万6,853人であって，年々上下変動を示したが，外来患者とその延人員は1911年5,279人，3万6,727人から1912年6,204人，5万5,883人，1913年7,538人，6万381人へとそれぞれ増加した[20]。そのうち，入院ではやはり外科が一番多く，つぎに耳鼻咽喉科が多かった。一方，外来患者数では内科がもっとも多く，つぎに耳鼻咽喉科あるいは外科で

---

19) 日本鉄道医協会「保健事務協議会」『日本鉄道医協会雑誌』3-2，1917年2月，20-32頁；日本鉄道医協会「保健事務協議会」『日本鉄道医協会雑誌』3-11，1917年11月，23-29頁；日本鉄道医協会「衛生嘱託打合会」『日本鉄道医協会雑誌』5-2，1919年，35-37頁；日本鉄道医協会「仙台鉄道局管内調剤事務打合会」『日本鉄道医協会雑誌』15-11，1929年11月，58-60頁。
20) 帝国鉄道庁『帝国鉄道庁年報』1907年；鉄道院『鉄道院統計図表』各年度版。

あった。場合によっては，眼科外来患者が多くなることもあった。外来患者の場合，患者の種類が把握できないが，入院患者数に注目する限り公傷病の職員たる第1種患者（1912年236人）と，私傷病の職員たる第3種患者（164人）が多く，公傷病の旅客たる第2種（5人）が非常に少なく，また私傷病の家族たる第3種患者（147人）は職員より少なかった。第1種と第2種（自己責任除き）の場合，医療費の負担は国鉄側がするが，他の場合は本人負担であった。初期には医療の提供は職員中心のものであったといえよう。

こうして患者数が増加していたにもかかわらず，これを担当すべき救済組合と医療機関の経営状態は安定していなかった。つまり，救済組合は1908年－8,000円，1909年－1万円の赤字を記録し，その後黒字（1911年4,000円，1912年3万8,000円，1913年15万4,000円）へと転じたものの，経営規模に比べてその幅は大きくなかった[21]。公傷救済は予想を上回っており，病院の経営が1911年－1万4,955円，1912年－1万8,924円，1913年－2万1,986円という慢性的赤字状態であったからである。その対策として「鉄道院職員の療養に関する件」（1914年6月，勅令第105号）が出され，鉄道院自らによる公傷療養が決定されると，従来の常盤病院と15ヵ所の工場治療所は救済組合から分離され，官立東京鉄道病院と官立工場治療所に改められた[22]。それによって，救済組合は年々15万円の支出を軽減できた。安定的な医療サービスの提供が可能となったことはいうまでもない[23]。例えば，医療機関の官費化が断行されてから，5年も経たないうちに，鉄道病院は1ヵ所から4ヵ所へと増設されており，鉄道治療所の数も2倍以上増えた。1914年6月よりは東京鉄道病院で看護婦養成制度を開始し，のちにはこれを他の鉄道病院にも拡大した[24]。

これとともに，「身体検査並健康診断規程」（1914年11月30日，総裁達第

---

21) 資産を基準とする余剰・損益の比率は1908年－8.95％，09年－0.81％，10年0.25％，11年1.84％，12年5.97％であった。日本国有鉄道厚生局『国鉄共済組合五十年史』国鉄共済組合，1958年，44頁，457-458頁。
22) 日本国有鉄道厚生局『国鉄共済組合五十年史』国鉄共済組合，1958年，47頁。
23) 鉄道省『国有十年：本邦鉄道国有後の施設並成績』1920年，299-301頁。
24) 日本鉄道医協会「東京鉄道病院看護婦養成規程中改正の件」『日本鉄道医協会雑誌』2-5，1916年5月，32頁。

表 1-2　国鉄の身体検査標準（単位：cm, kg）

	15-18 歳未満	18-20 歳未満	20 歳以上
身長	145.44	151.50	154.53
体重	43.125	45.000	46.875
胸囲	71.205	74.235	75.750
胸廓縮張の差	4.545	5.454	6.060
肥度	23.96	24.00	24.51

出所：名古屋鉄道治療所鉄道医植村隆秀「工場，会社，鉄道等に採用する人員の身体検査標準に就て」『日本鉄道医協会雑誌』8-6，1922 年 6 月，25 頁。

注：元の単位は尺，寸，貫であったが，それぞれ 30.3cm，3.03cm，3.75kg で換算した。

1079 号）が設けられた。採用時には身体検査の標準（表 1-2）に従って甲，乙，丙，丁の 4 種に区別し，甲，乙，丙は合格，丁は不合格とした。駅長，運転掛，操車掛など特定職務に関しては甲種合格者（「已むを得ざる時」は乙種）が任命された[25]。また採用後には毎年在職現業員に対して健康診断を行い，職務執行可否の判断や伝染病発生の防止など集団衛生の維持をはかった[26]。1915 年と 16 年にはそれぞれ被検総数 9 万 8,443 人と 9 万 5,593 人のうち，不合格退職者 467 人と 764 人，不適者転職者 429 人と 474 人であった。退職者と転職者は色盲，色神経弱および視力不完全などに属するものが大部分であって，その次が肺結核の患者であった[27]。同年には清潔の保持，伝染病予防消毒などのための消毒班規程（→ 1918 年に伝染病予防規程）や，旅客・職員の応急手当のために救護車と救護材料を備える救護規程が実施された[28]。それのみならず，日本鉄道医協会が「鉄道院の指導保護の下に」1914 年 3 月に設置され，国鉄医事および衛生に関する調査研究を開始した[29]。

25) 駅長，助役，運転掛，操車掛，信号手，転轍手，連結手，転轍担務駅手，踏切看手（駅務従事員たる），車掌監督，同助手，車掌，制動手，機関庫主任，同助手，庫内手，合図方，機関手，同助手，検車所主任，同助手，検査手，同助手，注油夫，電車庫主任，船長，運転士，水夫長，舵夫，機関長，機関士，火夫長，油差は甲種合格者中より採用され，その他の運転従事員，保線従事員，電気従事員，船員および諸技工は乙種以上の合格者より採用された。

26) 鉄道省官房保健課「国有鉄道保健衛生施設」（続）『日本鉄道医協会雑誌』12-8，1926 年 8 月，21-38 頁。

27) 日本鉄道医協会「保健課事務一般」『日本鉄道医協会雑誌』3-10，1917 年 10 月，20 頁。

28) 日本国有鉄道『日本国有鉄道百年史　第五巻』1972 年，406-407 頁。

以上のように，1910年代前半に鉄道員の身体に対して国鉄当局が個々人レベルで把握し，その健康状態を維持するのには関心と資金を注ぐようになったのである。

②第一次世界大戦の勃発と職員健康の悪化

第一次大戦が勃発すると，重化学工業化を中心とする経済成長が進むにつれ，国鉄の客貨輸送は急激に増加した（図1-5）。旅客と貨物はそれぞれ1914年の1億6,609万人と3,584万トンから17年に2億4,523万人と4,953万トン，20年に4億582万人と5,753万トンへと増えた[30]。とはいえ，第一次大戦期中に海外からの機械類および鉄鋼などの確保が難しかったため，鉄道投資は極めて低い水準であった。そのため，「滞貨に対する応急施設」として複線化，停車上構内有効長の延長，側線延長，信号場の増設，車両増備

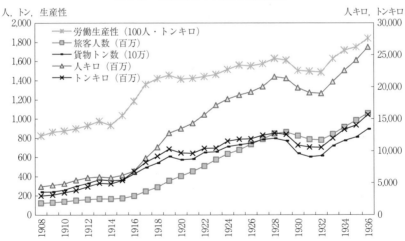

図1-5　戦前期日本国鉄の輸送推移

出所：日本国有鉄道『鉄道要覧』各年度版；同『鉄道統計年報』各年度版。
注：1．労働生産性＝（旅客輸送量［人キロ］＋貨物輸送量［トンキロ］）／従事員。
　　2．人キロ＝旅客の輸送人数×輸送距離，トンキロ＝貨物の輸送トン数×輸送距離。

---

29)　日本鉄道医協会「本会成立の経過」『日本鉄道医協会雑誌』第1号，1914年12月25日，94頁；日本鉄道医協会「日本鉄道医協会第一次総会記事」『日本鉄道医協会雑誌』1-3，1915年5月，87頁。
30)　日本国有鉄道『鉄道要覧』各年度版；同『鉄道統計年報』各年度版。

図 1-6 戦前期日本国鉄における労働異動率と実質賃金(単位：%, 円)

出所：「共済組合加入並に脱退人員表」(鉄道省『鉄道統計』各年度版)より推計；「男女別一般職業紹介状況(大正 10 年－昭和 22 年)」日本統計協会編『日本長期統計総覧』2006 年；日本国有鉄道『鉄道要覧』1946 年度版；日本国有鉄道『日本陸運十年史Ⅰ』1951 年，572 頁；鉄道給与研究会編『国鉄賃金講話』交通経済社，1954 年。

注：1. 採用率　＝　採用÷前年度共済組合現在人員。
　　2. 離職率　＝　(脱退人員計－任意脱退－「非現業員に転じる者」)÷前年度共済組合現在人員。
　　3. 実質賃金　＝　従事員一人当たり賃金÷消費者物価指数(1934-36 年＝100)。

などといった追加的改良投資が行われた上，車両の修繕能力と配車能力を高めることで車両運用を巧みにし，施設運用の効率化を図った[31]。それを表すものが図 1-5 の労働生産性の推移である。1910 年代後半にかけて生産性が 9 万 3,000 人トンキロから 14 万 6,000 人トンキロへと急増したのである。これは現場労働力の拡充を前提としたものの，しかし労働力の確保は容易ではなかった。図 1-6 を見ればわかるように，第一次大戦中，国鉄の賃金引上げが遅れて実質賃金が低下した。1914 年の 30.9 円から 15 年 33.7 円へと上昇したあと，1916 年 31.2 円，17 年 27.6 円，18 年 22.9 円，19 年 20.0 円へと低下したことから，激しい労働力流動化に直面せざるをえなかった。すなわち，1910 年代中に離職率は 1914 年 18.6％から 18 年 27.2％へと上昇し，採用率はこれを上回り，同期間中 22.5％から 37.9％となった(図 1-6)。

資料上得られる西部管理局に限って，その従事員とこの地域をおもにカバーする神戸鉄道病院の公傷患者数の年齢別構成(図 1-7A)を比較すれば，

---

[31] 「滞貨に対する応急施設」『大阪朝日新聞』1918 年 7 月 2 日。

図 1-7　神戸鉄道病院における公傷患者の年齢別構成と負傷までの在職期間（1915-18年）

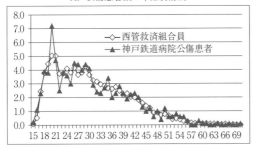
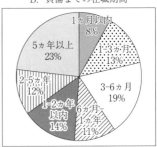

出所：鉄道院『鉄道院統計年報』各年度版；神戸鉄道病院外科原田忠男「外傷患者（鉄道院公傷負傷者）一千名に関する諸種の統計的観察」『日本鉄道医協会雑誌』5-2，1919年2月，1-12頁。
注：1915年4月以降の仙台鉄道病院の公傷負傷者1,000人のうち外科公傷患者である242人を対象として調査したもの。

20歳を中心として公傷発生が集中した。また，負傷までの在職期間（図1-7B）を見ても，1ヵ年以下の従事員層が全体の51.2%を記録し，不熟練さが負傷発生につながった。「最も危険度の大なる連結手等に於ても見習側執業の止むなき場合多く吾人は日常手術室に於て被轢過四肢亡失又は腹部挟圧等の重篤なる患者が『本日見習として入った許り』等の悲惨なる事実を聞く事の多いの事実を証明している」と，神戸鉄道病院外科鉄道医の原田忠男は指摘している[32]。運輸・運転現業員の場合，従来「休憩時間の定めあるものあると雖も往々其職務の性質上過労に陥る幣ありて知らず識らずの間に事故を発生するの機会を作るものなるが故に」1919年より増員の上「三交替制即ち平均八時間勤務制を拡張」し，勤務時間の緩和を図った[33]。

第一次世界大戦期を経ながら，こうした状況は必然的に運転事故と公傷発生率の増加をもたらした。図1-8に示す通り，1918年に発生率がもっとも高かった。とくに年齢が低く，勤続年数が短くになるにつれ，熟練度が低下

---

32) 神戸鉄道病院外科原田忠男「外傷患者（鉄道院公傷負傷者）一千名に関する諸種の統計的観察（承前）」『日本鉄道医協会雑誌』5-3，1919年3月，2頁。
33) 日本鉄道医協会「鉄道院運輸従事員の勤務時間緩和」『日本鉄道医協会雑誌』5-7，1919年7月，33頁。

図 1-8　現在人員千人に対する公務負傷率

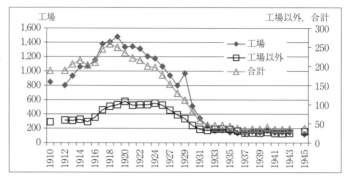

出所：鉄道院『鉄道院統計図表』各年度版；鉄道省『鉄道省統計年報』各年度版；鉄道大臣官房保健課『国鉄共済組合三十年史』1938 年，665-666 頁；日本鉄道医協会「保健課事務一般」『日本鉄道医協会雑誌』3-10，1917 年 10 月，20 頁。

注：1. 1907-12 年，25 年は資料上確認できず。
　　2. 1926 年より工場以外は運輸，運転，保線，その他である。

してこれが事故発生につながったのである。なかでも，鉄道工場の負傷率は 1,000 を超えていた。「合計」と表示されている鉄道院全職員は 100 以下で極めて低かったのに対し，鉄道工場はその 20 倍に近かった。鉄道工場における公傷は年齢別に老年より青年層で多く発生し，職場別には製缶，旋盤，組立などで一番多く，鍛冶，鋳物がこれに次ぎ，縫工，塗工で最も少なかった[34]。すなわち，負傷者の発生は年齢別に職場別に相違があったのである。治療所の有無によってもその結果は大きく異なっていた。職工側の軽微負傷に対する対応が違うことがその原因にあっただろう。また時間的に負傷は作業者の集中力の落ちる午前 10 時と午後 3 時に多く発生した。第一次大戦中の車両修繕の効率化が多くの公傷事故＝犠牲を伴いながら，進められたわけである。国鉄では工場員が最も多くの事故発生に晒されていたのである。

　1918 年頃をピークとして負傷率が増加したとはいえ，それだけが大量の従事員死亡をもたらしたわけではない。図 1-9 によれば，1918-19 年に高い

---

[34]　高松泰三「鉄道院の各工場に於ける職工の負傷に関する数字的観察」『日本鉄道医協会雑誌』4-8，1918 年 8 月 25 日，1-5 頁。

図1-9 共済組合員の死亡率（単位：千人当たり死亡数）

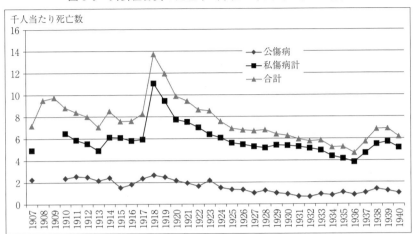

出所：帝国鉄道庁『帝国鉄道庁統計図表』各年度版；鉄道院『鉄道院統計図表』各年度版；鉄道院『鉄道院年報』各年度版；鉄道院『鉄道統計資料』各年度版；鉄道省『鉄道統計資料』各年度版など。

死亡率を記録したが，これを公傷病と私傷病にわけて見ると，公傷病による死亡率の増加も確かにあったが，私傷病による死亡率が急激に上昇したからである。さらに1918年の死因統計を従事員の所属系統別にブレイクダウンしてみよう[35]。駅717人（公務死亡率3.99，非公務死亡率10.11），機関庫382人（公務死亡率2.14，非公務死亡率11.49），保線区239人（公務死亡率3.17，非公務死亡率10.61），工場225人（公務死亡率0.58，非公務死亡率13.64），船員8人（公務死亡率0，非公務死亡率8.36），その他145人（公務死亡率0.57，非公務死亡率11.72），合計1,716人（公務死亡率2.70，非公務死亡率11.02）であった。駅員の死亡者が最も多く，公務関係も一番多かった。これはそもそも駅員の数が多いこともあるが，自動連結器が1925年7月に全国一斉に装着される前，手作業で車両連結を行っていた連結手の死亡事故が多かったからである[36]。自動連結器化が実施された1925年になると，駅員の公務傷痍死亡者は109人へと半減した[37]。死亡率では作業条件の劣悪だった工場のほうが

---

35) 鉄道院『鉄道統計資料』1918年度版。

図 1-10 私傷病の死因別死亡率

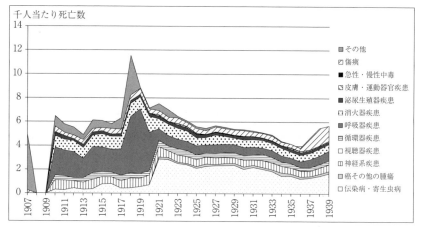

出所：鉄道院『鉄道院年報』各年度版；鉄道省『鉄道統計資料』各年度版。
注：1. 呼吸器疾患などに含まれていた結核をはじめとする各種伝染病（法定伝染病以外）が 1921 年より伝染病に分類された。
2. 循環器疾患には血液および造血臓器疾患が含まれる。皮膚・運動器官疾患にはリウマチ性疾患，栄養障害分泌線疾患が含まれる。
3. 1916 年までの自殺はその後の分類に従って，傷痍に入れる。

他系統より高かった。

　鉄道員の健康一般を把握するため，労災を除いて 1910 年代末の死亡率の上昇がいかなる疾病によるものかを把握しなければならない。そこで，私傷病の死亡率を死因別に提示したのが図 1-10 である。ただし，私傷病の場合，労働作業だけでなく日常的生活によって規定されることから，鉄道員の生活環境にも注目する必要がある。詳しくは後述するが，死因としては呼吸器疾患がもっとも多く，つぎに消化器疾患＞神経系疾患＞急性伝染病＞循環器疾患＞泌尿生殖器疾患の順であった。私傷病について従事員の所属系統別に死因を見ても，全体の推移と似ている。ここでいっている呼吸器疾患はい

---

36) 1920 年に連結手は 3,467 人であったが，連結解放事故死傷数 225 人であって，連結手死傷数は 164 人に達し，連結手千人に対する死傷率は 64.12 であった。鉄道省官房保健課「国有鉄道保健衛生施設」（続）『日本鉄道医協会雑誌』12-8，1926 年 8 月，33 頁。
37) 鉄道省官房保健課「国有鉄道保健衛生施設」（続）『日本鉄道医協会雑誌』12-8，1926 年 8 月，33-34 頁。

かなる疾患であったのか。これは当時，全世界的に大流行したスペイン・インフルエンザとは無関係でなかった[38]。速水裕（2006）は日本内では大きく見て2回にわたって流行し，45万人以上に達する死亡者が発生したと推計している[39]。保健課は当初その実態が把握できず，その集計さえ行っていなかったが，第二次大流行に当たる1920年1-2月の2ヵ月間について正確なデータを収集した。患者数は1万4,445人に達し，そのうち256人の死者数を記録し，対患者死亡率は17.7であった。欠勤者は20年1月中旬に2,551人に記録し，全職員の1.81％に達した[40]。

ここで，速水氏のアイディアに基づいてスペイン・インフルエンザが流行した1918-20年の3ヵ年の呼吸器病とその他より流行前の1915-17年の死亡者を引き算した上，共済組合数の増加率30.2％を勘案すると，1,087人という「超過」死亡者の推計が得られる。もちろん，これは共済組合員（全職員の90％以上）を基準としたため，死亡者は若干増える可能性がある。1917年の死亡者が943人であったことから見れば，スペイン・インフルエンザは国鉄の労働衛生体制に大きなインパクトを及ぼさざるを得なかった。スペイン・インフルエンザが発生すると，総裁官房保健課は1918年10月28日に依命通牒をもって本病予防の根本方法を示しその普及に関し専ら督励を図った。さらに1919年12月に再び大流行の兆しが見えると，一般職員の注意を喚起して予防方法を宣伝する必要を認めて簡明な印刷物15万枚を配付し，さらにうがいの励行，マスクの使用，手指の洗浄，患者居室の消毒，使用器具の区分および寝具被服の消毒などを強く勧めた。20年1月には官費によるうがい薬とマスク材料の配給やワクチン注射の施行[41]を決定した[42]。この経験から，保健課長福田正男自らが21年5月には一般現業員の衛生思想を

---

38) スペイン・インフルエンザについてはコラム①を参照されたい。
39) 速水融『日本を襲ったスペイン・インフルエンザ：人類とウイルスの第一次世界大戦』藤原書店，2006年，239-240頁。
40) 鉄道大臣官房保健課「流行性感冒予防施設概要（承前終）」『日本鉄道医協会雑誌』8-12，1922年12月，2頁。
41) インフルエンザ・ウイルスが発見できず，ファイフェル菌（Pfeiffer's bacillus）が病原体であると看做されたため，ワクチンの効果は最初から期待できない。
42) 鉄道大臣官房保健課「流行性感冒予防施設概要」（承前）『日本鉄道医協会雑誌』8-11，1922年11月，7-8頁。

喚起するため,「清浄第一」を唱えるに至った。「即チ人生ハ清浄ニ出発シ清浄ニ終著シ其間絶対ニ不浄ノ介在ヲ容レザルヲ理想トス」と主張したのである[43]。

以上のように,国鉄の成立とともに,大家族主義の下で官房保健課を中心に救済組合や鉄道病院という二つの制度として労働衛生管理が実施されたが,第一次大戦を経て1910年代末にいたると,深刻な危機に直面せざるを得なかったのである。

第2節　労働衛生制度の拡充と職員の健康・疾病

①鉄道医療と保険・年金制度の強化

1910年代後半から20年代初めにかけて負傷者と死亡者の発生が急激に増加するのに対し,国鉄当局はいかなる対策を講じたのだろうか。この時期に高かった離職率もこのような背景が一つの要因になったことはいうまでもなく,したがって国鉄当局は医療機関の大々的な拡張を図った。

従来からの東京鉄道病院(図1-11)のほか,医療サービス需要に応じるため,神戸鉄道病院(1915年3月),札幌鉄道病院(1915年10月),門司鉄道病院(1917年4月),仙台鉄道病院(1921年2月),名古屋鉄道病院(1923年5月),神戸鉄道病院大阪分院(1923年10月)を次々と設置した[44]。既存の医療施設に対して医療陣の拡充が行われ,1925月4日には鉄道医150人,薬剤師102人,合計252人の専任医療陣を抱えるようになった[45]。とくに,中心的医療機関たる東京鉄道病院の場合,関東大震災の打撃を受けたにもかかわらず,医員,薬剤員,看護婦などの医療陣から見てその規模を着実に拡大してきた[46]。看護婦の場合,毎年10-20人を募集して,東京鉄道病院自らに

---

43)　鉄道省保健課長福田正男「鉄道従事員の衛生思想涵養と『清浄第一』」『日本鉄道医協会雑誌』7-6,1921年6月,4頁。

44)　鉄道省官房保健課「国有鉄道保健衛生施設」『日本鉄道医協会雑誌』12-9,1926年9月,13-19頁。

45)　日本鉄道医協会「神戸鉄道病院創立第十周年記念式記事」『日本鉄道医協会雑誌』11-5,1925年5月,22頁。

図1-11　御成門時代の東京鉄道病院（東京市芝区，1916年4月-1923年9月）

出所：中央鉄道病院編『中央鉄道病院史：新病院完成記念』1980年。

よる養成が行われ，毎年10人程度を卒業させた[47]。これらの病院はほとんどの費用を鉄道院側が負担したため，患者に対して薬価，処置科，手術科，食品など診療上とくに必要な費用のみが徴収され，それが市中の一般病院より安くなったことはいうまでもない。

果たしてこれらの医療陣の拡充はどのような効果をもたらしたのだろうか。図1-12と図1-13を見れば，医療サービスの提供が急激に拡大されたことが確認できる。ただし，患者の種類においては第1種の職員患者の場合，1920年代になってほぼ横ばいとなり，第3種の職員を含めても，20年代後半より横ばいとなった。つまり，入院，外来とも20年代後半からの患者数の増加は第3種家族によるものであった。これは医療サービスが公傷中心の職員から私傷の職員に，最終的には職員の家族へと拡大されたことを意味する。診療科別には，まず入院の場合，初期には圧倒的に外科が多かったが，

---

46) 東京鉄道病院は全焼の被害を受けて新宿駅構内東京鉄道局事務所所有庁舎で仮病院の状態として運営されたが，1928年3月に千駄ヶ谷町に新築移転した。日本鉄道医協会「東京鉄道病院新築経過報告」『日本鉄道医協会雑誌』14-3，1928年3月，55-57頁。

47) 東京鉄道病院は1911年から1924年にかけて186人を募集し，120人の卒業生を輩出した。そのうち，22人が当病院に勤めていた。東京鉄道病院「回顧十五年」『日本鉄道医協会雑誌』11-11，1925年11月，21頁。

図 1-12　鉄道病院の入院患者数（延人員）

A. 種類別

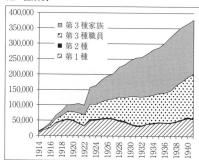

B. 診療科別

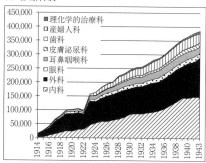

出所：鉄道院『鉄道院年報』各年度版；鉄道省『鉄道統計資料』各年度版。
注：第1種は公傷病の従事員患者，第2種は乗車中に事故などに遭った旅客，第3種は私傷病の患者（職員，家族）。

図 1-13　鉄道病院の外来患者数（延人員）

A. 種類別

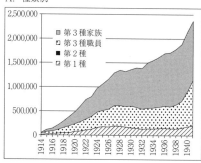

B. 診療科別

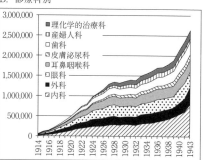

出所：鉄道院『鉄道院年報』各年度版；鉄道省『鉄道統計資料』各年度版。

　事故率の減少とともに，外科手術を必要とする患者数が相対的に少なくなり，内科のほうが多くなった。これは私傷病の職員患者と家族患者が増えたことと関係がある。一方，外来の場合は内科や眼科の患者が多くなったが，診療科別に一定の比率が維持される傾向が見られた。
　このような傾向がより強く現われたのは鉄道工場，大規模事業場を中心として設置された鉄道診療所であった[48]。主任，医員，助手，看護婦などが置かれて，治療に当たった。分科組織と入院設備を有しなかったが，診療所は1914年の16所から24年に65所，34年に106所となり，患者数も14年の

19万6,693人（第1種47.7％，第3種職員22.2％，家族30.0％）から24年に140万7,904人（第1種29.7％，第3種職員28.8％，家族41.5％），34年に325万4,407人（第1種14.3％，第3種職員31.5％，家族54.1％）へと増えた。そのほかの直営医療機関としては療養所が温泉地たる有馬（神鉄），別府（門鉄），飯塚（仙鉄），登別（札幌）の4ヵ所に設置され，温泉療法ならびに理化学的治療が実施された[49]。直営医療機関以外にも各地域に鉄道嘱託医が任命され，鉄道病院あるいは診療所の医療サービスを受け難いところで職員の治療を担当した[50]。1926年には831人が配置され，平均14.8キロ当たり1人となった。診療機関ではないが，衛生試験所が設けられ，鉄道衛生に関する理化学的・医学的研究および試験に従事した。乗務員に対する疲労防止・回復対策として休憩所と共同浴場が1921年から27年にかけてそれぞれ1,527ヵ所→2,141ヵ所，388ヵ所→2,540ヵ所と増設され，職員死傷事故の減少に大きく寄与した[51]。

それとともに，国鉄当局は賃金引上げを図る一方，救済組合の役割を強化しようとした。国鉄は本給昇給の臨時措置として1917年から19年にかけて度々増給を行う一方，臨時手当，臨時賞与金，年功加給（5年以上の勤務）を支給する方法をとった[52]。これによって，実質賃金は1919年の20円から20年に36.3円へと回復し，その後30年代初頭にかけてデフレが進行すると，実質賃金はむしろ上昇し続けた。救済組合の強化においては，1916年

---

48) 鉄道省官房保健課「国有鉄道保健衛生施設」（続）『日本鉄道医協会雑誌』12-8，1926年8月，21-38頁；鉄道省官房保健課「国有鉄道保健衛生施設」『日本鉄道医協会雑誌』12-9，1926年9月，13-19頁。

49) 療養所には「慰安主義ヲ加味シ，職員及家族ヲシテ温泉ニ浴スル傍，明媚ナル天然ナ風光ニ接シ積日ノ労苦ヲ忘レシムト云フ，『リクリェーション』ノ方面ニモセシメテ居リマス」。鉄道省事務官影近清毅「大正十二年度中ニ於ケル医事衛生ニ関スル施設事項」『日本鉄道医協会雑誌』10-9，1924年9月，2-3頁。

50) 1919年6月に鉄道院直営医療機関で勤めていた鉄道医は奏任官待遇51人，判任官待遇57人であった（日本鉄道医協会雑誌「鉄道医の定員」『日本鉄道医協会雑誌』5-6，1919年6月，24頁）。鉄道省官房保健課「国有鉄道保健衛生施設」（続）『日本鉄道医協会雑誌』12-8，1926年8月，21-38頁；鉄道省官房保健課「国有鉄道保健衛生施設」『日本鉄道医協会雑誌』12-9，1926年9月，13-19頁。

51) 官房保健課長柴間之祐「国有鉄道に於ける職員死傷事故の減少と増福施設」『現業調査資料』3-5，1929年5月，1-13頁。

52) 鉄道院総裁官房保健課『鉄道現業員待遇事例』1919年12月。

図 1-14　共済組合における各救済金・給付金の被支給人数

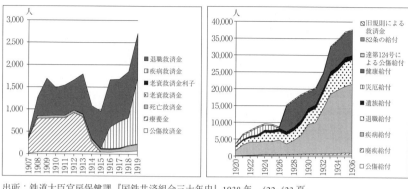

出所：鉄道大臣官房保健課『国鉄共済組合三十年史』1938 年，422-423 頁。

図 1-15　共済組合における各救済金・給付金の推移

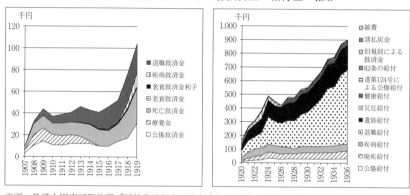

出所：鉄道大臣官房保健課『国鉄共済組合三十年史』1938 年，422-423 頁。

に救済組合は 100 万円に近い余剰金が確保できると，責任準備金の積立を法文化し，同時にその余剰金の幾分を割って，「健康保険の先駆」ともいえる私傷病に対する医療救済制度を実施した。そのため，医療費補給制を内容とする職員救済組合医療規程（1916 年，達第 226 号）が決定された[53]。1918 年には従来の救済が死亡，老衰救済の生命保険主義に重きを置いたという反省から，組合の名称を救済組合から共済組合へと変えるとともに，従来の組合員三種類を強制加入の甲種と任意加入の乙種の二つに変えた[54]。公傷救済金の中で重傷病者の給付額を増加し，新たに公傷二等の場合，退官・退職の際

に終身年金を選択できる年金制を設けた。私傷病に罹った職員に対して，疾病救済金を設け，従前の医療金のほか，疾病手当金と特症手当金（肺結核に罹って退官・退職）を増設した。同年中には共済組合に購買部が設置され，食糧をはじめとする生活必需品を供給し始めた[55]。

救済組合についてみれば，まず指摘できるのは国鉄の公傷救済金が他の官営事業の共済組合に比べて劣っていなかったことである。官営事業では全般的に公傷事故が発生すると，その傷痍疾病の等級に応じて公傷救済金を支給した。国鉄，海軍のように救済組合があればこの組合がその機能を担当したのはいうまでもなく，また「共済組合ナキ官営事業ニ在リテハ各庁技術工芸ノ者就業上死傷手当内規又ハ官役職工人夫扶助令ニ依ル扶助料又ハ遺族扶助料ヲ受クルモノ」とした[56]。それを表示した表 1-3 によれば，鉄道院のほうが給料を基準として他の官営事業より長い期間の公傷救済金を支給していた。第 2 等傷者の場合，1918 年 4 月より一時金と終身年金を選択することができるようになった。

1920 年に至っては雇用人に対する年金制度の導入が本格的に行われた。退職年金（20 年以上加入者の終身年金）および退職定期年金（15-20 年加入者の 15 年限定）と，私傷病で恒久的廃疾になった者に対する廃疾年金[57]が制度的に確立した。また，従来の給付を整理して公傷年金および遺族年金が新設されており，疾病給付も従来より拡張された[58]。これが死傷病に罹った職員の治療基盤となったのである。新しい制度を実施するため，組合掛金（甲種 100 分の 3 → 6，乙種 5 → 11）と政府給与金（100 分の 2 → 5）の増額が行われ

---

53) 医療費用の半額を標準として，①勤務のかたわら医療を受ける者は 1 日 5 銭，②休業治療を受ける者は日給者 10 銭，月給者 5 銭，③入院した者は日給者 1 日 40 銭，月給者 1 日 20 銭が補給された。ただし，補給期間は 1 年 60 日以内であった。鉄道省『国有十年：本邦鉄道国有後の施設並成績』1920 年，298-299 頁。
54) 鉄道大臣官房保健課『国鉄共済組合三十年史』1938 年，169-177 頁。
55) 鉄道院総裁官房保健課『鉄道現業員待遇事例』1919 年 12 月；鉄道省『国有鉄道従事員待遇施設』1930 年 12 月，30-45 頁。
56) 影近清毅「業務災害に対する扶助制度」『日本鉄道医協会雑誌』4-5，1918 年 5 月，5-6 頁。
57) 廃疾年金者は年金の事由発生後 1-2 年内に死亡するものが過半数に達した。鉄道省官房保健課馬渡一得「廃疾年金者の転帰に就て」『日本鉄道医協会雑誌』22-6，1936 年 6 月，1-6 頁。
58) 日本国有鉄道厚生局『国鉄共済組合五十年史』国鉄共済組合，1958 年，21-22 頁。

表 1-3 各官営事業における公傷救済金の支給（給料基準）

	第 1 等傷 (重傷致死者)	第 2 等傷 (終身自由不能者)	第 3 等傷 (終身労務不能)	第 4 等傷 (従来の労務不能者)	第 5 等傷 (軽易傷害者)
鉄道院	2年6ヵ月分	2年2ヵ月-3年分	1年2ヵ月-2年分	7ヵ月-1年分	1ヵ月-6ヵ月分
逓信省，台湾通信	同上	1年7ヵ月-2年6ヵ月分	1年-1年6ヵ月分	同上	同上
朝鮮鉄道，台湾鉄道	同上	同上	同上	同上	同上
専売局	同上	2年6ヵ月分	1年6ヵ月分	1年分以内	6ヵ月分以内
印刷局	同上	同上	同上	同上	同上
海軍	2年3ヵ月-2年6ヵ月分	2年-2年6ヵ月分	1年2ヵ月-1年6ヵ月分	6ヵ月-1年分	1ヵ月-6ヵ月分

出所：影近清毅「業務災害に対する扶助制度」『日本鉄道医協会雑誌』4-5，1918年5月，6頁。

た。財源の拡充に伴って，国鉄当局は従来の救済金を給付に変えて，従来の公傷救済金，疾病救済金，死亡救済金，退職救済金，養老救済金の5種を公傷給付，廃疾給付，疾病給付，退職給付，遺族給付，災厄給付の6種に改めた。のちには，40歳以上の退職者に対する年金は給料年額の3分の1に増額された[59]。また，26年12月に健康保険法が実施されると，27年1月より共済組合が代行することとなった。

このような制度的改編によって給付金の支給対象者と金額が急激に増える様相を示した（図1-14と図1-15）。人員面では1919年以前の療養金・疾病救済金と1920年以降の疾病給付・健康給付がもっとも多く，その次が退職救済金ないし退職給付であった。金額面では1919年以前には公傷救済金と死亡救済金が大きかったが，20年以降になると，退職年金が雇員・傭人層にまで適用されたため，その比率がもっとも大きくなった。とくに，1926年の年金の増額措置がこの傾向を加速化した。年金の増額は予想を上回っており，経済不況の深刻化と重なって共済組合の欠損要因となった。そのた

---

[59] 新恩給法（1923年）によって俸給年額が4分の1から3分の1に引上げられるのに対して，現業委員会（1920年5月設置）が年金増額を強く要求した結果である。鉄道大臣官房保健課『国鉄共済組合三十年史』1938年，4-5頁。

め，1932年に掛け金の増額が決定され，甲種は月給額の100分の7.7，乙種は100分の12.7へと引上げられており，退職年金の給付条件の組合加入後20年への延長，年金前渡金の割引率の引下げ，退職年金と特症金の併合の廃止などが決定された[60]。

②疾病からの回復と健康の維持

果たして以上のような国鉄医療機関と共済組合の拡充が従事員の健康状態にどのような影響を与えただろうか。公務負傷率，死亡率の面で1920年代から30年代前半にかけて長期的低下傾向が読み取れる（図1-8と図1-9）。とくに，不景気中の離職率の低下による長期勤続者≒熟練労働者の増加，勤務時間の短縮，疲労回復施設（休憩所・共同浴場）の増設，防身具（マスク，手袋，保護眼鏡）の支給，自動連結器の全国的採用，事故防止研究会，傷害事故防止委員会，安全委員会，防災組合などによる安全運動などが，従事員の死傷事故が急減する要因となった[61]。一見，健康状況がよくなったようである。それだけでなく，実質賃金の上昇で見られるように，国鉄従事員の生活水準が大きく改善されたことも確かである。これらが従事員の罹患を抑制する影響を与えたと見られるが，実際にはどうであっただろうか。

この問題は国鉄当局にとっても肝心なものであったことはいうまでもない。そのため，1924年より『職員疾病統計』が作成された[62]。そのうち，従事員の健康がわりと良好であったと思われる1925年度統計を中心として説明を行うことにする。表1-4によれば，最大の疾病は消化器疾患であり，次に視器疾患＞皮膚・運動器疾患＞呼吸器疾患＞外傷＞神経系疾患＞伝染病＞聴器疾患＞循環器疾患＞泌尿生殖器疾患の順であった。これに対し，死亡率においては伝染病＞外傷＞呼吸器疾患＞消化器疾患＞神経系疾患＞循環器疾患＞泌尿生殖器疾患＞新生物＞中毒＞皮膚・運動器疾患であった。死亡率の

---

60) 鉄道大臣官房保健課『国鉄共済組合三十年史』1938年，242-271頁。
61) 官房保健課長柴間之祐「国有鉄道に於ける職員死傷事故の減少と増福施設」『現業調査資料』3-5，1929年5月，1-13頁。
62) 鉄道省官房保健課鉄道医馬渡一得「鉄道従事員の健康状態に就て」（第一回報告）『日本鉄道医協会雑誌』14-9，1928年9月，1-9頁。

表 1-4　1925 年度病類別被診療率（単位：千人当たり被診療数）

	運輸運転	保線	電気	船舶	工場	その他	合計	
伝染病	27.5	14.9	25.7	75.7	44.1	13.7	26.7	(2.12)
神経系疾患	40.7	23.9	35.2	40.1	84.6	21.5	40.6	(0.59)
循環器疾患	8.9	5.4	7.3	7.5	15.7	6.2	8.7	(0.39)
呼吸器疾患	54.8	26.3	61.0	32.6	88.0	43.8	53.2	(0.76)
消化器疾患	137.8	87.9	159.5	188.5	411.4	123.2	158.1	(0.66)
新陳代謝疾患	0.2	0.0	0.0	0.4	0.1	0.2	0.1	
泌尿生殖器疾患	5.8	5.1	6.4	4.9	12.1	4.3	6.2	(0.28)
皮膚・運動器疾患	65.4	40.1	67.7	58.4	154.2	50.6	69.3	(0.05)
視器疾患	90.9	57.4	94.7	65.6	154.8	76.2	91.1	(0.00)
聴器疾患	13.4	8.7	14.7	11.2	26.4	13.6	14.1	(0.00)
寄生虫	2.6	2.1	2.0	1.9	2.4	0.8	2.3	
新生物	2.0	0.9	2.7	2.2	3.7	2.0	2.1	(0.15)
中毒	0.1	0.1	0.4	0.0	0.5	0.1	0.2	(0.04)
外傷	46.7	45.0	59.9	32.6	84.4	24.6	48.3	(1.75)
畸形	2.9	0.7	3.4	0.4	1.9	8.6	3.1	
その他	66.3	40.5	65.8	155.1	194.0	40.0	74.0	(0.14)
患者合計	566.1	359.1	606.2	677.0	1,278.3	429.3	598.3	(6.93)

出所：鉄道大臣官房保健課『職員疾病統計』1925 年度。
注：1. 1925 年度の疾病統計は直接医療機関による診療件数を基準として作成された。すなわち，罹病実人員数を基準としたもの（8 日以上継続休養）ではない。
　　2. 括弧内は共済組合員の死亡率（千人当たり死亡数）である。

場合，現業員を中心とする共済組合員の死亡統計であるが，共済組合員が全職員の 90％以上（図 1-2）を占めたため，全職員を対象とする疾病統計とは大きな誤差はない。この両統計の比較によると，特定の罹病率が高いといって，その死亡率が高いわけでない。

また，系統別被診療率（千人当たり被診療数）では工場が 1,278.3 でもっとも高く，次に船舶，電気，運輸・運転，保線の順であった[63]。このような罹病の実態は当然のことであるが，作業環境と勤務形態の優劣さが大きく左右した。保線従事員が最低の罹病率を示しているのは，その大部分が屋外労働の多く「自然の恩恵」を受けるからであるが，その反面，鉄道省官房保健課

63）　死亡率（千人当たり死亡数）は駅 6.98，機関庫員 5.33，保線区員 7.72，工場員 8.28，船員 6.21，その他 7.54，総計 6.93。

鉄道医の馬渡一得（1930）によれば，工場従事員が罹病率が高いのは「（一）工場内部ガ不衛生ナルコト[64]（二）給料ガ出来高ニヨルタメ過労ナルコト（三）採用時ノ身体検査標準低キコト（四）治療所近クシテ随時簡単ニ治療ヲ受ケ得ラルルコト等ニ依ルモノ」であった[65]。

職名別に罹病率が著しく高かったのは，工場員を除いて列車給仕 1,148，検車手 951，電車運転手 913，車掌 840，水夫 812 であった。おもに列車乗務員においてわりと疾病が多かった。というものの，機関手，機関助手などの機関車乗務員の場合は平均罹病率と大きな差はなかった。工場員では鍛冶 2,020，旋盤 1,830，仕上げ 1,730，木工 1,690，鋳物 1,670，組立 1,650，塗工 1,650，工機 1,600，製缶 1,540，工場工手 1,150，客車 1,070，貨車 1,000 であった[66]。罹病率が著しく低かったのは駅手 400，転轍手 399，電話掛 379，炭水手 353，線路工手 280，踏切工手 280，踏切看手（運転）230，踏切看手（保線）154，列車荷扱手 155，線路工手組頭 9 であった。屋外労働者の罹病が少なく，塵埃中に作業した荷扱手と炭水夫でも罹病が少なかった。

次には，図 1-16 の個別疾病レベルでみれば，最大の疾病は罹病率 59 の感冒であり，次には結膜炎 49，咽頭炎 25，神経衰弱症 13，気管支炎 20，湿疹 17，脚気 15，トラコーマ 13，鼻炎 12，神経痛 13 が多かった。罹病率で各系統別にもっとも高かった三大疾病を取り上げれば，運輸・運転は感冒，結膜炎，神経衰弱症，保線は結膜炎，感冒，咽頭炎，船舶は感冒，結膜炎，脚気，工場は感冒，結膜炎，咽頭炎であった。

最大の死亡原因であった肺結核の場合，全体的に罹病率は約 7.2 であったが，工場員が平均罹病率の 2 倍を示し，船舶は 1 人もいなかった。また保線において低い罹病率を記録し，良好な健康状態を示した。200 人以上の従事

---

64) 1931 年度ノ仙台鉄道管理局工場ノ労働環境トシテ「空気ノ汚染即燃焼其他ニ因ル有害瓦斯及飛塵，日光光線不足，湿度ノ過高低等」が指摘された。角田耕六「現業従事員ノ総罹病統計ニ就テ」『日本鉄道医協会雑誌』19-5，1933 年 5 月，7-8 頁。
65) 鉄道大臣官房保健課鉄道医馬渡一得「従事員の心身に及ぼす鉄道労務の影響に就て」『日本鉄道医協会雑誌』16-1，1930 年 1 月，12 頁。
66) 工場員の罹病率は 1924-26 年の 3 ヵ月平均の数値である。鉄道大臣官房保健課鉄道医馬渡一得「従事員の心身に及ぼす鉄道労務の影響に就て」『日本鉄道医協会雑誌』16-1，1930 年 1 月，22-23 頁。

図1-16 所属系統別職員の特殊疾患の罹病率（単位：千人当たり罹病数）

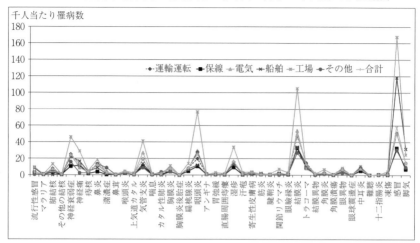

出所：鉄道大臣官房保健課『職員疾病統計』1925年度。
注：前掲表と異なるのは主要疾患に含まれているその他疾病が表示されていないためである。

員を持つ職名において肺結核の罹病率が高かったものを列挙すると，列車給仕22，改札掛20，電信掛20，電車運転手18，制動手18，出札掛13，車掌13，検車手13，警手12，鋳物11，貨物掛11，小荷物掛10，機関手10，機関助手9，車号掛9，木工6であった[67]。運転，運輸，工場に従事する場合，罹病率が高かったといえよう。局別には寒冷地方たる札幌，仙台で発生率が高く，また「密集群居」の東京はそれに次いで高率であった。

　脳膜炎でもやはり工場の罹病率が一番高く，船舶のほうが一番低かった。さらに，後遺症を伴う神経衰弱症でも，工場の罹病率が46と最も高く，25の運輸・運転要員がその次であった。工場要員を除いて罹病率が96を記録したのは電車運転手であって，都市部の配車間隔の短いだけに，業務内容が高い注意を要し，それが神経衰弱症を引き起こした。

　職務特殊の影響によって生じうる疾病として罹病率が高いのは，機関手は神経衰弱，気管支炎，結膜炎，機関助手は神経衰弱，肋膜炎，車掌は肺結核，肋膜炎，出札掛は肺結核，脚気，改札掛は肺結核，肋膜炎，脚気，電信

67）鉄道大臣官房保健課『職員疾病統計』1925年。

掛は肺結核，肋膜炎，脚気，電車運転手は神経衰弱，水火夫は脚気であった。機関手，機関助手，電車運転手のように直接運転の衝に当たるものに神経衰弱が多く発生し，肺結核，肋膜炎などの結核性疾患は車掌，出札，改札掛，電信掛のように室内で運動不足がちな職務の従事員にとくに発生する傾向があったという[68]。こうした職業病に対して国有鉄道共済組合規則によって医療費の7割が補給された（1922年6月の大臣達）。そのほか，鉛毒，漆皮膚炎などが1914年の大臣達によって公傷と同一に取扱われており，さらに内規「工場法施行ニ付業務上疾病ノ取扱標準」[69]に指定された職業的疾患も公傷と同一の取扱をうけた。したがって，国鉄当局としては職業的疾患を含めて疾病の発生をできる限り抑制するよう事前的対策が講じられる必要があった。

一般的対策としては「体操ノ普及」が提案された。「血液循環ヲ良クシ，疲労ノ恢復力ヲ増シ活動ノ範囲ヲ拡メテ動作ヲ敏活巧緻ナラシメ気分ヲ明快ニス依テ以テ災害予防ヲ兼スル合理的健康増進法トス」と，その効果が指摘された[70]。系統別には運輸・運転などについては「イ，石炭殻ノ処分即チ事務室，作業場，庁舎，官舎及道路付近ノ地表ニ敷詰メザルコト」「ロ，煤煙ノ発生箇所ト常風位トニ考慮シテ建設スルコト又隧道内煤煙ノ吸入保護施設ノ励行」「ハ，乗務及徹夜勤務ニ対スル休眠ノ考慮並食事及被服注意」，工場については「イ，排気及採光設備ノ大改善」「ロ，『ストーブ』ヲ廃シ蒸気暖房トスルコト」「ハ，土床ヲ廃シ床ヲ設クルコト」「ニ，昼休ヲ一時間（現在四十分）トシテ戸外ニ出ダシ体操ヲ励行セシムルコト」がそれぞれ提案された。こうした対策が実施されたにもかかわらず，1920年代末より罹病率は高くなり，従事員の健康状態が悪化したかに見えた。

すなわち，罹病率は1924年634，25年598，26年655という600台から，27年758を経て28年859，29年868，30-34年863という800台へと

---

[68] 鉄道大臣官房保健課鉄道医馬渡一得「従事員の心身に及ぼす鉄道労務の影響に就て」『日本鉄道医協会雑誌』16-1，1930年1月，31頁。

[69] 鉄道省大臣官房保健課技師馬渡一得「鉄道に於ける職業的疾患」（第八回大阪鉄道医会総会特別講演）『日本鉄道医協会雑誌』20-8，1934年8月，3頁。

[70] 角田耕六「現業従事員の総罹病統計に就て」『日本鉄道医協会雑誌』19-5，1933年5月，9頁。

増加した。25年を谷として28年までの4年間,罹病率が約250も上昇したわけである。観測できる後の時期である30-34年の5年間平均罹病率に注目すれば,系統別には工場2,010＞船舶985＞電気833＞運輸・運転822＞保線473であって,1925年度統計（前掲表1-4）と比べて運輸・運転と電気の順序が変わったものの,基本的に同様であった。また,病類別にも消化器疾患158＞視器疾患91＞皮膚・運動器疾患69＞呼吸器疾患53＞外傷48＞神経系疾患41＞伝染病27＞聴器疾患14＞循環器疾患9＞泌尿生殖器疾患6などの順であって,罹病率が上昇したことのほか,1925年度とほぼ同じであった。

　短い期間中罹病率がこうして急激に上昇した理由は何だろうか。まず,制度的要因が考えられる。上述のように,1926年12月に健康保険法が実施されると,「昭和二年ニハ始メテ共済組合ニ於テ工場法適用箇所従事員ニ対シ健康給付ヲ開始シタ」[71]。この対象者は工場,工場派出所,発電所,変電所,ガス発生所,被服工場,製材所,印刷所,木材防腐工場,電気修繕場,機関庫,電車庫,自動車庫,列車電灯所および検車所に従事する鉄道手以下の職員であった[72]。そのため,図1-17で見られるように,工場従事員の罹病率が増加したことから,「多少健康保険ノ影響ト見得ル」。しかし,「運輸,運転従事員,電気従事員ノ如クソノ従事員中幾分ノ健康保険加入者ヲ有スルモノノミナラズ保線区,船舶従事員モ等シク罹病率増大セルヲ見ルベシ,殊ニ船舶従事員ニアリテハ工場従事員ヨリ遥カニ大ナル増加」を示した。このことから,健康保険の影響は比較的少なく,「自然的現象」であると,国鉄当局によって認識された[73]。

　この「自然的現象」を受け入れると,それはあたかも図1-9の死亡率の低下と矛盾するかに見える。しかし両方とも事実であることから,罹病率の増加と死亡率の低下をあわせて考えてみると,20年代末にはそれ以前より多くの人が病気に罹ったが,死亡に至る人々は比率的に少なくなったといえよう。ここで注意すべきなのは,罹病率は直営医療機関によって集計された罹

71）　鉄道大臣官房保健課『職員疾病統計』1927-29年度版,13-14頁。
72）　日本国有鉄道厚生局『国鉄共済組合五十年史』国鉄共済組合,1958年,106頁。
73）　鉄道大臣官房保健課『職員疾病統計』1927-29年度版,13-14頁。

図 1-17　国鉄職員の所属系統別罹病率（単位：千人当たり罹病数）

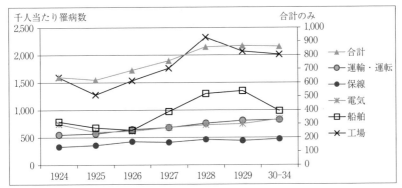

出所：鉄道大臣官房保健課『職員疾病統計』各年度版；官房保健課山川浩・田代義一「吾国有鉄道従事員の保健状態に就て（四）」『日本鉄道医協会雑誌』25-1，1939 年 1 月，5-14 頁。

病件数を職員数で割り算した数値であったことである。それ以外にも一般嘱託医による診療があり、もしそれを入れれば罹病率は 3 分の 1 位上昇する[74]が、いずれにせよ、直営医療機関によって集計される罹病件数が 25 年を谷として増加し、830 程度の罹病率が 30 年代前半にかけて一つの傾向として定着したのである。多くの職員たちが病気に罹っていたが、鉄道病院などにより適確な治療を受けて回復したのである。要するに、国鉄当局の労働衛生管理は疾病の予防を目指すが、医療サービスの提供を通じて罹患者を回復させ、組織内部で労働力を発揮させようとしており、それが一定の効果を得たと判断できよう[75]。

こうして、1920 年代から 30 年代前半にかけて、罹病率が上昇する反面、事故発生の減少と負傷率および死亡率の低下が確認できる。この一種の矛盾したデータからは、国鉄従事員の身体に対する国鉄当局の衛生管理が有効で

74）角田耕六「現業従事員の総罹病統計に就て」『日本鉄道医協会雑誌』19-5，1933 年 5 月，9 頁。
75）Riley（1997）によれば、19 世紀後半から 20 世紀初頭にかけてイギリスの the Ancient Order of Foresters Friendly Society を分析した結果、イギリスの労働者集団は医療技術や共済制度の改善によって死亡率は確かに低下し、寿命が延びたものの、病気に多く罹るようになったことが明らかにされた。Riley, James C., *Sick, not Dead: the Health of British Workingmen during the Mortality Decline*, Baltimore, MD.: Johns Hopkins Univ. Press, 1997.

あったことが読み取れる。つまり，医療機関を通じた国鉄当局の対応力がこの時期に蓄えられたことが示されたのである。しかし，こうした衛生管理体制は戦争勃発とともに危機的状況に置かれるに至った。そのなかで国鉄従事員の身体は単なる労働力の意味を超えて戦闘力としての意味を持つようになる。

コラム① 鉄道員とスペイン・インフルエンザ

　なぜ1918年度に死亡率が最も高かっただろうか。このような結果をもらしたのは，第一次大戦中，現業員の労働が激しく，生活水準が低下したからだろうか。もちろん，内在的要因が全くないとはいえないが，それより外在的要因が決定的であったといわざるを得ない。すなわち「西班牙感冒」が西洋で流行した3-4ヵ月後の1918年8月下旬より9月上旬にいたって「初メテ蔓延ノ兆ヲ呈シ忽チ急激ナル勢ヲ以テ全国ニ蔓延シ」1921年7月に至るまで3回の流行を繰り返した。それによって，コラム①-表1のように日本全国では2,380万人の患者が発生し，そのうち約39万人が死亡し，患者100人に対する死者数は1.63人を記録した。

　このような流行が国鉄でも起こったことはいうまでもなかったものの，「当時統計的報告を徴せざりしを以て正確なる患者数」が把握できなかった。そのため，コラム①-表2の1918年統計ではその死亡者数が循環器病気に含まれていたと思われる。た

コラム①-表1　内務省調査によるスペイン・インフルエンザ患者現況

		流行期間	患者数	死者数	人口千に対する患者数	患者百に対する死者数	人口千に対する死者数
日本人全体	第1回	(18.8-19.7)	21,168,398	257,363	370.13	1.22	4.50
	第2回	(19.8-20.7)	2,412,097	127,666	41.74	5.29	2.20
	第3回	(20.8-21.7)	224,178	3,698	4.01	1.65	0.07
	計		23,804,673	388,729		1.63	
国鉄		20.1-20.2	14,445	256	97.24	1.77	1.73

出所：鉄道大臣官房保健課「流行性感冒予防施設概要」『日本鉄道医協会雑誌』8-10，1922年8月，1-9頁。
注：当時国鉄の全職員数は148,557人であった。

コラム①-表2　1918年度共済組合員の死因別死亡率（単位：千人当たり死亡数）

		駅員	機関庫員	保線区員	工場員	船員	その他	合計
公務に起因するもの	傷痍	3.95	2.14	3.17	0.64		0.57	2.66
	疾患	0.04			0.19			0.04
	計	3.99	2.14	3.17	0.84		0.57	2.70
公務に起因せざるもの	傷痍	0.31	0.64	0.69	0.58		0.32	0.47
	呼吸器疾患	3.88	4.89	4.56	6.75	6.27	5.01	4.68
	神経系疾患	0.87	0.71	0.98	0.77		0.97	0.84
	消化器疾患	1.12	1.07	0.98	1.42	1.04	1.13	1.13
	循環器疾患	0.41	0.43	0.35	0.64	1.04	0.40	0.44
	泌尿生殖器疾患	0.12	0.25	0.23	0.32		0.49	0.22
	急性伝染病	0.35	0.64	0.23	0.58		0.65	0.46
	その他	3.05	2.85	2.60	2.57		2.18	2.77
	計	10.11	11.49	10.61	13.64	8.36	11.16	11.02
総計		14.10	13.63	13.78	14.47	8.36	11.72	13.72

出所：鉄道院『鉄道統計資料』1918年度版。

だし1920年初頭の2ヵ月間は集計されたが，その患者数は1万4,445人でそのうち256人の死者数を記録し，患者100人に対する死者比率は1.77人に達した。欠勤者は20年1月中旬に2,551人に記録し，全職員の1.81％に達した[1]。3月以降漸次減退しており，20年秋季から三度の流行があったが，罹病者があってもその数は比較的少なかった。それに伴い，死亡者数は19年に298人にも達し，20年になってからようやく50人へと減り，沈静化段階に入った[2]。その影響のためか，1921年よりあらゆる各種器官別に含まれていた伝染病が「其の他伝染病」として「急性伝染病」（法定伝染病）とともに「伝染病」（のちには「伝染病及寄生虫病」）に分類されることとなった。したがって，伝染病・寄生虫病が20年代以降ジャンプし，循環器疾患が急減したが，これは結核（主として肺結核）などが循環器疾患などから伝染病へと集計されたためである。すなわち，1921年統計よりは急性伝染病以外にもインフルエンザ，慢性伝染病（結核など）が伝染病として集計された。したがって，前掲図1-10の呼吸器疾患と伝染病との間で見られる急激な変動は集計方式の変化によ

[1]　鉄道大臣官房保健課「流行性感冒予防施設概要（承前終）」『日本鉄道医協会雑誌』8-12，1922年12月，2頁。
[2]　鉄道大臣官房保健課『共済組合事業成績』各年度版。

コラム①-表3　スペイン・インフルエンザワクチン注射者

所属	第1回注射（人）	第2回注射（人）	2回/1回（％）
本院	1,752	1,216	69.4
東京管理局	14,339	8,562	59.7
名古屋管理局	8,635	5,706	66.1
神戸管理局	4,082	4,082	100.0
門司管理局	6,160	6,160	100.0
仙台管理局	5,000	5,000	100.0
札幌管理局	12,868	9,300	72.3
各建設事務所	925	465	50.3
計	53,761	40,491	75.3

出所：鉄道大臣官房保健課「流行性感冒予防施設概要」（承前）『日本鉄道医協会雑誌』8-11，1922年11月，7-8頁。

注：門司，仙台分は1回，2回とも注射人員が明確ではないため，本院より送付したワクチン量をもって注射人員を掲げた。そのため，第2回注射者数はより少なくなる可能性がある。

るものである。実際の断絶はなかった。

　スペイン・インフルエンザが発生すると，総裁官房保健課は1918年10月28日に依命通牒をもって本病予防の根本方法を示しその普及に関し専ら督励を図っており，さらに1919年12月に再び大流行の兆しが見えると，一般職員の注意を喚起して予防方法を宣伝する必要を認めて簡明な印刷物15万枚を配付し，なお12月24日に通牒（鉄官第1974号）を発してうがいの励行，マスクの使用，手指の洗浄，患者居室の消毒，使用器具の区分および寝具被服の消毒などを提示し，その徹底を促した。また第2回流行期には患者発生率が比較的低かったものの，その死亡率は非常に高かったので，「人心不安ノ極二達シ作業能率ニモ悪影響ヲ来サントスル虞アル」と懸念され，1920年1月に至って「予防施設ノ完璧ヲ期シ惨害ヲ未然ニ防止セント欲スルニハ各個人ノ自生力ノミニ一任スルハ徹底的対策ナラスト認メ」，1月10日にうがい薬の官費配給，12日にワクチン注射の官費施行，15日にはマスク材料の官費配給の決済を実施した[3]。これに対し，保健課は課員を出張させ，各地方の流行状況と予防施設の概況を調査した。ワクチンの場合，全国的に需要が同時に発生したため，その入

3）　鉄道大臣官房保健課「流行性感冒予防施設概要」『日本鉄道医協会雑誌』8-10，1922年8月，4-6頁。

コラム①-表4　東京管理局における流行性感冒予防注射成績（1920年3月）

	注射予定人員	第1回注射人員	第2回注射人員	第1回注射後罹患者数	第2回注射後罹患者数	比率（％）			
	A	B	C	D	E	C/A	B/C	D/B	E/C
本局	858	730	600	2		70	82	0.27	
新橋運局	6,500	4,620	2,307	179		35	50	3.87	
上野運局	4,924	1,469	606	8	3	12	41	0.54	0.50
両国運局	1,571	788	590	48		38	75	6.09	
宇都宮運局	2,115	638	362	3		17	57	0.47	
水戸運局	1,987	1,549	1,047	4	8	53	68	0.26	0.76
新橋保事	782	643	408	21		52	63	3.27	
上野保事	365	329	267	3	9	73	81	0.91	3.37
両国保事	535	435	331	7		62	76	1.61	
宇都宮保事	430	362	316	4		73	87	1.10	
水戸保事	413	379	322	10		78	85	2.64	
新橋電事	895	494	331	1		37	67	0.20	
大井工場	800	404	369	15		46	91	3.71	
大宮工場	2,960	1,277	689	115		23	54	9.01	
錦糸町工場	145	109	68	16	18	47	62	14.68	26.47
計	25,280	14,226	8,613	436	38	34	61	3.06	0.44

出所：鉄道大臣官房保健課「流行性感冒予防施設概要」（承前終）『日本鉄道医協会雑誌』8-12，1922年12月，1-11頁。

手上支障が生じ，北里研究所に対して交渉し，その入手を図った。

とはいうものの，「注射完了者ハ総人員ノ約三分ノ一二満タサリシハ遺憾ナリキ殊二第二回注射ヲ受ケサリシモノハ頗ル多」かった。第1回注射5万3,761人であったのに対し，第2回注射は4万491人に過ぎなかったのである。第2回注射を完了しないと免疫性の発現が充分ではなかったが，「従来『チフス』，赤痢，『コレラ』ナドノ予防二於テ『ワクチン』ヲ使用シ其ノ注射後ノ反応強カリシ少数者ノ苦悩ノ聞知シ恐怖危虞ノ念一般二多カリシ為」，このような結果になったと当事者は見た[4]。その格差が最も大きかった東京管理局の場合，第1回注射者に対する第2回注射者の比率は約60％に過ぎなかった。注射予定人員を基準とすると第2回注射を完了した人々の比率

---

4)　鉄道大臣官房保健課「流行性感冒予防施設概要」（承前）『日本鉄道医協会雑誌』8-11，1922年11月，7-8頁。

コラム①-図1　日本国鉄の「流行性感冒予防の栞」

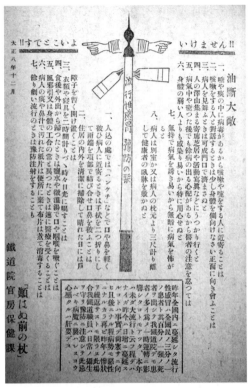

出所：鉄道大臣官房保健課「流行性感冒予防施設概要」『日本鉄道医協会雑誌』8-10, 1922年8月, 5頁。

は34％に過ぎなかった。また，第2回注射後罹患者数の比率からわかるように，スペイン・インフルエンザに対する警戒は確かにあった。なかでもその予定注射人員に対するワクチンの完了者が23％に過ぎなかった大宮工場においては，注射後の反応があった人員は67人（熱発31人，頭痛20人，頭重4人，悪寒2人，悪心1人，倦怠10人）であったが，その程度は軽微なものであって，休業するには至らなかった[5]。

　第3回流行期（1920年秋～21年初夏）にはこうした経験を踏まえて，各所属長

5）　鉄道大臣官房保健課「流行性感冒予防施設概要」（承前終）『日本鉄道医協会雑誌』8-12, 1922年12月, 3頁。

からの要請があれば，大臣の決裁を得なくても，ワクチン注射の施行を保健課長の決済で行うようにした。保健課長の福田正男自らが 21 年 5 月には一般現業員の衛生思想を喚起するため，「清浄第一」を唱えるに至った。「即チ人生ハ清浄ニ出発シ清浄ニ終著シ其間絶対ニ不浄ノ介在ヲ容レザルヲ理想トス」と主張したのである[6]。のちには「之ヲ宣伝若クハ実行スル者所在相起リ，其ノ反響外ニ大ナリシハ，衛生思想ノ発達ヲ示ス証左ト見ル可ク」と指摘された[7]。やや長いが，清浄についての説明を引用すれば，以下のようである[8]。

　「いわゆる『清浄』の要諦はまずわれわれの身体を清潔にし，さらに実生活に密接な衣・食・住の清潔さを図ることにある。実生活においては手洗いやうがいを行い，外部からの病原体の侵入を防ぎ，また沐浴およびマッサージによって血の循環や新陳代謝を促進して身体の抵抗力を強化する。衣類，寝具などの身体に接触するものは頻繁に洗濯し，清潔と乾燥を保つ。さらに，食べ物は肉食偏重の誤解をなくし，地方で生産される食料の栄養価を高める清潔な調理方法を考えるとともに，清潔な厨房を維持して害虫や有害細菌の発生を防ぐ。居住空間についても掃除を怠らず，通風および乾燥を心がけ，屋外においては雑草を取り除き，排水路を清掃してその乾燥に努める。作物の栽培にあたっては新鮮な野菜を食材として自給し，たとえば除虫菊栽培などでは，その花と茎を除虫に利用しながら，鑑賞用として楽しむのもよい。このように，多様な方法で身体や実生活における清潔さの維持に努めれば，ちりや湿気の害は減少し，有害細菌および害虫の繁殖も防ぐことができ，空気や日光といった自然の恵みも自由に得られ，人生最大の悩みである疾病の大半は自然に一掃でき，身体の健康増進とともに，精神もまた必ず清く健やかになる。」（現代文訳）

---

[6]　鉄道省保健課長福田正男「鉄道従事員の衛生思想涵養と『清浄第一』」『日本鉄道医協会雑誌』7-6，1921 年 6 月，1-4 頁。

[7]　鉄道省保健課長福田正男「鉄道に於ける保健衛生事業の発展に就て」『日本鉄道医協会雑誌』8-2，1922 年 2 月，8 頁。

[8]　鉄道省保健課長福田正男「鉄道従事員の衛生思想涵養と『清浄第一』」『日本鉄道医協会雑誌』7-6，1921 年 6 月，4 頁。

コラム②　逓信員の労働衛生 I ——日本逓信省

　戦前日本の通信事業は逓信省によって独占的に行われた。通信事業の実績をみれば，1890年頃より通信量が急激に増え，1910年代後半，すなわち第一次世界大戦期にいたって郵便，電報，電話とも爆発的に増えた。なかでもこの現象が著しかったのは郵便と電報であった。電話は1910年558百万度数であったが，1900年代後半から一貫的に増加し続けて，1919年に1,999百万度数となった。しかし，その後1,461百万度数へ急減した後，停滞の基調を示したが，1920年代後半から上昇し，昭和恐慌期にもその傾向を維持し，3,000-4,000百万度数を記録した。それとは逆に，電報の通信本数は停滞基調から昭和恐慌期にはよりいっそう低下して1932年に49.6百万通となり，1930年代前半より戦時期にかけては増加し続け，1943年に87百万通を記録した。郵便は1920年代後半に増加し，1929年5,160百万通となったが，その後の昭和恐慌に直面して低下し，1932年に4,312百万通を記録し，それ以来長期的な増加傾向を示すことはなかったが，電信，電話と合わせれば全体として急激な増加傾向を示した。

　こうした通信の発展に応じて従事員の採用が進められ，1909年に8万2,828人から第一次世界大戦期に増えたあと，1920年代前半に停滞し，20年代後半より再び増加に転じ，1929年には20万8,427人となった。昭和恐慌期の停滞はあったものの，恐慌からの景気回復に伴って増加し，さらに戦時期に入って急増して40年に32万5,876人となり，46年には40万人を超えて48年には41万366人に達した。数万人から数十万人単位に達していた逓信省従事員は，官吏組織の身分的ヒエラルキーと縦割りの業務系統別に組み込まれ，それぞれの分業に携わらなければならなかった。

　身分別にみれば，逓信省の身分構成は官吏たる高等官と判任官，逓信省の雇い人たる雇員と傭人からなっており，それぞれが戦前期までは0.3-0.4%，15-17%，30-40%台，30-40%台を占めていた[1]。これらの身分の間には学識と経験（年功）に

基づく昇格ルートが形成されていた。通信事業が急激に拡張し続けた1910年代までは比率的に傭人の低下と雇員の増加が見られ，傭人から雇員への身分上昇が多く行われた。しかし，第一次世界大戦が終息するとそれまでの身分構成の大きな変化は見られなくなった。ただし，1917年からは判任官待遇身分としての「通信手」という新しい身分が設けられ，技能の優秀な長期勤続者に対して昇格の機会が与えられた。戦時中の労働力不足が甚だしくなるなか，通信業務の重要性に鑑み，1939年に「雇傭人制度の合理化」として傭人層がほとんど雇員層へ昇格し，その後完全に傭人身分自体が廃止された。このような不連続的変化は大量昇格による戦争協力へのモチベーションであった。さらに，通信手の増加も著しかったことが注目に値する。

　その一方で，業務系統別には圧倒的な人員が郵便・電信・電話局に配置されていた。たとえば，1924年の所属別人員の比率をみれば，本省1.3%，臨時電信電話建設局0.7%，貯金局4.4%，簡易保険局2.0%，電気試験所0.5%，逓信局8.3%，郵便・電信・電話局82.4%，航路標識管理所0.4%，商船学校0.1%，海員審判所0.02%，合計100%であった（逓信省編『逓信省年報』1924年度版）。時期によって若干の変化はあるものの，郵便，電信，電話の現業機関が全従事員の80%以上を占めており，その次にこれらの現業機関を管理する専門機関として各管区に設置された逓信局（通信管理局の後身）7–11%，貯金局3–6%，本省1–2%の順であった。

　労働者の健康状態を長期間にわたって観察できる指標として罹患率と死亡率が考えられる。これらの指標を疾患類別にブレイクダウンすると，労働者の健康状態がどのような病気によって影響されたのかがわかる。まず，罹患率について注目してみよう。罹患率は1915年から1936年までのデータしか確保できないため，1948年まで観測できる欠勤日数を参照すれば，コラム②–図1のような推計ができる。1910年代後半から20年代初頭にかけて罹患率（あるいは欠勤日数）が高かったが，その後低下した。しかし，戦時下で再び急増し，その状態が戦後まで続くという推移が見られる。果たしてどのような病類によって逓信従事員の健康が損なわれたのかを把握するため，病類別罹患率を見れば，神経系病，呼吸器病，消化器病が最大疾病であった。多くの従事員が密集された空間で通信業務に取り掛かるため，伝染病や呼吸器病に弱く，集中力を要する通信作業ならではの職業性神経症や消化器病が多かったのである。

---

1) 戦前の官吏を見れば，高等官と判任官に分類できるが，高等官には大臣級の親任官，次官・局長級の勅任官，課長級以下の奏任官があり，彼らの下に判任官が位置づけられ，実務に当たった。さらに官吏ではないものの，その下に雇員，傭人などが配属され，一定期間の勤続後試験などを通じて上位の身分に昇格された。

コラム②-図1　逓信従事員の罹患率と職員一人当たり疾病欠勤日数（単位：千人当たり罹患数，日）

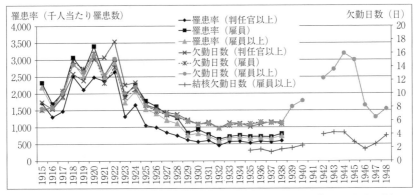

出：林采成「戦前日本通信業における労働衛生システムの成立と変容」『立教経済学研究』72-4，2019年3月。

注：罹患率＝職員患者÷職員数。職員一人当たり病気欠勤日数＝欠勤日数÷職員数。ただし，すべての職員を対象とするものではなく，雇員以上の職員患者（7日以上欠勤者および6日以内欠勤者）を対象として調査された結果である。

　とりわけ1910年代後半から20年代前半まで高い罹患率を決定したのは急性伝染病であった。1920年の統計をとってみると，痘瘡7人，麻疹3人，猩紅熱23人，ジフテリア1人，腸チフス99人，パラチフス7人，赤痢6人，マラリア11人，流行性脳脊髄膜炎4人，流行性感冒4,920人，丹毒29人，膿毒症1人，ワイルス氏病1人，その他3人，合計5,115人であった。そのほかスペイン・インフルエンザが大流行した1918年から1921年までインフルエンザによる患者発生が多かったわけである。さらに，注目に値するのは1930年に入ってから結核患者数が急激に増えたことである。とくに欠勤日数からみれば，結核性疾患は呼吸器病の次に多く発生し，神経系病と消化器病より多くなった。

　一方，業務系統別にみれば，現業員のほうが非現業員に比べて健康状態が悪かったことが判明した。すなわち，非現業員に比べて現業員の罹病率が高く，欠勤日数が長かった。もちろん，1930年代には非現業員の罹患率が現業員よりやや高い。言い換えれば，1910年代後半から1920年代にかけての罹患率の低下が現業員のほうで著しかったわけであるが，7日以上病気欠勤の場合，1930年代にも現業員の罹患率が非現業員より依然として高く，病態が重かったことを示す。さらに，現業員内部では罹患率は電話＞電信＞郵便＞為替貯金＞その他，欠勤日数は電信＞電話＞郵便＞為替貯金＞その他の順であった。罹患率において電話が電信より高かったと見られるが，7日以

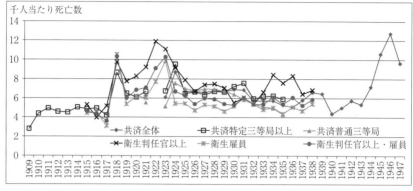

コラム②-図2　日本通信省従事員における死亡率の推移（単位：千人当たり死亡数）

出所：林采成「戦前日本通信業における労働衛生システムの成立と変容」『立教経済学研究』72-4，2019年3月。

注：1. 共済統計死亡率は郵政省共済組合・日本電信電話公社共済組合編『通信共済組合事業史』郵政福祉研究会，1971年の統計「共済組合給付の種目別件数および金額の内訳表」の死亡給与金の件数から推計。死亡率＝死亡給与金件数÷共済組合員数。ただし，1922年統計は恐らく関東大震災のため不詳。
2. 衛生統計死亡率は死亡率＝職員死亡者÷職員数。ただし，すべての職員を対象とするものではなく，雇員以上の職員に限られる。

上欠勤日数のみをとってみれば，電信のほうが電話より高かった。電報の発着信に際して相当の集中力を必要とする電信手などで病態が重かったといえよう。多数の労働者が密集した空間で働く電信・電話のほうで健康状態がもっとも悪かったが，それに比べても集配の作業が多い郵便従事員のほうはやや低かった。また為替貯金とその他の従事員の罹患率は非現業員ほど健康状態が良好であったと一応考えられる。

男女別には女子の罹患率が男子より高く，欠勤日数も長かった。急性伝染病が多く流行した1910年代後半や20年代初頭には男子の罹患率がやや高く，欠勤日数が長かったこともあるが，1920年代半ば以降は女子の健康が相対的に悪かった。これは女子としての身体的特徴を反映すると考えられる。なぜならば，7日以上欠勤者と6日以内欠勤者に分けてみれば，7日以上病気欠勤では男子の罹患率（欠勤日数）が高く（長く），6日以内では女子のほうが高かった（長かった）からである。

ともあれ，病気に罹ったとして必ずしも死にいたるわけではない。そのため，従事員の死亡について検証する必要がある。コラム②-図2は共済組合統計と衛生統計報告から推計した死亡率の推移を示したものである。まず，長い期間をカバーできる共済組合統計を見れば，4-5を推移した死亡率が1918年のスペイン・インフルエンザによって急増し，その後いったん下がるが，1924年に再び上昇し，その後再び低下した。

その後，アジア・太平洋戦争末期たる1944年以降再び上昇し，戦後の1946-47年にも高い水準を維持した。ここで，注意しなければならないのは，死亡率（特定三等局以上）が1924年に9.5へと急増したが，これはその前年度の1923年9月に発生した関東大震災による犠牲者に対する死亡給与金の多くが，1924年に支給されたからである。東京，横浜などの特定地域に限定して多数の死亡者が発生し，事務所自体が甚大な被害を受けたので，業務の処理が遅れざるを得なかった。次に衛生統計に基づいて推計した死亡率をみれば，1918年に急増し，その後低下し，1923年再び急増したあと，1920年代半ば頃より5-6を推移した。

　病類別死亡率を見れば，判任官以上の従事員が結核性疾患と呼吸器病によって多く死亡し，これが雇員との死亡率の格差をもたらしたことがわかる。とくに判任官以上の場合，1930年代半ば頃，死亡率が急騰するのは結核による死亡が急増したからである。呼吸器疾患では慢性気管支カタル，肺病，肋膜炎による犠牲が年々多かった。公傷病の死亡率は0.1-0.2に過ぎず，そのほとんどが私傷病を死因とするものであって，そのなかでも伝染病および寄生虫病の死亡率がもっとも高く，その次が呼吸器疾患，消化器疾患，神経系および感覚器疾患の順であった。もちろん，年々順位が変わることもあったものの，伝染病および寄生虫病が最大死因であった。その内訳（1935年）をみれば，腸チフスおよびパラチフス32人，痘瘡1人，流行性感冒6人，赤痢および疫痢1人，丹毒4人，流行性または嗜眠性脳炎2人，呼吸器結核196人，腸および腹膜結核24人，脳膜および中枢神経系結核21人，骨及関節結核1人，その他臓器結核3人，粟粒結核7人，膿毒症および敗血症14人，その他寄生虫疾患11人，その他2人，合計325人であった。共済組合統計でも結核が最大死因であったのである。

　なぜ結核が逓信省従事員（傭人層を含めて）の健康に対する最大の脅威要因となっていたのだろうか。当時，結核は「文明病」や「国民病」と呼ばれるほど，日本社会全般に蔓延していた。結核の特性上，屋外労働の多い従事員より密集した空間で勤務する従事員のほうが多く発生する傾向がある。逓信業の場合，現業員といっても，集配を担当する郵便を除いてそのほとんどが室内で電信，電話，貯金などの該当業務に当たる。そのため，業務系統別結核罹患率（1935年）を推計すると，非現業員の場合，判任官以上4.3，雇員10.6，計6.5，現業員の場合，郵便は判任官以上9.7，雇員13.7，計12.0，電信は判任官以上16.8，雇員23.7，計19.9，電話は判任官以上13.9，雇員16.2，計16.0，貯金および保険は判任官以上19.1，雇員24.8，計22.9，その他は判任官以上10.4，雇員10.6，計16.6，総計では判任官以上12.8，雇員17.2，計15.8であった。罹患率一般とは異なる結果が示され，貯金お

よび保険＞電信＞電話＞郵便＞その他＞非現業員の順であった。言い換えれば，罹病率一般からは健康であった貯金および保険の現業員がもっとも深刻な状態を示しており，屋外労働の多かった郵便は健康なほうであった。郵便の現業員は肉体労働は多かっただろうが，その反面新鮮な空気を呼吸する機会が多かったのである。

　このような事態に対して逓信当局は嘱託医の拡充のほかにも共済組合診療所を新設し，内部医療システムを強化し，それまで正確な統計書類が整えられなかったため，共済組合に加入できなかった普通三等郵便局に対しても新しく共済組合制度を広げ，廃疾年金，殉職給与金，特症給与金などの新しい給付も設けた。保健課が新設され，健康調査を実施するなど労働衛生の中央機関として役割を果たした。その結果，1920年代半ばより罹患率と死亡率が低下し，1930年代にかけてその水準が維持された。しかし，逓信従事員の健康状態は国鉄に比べて悪く，死亡率は罹患率ほど落ちていない。その要因として考えられるのが結核性疾患であって，この現象は判任官以上の官吏で著しかった。というものの，疾病退職率をみれば雇員層が高いことから，作業中身体使用の多い雇員の場合，労働力としての価値を喪失すると，すぐ退職させられたと推測できる。女子の場合，男子より罹患率が高かったものの，死亡率と疾病退職率においては低いほうであった。そもそも軽症状の疾患が多かったこともあるが，女子は結婚などによる退職率が高く，それが部内での死亡と疾病退職に繋がっていなかった。

　そうしたなか，逓信当局は診療所を増設して，1938年には逓信病院を開院し，保養所も開所して内部医療施設を大々的に拡大した。とくに，結核に対してはサナトリウムを計画し，結核特別調査も実施した。逓信省の退職手当制度の実施と改正健康保険法の適用をきっかけとして共済組合制度の強化を図り，1940年には判任官や非現業員にまでその範囲を拡大し，のちには奏任官までもその適用を受けた。従事員数の増加もあり，給付の件数と金額は爆発的に増えた。資材不足のため，サナトリウムの開所ができず，組合員1人当たり給付実質額が戦争末期に急低下したことからわかるように，労働衛生対策はその限界をあらわさざるを得なかった。

　以上のように，逓信員において鉄道員とほぼ同様に第一次大戦期の健康悪化に対応して築き上げられた労働衛生システムが再び日中全面戦争以降，限界に達し，この状態が戦後までに繋がった。これに対して新しい対策を講じなければならなかったが，その基盤となるのが戦前労働衛生システムであったことはいうまでもない。

資料：林采成「戦前日本逓信業における労働衛生システムの成立と変容」『立教経済学研究』72-4，2019年3月。

第 2 章

戦争と労働衛生 (1937-1945)

アジア・太平洋戦争による労働力不足で, 多くの女性や学徒が鉄道業務に従事するようになった。勤続年数の低下や従事員構成の若年化はまさに労働力の希釈化 (the dilution of labor) に他ならず, 体力や業務経験に乏しい彼らの健康被害は, 大きな問題であった。有楽町駅で通勤列車に発車合図を送る女子職員 (情報局『写真週報』294号, 1943年10月20日号より)。

第 2 章　戦争と労働衛生（1937-1945）

　本章の目的は戦時期日本国鉄を対象として捉え，戦争の勃発に伴って従事員側に生じた保健衛生上の問題とそれに対して取り組まれた国鉄当局の対策について検討し，その中での不可逆的変化の意味合いを吟味することである。

　戦時下の国鉄は，厳しい資源制約の下で輸送需要の膨大化に直面し，車両運営を中心に列車運行の多頻度化と長大化を追求する技術体系に基づいて，労働集約的な鉄道運営を図った[1]。当然，既存施設に対して大量の労働力を必要としたが，外部から良質の労働力を確保し難くなり，しかも国鉄から熟練労働者が兵力や占領地の鉄道要員として離脱することで，労働力の質的低下ないし希釈化（the dilution of labor）が生じた。そのため，国鉄は戦前とは異なる労働対策を実施し，その一つとして内部教育体制の強化によって技術者の養成を確保しようとした。それのみならず，食料品を含む生活必需品が不足し，労働環境の悪化とともに，労働力の保全が限界に達しつつ，その状態が深刻化すると，国鉄当局はフリンジ・ベネフィットの強化を図る一方，新しいモチベーションを導入した。これが国鉄の人事制度全般（採用，養成，要員配置，昇進，給与など）にわたる変化をもたらしたことはいうまでもない。

　これに関連して佐口和郎（1991）は，官僚，経営者団体，労働組合の代表者によって新たな労使関係制度に関する協議が始まって，大日本産業報国会が結成されることになると，「勤労」イデオロギーや生活給原則が形成され，戦後ヘゲモニーとしての産業民主主義への転換のための前提が整えられたと指摘した[2]。こうした問題意識を国鉄労働史分析に適用し，国鉄の雇用慣行の形成過程とその論理構造を分析したのが禹宗杬（2004）である[3]。氏は戦後初期の「身分の取引」の歴史的前提として，戦時中ブルカラー一般の生活保障，雇員・用人の制度的区別の撤廃などがなされたことを根拠として「総力戦の論理は『国民の平等』を必要とし，それは身分構造そのものを変

---

1) 林采成「日本国鉄の戦時動員と陸運転移の展開」『経営史学』46-1，2011 年 6 月，3-28 頁。
2) 佐口和郎『日本における産業民主主義の前提：労使懇談制度から産業報国会へ』東京大学出版会，1991 年。
3) 禹宗杬『「身分の取引」と日本の雇用慣行』日本経済評論社，2004 年。

化させた」と指摘した。というものの，戦時中の生活悪化を伴う資源制約の深刻化とそれに対する国鉄当局の総体的労務対策が検討されたとはいい難い。これに対し，内部教育制度とモチベーションの拡充，そして要員運用の効率化を通じて国鉄が対応したことを明らかにしたのが林采成（2010）であった[4]。林采成は資源的制約や本土決戦への労働対策が結果的に年功型賃金の必要性を強くし，さらにそれまでの身分秩序への非連続的かつ非可逆的変化をもたらしたと指摘した。

とはいえ，戦時国鉄労働分析が鉄道員の身体管理にまで至ったわけではない。鉄道員の健康状態に注目すれば，1910年代後半から30年代前半にかけて罹病率は多少高くなったにもかかわらず，死亡率は低下していた。労働力の保持体としての従事員の身体は，国鉄当局，より正確にいえば保健課を中心として的確に管理され，労働力を提供できた[5]。しかしこれに対する戦争のショックは大きく従事員の身体全般にわたる変化を起こした。「体力低下」や「質的低下」と呼ばれるほど，戦前に比べて「蝕まれた」不健康な身体と懸念されたに違いない。それを取り戻すため様々な対策が講じられたが，しかし，その効果は極めて疑わしいものであったといわざるを得ない。理想的身体と現実のそれの乖離が大きくなりつつあっただけに，従事員側には規律のある身体のみが強いられたのである。「不足の経済」のなかで資本投下が抑制され，既存施設の改良の上，労働力の投入を多くすることによって労働集約的鉄道運営が行われたのである。

こうして戦時下の労働衛生状態が，輸送戦を遂行するきわめて重要な前提条件として再認識されたものの，今までの研究はこの鉄道労働衛生にまで目を向けず，それを検討しようとする試みがあまりにも少なかった。多くの労働史が労資関係，賃金などを重視したあまり，労働力を発揮する保持体としての身体について注目してこなかった。しかしながら，戦時下で労働力保全

---

4) 林采成「戦争の衝撃と国鉄の人的運用」『歴史と経済』53-1，2010年10月，46-62頁。
5) 林采成「鉄道員과 身体：戦前期 日本国鉄 労働衛生의 実態와 政策」『亜細亜研究』55 (3)，2012年，149-182頁；Chaisung Lim, "Railroad Workers and World War I: Labor Hygiene and the Policies of Japanese National Railways," Tosh Minohara, Tze-ki Hon and Evan Dawley ed., *The Decade of the Great War*, Leiden: Brill, 2014, pp. 415-438.

は鉄道輸送だけでなく兵士の補給源としての重要性が強調されるなか，国鉄当局にとって無視できなかっただろう。こうした当時の状況を念頭に置いて，戦時下国鉄従事員の疾病，衛生，生活水準について考えてみることにする。

本章は以下の構成を持つ。第1節では戦争のショックによって労働力構成が変化し，生活水準が低下したことを明らかにした上で，これらの変化が従事員の死傷病率の上昇とどのような関係にあるかを分析する。第2節においてはこれらの実態に対して国鉄当局の主導下で講じられた諸対策を検討する。それは当然，生活安定対策と医療体制の強化になるだろうが，しかし「不足の経済」のため，国鉄の対策は一時しのぎの範囲を脱しなかった。そのなかで従事員の健康状態がどのような状態に辿りついたかを明らかにしたい。

第1節　人的構成の変化と健康の悪化

①労働力構成の変化と生活水準の低下

1937年7月7日に蘆溝橋事件に触発されて日中全面戦争が勃発すると，国鉄は中国大陸への兵員および軍需品の輸送に動員された。国鉄の戦争協力は軍事輸送にとどまらず，戦地たる大陸へ職員および車両などを供出するにいたった[6]。集中軍事輸送が一段落すると，図2-1のように鉄道輸送は安定化するどころか，兵站輸送をはじめとして生産力拡充計画の進展，統制経済の深化，大陸との往来などに伴ってさらに増え続けた。これに対し，輸送力拡充4ヵ年計画を樹立して対応しようとしたものの，戦時下の資材不足がネックとなり，その実績率は50％を少し超えるに過ぎなかった。そのため，図2-1で資本集約度が低下する一方，労働生産性が向上したことからわかるように，既存施設に対して応急措置を施した上，より多くの労働力を投入し，車両修繕能力と配車技術を高めることで車両運用の効率化による輸送力の強化を図ったのである。

---

[6] 林采成『華北交通の日中戦争史：中国華北における輸送戦の実態とその歴史的意義』日本経済評論社，2016年。

図 2-1　戦時期日本国鉄の輸送，労働生産性，資本集約度

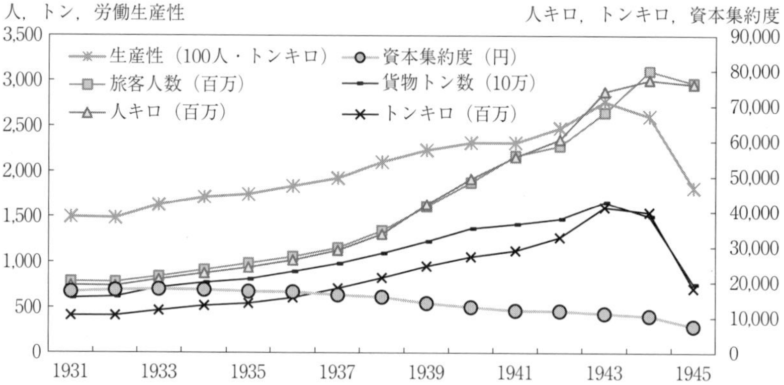

出所：日本国有鉄道『鉄道要覧』1946 年度版；日本国有鉄道運輸総局運送局配車課『配車統計』1949 年度版。

しかし，国鉄の従事員の多くが応召・入営の対象となり，また賃金格差による殷賑産業への転職も多くなった。図 2-2 によれば，実質賃金は昭和恐慌のさなかでピークに達したあと，景気回復とともに低下し始め，戦時期に入ってからは賃金統制令（1939 年 3 月 31 日，勅令第 128 号）および賃金臨時措置令（1939 年 10 月 18 日，勅令第 705 号）が出されて賃金の引上げができなかったため，さらに低下した[7]。そのため，離職率は一挙に 1920 年代-30 年代前半の約 2 倍の水準へと上昇した。また，この離職者を補いながら，業務量の増加に伴う鉄道員の増員を行い，新規採用率は離職率（10％程度）を大きく上回る 30％以上に達した。こうして戦前期に比べて鉄道員の生活水準が低下するなか，労働力の流動化現象があらわれたのである。このような激しい新陳代謝は労働力構成においても大きな変化を来した。

激しい新陳代謝のため，従事員の勤続年数と年齢は急激に低下せざるを得なかった。図 2-3A のように，勤続年数 5 年以下の職員比率は 1936 年 10 月の 24％から 41 年 10 月には 57％になっており，その後は 60％を超えていった。その反面，10 年以上の中堅従事員は同期間中 55％から 36％へと低下

---

7)　法政大学大原社会問題研究所『太平洋戦争下の労働者状態：日本労働年鑑特集版』東洋経済新報社，1964 年，90-91 頁。

図 2-2　日本国鉄における労働異動率と実質賃金（単位：％，円）

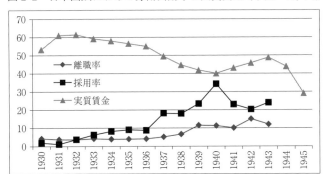

出所：「共済組合加入並に脱退人員表」（鉄道省『鉄道統計』各年度版）より推計；日本国有鉄道『鉄道要覧』1946 年度版；日本国有鉄道『日本陸運十年史Ⅱ』1951 年，572 頁；鉄道給与研究会編『国鉄賃金講話』交通経済社，1954 年。

注：1. 採用率＝採用÷前年度共済組合現在人員。
　　2. 離職率＝（脱退人員計－任意脱退－「非現業員に転じる者」）÷前年度共済組合現在人員。
　　3. 実質賃金＝従事員一人当たり賃金÷消費物価指数（1934-36 年＝100）。

図 2-3　国鉄職員の勤続年数・年齢別構成（単位：％）

A. 勤続年数別（三級官以下の現在員）

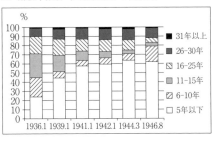

B. 年齢別構成（全職員）

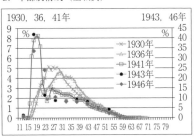

出所：鉄道院『鉄道院統計図表』；鉄道院『鉄道院統計年報』；鉄道省『鉄道統計資料』各年度版；運輸省『国有鉄道の現状：国有鉄道実相報告書』1947 年；日本国有鉄道『日本国有鉄道百年史　第十巻』1973 年，301 頁。

注：1. 勤続年数別の 1946 年 8 月は鉄道局以下の数。
　　2. 1943 年と 46 年の年齢別構成は 1 歳単位では把握できず，5 歳ずつ区分されているため，その中間値をとって表示する。

し，その後30％をきった。それだけでなく，労働力の流動化現象は年齢構成にも影響を及ぼし，図2-3Bのように1936年には26-35歳，その後には25歳以下，なかでも16-20歳の青少年層が労働力中心となり，その傾向が日米開戦後にはより強く現れた[8]。勤続年数の低下や従事員構成の若年化はまさに労働力の希釈化（the dilution of labor）に違いなかった。「未経験者ヲ多数採用セルタメ勤続年数短ク且業務不熟練者ノ激増」したのである[9]。業務遂行上，問題が生じざるを得なかった[10]。このような労働力の希釈化は学歴の低下でも確認できる。判任官以下の学歴別構成の変化に注目すれば，中学校中退から大学卒までの学歴比率が低下し，その代わりに高等小学校以下の学歴が上昇した。1936年から42年にかけての増員の中で高等小学校卒以下が90.7％を占め，中学校卒業以上は9.3％に過ぎなかった。要するに，学歴の低い青少年層が増加したのである。

このように「年少未熟練の職員の割合が驚くべき増加を示した」[11]が，彼らが変則的でなおかつ長時間の労働に携わらなければならなかったため，それに伴う運転事故と体力低下は避けられなかった。国鉄従事員の場合，15種の勤務形態があったが，その中で全従事員の1％以上を占める勤務形態には官庁執務，日勤，特殊日勤，一昼夜交代，循環交代，三交代，乗務の7種があった。1942年の勤務種別職員数は官庁執務時間4万5,011人，日勤16万2,757人，特殊日勤1万5,840人，一昼夜交代6万5,329人，循環交代1万9,943人，三交代6,848人，乗務5万1,077人，その他7,904人，合計37万4,709人であった[12]。これを基準として見ると，9割近くが一般官庁より1日長い時間勤務しており，しかも交代勤務と乗務の非規則的勤務に就く職員も多かった。これらの多様な勤務形態を勘案して平均的な1日の就業時間を

---

8) 1941年10月の比率は運輸省『国有鉄道の現状：国有鉄道実相報告書』1947年によるもの。
9) 鉄道省『鉄道統計 第一編運輸・経理・職員』1939年度版，716頁。
10) このような状況に対して当時鉄道省運輸局配車課長であった柏原兵太郎は「最近移動烈しく，然し数の方はどうにか補充できるとしても，質と来てはガタ落ちである。私はこの状態を従業員のスフ入［引用：ステープルファイバーが入ったもの，すなわち劣等品］といふている」と指摘した。柏原兵太郎『統制経済下の貨物運送』交通研究所，1940年12月，20頁。
11) 鉄道監斉藤義八「適正考査講習会に於ける開会の辞」『日本鉄道医学会雑誌』30-1，1944年1月，29-30頁。
12) 運輸調査局『労働交通論』1948年，64頁。

図 2-4 戦時期国鉄の運転事故とその死傷者数（列車 100 万キロ当たり件，人）

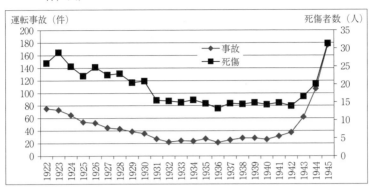

出所：鉄道省『鉄道統計』各年度版；運輸省『国有鉄道陸運統計』各年度版。

計算してみれば，戦前には 10 時間半であったものが，戦争末期に至ると 11 時間に達し，しかも週末にも平日並みに働くようになった[13]。そのため，青少年労働者による事故発生と彼らの体力低下はとうてい避けられなかった。

②業務上死傷病の増加

　業務量が増加するなか，戦時中の資材不足に加えて青少年職員の未熟練さによって，運転事故が急激に増加した。鉄道運営の合理化によって 1920 年代末から 30 年代末まで低くなっていた列車 100 万キロ当たり事故発生率は，戦時期，とりわけ日米開戦後には急騰しはじめ，これが死傷者数の増加にも繋がった（図 2-4）。このような運転事故をはじめ各種事故が増加し，それに伴い公務上死傷病人員が増え，表 2-1 のように，1937 年 8,316 人から 41 年に 1 万 2,813 人に達し，その後も増え続けた。工場系統の従業員が最も高い死傷および病気の危険に晒されており，次に船舶（連絡線）と自動車であった。戦前期には他の系統と変わらなかった船舶が比較的高い発生率を記録したのは，日米開戦後の連絡船に対する米軍の攻撃があったからである。

13）1943 年 8 月頃に勤務種別 1 日平均勤務時間は日勤 11.00 時間，特殊日勤 12.00 時間，一昼夜交代 12.00 時間，循環交代 11.30 時間，三交代 8.00 時間，乗務 9.00 時間であった。運輸調査局『労働交通論』1948 年，64 頁。

表 2-1 日本国鉄の公務上死傷病発生率（単位：人，千人当たり死傷病数）

		1937	1939	1941	1943	1945
本省・各事務所・教習所（千人当たり死傷病数）		13.4	13.0	17.4	21.5	22.8
運輸（千人当たり死傷病数）		20.6	22.9	19.4	17.9	22.3
運転（千人当たり死傷病数）		26.3	26.8	26.9	28.4	39.3
保線（千人当たり死傷病数）		42.2	35.1	36.2	35.6	28.6
電気（千人当たり死傷病数）		33.5	31.0	27.9	27.7	34.8
工場（千人当たり死傷病数）		136.3	141.9	144.7	146.0	120.5
自動車（千人当たり死傷病数）		23.3	27.3	35.8	48.5	43.2
船舶（千人当たり死傷病数）		72.5	71.3	72.7	89.1	131.1
合計	死（人）	240	330	399	657	2,204
	傷（人）	8,017	10,277	12,268	14,097	17,020
	病（人）	59	186	146	106	109
	計（人）	8,316	10,793	12,813	14,860	19,333
	発生率（千人当たり死傷病数）	33.2	35.1	34.5	35.7	37.7

出所：鉄道省『鉄道統計』各年度版；運輸省『国有鉄道陸運統計』各年度版。
注：発生率は職員1000人に対する死傷病の人員比率。

そうした中でも，保線区従事員の発生率がやや低下した。もちろん，戦時中に公務上死傷病率が高くなったとはいえ，前掲図1-8で見られるように，1920年代まで50を上回った高い水準であったことを念頭に置けば，戦時期の30内外の上昇はまだ低いと見られるかもしれないが，1930年代までに事故発生の予防体勢が整えられたことからすれば，戦時中のこの変化には注意すべきである。

公傷患者の発生と年齢との関係を示す全国データが得られないため，仙台鉄道病院と名古屋鉄道病院の診療データ（図2-5）を利用してみよう。両データとも，公傷廃疾患者は減少しないばかりか，かえって逐年増加の傾向にあった。しかも「支那事変勃発は事変前に比し，二十歳未満と云ふ就職後幾何もない若い有為の患者が激増し，他方に於ては切断，轢断，挫断といふ比較的重い傷痍が著しく増加して来た」と，名古屋鉄道病院外科鉄道医の内藤正寿は指摘している[14]。この原因については仙台鉄道病院外科の鉄道医の大内桃太郎は「労働力不足により若年者の新規採用となり，其結果仕事の不熟

図 2-5　公傷患者の年齢と勤続年数（単位：%，件）

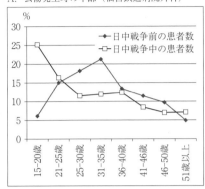
A. 公傷発生時の年齢（仙台鉄道病院外科）

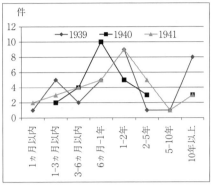
B. 就職から負傷までの期間（名古屋鉄道病院外科）

出所：仙台鉄道病院外科（高橋医長）鉄道医大内桃太郎「最近八ヶ年間に於ける国鉄従事員の公傷患者と年齢に就て（特に事変前と事変後に於ける比較）」『日本鉄道医協会雑誌』28-9，1942年9月，1-8頁；名古屋鉄道病院外科鉄道医内藤正寿「支那事変勃発前後に於ける公傷廃療患者の比較」『日本鉄道医協会雑誌』26-11，1940年11月，11-17頁；名古屋鉄道病院外科（医長竹永博士）鉄道医内藤正寿「最近二ヶ年間に於ける公傷廃療患者の統計的観察」『日本鉄道医協会雑誌』29-9，1943年9月，8-14頁．

注：日中全面戦争前は 1933-36 年，日中全面戦争中は 1937-40 年．

練，不注意並に交通需要量増加による勤務過重が来たす肉体的，精神的過労に帰因するものと認められる」と言及した[15]。図 2-5 によれば，全体的公傷患者が主に発生する年齢層が戦争以前の 31-35 歳からその後の 15-20 歳に移動した。これが当然勤続年数とも関係があり，名古屋鉄道病院データに注目すると，ほとんどの公傷が 2 年以下で発生していた。

さらに，職場別外科患者の発生を戦前と戦時にわけてみると，屋外勤労者すなわち肉体労働を主とする駅，機関区，保線区などに多数にして，とくに駅，機関区は日中全面戦争の勃発後には相対的に著しく増加した。職名別に 2 倍近く増加したのは，駅手，転轍手，連結手，車掌，電力工手，線路工

---

14)　名古屋鉄道病院外科鉄道医内藤正寿「支那事変勃発前後に於ける公傷廃療患者の比較」『日本鉄道医協会雑誌』26-11，1940 年 11 月 25 日，11 頁．
15)　仙台鉄道病院外科（高橋医長）鉄道医大内桃太郎「最近八ヵ年間に於ける国鉄従事員の公傷患者と年齢に就て（特に事変前と事変後に於ける比較）」『日本鉄道医協会雑誌』28-9，1942年9月，1頁．

表 2-2 仙台鉄道病院外科における職場別患者数

	所属別	戦争前4年間 人	%	戦争中4年間 人	%		所属別	戦争前4年間 人	%	戦争中4年間 人	%
I	運輸事務所	411	55.3	551	61.6	G	運輸事務所勤務者	5	0.7	6	0.7
A	駅	144	19.4	233	26.1	1	雑務手	3		1	
1	駅手	40		84		2	書記	0		2	
2	書記	6		8		3	技手	0		2	
3	貨物掛	1		4		4	その他	2		1	
4	電信掛	1		1		H	電修場	22	3.0	15	1.7
5	警手	2		1		1	技工	16		15	
6	信号掛	2		5		2	その他	6		0	
7	操車掛	13		10		II	保線事務所	190	25.6	215	24.0
8	小荷物掛	2		1		A	保線区	175	23.6	204	22.8
9	転轍手	12		20		1	線路工手	121		161	
10	荷扱手	17		24		2	その他	54		43	
11	連結手	39		64		B	通信区	15	2.0	11	1.2
12	構内手	2		3			通信工手(その他)	15		11	
13	その他	7		8		III	工場	15	2.0	8	0.9
B	車掌区	16	2.2	33	3.7	1	技工	15		6	
1	車掌	10		24		2	工手	0		1	
2	その他(主として荷扱手)	6		9		3	その他	0		1	
C	電力区	9	1.2	15	1.7	IV	鉄道局	91	12.2	99	11.1
1	電力工手	7		14		1	雇	4		5	
2	その他	2		1		2	教習所	9		8	
D	車電区	16	2.2	8	0.9	3	守衛	2		2	
	主として車電手(その他)	16		8		4	書記	4		0	
E	検車区	35	4.7	45	5.0	5	技手	4		0	
1	検車手	15		23		6	雑務手	6		2	
2	その他	20		22		7	給仕	2		1	
F	機関区	164	22.1	196	21.9	8	印刷技工	14		16	
1	機関助手	31		41		9	その他技工	10		7	
2	機関士	19		17		10	倉庫手	11		23	
3	庫内手	19		24		11	その他	25		35	
4	炭水手	23		32		V	第二種	36	4.8	21	2.3
5	清掃手	4		3			旅客その他	36		21	
6	技工	51		60							
7	その他	17		19			計	743	100	894	100

出所:仙台鉄道病院外科(高橋医長)鉄道医大内桃太郎「最近八ヶ年間に於ける国鉄従事員の公傷患者と年齢に就て(特に事変前と事変後に於ける比較)」『日本鉄道医協会雑誌』28-9, 1942年9月, 1-8頁。

注:日中全面戦争前は1933-36年,日中全面戦争中は1937-40年。

手，倉庫手であった。また，戦時中に公傷患者が30人を超える職名としては駅手，連結手，機関助手，炭水手，線路工手があった。主に，そもそも人数的に多いこともあるが，それらの労働強度が大きくなっていた屋外労働に携わっているかあるいは乗務員として働く職員であった。その原因はさまざまであるが，列車編成の重大化とその運行の頻繁化に伴って生じた勤務過重とそれに加えて新規採用者の年齢低下に伴う不熟練がその主要因であったことは確かであった。

③業務以外の死傷病の増加

次には戦争が職員の罹病状態に及ぼした影響について見てみよう。そのため，戦争が起こる直前の状態に注目すれば，表2-3のように1936年に総罹病率は81.3であって系統別には本省82.1，運輸・運転80.8，保線72.8，電気73.1，船舶92.5，工場128.4，その他65.9であった[16]。罹病率は作業環境と勤務形態によって規定されるものであった。すなわち，屋外労働が多く，新鮮な空気を呼吸する機会が多かったことから，保線従事員がその他を除いて最も低かった。その反面，工場従事員は不衛生である工場内部で長期間労働したため，罹病率が最も高かった。もちろん，それには治療所が近くにあり随時治療を受ける環境が整えられたこともあるが，採用時に身体検査基準が低いだけでなく，また給料体系が出来高に応じる形であったため，過労しやすかったのである[17]。局別には本省82.1，東京77.6，名古屋77.6，大阪97.3，広島91.4，門司100.8，新潟30.8，仙台90.0，札幌73.2であり，大鉄と門鉄の従事員が高い罹病率を示した。

病類別には消化器疾患18.0の最高を示し，次に伝染病・寄生虫病16.2，呼吸器疾患13.1，神経疾患11.0であった[18]。さらに特殊疾患別（表2-3）にみれば，肺結核，肋膜炎，神経衰弱においては屋内労働の多い本省と屋内で

---

[16] 官房保健課山川浩・田代義一「吾国有鉄道従事員の保健状態に就て（三）」『日本鉄道医協会雑誌』24-10，1938年10月25日，17-22頁。

[17] 鉄道大臣官房保健課鉄道医馬渡一得「従事員ノ心身ニ及ボス鉄道労務ノ影響ニ就テ」『日本鉄道医協会雑誌』1930年1月，1-37頁

[18] 官房保健課山川浩・田代義一「吾国有鉄道従事員の保健状態に就て（四）」『日本鉄道医協会雑誌』25-1，1939年1月25日，5-14頁。

表 2-3　1936 年度における特殊疾患の系統別罹病率（単位：千人当たり罹病数）

	本省	運輸・運転	保線	電気	船舶	工場	合計
罹病率	82.1	80.8	72.8	73.1	92.5	128.4	81.3
肺結核	11.6	8.5	3.4	8.4	7.1	9.2	8.1
関節リウマチ	0.9	0.9	1.4	0.9	1.1	1.4	1.0
脚気	2.1	2.7	2.6	2.0	4.2	3.4	2.6
神経痛	0.7	2.8	5.6	3.3	4.2	6.7	3.3
急性気管支カタル	1.5	1.7	0.8	1.2	1.4	3.4	1.6
感冒	2.9	3.0	2.1	1.5	5.3	8.2	3.1
肋膜炎	7.2	5.1	4.0	4.8	3.5	5.8	5.2
神経衰弱	11.6	5.8	5.2	4.8	8.2	8.5	6.4

出所：官房保健課山川浩・田代義一「吾国有鉄道従事員の保健状態に就て（四）」『日本鉄道医協会雑誌』25-1, 1939 年 1 月 25 日, 5-14 頁。
注：罹病実人員数を基準としたもの（8 日以上継続休養）。

　作業環境の劣悪であった工場のほうで罹病率が高かった。というものの，関節リウマチ，脚気，神経痛，気管支カタル，感冒においては本省の罹病率が低く，総罹病率で見れば工場と船舶の次であった。高率の職名には，電話手（局）408.2，諸機掛（電）375.0，副缶手333.3，建築工手（省）333.3，印刷技工（省）242.4，建築工手（局）227.3，諸機掛（工）224.7，副生品（工）211.3，技工手（局）200.0，塗工（工）190.6 というものが挙げられる[19]。

　このような罹病率は戦時下で上昇し始め，1936年の81.3 から1939 年には99.73 を記録し，その後も41 年128.83，43 年146.7 へと上昇し，従事員全体の健康状態が悪化していることを示した[20]。とくに目立つのは，1943 年度を基準として消化器疾患＞伝染病・寄生虫病（主として伝染病）＞呼吸器疾患

---

19)　官房保健課山川浩・田代義一「吾国有鉄道従事員の保健状態に就て（四）」『日本鉄道医協会雑誌』25-1, 1939 年 1 月 25 日, 5-14 頁。
20)　これと関連して，『鉄道要覧』の「健康診断成績」によれば，従事員別検査100 人に対する罹病率は戦前の20％台から戦時中の10％以下へと低下し，職員の健康状態が改善したように見える。しかし，ここで注意すべきなのは，戦前には多くの疾病が検査されたが，戦時中になると，疾病検査は結核，トラコーマなどへと簡易化されたことである。これは『鉄道統計資料』系列を見ればすぐわかるが，数値の低下は健康状態の改善というより，集計される疾病の数が大きく減っていたと見るべきである。

表 2-4　日本国鉄従事員の疾患別私傷病の人員および罹病率（単位：人，千人当たり罹病数）

	1939 年		1941 年		1943 年	
	人員	罹病率	人員	罹病率	人員	罹病率
1. 伝染病及寄生虫病	5,739	18.64	10,256	27.62	12,322	29.57
2. 癌その他の腫瘍	143	0.46	156	0.42	132	0.32
3. リウマチ性の疾患など	3,539	11.50	6,056	16.31	7,974	19.13
4. 血液及造血臓器の疾患	180	0.58	183	0.49	274	0.66
5. 神経系疾患	4,236	13.76	5,615	15.12	6,268	15.04
6. 視器疾患	429	1.39	673	1.81	983	2.36
7. 聴器疾患	338	1.10	574	1.55	819	1.97
8. 血行器の疾患	1,244	4.04	1,601	4.31	2,121	5.09
9. 呼吸器の疾患	5,285	17.17	8,559	23.05	10,400	24.95
10. 消化器の疾患	6,674	21.68	9,485	25.54	13,615	32.67
11. 泌尿生殖器妊娠及び産による疾患	1,017	3.30	1,366	3.68	1,379	3.31
12. 皮膚及皮下結締組織の疾患	773	2.51	1,472	3.96	2,294	5.50
13. 骨及運動器の疾患	474	1.54	706	1.90	912	2.19
14. 急性及慢性中毒	11	0.04	20	0.05	13	0.03
15. 外因死傷	611	1.98	1,111	2.99	1,605	3.85
16. その他	5	0.02	11	0.03	28	0.07
合計	30,698	99.73	47,844	128.83	61,139	146.70
職員数	307,823		371,359		416,756	

出所：鉄道省『鉄道統計』各年度版；運輸省『国有鉄道陸運統計』各年度版。
注：1. 罹病率は1,000人基準。
　　2. 本表は直営医療機関だけでなく嘱託医を含めて引続き7日を超えて欠勤したものについて調査した。
　　3. リウマチ性の疾患などはリウマチ性の疾患，栄養障害内分泌線の疾患その他全身病。

＞リウマチ疾患など＞神経系疾患＞皮膚疾患などの疾患の順であった。41年には伝染病・寄生虫病の発生率が最も大きかった。こうした戦時期の罹病状況は1936年のそれとはほぼ同様の順序である。外傷を取り除けば，戦時期の三大疾病と戦前期の三大死因が一致する。このことから，戦時期疾病（≒死傷病）による死亡率は1942年以降資料上確認できないものの，私傷病率が大きく上昇したことから，それが死亡率の上昇に繋がったと考えられる。

　さらに，罹病率を系統別に見ると，鉄道工場＞運転・運輸＞船舶＞電気＞保線であって，戦前期に比べて運転・運輸と船舶の順序が変わったが，勤務

表 2-5 1943 年度の従事員の系統別私傷病罹病率（単位：千人当たり罹病数）

従 事 員 別	運転運輸	保線区	電気	船舶	工場	その他	合計
1. 伝染病及寄生虫病	29.76	19.07	31.54	26.97	42.04	29.65	29.57
2. 癌その他の腫瘍	0.31	0.39	0.22	0.55	0.36	0.28	0.32
3. リウマチ性の疾患など	20.33	14.15	13.80	11.12	30.53	14.53	19.13
4. 血液及造血臓器疾患	0.73	0.51	0.70	0.73	1.00	0.25	0.66
5. 神経系疾患	15.64	17.32	10.82	12.94	19.66	9.79	15.04
6. 視器疾患	2.72	2.34	0.96	2.37	3.13	1.00	2.36
7. 聴器疾患	2.30	1.83	1.23	1.64	2.02	1.02	1.97
8. 血行器疾患	5.60	5.26	3.68	4.37	6.82	2.50	5.09
9. 呼吸器疾患	26.44	19.19	22.17	23.15	34.47	19.44	24.95
10. 消化器疾患	34.78	28.29	26.86	33.17	45.70	22.36	32.67
11. 泌尿生殖器妊娠及産による疾患	3.32	2.72	2.45	2.55	5.24	3.01	3.31
12. 皮膚及皮下結締組織の疾患	6.32	3.90	3.11	14.22	6.41	3.18	5.50
13. 骨及運動器疾患	2.51	1.97	1.31	1.82	2.63	1.19	2.19
14. 急性及慢性中毒	0.04	0.00	0.04	0.00	0.06	0.02	0.03
15. 外因死傷	4.01	3.82	2.10	6.93	7.27	1.61	3.85
16. その他	0.07	0.12	0.00	0.00	0.08	0.03	0.07
合　　計	154.86	120.88	121.00	142.52	207.42	109.87	146.70

出所：運輸省『国有鉄道陸運統計』各年度版。

条件が劣悪な職場で罹病率が平均より高かった。「工場従事員の最高罹病率は其の業務上傷病率が同じく最高を示す事実と共に最も戒心を要する点である，勿論保線従事員の最低罹病率は其の職業性よりして戸外に在る事及鍛錬の機会多く保健上優位に有ると同時に採用時特に優秀なる体格の者を採用するに起因することは明瞭であり，之に反し工場従事員に有りては保健上最も恵まれない作業環境に在って従業せしめらるる機会多く採用時に体格より技術に重きを置く所謂腕惚れの傾向にあるものと信ぜられる」[21]。こうした説明は，業務量の増加以外には戦前期の認識とほぼ同様のものである。これら

---

21) 官房保健課山川浩・田代義一「吾国有鉄道従事員の保健状態に就て（三）」『日本鉄道医協会雑誌』24-10, 1939 年 10 月 25 日，17-22 頁。

図2-6 職員患者の年齢別構成（単位：％）

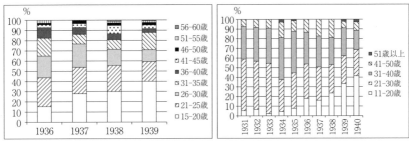

出所：札幌鉄道病院理学的治療科医長兼第一内科医員鉄道医伊達文次「札幌鉄道局管内職員結核症発生に関する調査（其四）：札幌鉄道病院内科に於ける職員初発内科的結核症の調査」『日本鉄道医協会雑誌』27-5，1941年5月25日，7-37頁；門司鉄道病院眼科鉄道医谷脇琢磨「門司鉄道病院に於ける最近十ヶ年の『トラコーマ』の統計的観察」『日本鉄道医協会雑誌』28-3，1942年3月，27-32頁。

の罹病者は「私傷病人員」と区分されたが，労働時間の延長，労働強度の強化，そして食料品不足などに関連するもので，決して「私」的なものではなかった。

疾病でも年齢との関係を示す全職員のデータが得られないため，各鉄道病院で個別疾病について発表された断片的データから考察することにする。図2-6Aは1936-39年の4年間，札幌鉄道病院第1内科に来た内科的結核症（肺結核，肺湿潤，肺門腺腫脹，肋膜炎，腹膜炎など）と称すべき札鉄局管内の初発症の職員患者848人を集計して年齢別構成を示したものである。それによれば，日中全面戦争の勃発に伴って10代の患者が急速に増え，20代前半を合わせると，1939年にすでに60％に達していた。また，Bは1931-40年の10年間にわたって門司鉄道病院眼科で診療したトラコーマ職員患者609人を年齢別に示したものである。やはり，トラコーマ患者は結核のように怖れるべき疾患ではなかったものの，10代の比率が急激に増えつつあり，他の年齢層の患者比率が減少した。詳細なデータは提示しないが，戦時下では性病も20歳未満の職員層で多く発生した[22]。これらの事例での患者構成の青少

---

22) 鉄道医許斐多七・山田功「花柳病の現状並にその対策」『日本鉄道医学会雑誌』30-3，1944年3月，42-46頁。

図 2-7 私傷病人員の月別推移とその季節変動（単位：人）

A. 月別推移

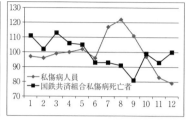
B. 季節変動（年平均＝100）

出所：本省保健課技師松本浩太郎「鉄道職員の生命に関する統計的観察（第一報告）」『日本鉄道医協会雑誌』27-11，1941 年 11 月，16-21 頁。

年化に見られるように，若年層の健康状態の悪化は，全職員におけるその現象より速いテンポで進んでいた。

このような罹病率の増加は休養など欠勤者の増加をもたらしたことはいうまでもなく，欠勤まで行かなくても，作業能率の低下が避けられなかった。後掲図 2-11 によれば，日中全面戦争の勃発に伴って上昇した私傷病による死亡率が高くなったあと，1940-41 年に若干低下し，その後のデータはないが，罹病率の増加に伴って死亡率も急増したと思われる。というのは，上述のように三大死因となる疾患の罹病率が高くなったのみならず，季節変動から見て，私傷病と私傷病死亡とは強い相関関係を持ったためである。図 2-7A の月別推移が長期的に上昇する傾向を示しているが，図 2-7B では年平均を 100 として表示した季節変動が谷と山を繰り返して現れていることが確認できる。春季より徐々に患者数が増え始め，夏季に多くの患者が発生し，秋季から冬季にかけて患者数が急激に増加する。その反面，私傷病による死亡者数においては 3 月が最高となり，1-5 月が高いが，6-9 月には漸次低下し，9 月が最低であった。10-12 月には多少の増加はあるが普通であった。つまり，疾病と死亡との間にはタイム・ラグがありつつ，私傷病が死亡者の発生に対して一定の影響を及ぼしていたのである。

以上のように，戦争勃発をきっかけとして労働力構成が大きく変わっており，さらに職員の生活水準の低下と体力低下が著しくなった。年齢・勤続年数の低下は事故の増加，負傷率および罹病率の上昇をもたらす要因をなして

いる。にもかかわらず、いやそれだからこそ、職員の身体能力を最大限発揮させるため、国鉄当局はそれまでとは違う労働衛生を含む労務対策を講じなければならなかった。

第2節　生活安定対策と戦時医療の拡充

①生活安定対策と共済組合の強化

戦時下の労働力保全対策として、まず国鉄の取った措置は、もっぱら「初任給の引上げ、昇給期限の短縮、各種手当の創設または増額、賞与の増額など補助的給与に依存して、官庁職員の待遇改善」を図るということであった[23]。国鉄賃金体系は本給のほか、諸給および手当、賞与、旅費などからなっていた[24]が、本給以外の手当・賞与を物価上昇と業務量の増加に応じて新設・増額することで、賃金上昇を実現したのである[25]。物価上昇を勘案すれば、本給のみでは高等官の本給すら低下の一途を辿らざるを得なかった。こうした結果、実質賃金（前掲図2-2）は戦前よりいったん落ちたあと、1940年より1943年にかけて若干の回復が見られた。とはいえ、戦前に比べて実質賃金が低下したことは確かであり、それによる生活難を緩和するためにとられたのが、共済組合の強化であった。

国鉄従事員に対するフリンジ・ベネフィットを担当する機関としての共済組合の有用性が大きくなったことはいうまでもない。というものの、戦時下

---

23) 鉄道給与研究会編『国鉄賃金講話』交通経済社、1954年、194頁。
24) 鉄道省『国有鉄道従事員待遇施設』1930年12月（野田正穂・原田勝正・青木栄一・老川慶喜『大正期鉄道史資料第Ⅱ期17巻　国鉄労働関係資料』日本経済評論社、1992年）、8-17頁。
25) 賞与金臨時割増支給（1939）、都市手当支給（1940）、臨時家族手当制定（1940）、扶養家族数による賞与金支給（1940）、賞与金繰上げ支給（1941）、臨時手当制定（1941）、賞与金特別割増支給（1941）、臨時家族手当改正（1942）、定期賞与支給回数増加（1942）、戦時勤勉手当制定（1942）、臨時精勤手当支給（1942）、定期賞与金改正（1943）、臨時手当改正（1944）、賞与金臨時割増改正（1944）、判任官以下の増俸給（1944）、定期賞与金の支給回数の増加（2→4回、1944）、別居手当支給（1944）、賞与金特別加給の支給（1944）、勤続手当制定（1945）、臨時家族手当改正（1945）、年功加給支給（1945）、臨時特別賞与支給（1945）。日本国鉄『日本陸運十年史　Ⅱ』1951年、570-571頁。

図2-8　組合員の種類別人員数（単位：人，％）

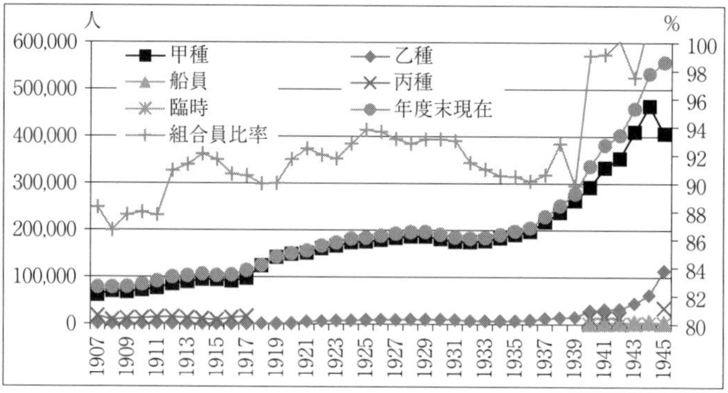

出所：『国鉄共済組合五十年史』108-109頁。
注：組合員比率の単位は％である。

で国債発行を通じて大量の資金を調達して臨時軍事費の膨張と生産力拡充事業を進めるため，政府によって低金利政策が推進された結果，組合員掛金，政府給与金の収入とこれらの積立金の運用利息によって賄われていた共済組合の財政は厳しくなっていた[26]。さらに，1941年7月1日に「財政金融基本方針要綱」が閣議決定されると，国鉄共済組合も1943年10月以降の増加資産の一部を大蔵省預金部へ預け入れた。その一方，従事員の異動，応召・入営，転出に伴って給付支出が増加し，また樺太庁鉄道および民間私鉄の併合によって責任準備金の確保も必要とされた。それだけでなく，国民健康保険法（1938年），職員健康保険法（1939年），船員保険法（1939），労働者年金保険法（1941年）など社会保険法が実施されるにつれ，共済組合は健康保険と船員保険を代行することになった[27]。例えば，40年12月には健康保険制度の実施に伴って共済組合規則が改正され，適用範囲が拡張され，判任官以下は強制加入させられることとなった[28]。そのため，図2-8のように全従事員に対する組合員の比率は1939年89％から40年には99％へと上昇した。

---

26)　日本国有鉄道厚生局『国鉄共済組合五十年史』国鉄共済組合，1958年，152-153頁。
27)　日本国有鉄道厚生局『国鉄共済組合五十年史』国鉄共済組合，1958年，151，167-169頁。
28)　日本国鉄大阪鉄道局『大阪鉄道局史』1950年，243-266頁；日本国有鉄道厚生局『国鉄共済組合五十年史』国鉄共済組合，1958年，156頁。

図 2-9　国鉄共済組合の各種年金

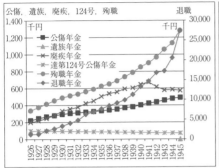
A. 年金額

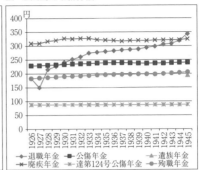
B. 1人当たり給付額

出所：日本国有鉄道『鉄道要覧』1950年度版。

1943年には奏任官および同待遇者のなかで俸給年額1,820円を超えないものも加入できた。

　組合財政の悪化をめぐって，国鉄が国庫負担の増額によって不足分を補填し，組合員の犠牲を少なくしようとしたのに対し，大蔵省は不足財源の国庫負担を避けようとした。国鉄当局は大蔵省との折衝を経てその方針を貫徹し，政府給与金率を100分の5から100分の7.7，その直後再び100分の8.3へと引上げて不足部門の補填のほとんどを国庫負担で賄うとともに，その一部を給付の合理化（応召配属組合員の掛金免除の廃止，退職年金の支給開始年齢の設定，廃疾年金の不均衡の是正）を通じて解決することにした[29]。要するに，戦時下生活難に悩まされている従事員の負担となる掛金の増徴は避けられたのである。それによって補強された収入額をもって，図2-9のような年金給付を中心とする事業展開を行った。年金は全支出の9割を占めており，そのうち退職年金が全年金額の8割以上を占め，共済組合の運営が徹底的に退職年金制度を中心として運営されていたと判明した。一人当たり給付額を見れば，退職年金が上昇したことを除いては，ほとんど変化がなく，実質額としては金額の低下が余儀なくされた。この点は年金制度の整備が，賃金と同じくその対策が講じられたものの，戦時インフレに対応し切れなかったこ

---

[29]　日本国有鉄道厚生局『国鉄共済組合五十年史』国鉄共済組合，1958年，244-299頁。

とを意味する。

　こうして，絶対的な配給不足のなかで，「金銭的」賃金水準の維持はそもそも限界があった。これに関連して，共済組合は年金給付のほかにもさまざまな付属事業を行っていた。そのなかでも日常の従事員生活に大きな影響を及ぼしたのは購買部の事業であった。生活必需品の不足のなかで，購買部は配給機関の代行機関として利用者の登録を受けて配給を行うと共に，国鉄の代行機関として従事員の作業能率向上のため労務者用特配物資の供給に携わった。1939年には22万5,000円の欠損を出してまでも従事員の生活難を緩和するため，多くの生活必需品を廉価で調達した。業務機関数をみれば，1936年に地方部8，支部57，配給所190であったが，戦時中の従事員数増加に伴ってその数が増え，1939年それぞれ8，60，214，1941年8，61，233，1944年8，64，261になった。とくに，1937年には食堂が34ヵ所も設置され，44年には41ヵ所へと増えた[30]。

　とはいうものの，取扱物資の大部分が配給統制の適用を受けるにつれ，購買部による配給統制物資は1940年以降減少した。政府の配給統制が強化される前の1939年とその後の1941年を比較してみよう[31]。購買部による1941年配給数量および金額は米4,780.5トン，1,441万6,000円，雑穀246.4トン，62万6,000円，薪5,625.8トン，121万9,000円，炭2,394.6トン，237万6,000円，石炭11万3,360トン，216万7,000円，味噌503.3トン，121万7,000円，醤油6,571kl，185万2,000円，砂糖52.8トン，20万2,000円，雑貨2,613万4,000円，合計5,020万9,000円であった。そのうち，多くの配給品（1939年を基準として雑穀28万7,000円，薪55万1,000円，石炭17万9,000円，味噌35万8,000円，醤油14万5,000円，雑貨680万3,000円）が増えたが，当時の生活のなかで最も重要な米をはじめ，炭，砂糖の配給量は減ってしまった（1939年を基準として米-1,137万6,000円，炭-155万9,000円，砂糖-125万5,000円）。市町村を通じた配給統制が行われることを前提に，砂糖は

---

30) 日本国有鉄道厚生局『国鉄共済組合五十年史』国鉄共済組合，1958年，756頁，資料編125-127頁。
31) 鉄道省官房文書課編集「第八十一回帝国議会質疑応答資料」1943年1月28日，『八田嘉明文書』442。

1940年6月,木炭は40年11月,米は41年4月,味噌・醬油は42年2月に取扱中止となった[32]。組合員一人当たり平均配給高(名目額)を見れば,1936年187.19円であったのが,37年に208.85円へと増えたあと,徐々に減少し,39年201.38円,41年131.68円となり,44年には90.61円にまで低下した[33]。もちろん,地域によっては配給網が整備されていない場合もあった。これらの地域では購買部系統(本省の中央部-鉄道局の地方部-各事務所・工場の支部-配給所)が依然として「統制配給機関の代位機関として一般市町村民と等しく切符制または通帳制」によって物資配給を担当した。

しかしながら,配給不足による労働力の劣化のなかで,戦前には考えられないことも生じていた。勤務者などによる荷物抜取りなど「悪性と謂ふべき荷物の事故は事変前に較べて十数倍から多きは数十倍に達し」「戦前と較べる色々の指数の中このに不名誉なる指数位,大きなものはあまり見当らない」と鉄道省自らによって指摘されたのである[34]。これらの措置として鉄道当局は「悪性荷物事故防止対策要綱」を制定し,8日全国の管理部(或は運輸部)ごとに関連業者を招集して事故防止の宣誓を行わせたものの,絶対的な生活必需品の不足のなかでその実効性が疑われた。

この点で,砂糖,木炭,米・麦,味噌・醬油が共済組合購買部の取扱中止となったものの,食料品を中心に特別配給が度々実施された。米穀は1942年6月以降「夜間勤務に服する重労務者」に対し毎月2,076石,一人当たり5勺が特別配給された[35]。また,酒類の特別配給も行われ,荷扱手,線路工手,電力工手,通信工手,工場技工,隧道人夫などの重労務者に対し,第一期(1942年10月-12月の3ヵ月)に825石,1人当たり4合6勺,第2期(1943年1月-3月の3ヵ月)1,190石,1人当たり6合が配給された。共済組合の運営でも,「国有鉄道共済組合貸付部規程改正の件」(1943年10月鉄道公報

---

32) 鉄道省官房文書課編集「第八十一回帝国議会質疑応答資料」1943年1月28日,『八田嘉明文書』442。
33) 日本国有鉄道厚生局『国鉄共済組合五十年史』国鉄共済組合,1958年,統計編125-127頁。
34) 鉄道軌道統制会「日通の事故防止策」『鉄道軌道統制会報』1943年4月,97-98頁;鉄道省制度課長加賀山之雄「戦力確保と荷物事故」『鉄道軌道統制会報』1943年6月,31-34頁。
35) 鉄道省官房文書課編集「第八十一回帝国議会質疑応答資料」1943年1月28日,『八田嘉明文書』442。

通報）を出し，手続の簡易化によって貸付金制度を容易にし，生計費の膨張に対する職員の生活安定を図った。

都市部の住宅問題も労働人口の都市集中のため，年々深刻化した。そのため，37年10月には住宅部が共済組合に新設されたことは既述の通りである。国鉄は年間数万人規模の新規採用が続いたことから，既婚者用住宅と独身者用合宿所の建設計画を立てて施行し，職員住宅と合宿所それぞれ1940年605戸，5,600人分，41年745戸，7,300人分，42年739戸，2,800人分，43年537戸，3,900人分，44年828戸，7,000人分を建設した。しかし，それによって年々増え続ける職員の宿舎問題が解決できず，民間遊休施設の借上，購入が行われた[36]。

以上のように，戦時下で共済組合を中心として生活安定化のため様々な対策が講じられた。その効果は確かにあったが，とはいえ，職員側の要請には充分に応えられるものには至らなかったのである。

② 内部医療の拡充と身体的管理の強化

とくに，国鉄は職員の体力低下と罹病率の上昇に対して保健医療施設を拡充した。鉄道病院（分院を含む），診療所，療養所の数（図2-10）をみれば，それぞれ1936年6ヵ所，110ヵ所，4ヵ所から41年に8ヵ所，123ヵ所，5ヵ所へと増設したあと，さらに44年までに15ヵ所，131ヵ所，6ヵ所に増やした。そのほか，鉄道嘱託医の拡充にも力をいれ，その数も同期間中1,255人から1,467人，1,873人となった。それに伴い，入院および外来患者数が増え，鉄道嘱託医の診察患者数を含めて延人員基準で1936年868万9,000人から44年に1,125万6,000人に達した[37]。戦時下で医療サービスを急激に拡大することで，運転事故をはじめ事故発生の増加と従事員側の体力低下に伴う罹病者の増加に対応しようとしたのである。

このような保健衛生と体力向上というのは国鉄に限られた課題ではなく，戦時下の日本全般が取り組まなければならなかった課題であったため，1938

36）日本国鉄『日本陸運十年史Ⅱ』1951年，576-578頁。
37）日本国鉄『鉄道要覧』1955年度版。

図 2-10　日本国鉄の医療機関数と治療患者数（単位：所，人，患者千人）

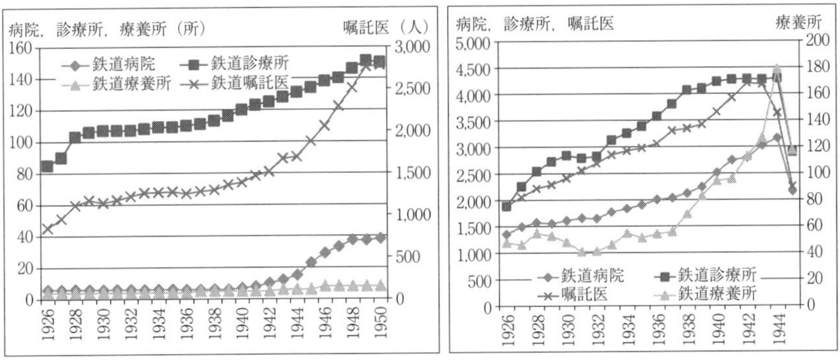

出所：日本国有鉄道『鉄道要覧』1950年。

　年1月には厚生省が新設され，国民体力管理制度を実施した。国鉄職員の場合，採用時の身体検査や毎年の定期健診を行っていたが，この社会的要請にも応える形で東京鉄道局は1939年2月より体力管理を実施し，40年には体力管理制度の精神を生かして「健康管理」準備調査を行った[38]。

　その具体策として「一定年齢層の運輸従事員に対し体力検査施行の件」（東総保卯第10759号，1940年）を決定し，既存の健康診断のみでは職員体力の真相を適確に把握し難いと見，40年度中に一定年齢層（4月現在満20-24歳）の管内職員1,000人に対して体力検査を試験的に実施した。第一次検査としては身体計測，疾病検診（ツベルクリン，レントゲン，赤血球沈降速度計定），第二次検査としては運動機能測定（運動種目，走幅跳，手榴弾投，懸垂，2,000m疾走）が実施された。その結果，開放性結核患者の発生数は1.4％に達し，そのほか，性病，トラコーマも漸次拡大していたと判明した。これに対し，不健康者に対して鉄道局，事務所，担当医の三者が合意して個人の不健康度に応じて，転勤転職，職務変更，休養の措置を取ることにした。

　体力管理の発想は国鉄内部でより拡大した。国鉄は1942年11月に「職員の勤労管理上その基底をなす職員体力増強確保を使命とする」体力課を新設

---

38)　東京鉄道局技師宮本正治「鉄道従事員の厚生問題」『日本鉄道医協会雑誌』26-5，1940年5月25日，16-28頁。

し，具体的方策を模索した[39]。まず「体力増強確保施策」として1943年2月には国有鉄道体操実施心得を制定し，体操教範草案によって部内全職員に対して毎日時間を定め体操を励行させた。また7月には，国民体力法に基づいて部内被管理者に対する健民修練を実施した。結核発病防止のため職員定期健康診断施行に際してツベルクリン皮内反応検査およびレントゲン検査を付加し（1943年4月9日依命通牒），さらに職員採用時身体検査に当たってはレントゲン検査をも施行した（1943年6月1日依命通牒）。このような措置はのちに官庁職員結核対策要綱（1944年1月27日）として次官会議で決定された[40]。多くの現業員を抱えた国鉄は他の機関よりいち早く結核対策をとっていたわけである。43年10月には鉄道部内女子職員に対して体力章検定制度を実施した。本省職員の体力増強の一方途として，省内に健康相談所（1943年9月）を開設した。

　健康診断の結果，弱者と区分されたものに対して実施された「健民修練」についてみよう。1943年7月に仙台鉄道局十和田健民修練所が設置されたことを皮切りとして，12月まで鉄道局，地方施設局，講習所を通じておもに「採用後間もなき」筋骨薄弱者6,468人，結核要注意者3,387人，合計9,855人に対する修練が実施された。健民修練所では「指導員の熱意と生活を通じての熾烈なる訓練とは皇国臣民たるの覚悟と国民職員たるの責務に新なる認識を与ふると共に体育的には国鉄体操を以って基幹とする修練方法」が取られた[41]。それによって，背筋力，肺活量が増加でき，「弱者」から「健康者」へと回復できると考えられた。その結果として「欠勤率の低下，敬礼，服装，態度の厳正，敏速正確なる動作」という効果を見て，「各現場長

---

39)「体力課事業成績概況（1943年11月15日編）」『日本鉄道医学会雑誌』30-1, 1944年1月，23-24頁。

40)「結核に関する集団検診基準」に従って官庁職員に対する年1回以上の健康診断が決定され，その結果に基づいて職員は健康者，弱者，病者として大別された。弱者すなわち筋骨薄弱者および結核要注意者に対しては保健上の指導と養護が施されるとともに，国民体力法の被管理者の場合，健民修練所へ入所させられた。病者には休養あるいは療養の措置が取られた。鉄道総局総務局体力課「官庁職員結核対策要綱次官会議に於て決定す」『日本鉄道医学会雑誌』30-3, 1944年3月，58-62頁。

41) 日本鉄道医学会「国鉄の健民修練施行概況」『日本鉄道医学会雑誌』30-1, 1944年1月，27-28頁。

表 2-6　国鉄の健民修練（1943 年 7-12 月）

	筋骨薄弱者			結核要注意者			計		
	箇所数	回数	人員	箇所数	回数	人員	箇所数	回数	人員
本省	1	1	43	1	1	59	2	2	102
東鉄	9	19	1,278	1	3	417	10	22	1,695
名鉄	9	19	1,000	3	3	300	12	22	1,300
大鉄	10	15	1,002	4	5	421	14	20	1,423
広鉄	4	14	747	4	7	398	8	21	1,145
門鉄	1	6	613	1	4	387	2	10	1,000
新鉄	6	6	512	1	4	284	7	10	796
仙鉄	2	7	482	2	8	419	4	15	901
札鉄	7	11	570	1	5	302	8	16	872
地方施設部	6	6	66	6	6	48	12	12	114
講習所	5	5	155	8	8	352	13	13	507
計	60	109	6,468	32	54	3,387	92	163	9,855

出所：「国鉄の健民修練施行概況」『日本鉄道医学会雑誌』30-3，1944 年 3 月，27-28 頁。
注：1．開設箇所のうち重複するものがあるため，実数は 81 ヵ所。
　　2．地方施設部開設箇所 10 ヵ所のうち，8 ヵ所は本省および鉄道局に合流開設。教習所の場合は 13 ヵ所のうち 4 ヵ所は合流開設。

の讃辞」を得たという。とはいえ，体操が持つ身体上の効果は多いのだろうが，それのみを強調するところから，まだ発育途上の青少年層への栄養と医療の面で配慮が見られないことも推察される。国鉄当局は，人的構成の変化と長時間労働そして生活水準の低下（戦時下で栄養不足として現れる）から来る体力低下問題を精神力の高揚と体操によって克服しようとしたのであろう[42]。

　また，各種事故では予防どころかその増加が避けられなかったため，列車運転の関係者に対する身体的管理を強化した。すなわち，43 年 3 月には機関区庫内手と電車区車両手に対して適正考査を施行し，乗務員として不適当な素質の者を排除することにした[43]。8 月には機関区従事員採用規程の改正

---

42) 修練者は修練生活貫行表を作成し，2 ヵ月に 1 回状況を報告し，年 2 回程度修練所の同期生と会合し，退所後の状況報告，体力検査，健康相談などを行い，とくに結核要注意者は 2 ヵ月ごとに 1 回健康診断を受けることとなっていた。運輸通信省鉄道総局総務局体力課「健民修練事後指導実施要綱」『日本鉄道医学会雑誌』30-3，1944 年 3 月，62-66 頁。
43) 日本鉄道医学会「適正考査講習会開催記事」『日本鉄道医学会雑誌』30-1，1944 年 1 月，28-30 頁。

とともに，新たに適正考査の合格者のみに限って採用することを決定した。適正考査は戦前より調査研究してきたが，戦時下「要員需給の逼迫」と労働力の「質的低下の結果，業務上特殊の性能を必要とする方面に対して」「智能検査」と「作業素質検査」の適正考査が実施されたのである。その実施に当たって11月5日から12月3日まで仙台，東京，大阪，広島鉄道局で適正考査講習会が開かれた。現場作業員のなかで高温重筋作業者たる機関車乗務員，線路工手，船舶火手，駅および操車場の運転従事員の作業能率減耗を防止するための「保健錠」を1940年より研究・試験配給中であったが，43年6月にその供給範囲および供給量を拡大して配給することにした。さらに，深夜運転従事員の居睡防止策として「明快錠」と呼ばれるメタンフェタミンの成分が含まれた覚醒剤までが作られ，配布されるほどであった。

　しかし，事故の続出は避けられないことであったので，それを前提とする事後処理対策が講じられた。公傷者の附添人にその家族を付き添わせるとき支給する食料および寝具料実費は，1日70銭が増額されて1円となった（1943年4月）。さらに9月には労働力不足を勘案し，公傷者が継続して勤務できる途が確立された（1943年6月）。また療養および勤務についても取扱方が決定された。国民勤労報国隊員および学徒報国隊員の給与および災害扶助その他に関する部内取扱方が9月に規定された。その翌月，防空要員の空襲などの災害時に緊急対処するため血液型検査が施行された。ついには国鉄当局は「挺身職務に当りたる名誉を表徴し業務に因る障害者を保護尊敬する主旨の下に」鉄道傷痍記章規程（1943年10月）を制定するに至った。

　現業員に対する勤労状況調査も当局によって行われた。そのため，井戸水，飲料水，有害物，空気，調理場，うがい水などに対する細菌学的検査・試験を行っていた鉄道省衛生試験所[44]を勤労科学研究室（1943年1月）と改称して，調査研究項目も職員の労働作業などを含むこととなった。その後，岡山駅操車場（1943年2月），新鶴見操車場（1943年5月）および水戸操車場（1943年8月）において連結作業による従事員の業務量の実状および交代制

44）　鉄道省事務官影近清毅「大正十三年度中に於ける医事衛生に関する施設事項」『日本鉄道医学会雑誌』11-4，1925年4月，1-4頁。

の比較による疲労の科学的調査（1943年5月）を施行した。大宮，宇都宮間において機関助士投炭作業（両手を用いる）による疲労調査を施行した。関門隧道内作業環境の影響に関して科学的調査（1943年6月）を実施した。女子労働力の増加に対して東鉄管内有楽町駅および横浜駅などにおける女子勤労管理に必要な，科学的調査研究が実施された。劣化する労働力を如何に効率的に活用するかについて国鉄当局は悩んでいたのである。

　1943年7月には，それまで日本鉄道医協会が行っていた事務を体力課が引受けて直接処理することにした。また，戦時衛生管理を内部的に拡散させるため，体力課と鉄道病院などが中心になって数多くの関連講習会を全国的に実施した[45]。とくに，米軍の空襲が始まるなか，防空救護を実施する目的で救護病院（鉄道病院）→救護所（診療所）→救護班→救急班（防衛団）からなる鉄道防空救護体系が作られ，それに関する「防空救護竝戦時医学講習会及鉄道戦時防毒竝薬学講習会」が多く実施された[46]。救急班が災害現場で死傷者の捜索・救出・救急および搬送を行うと，鉄道医を班長とする救護班は軽傷者の治療，応急治療を行い，救護所と救護病院へ重傷者を後送することとなった。実際に1945年5月，東京大空襲によって本館を除いてすべての附属建物が消失した東京鉄道病院では，病院の防護，入院患者の保護，救護班の編成・派遣などが行われ，当病院に表彰状が東京鉄道局より下された[47]。

　こうした措置にもかかわらず，1944年から45年になると，運転事故の死傷者数の増加と公傷死亡率の上昇（前掲図2-4と図2-11）は避けられなかった。1942年以降の私傷病死亡率が得られないものの，前掲表2-5で私傷病の罹病率が上昇しただけに，その死亡率は1940-41年に低下したあと，公傷

---

45) 第1回鉄道医学講習会（1943年1月），適正考査講習会（1943年3月），健民修練指導員養成講習会（1943年7月），「レントゲン」技術者養成講習会（1943年7月26日-8月28日），結核菌培養法講習会（1943年9月），空襲時の防毒竝に戦時医学講習会（1943年9月），防空救護竝に戦時医学講習会（1943年11月），適正考査講習会（1943年11-12月），戦時栄養調理講習会（1943年12月），障害者指導員養成講習会（1944年1月）など。
46) 鉄道総局総務局体力課「鉄道防空救護に就て」『日本鉄道医学会雑誌』30-2, 1944年2月，18-19頁；日本鉄道医学会「講習会情報」『日本鉄道医学会雑誌』30-2, 1944年2月，23-24頁。
47) 日本国有鉄道中央鉄道病院『中央鉄道病院史：新病院完成記念』1980年，87-91, 103-105頁。

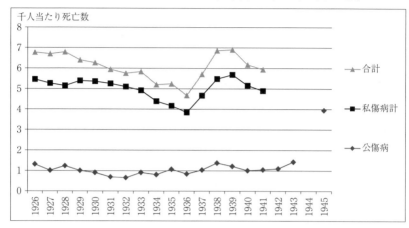

図 2-11 国鉄共済組合員の死亡率（単位：千人当たり死亡数）

出所：鉄道省『鉄道統計年報』各年度版；同『鉄道統計資料』各年度版など。

病のように，増加に転じたと思われる。とくに，空襲などによって輸送危機が顕在化し，そのなかで米軍の上陸による本土決戦が予想されるにしたがって，国鉄職員の戦士化が進み，鉄道病院をはじめとする医療機関の自戦自活態勢が整えられた。1945年1月9日には閣議で「国有鉄道必勝運営体制整備に関する件」が決定され，戦時服務規律の確立，業務機関の隊組織化，職員の責任意識の強化，徴用による要員の確保，職員に対する戦時処遇措置に関する方針が示された[48]。それに基づいて国鉄内部では「国有鉄道必勝運営体制の確立に関する件」（運輸通信省訓令第一号）が，2月8日に出され，「抑々運営の根本は人に存すよって適材を適所に置き指導訓練を徹底し規律厳正にして団結強固なる部隊を編成」することにした[49]。

それによって，隊組織が病院および診療所を含む各現業機関にわたって編成された。隊は表2-7で見られるように，「作業の実体に即し之を分隊より順次小隊以上の隊」に編成したが，小隊は二つの分隊以上よりなり，必要に応じて二つの小隊以上をもって中隊を編成することもあった。このような隊

---

48) 日本政府『公文類聚・第六十九編・昭和二十年・第六十五巻・交通・通信（郵便・電信電話），運輸（鉄道・航空・船舶）』国立公文書館所蔵。
49) 運輸通信省『運輸通信公報』第375号，昭和20年2月8日。

表 2-7 「必勝運営体制整備に伴う隊組織案」の事例（1944 年 11 月 20 日）

業務機関の隊名	同隊長及指揮班員	小隊名	分隊組織
病院	鉄道医	庶務	1. 事務掛―雑務手―給仕　自動車運転士　電話手　守衛長―守衛 2. 諸機掛―諸機手　汽缶掛―汽缶助手　技工
		衛生	1. 助手 2. 看護婦長―看護婦―看護婦見習―産婆　看護人

出所：「国有鉄道隊編成要領」1945 年 1 月 22 日（内閣「運輸通信省官制中ヲ改正シ○大東亜戦争ニ際シ臨時ニ運輸通信省ニ副鉄道官補ヲ置ク」1945 年 3 月 15 日『公文類聚・第六十九編・昭和二十年・第二十五巻・官職十九・官制十九（運輸通信省二）』国立公文書館所蔵）。

　組織を運営するためにはきわめて厳格な規律が要請されたことはいうまでもない。判任官たる隊長所要数（病院・療養所・診療所の事務掛 96 人，病院助手 20 人，診療所助手 7 人，看護婦長 202 人，守衛長 9 人，汽缶掛 6 人，諸機掛 2 人）から見て，鉄道病院関係には 342 隊が編成された[50]。

　さらに，国民義勇戦闘隊編成令が 1945 年 6 月に制定されると，その一環として隊組織は鉄道義勇戦闘隊へとエスカレートされ，国鉄職員の戦士化はよりいっそう強化された[51]。45 年 7 月には「疎開に限らずすべて別居する扶養親族」に対し 1 人当たり月額 5 円の臨時家族手当の増加支給が実施された[52]。共済組合でも，同年 8 月には「鉄道手及び雇員以下の職員が後顧の憂なく，決戦輸送に従事できよう」，戦時災害特別給付制度を新設した。これに並行して，鉄道網の寸断に備えた鉄道の地方分権が確立された。しかしながら，国鉄は敗戦を迎えざるを得なかったのである。そのなかで，従事員の健康は改善されるどころか，より悪化することとなる。

　こうして，「労働力」として認識された近代的身体は，もはや総力戦（total

---

50) 内閣「運輸通信省官制中ヲ改正シ○大東亜戦争ニ際シ臨時ニ運輸通信省ニ副鉄道官補ヲ置ク」1945 年 3 月 15 日『公文類聚・第六十九編・昭和二十年・第二十五巻・官職十九・官制十九（運輸通信省二）』国立公文書館所蔵。

51) 久保田茂「2．内地鉄道　①大東亜戦争間における軍事輸送記録　其の一」『軍事鉄道記録』第 3 巻，防衛研究所戦史編纂資料室所蔵。

52) 鉄道給与研究会編『国鉄賃金講話』交通経済社，1954 年，244-245 頁；日本国有鉄道厚生局『国鉄共済組合五十年史』国鉄共済組合，1958 年，193 頁。

war) のなかで一つの「戦闘力」として再認識されたのである。とはいえ，その重要性が強調されればされるほど，それを維持する基盤は崩れつつあった。そのなかでも，個々人への身体的管理は戦後につながり，より強化されることとなった。

コラム③　戦争と鉄道員

　日本国鉄は戦争の勃発に伴って中国大陸での作戦展開に対する総兵站鉄道として，戦時動員されることとなった。戦前より鉄道動員計画が作成され，大陸への集中軍事輸送が準備されたとはいえ，それはあくまでも概要の計画であったため，国鉄職員の臨機応変の措置に頼って集中輸送が実施されざるを得なかった。3ヵ月間続いた動員・集中軍事輸送によって民間輸送に対して列車運行上の制限が加えられ，短期的とはいえ，経済運営の過誤が生じた。戦争勃発の影響はそれだけでなく，占領地への国鉄車両および要員の供出という経営資源の流出を来した。すなわち，日本国鉄から多くの中堅層が華北交通，華中鉄道へ鉄道車両とともに派遣されたのである。

　ところが，集中輸送が終了しても，輸送需要は安定化する兆しを見せるどころか，むしろ増えていき，毎年最高記録を更新した。この輸送難を打開するため，国鉄は輸送力拡充4ヵ年計画（1938-41年）を実施したが，資材不足のため，実績は計画を下回った。そこで，国鉄は大量の資本投下が不可能な状況を，効率的な車両運営に基づく労働集約的鉄道運営を実現することによって，突破しなければならなかった。とはいうものの，応召・入営の徴兵，殷賑産業への転出などがあり，労働力の流動化が生じ，離職率は戦前の2倍である10％前後となり，新規採用率が全体の30％以上に達した。その結果，職員の勤続年数と年齢構成が低下し，労働力の希釈化を避けられず，体力低下も甚だしかった。

　こうして労働市場からの技能者の採用が難しくなると，国鉄は内部教育の強化と配置転換を通じて対応しようとした。すなわち，大臣官房に養成科を設置して，鉄道教習所体制を二部体制から三部一所体制へと拡充し，同時に所外養成を行った。組織内部で系統別・地域別に職員の配置転換を図って，限られた人的資源をより効率的に利用した。その上，戦時中のモチベーションとして本給以外の手当・賞与を通じて事実上の賃金引上げを続け，実質賃金の低下を引き止めようとした。加えて，共済組合購買部の生活必需品の配給，住宅部による社宅建設，医療施設の拡充を図って，フリンジ・ベネフィッ

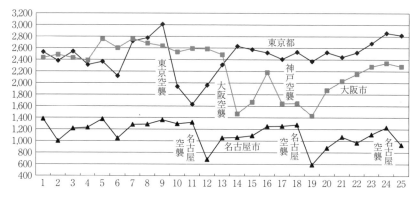

コラム③-図1　大都市貨車使用状況（1945年3月分）（単位：車数）

出所：「陸運決戦増送総力発揮運動実績」運輸通信省『鉄道貨物輸送計画案』1945年3月25日。
注：東京都とは新橋上野千葉管理部，大阪市とは大阪港町管理部，名古屋市とは名古屋管理部。

トを拡充した。というものの，物質的インセンティヴには戦時下限界があっただけに，奉公会，鉄道青年練成所を通じてイデオロギー的教化を試みたことも注目に値する。

　しかし，日米開戦後，南方鉄道への派遣，徴兵などが増える一方，労働供給源が枯渇し，要員不足が深刻化した。そこで，国鉄は行政簡素化を断行した上，要員整備委員会を設置して職員を重点配置した。1943-44年に入ってからは，新しい労働力の給源としての女子，学徒に注目し，大量採用を行わなければならなかった。とくに，生活水準の低下が著しくなるにつれ，それを補うため，傭人から雇員へ，また雇員・鉄道手から判任官への昇格機会を拡大した。こうした労務対策に基づいて車両運営を中心とする効率的な鉄道運営が実現され，1943年に国鉄運営は生産性の面で戦前来の最高水準に到達した。

　国鉄の輸送は1944年度初頭まではわりと良好な推移を示したが，資材配当の削減による車両，線路などの圧縮，主要着地における荷役小運送力の低下などのため，同年度下期輸送力は年初計画よりも613.2万トンという相当の減少を記録した。しかも鉄道従事員は著しい質的低下を示し平均年齢と勤務年数の両面でも熟練者の確保に困難を極め，これが輸送力増強の隘路となった。それに加え，米軍B29などによる空襲が本格化し，敗戦時まで軌道1,600キロ（全体の5%），建物180万平方メートル（20%），電灯設備9万個（10%），通信機3万1,000キロ（6%），電信電話機1万3,000台（12%），車両1万3,200両（10%），連絡船8万総トン（65%），工場14ヵ所（全国25工場）に達する被害を受けたのである。

とりわけ，1945年3月における東京，大阪，名古屋の貨車使用状況を見れば，大々的空襲が行われたあとには，機関車などの鉄道車両をはじめ操車場，駅舎，機関区，鉄道工場など施設全般にわたる被害があったため，貨車使用数がほぼ1,000両以上激減したことが分かる。しかしそうした中でも，空襲直後より応急復旧作業が行われ，3-5日後には空襲前の水準を回復したことも見逃してはいけない。こうして，サイパン陥落後に日本全域が米軍B29の空襲圏に入った1945年になると，鉄道災害が急激に拡大した。国鉄自らの推計によれば，月間運休列車キロは1944年6月2万1,400キロから1945年4月41万708キロへと急増し，それによる喪失輸送力は同期間中2万3,888トン，709万3,000トンキロから48万9,881トン，1億2,198万トンキロへと大きくなった。こうした危機的状況はたんに日本国鉄に限らず，朝鮮国鉄，満鉄，華北交通，華中鉄道という帝国圏全般にわたるものであった。

　こうした輸送危機（transportation crisis）に対して，国鉄は，1944年度第4四半期鉄道貨物輸送計画策定綱領を設けて，決戦増送総力発揮運動（1944年12月8日）を実施し，超重点主義の輸送力配分を行うことにした。その中で，勤労関係措置として新規採用を拡大しながら，労働異動率を抑制するために現員徴用を実施し，要員を量的に確保した上，配置転換，労務管理，現物給与による生活難の緩和を通じて，要員を効率的に運用することにした。それを担ったのが新設の勤労局であった。鉄道総局総務局から要員勤労関係事務を分離し，総務・勤労・練成・厚生・体力の5課からなる勤労局を設置し，戦時労務対策全般にわたる業務を分掌させた。地方組織たる管理部には総務課に勤労関係担当の係を設けた。それによって，実働の従事員を44年3月の44万9,443人から45年7月末に50万7,000人に増やすことができた。

　1945年1月9日には閣議で「国有鉄道必勝運営体制整備に関する件」が決定され，戦時服務規律の確立，業務機関の隊組織化，職員の責任意識の強化，徴用による要員の確保，職員に対する戦時処遇措置が取られることとなった。それに基づいて「国有鉄道必勝運営体制の確立に関する件」（運輸通信省訓令第一号）が2月8日に出され，「抑々運営の根本は人に存すよって適材を適所に置き指導訓練を徹底し規律厳正にして団結強固なる部隊を編成」することにした。それに関連し，戦時国有鉄道服務訓令，国有鉄道部隊編成達および隊編成要領に関する通牒，国有鉄道職員敬礼規程達，戦時運営体制強化要綱などの2訓令，5達，1通牒，計8件を告示，11日より実施した。それによって，鉄道員たちは，駅隊，機関区隊，被服工場隊，電修場隊など各業務機関別に編成された。そして鉄道局・管理部は「之等を合して部隊を為し，管理部隊と称し，

コラム③-表1　必勝運営体制に伴う官吏増員（単位：人）

身分	旧官制	新官制	増員	備考
鉄道官専任	1,176	1,538	362	作業組織強化 346 人（一般現業機関 241 人，船舶関係 105 人），軍需充足会社関係 16 人
鉄道官補専任	57,058	68,729	11,671	隊編成増員 11,935 人（内，高等官に振替 -346） 陸運処理強化 32 人
副鉄道官補		85,936	85,936	隊編成新設全員

出所：内閣「運輸通信省官制中ヲ改正シ〇大東亜戦争ニ際シ臨時ニ運輸通信省ニ副鉄道官補ヲ置ク」1945 年 3 月 15 日『公文類聚・第六十九編・昭和二十年・第二十五巻・官職十九・官制十九（運輸通信省二）』国立公文書館所蔵。

管理部長は部隊長として之を統合」した。隊は作業の実体に即して，4 分隊-2 小隊-1 中隊の形で編成された。

　しかし本土決戦を予期した軍はこの程度の鉄道施策をもって満足することはできず，その 2 月下旬，陸軍からの強力な「要望」たる「皇土鉄道作戦準備要領（案）」が出された。敵機の空襲を前提に，各地区レベルで機動性の発揮を保障するため，軍部はより包括的な対策を「要望」したわけであった。これに応じて，「大規模空襲下における陸上輸送力確保に関する件」（1945 年 3 月 6 日，閣議決定）が決定され，1945 年度上半期輸送力の最大限発揮，資材備蓄，各種工事の原則的中止，施設防空・防衛の強化が決定された。その一方，必勝運営体制の整備も進み，隊組織の編成とともに，本省→局長→管理部長→現場長という権限委譲が行われた。工作隊，特設建設隊，特設工務隊のほか，運輸・運転関係の特設隊をそれぞれ新設した。

　この体制をマンパワー面で支えるため，奏任官層の鉄道官 362 人，判任官層の鉄道官補 1 万 1,671 人，待遇官吏の副鉄道官補 8 万 5,936 人が 45 年 3 月に新しく任官された。戦前には想像すらできない大規模な増員と大量昇格が行われたわけである。この措置は業務量の急増に伴うポストの増加を一部含むが，鉄道官補と副鉄道官補のほとんどは隊編成に伴う増員であった。というのは，各業務機関別，職種別に隊長所要数を算出し，これより現在判任官数を差引いた残数（以下不足数と称す）に関して新しく任官＝昇格された鉄道官補が配分されたからである。不足数のうち，庶務掛，業務掛，出札掛などそれほど重要ではない職種に対しては待遇官吏たる副鉄道官補によって充当することにした。「鉄道部内に於て 2 年以上勤務せる鉄道手，雇員又は傭人にして戦時輸送確保上重要なる職に在る者の中より試験の上之を任用」することにした。残り

コラム③-図2

改札係などの職員を機関車運転業務に転換するための,広島鉄道教習所特別機関士養成所の座学講義（情報局『写真週報』294号,1943年10月20日号より）。

の雇員・用人層に対しては現員徴用（3月31日）が決定された。その後,4月5日には必勝運営体制本部を設置した。さらに,5月31日に至っては軍需工業余剰労働者を国鉄職員に転換させる措置が取られた。

　こうして,国鉄は敵機の空襲下で各地域レベルで機動性のある鉄道運営を保障しようとしたが,大本営は「決戦作戦に応ずる交通作戦準備要綱」と「決号作戦集中計画」（1945年4月）を作成し,鉄道の決戦態勢の増強を要求した。事実上6,7月になると,空襲は一層激しく,戦況は沖縄陥落後,本土決戦しか残らぬ極めて緊迫したものになった。そのなかで,「大規模空襲に対する陸運要員強化要領」が6月1日に決定された。それに従って国鉄においては「防衛の強化,現業管理組織の強化,国有鉄道に関連する国営船舶の拡充,橋梁の耐爆構造の研究,その他陸運に関する科学技術の研究の拡充,陸運要員の急速大量養成などの為」判任官（待遇官吏）以上の増員が決定された。その人数は1万3,404人に達しており,1945年3月ほどの大規模ではないものの,3ヵ月後の同年6月には再び大量の任官＝昇格が実施された。そのほとんど

が鉄道官補と副鉄道官補であったのは，一般新規要員4,157人，防衛要員3万5,823人の増員が行われ，隊組織を編成するため隊長の任命が必要とされたからである。

　さらに6月29日には「国内戦場化に伴う運輸緊急対策に関する件」が閣議決定された。そのうち，鉄道輸送力の維持増加方策として鉄道戦闘隊の編成が提示され，国鉄職員の戦士化が進められた。戦闘隊の編成に当たって国鉄は鉄道管理業務の現況に変化を認めず，「単に空襲下における全従事員の真に厳正なる服務規律の確立をのみ」求めたが，しかし軍部は業務と隊編成とは別個なものではあり，さらに一歩を進めて戦況の変化に応じて鉄道の軍管理を実施することを念頭に置いた。それのみならず，小運送部門は鉄道とともに統一運用しようとする運輸省の意図と，従来から小運送を国鉄より分離させようとする陸軍省の希望が衝突した。そこで，大本営によって，交通事情上「運輸省案」は至当であると判断され，運輸省の意図通り，鉄道，小運送，車両工場をうって一丸とする形で7月23日内地鉄道司令官管理の下にその編成を下令し8月1日編成の完結を見た。

　戦闘隊組織は鉄道総局長官を司令とする鉄道義勇戦闘司令部（鉄道総局）の下に連合鉄道義勇戦闘隊（各鉄道局）―鉄道義勇戦闘隊（各管理部）―鉄道義勇戦闘戦隊―同区隊―同分隊からなった。この編成に際して1945年7月に傭人制度を廃止し，すべてを雇員に登用し，小卒の者に対しては業務熟練期間に限って見習雇とした。これに並行して，鉄道網の寸断に備えた鉄道の地方分権が確立されたことはいうまでもない。そのために，鉄道管区と軍管区との一致，軍管区を中心とする局地交通組織の統合が行われた。防衛補修体制の一環として全国沿線の国民義勇隊をもって愛路隊を編成し，空襲などによる輸送障碍に備えた。

　以上のように，日本国鉄は内部教育制度の作動とそれにリンクした内部労働市場の拡大（職員にとっては昇進・昇格）で対応しようとした。戦前国鉄の身分制にとって不可逆的な変化が生じたのである。職員の「奉公」に対する代価としての賃金制度においてはフリンジ・ベネフィットが重視されるようになった。このような極限的な状況の下で鉄道員の身体が鉄道当局にとって強調されたのである。

資料：林采成「戦争の衝撃と国鉄の人的運用」『歴史と経済』53-1，2010年10月，46-62頁。
　　　林采成「日本国鉄の戦時動員と陸運転移の展開」『経営史学』46-1，2011年6月，3-28頁。

国鉄新橋工場（現在のJR東日本東京総合車両センター）銅工職場の職員たち。鉄道工場では，煤煙や有害金属蒸気の発生が絶えず，高温かつ高湿度のなかで労働が行われていて，一般的に職員は血色不良，皮膚蒼白を示したという。こうした不衛生な作業環境を背景にして，多くの肺結核患者が発生した。また工場での給料体制が基本的に出来高に基づくものであったため過労を誘発しやすく，それが高い罹病率の要因となった（日本国有鉄道『日本国有鉄道百年写真史』1972年より）。

第3章 鉄道員と結核

国鉄における「国民病」の流行

本章の課題は戦前「国民病」と呼ばれた結核の国鉄内部での流行状態とそれに対する対策を検討し，戦前期日本の労働衛生の実態を明らかにすることである。

　明治維新以来，日本は殖産興業の旗幟の下で海外からの技術を取り入れ，紡績，製糸，鉄道などの分野での企業勃興を来した。それに伴って，産業革命が進行し，第一次世界大戦期に際して重化学工業化が確立するに至った。そのなかで，近代的労働者が急速に増加したことはいうまでもないが，賃労働者になるといって，近代の恩恵が直ちに彼らの生活に及ぶわけでなく，彼らは初めて対面する近代工場で，作業場に溢れる塵埃，換気の悪い空気，労働者の密集，栄養不足，ストレス，都市化を目撃せざるを得なかった[1]。もはや人体は「四百四病の容器」[2]として多くの疾病を抱えるようになり，社会的問題として認識され始めた。その代表的事例が前近代農村社会から近代的都市社会への社会変動に伴って現われた「国民病」肺結核の流行ではなかっただろうか。

　工場法制定のために1882年以降政府が行った夥しい調査の最終段階に『工場衛生調査資料』（生産調査会，1910年）が発刊されたが，これを実際に担当した石原修（農商務省嘱託）は『衛生学上より見たる女工之現況』と「女工と結核」を発表した[3]。それによって，紡績女工の多くが結核に罹り，そのため，死亡あるいは「未治解雇」され，帰郷後農村に結核の新しい病原となっていたことが明らかにされた。それが社会的反響を起こし，工場法の実施における女子の深夜業禁止を促した。その後，日本産業衛生協会によって結核対策が取り上げられ，産業現場の結核予防策が講じられたものの，戦時下での栄養不足と業務負担の過重のため，結核は退治どころかむしろ蔓延した。

　そのため，日本労働科学研究所でもその深刻さに注目し，産業衛生協会の産業結核報告大会が開催された。その一環として暉峻義等（1942）が「産業と結核」を発表し，戦時下の産業別労働現場と結核の関連性を明らかにし，

---

1) 　J.N.Hays, *The Burdens of Disease: Epidemics and Human Response in Western History*, New Brunswick, NJ.: Rutgers University Press, 1998, pp.159-167.
2) 　鉄道院理事大道良太「疾病救済の実施に就て」『日本鉄道医協会雑誌』2-4，1916年4月，3頁。
3) 　篭山京編集・解説『女工と結核』光生館，1970年。

「作業条件の適正化」を重視して，とりわけ「高率なる結核罹患率を示す，青年と婦人に対する労働時間は，原則として 8 時間に制限されることの必要」を強調した[4]。さらに，東田敏夫（1943）は明治中期から戦時期にかけて産業部門における結核の実態とそれに関連する研究史を整理し，戦時下で「産業部門における結核対策と科率的な保健管理は一層充実する必要」があるため，「未感染者の職場内感染発症の予防，結核患者の就業と職場内流入に対する科学的顧慮は万全を期さねばならぬ」と指摘した[5]。

こうした戦前の成果を踏まえて，戦後には多様な視点から結核の歴史に対する検討が試みられた。福田眞人（1995，2001）は社会文化史的視点に基づいて文筆家の経験・作品を中心に結核のロマン化を考察し，療養所や医学書を検討し，結核の文化史的意義を提示した[6]。また青木正和（2003）は弥生時代から戦前の勃発的蔓延を経て戦後の沈静にいたるまでの日本の中での結核史を検討した。戦時期には結核の死亡率が急騰するなどのショックはあったものの，これに対して日本の結核病学は「驚くべき発展」を示したと指摘している[7]。青木純一（2004）は社会史的視点より結核撲滅運動，結核予防法，都市の結核問題，療養生活といった四つの部分にわたる分析を行った[8]。氏は結核の蔓延への社会的対応が「近代国家建設のための教育運動や文化運動の役割」を果たしたことを明らかにした上，その一環として結核予防法の成立に伴って届出制度が導入されたものの，これに対して患者は自分の存在が世間に知れ渡ることを恐れて反対したことを取り上げて，結核をめぐる「教育運動」「文化運動」に際して国家・社会と患者との間に緊張が存在したことを指摘した。

以上のような研究動向に対して，サンドラ・シャール（2009）は社会経済

---

4) 暉峻義等「産業と結核」『労働科学』19-9，1942 年 9 月，770-821 頁。
5) 東田敏夫「我が国に於ける産業と結核に関する史的考察」『労働科学』20-6，1943 年 6 月，401-425 頁。
6) 福田眞人『結核の歴史：近代日本における病のイメージ』名古屋大学出版会，1995 年；福田眞人『結核という文化：病の比較文化史』中央公論新社，2001 年。
7) 青木正和『結核の歴史』講談社，2003 年。
8) 青木純一『結核の社会史：国民病対策の組織化と結核患者の実像を追って』御茶の水書房，2004 年。

史とジェンダー史を融合する視点から繊維産業で働いていた労働者の保護と管理に関する政策事例を分析し、「国益のために『国民の心身の健康』を守る必要性が当時の社会において重視されるにつれて、繊維工業の女工は、国家によって、単なる工場労働者よりも、国民の一部ないし将来結婚して良妻賢母になるべき女性として取り扱われるようになった」と指摘した[9]。国家の視点から結核予防対策と保健対策が講じられる中、その究極的目標としての女性像を持たせるための国家統制が加えられたという。というものの、当時の分析対象がおもに女性中心の繊維工場を中心として行われており、国家を取り上げることで組織内部の観点から施された労働衛生上対策がいかなる意味合いを有したかについてはまだ論じられていない。

本章では慢性伝染病としての結核がどのように国鉄内部で広がっており、どのような対策が採られたのかを検討する[10]。国鉄の場合、男性中心の一つの作業場であり、それ自体が国家機関の一部であった。しかも前述したとおり、従事員数が1910年代の15-20万人から1940年代前半に50万人へと増加し、家族を合わせると、その人数は同期間中80万人から200万人までにも達し、個別事業場ではあまり見られない総合労働衛生対策が講じられた。すなわち、鉄道病院、治療所、療養所を直営しており、それらの管理に当たる官房保健課を筆頭とする専門スタッフが配属されていた。労働衛生対策の必要性はそれだけでない。全国にわたる鉄道ネットワークを動かすため、国鉄職員は運輸、運転、保線、電気、船舶、工場などの系統で、さらに細分化された特定の分業に専念することで国鉄全体の運営効率化を図っていた。そのため、特定の作業場で働くことによって多くの疾患に罹ることになっていた。こうした状況の中、まさに鉄道ネットワークの作動のためには労働力保全が前提とされなければならず、当時最大の死因であった結核への対策が講じられた。

本章ではこのような問題意識から結核に注目し、戦前労働衛生の普遍性と

---

9) サンドラ・シャール「『瘴気』(ミアマス)と『国民の心身の健康』:戦前日本の繊維工業における産業衛生と女性労働者統制の政策をめぐって」『大原社会問題研究所雑誌』610、2009年8月、1-19頁。
10) 岩田穣「鉄道労働者の罹病率に関する考察」『労働科学研究』4-4を参照されたい。

ともに国鉄ならではの特徴を抉り出す。そのために本章は以下の構成を試みる。第1節において国鉄労働の特質として分業，勤務形態，身分上構成，年齢を検討し，第2節ではその結果としての国鉄職員の疾患，なかでも結核の感染について論じる。第3節においては結核の伝染に対して国鉄当局がいかなる対策をとったのかを検討する。

第1節　国鉄労働者と疾病

　本章での結核に関する議論の理解を深めるため，再び職務系統別現業員と公傷病・私傷病率との関係にとりあえず注目してみよう。表3-1は戦前期国鉄の一般的罹病率を示している。1924年から26年までの3ヵ年平均公私傷病率は830であって，そのうち公傷病は180であり，私傷病は650であった。公傷病の場合，そのほとんどが轢死，圧傷など傷痍事故によるものであって，疾病はきわめて少なかった。逆に私傷病はそのほとんどが疾病であったので，私傷病に注目すれば，事故発生を除いた職員の健康状態が把握できる。各職務系統別の罹病率（公私病合計）を見れば，最高は工場従事員の2,566であって，総従事員の平均罹病率830の約3倍にも達した。その次は船舶，電気，運輸・運転，保線従事員の順序であった。最も低かった保線従事員の罹病率は496であって平均罹病率の約2分の1に過ぎなかった[11]。

　まず，公傷病においては工場が最高の1,097を記録し，他の従事員の公傷率の順位は電気，船舶，保線，運輸・運転であった。作業中の外傷は複雑な設備と疲労によって発生したが，工場では工作機械をはじめ多くの設備があり作業も複雑であったため，もっとも事故発生率が高かった。それに次ぐ電気でも，電機修繕場，発電所，変電所などの機械工具を有する工場設備が多大であった。船舶と保線は作業の特性上相当程度の機械器具を使用したため，一定の傷痍事故が避けられなかった。運輸・運転要員はこれらの系統に

---

11) このような罹病率は南満州鉄道でも見られる同様の現象であった。岩田穣「鉄道労働者の罹病率に関する考察」『労働科学研究』4-4，1927年12月，145-274頁。

表 3-1 国鉄職員における公私傷病率（単位：千人当たり罹病数）

従事員別	公私別	1924	1925	1926	平均	公私病合計
運輸・運転	公傷	91	86	80	88	675
	私病	550	567	644	587	
保線	公傷	115	134	127	125	496
	私病	330	359	425	371	
電気	公傷	211	241	172	208	859
	私病	743	597	614	651	
船舶	公傷	135	185	212	177	876
	私病	787	677	632	699	
工場	公傷	1,136	1,097	1,058	1,097	2,566
	私病	1,596	1,278	1,535	1,469	
全従事員	公傷	190	180	160	180	830
	私病	640	620	690	650	

出所：鉄道大臣官房保健課鉄道医馬渡一得「従事員の心身に及ぼす鉄道労務の影響に就て」『日本鉄道医協会雑誌』16-1, 1930 年 1 月, 9 頁。
注：国鉄直営医療機関の診療件数をベースとするもの。

表 3-2 職務系統別罹患疾病の種類（1924-26 年の 3 ヵ年平均）（単位：千人当たり罹病数）

	運転・運輸	保線	電気	船舶	工場	全従事員
伝染病	29	17	33	67	42	28
神経病	44	26	41	43	99	43
循環器病	9	6	7	9	18	9
呼吸器病	63	29	62	38	105	58
消化器病	146	91	169	198	467	164
泌尿生殖器病	6	5	5	5	13	6
皮膚・運動器病	70	43	76	60	173	73
視器病	96	59	102	67	175	95
聴器病	15	9	15	15	30	15
寄生虫病	3	3	2	3	4	3

出所：鉄道大臣官房保健課鉄道医馬渡一得「従事員の心身に及ぼす鉄道労務の影響に就て」『日本鉄道医協会雑誌』16-1, 1930 年 1 月, 13 頁。

比べて機械器具の取扱が最も少なく，運転事故の発生以外には傷痍事故は多くなかった。

　次に，私傷病の全般にわたって考察すると，工場が 1,469 というもっとも

高い罹病率を示したものの，それ以降の順序においては公傷病と若干異なる傾向が見られ，船舶，電気，運輸・運転，保線の順であった。工場の場合，技工などは終日塵埃が多くかつ騒音が激しい工場内で勤務し，災害予防のため，常に精神的に緊張し続けなければならなかった。その上，既述のように技術を重視し，採用に際して身体検査を厳密に行わず，他の系統に比べて比較的劣弱な者が採用される傾向があった。基本給料が出来高による歩合金を得る制度をとっていたため，自ずと過労しやすかったことも無視できない。さらに，鉄道工場には治療所が設置されていたため，随時簡単に治療を受け得ることも罹患率の上昇に寄与したと思われる。その反面，保線従事員はつねに外気中で働き，精神を労せず，その作業も日勤の勤務形態で適度な運動となったため，罹病率も一番低かった。

　一方，船員の場合，外気中で生活するため，呼吸器病が極めて低いことをはじめ，保線従事員と同様の傾向を示したが，消化器疾患が198を記録した上，性病も総従事員15に対して高く60であったため，電気より疾患率が高かった[12]。公傷病でもっとも低かった運輸・運転要員の場合，3ヵ年平均の罹病率が乗務員（2万9,103人）690，非乗務員（8万5,497人）540を記録し，乗務員を中心に高かった。乗務員の場合でも，列車運行上精神的疲労は機関車乗務員のほうが著しかっただろうが，車掌をはじめとする列車乗務員において一昼夜連続勤務するなど乗車時間が長かっただけに，機関車乗務員（690）より列車乗務員（71％）のほうが若干高い罹病率を示した。

　この罹病率を疾患別に見ると消化器病が一番高く，視器病がこれに次ぎ，皮膚運動器病，呼吸器病，神経病，伝染病，聴器病，循環器病，泌尿生殖器病，寄生虫病の順序であった。これによれば，一見消化器病と視器病と皮膚運動器病がもっとも深刻な疾患であるように見える。総罹病率は1924-26年の3ヵ年平均650から30-34年の5ヵ年に860へと上昇したものの，疾患別の構成比率はあまり変わらない。三大疾患が要員の作業効率を落としたとは

---

12) 船舶従事員は商法によって官費治療を受けたため，軽微な疾病も診療を受けた結果，罹病率が高くなる傾向があったが，実際には総罹病率の数字より良好な健康状態にいた。鉄道大臣官房保健課鉄道医渡一得「従事員の心身に及ぼす鉄道労務の影響に就て」『日本鉄道医協会雑誌』16-1，1930年1月，1-37頁。

いえ、ひいてはもっとも死亡率が高かったとはいい難い。

　個々の疾病による死亡率は、資料上共済組合員のいくつかの年度分に限ってのみ確認できる。1922年度の統計から推計した死亡率（千人当たり死亡数）を取り上げてみれば、公傷病は傷痍1.57、疾病0.06、計1.63、私傷病は傷痍0.37、伝染病2.84、神経系疾患0.57、循環器疾患0.40、呼吸器疾患0.86、消化器疾患0.96、泌尿生殖器疾患0.21、皮膚・運動器疾患0.04、新陳代謝疾患0.01、新生物0.17、その他0.53、計6.97であって、総死亡率8.60であった[13]。すなわち、もっとも死亡率の高かったのは罹病率で28に過ぎなかった伝染病だったのである。そのなかでも慢性伝染病である結核が一番高かった。伝染病の死亡率はコレラ0.01、赤痢0.02、腸チフス0.42、パラチフス0.02（以上急性伝染病）、流行性感冒0.04、クループ性肺炎0.04、丹毒0.02、破傷風0.01、ワイルス氏病0.01、肺炎カタル0.28、肺結核1.46、その他結核0.47、病名不詳0.05であって、急性伝染病より慢性伝染病の結核が1.93を記録した。最高の死亡率を示した疾患は時期に関係なく結核だったのである。実際に完治されないまま退職させられ、死亡に至るケースが多かったので、死亡率はより高かったはずであり、その数は事故による死亡者に比して多かっただろう。それだけでなく、結核患者として診断されるまで、勤務先と宿舎で結核菌を周辺に伝染させ、新しい潜在的結核患者を増やしたのである。まさにこの点で、国鉄当局はその予防と処理に苦心しつつあった。

第2節　国鉄職員の結核

　当時「国民病」とも呼ばれた結核はいかなる疾病であり、国鉄内部でどのように発生したのだろうか。結核は結核菌（*Mycobacterium tuberculosis*）という細菌によって引き起こされる感染症である。感染後、半年から2年の間に微熱、咳、痰、血痰、発汗、呼吸困難、体重減少、食欲不振などの症状が現われる。適切な治療が伴わなければ、肺の病変が拡大して呼吸困難を来すだけ

---

13)　鉄道院『鉄道統計資料』1922年度版。

図3-1 結核菌の電子顕微鏡写真

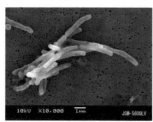

出所：東京都感染症情報センター「結核菌の電子顕微鏡写真」（微生物部病原細菌研究科撮影)，2017年8月1日 (http://idsc.tokyo-eiken.go.jp/diseases/tb/tb-dks/)。

でなく，脊髄，腸管，腎臓などにも結核菌が転移し，多様な結核性疾患を引き起こす。白いペスト (white plague) とも呼ばれ，農村中心の前近代社会から都市中心の近代社会への移行期にある社会で大きく発生した。この疾病が国鉄内部でどのように流行したかを見るため，職務系統別，鉄道局別に罹病率を見よう。

まず，職務系統別には肺結核と総疾患の罹病率は船舶を除けば，ほぼ並立している（表3-3）。工場＞運輸・運転＞電気＞保線あるいは船舶であった。連絡船の従事員の場合，いつも海の清浄な空気を呼吸することから，肺結核の発生が低かった。30-34年になると多少上昇したものの，保線の次に低い。鉄道局別罹病率において1925年中には北部の札幌と仙台が一番高く，大都市の東京，大阪がこれに次ぎ，門司，名古屋の順であった。30年代前半には東京＞札幌＞大阪＞仙台＞門司＞名古屋であった。地域的には北辺の札幌と大都市の東京・大阪で多くの患者が発生したのである。とはいうものの，この罹病率は総疾病のそれとは大きく異なっている。すべての疾病では門司，名古屋が比較的高い方であり，仙台が低く，東京も全国平均より低かった。このような肺結核の疫学的分布は結核性の強い肋膜炎の発病範囲と同様である。

職名別肺結核の分布（表3-4）をみれば，電車運転手，駅務助手，電信掛，改札掛，車掌，出札，列車給仕などで高率であった。電車運転手は都会地の周囲で電車を運転し，停車場間の距離が短く自動信号による寸秒を争ったため，心身が疲労し，運動不足となりやすく，東京付近の不健康地帯に居住したからである。もちろん，鉄道病院などの診療を受けるのに便利な勤務個所にいることもその原因となっていた。電信掛は徹夜勤務に携わり，常に座って作業し運動は不足がちであり，音から文字を判断するため，常に精神の緊張を要し，繁忙な個所に勤務する者はわずかに食事時間に交代して休息せざるを得なかった。機関車乗務員はいずれも列車乗務員（車掌，列車給仕）よ

表 3-3　肺結核の職務系統別・鉄道局別罹病率（単位：千人当たり罹病数）

職務系統別					鉄道局別				
	24-26 年の 3ヵ年平均		30-34 年の 5ヵ年平均			1925 年		30-34 年の 5ヵ年平均	
	肺結核	総疾病	肺結核	総疾病		肺結核	総疾病	肺結核	総疾病
平均	8	650	8.9	861.8	平均	7.2	660	8.9	861.8
運輸・運転	9	590	9.9	822.1	東京	9.0	NA	14.8	842.4
保線	3	370	3.4	473.1	名古屋	3.0	NA	3.5	874.4
電気	8	650	8.3	833.4	大阪	8.0	NA	9.0	963.0
船舶	2	700	6.6	984.8	門司	5.0	NA	5.3	916.5
工場	14	1470	10.2	2009.8	仙台	10.0	NA	6.2	642.8
					札幌	10.0	NA	10.5	933.0

出所：鉄道省官房保健課鉄道医馬渡一得「鉄道従事員の健康状態に就て」（第二回報告）『日本鉄道医協会雑誌』15-2, 1929 年 2 月, 1-6 頁；鉄道大臣官房保健課鉄道医馬渡一得「従事員の心身に及ぼす鉄道労務の影響に就て」『日本鉄道医協会雑誌』16-1, 1930 年 1 月, 9 頁；官房保健課山川浩・田代義一「吾国有鉄道従事員の保健状態に就て（二）」『日本鉄道医協会雑誌』24-9, 1938 年 9 月, 7-11 頁；官房保健課山川浩・田代義一「吾国有鉄道従事員の保健状態に就て（三）」『日本鉄道医協会雑誌』24-10, 1938 年 10 月 25 日, 17-22 頁。

り低く，小荷物掛は貨物掛をはるかに凌いだ。機関車乗務員は列車乗務員に比して列車運行上精神を労することが多いけれども，他方作業場が良好であり，勤務時間も短かった。さらに，鉄道勤務に慣れて比較的年齢の高い者が多かった。ただ機関車乗務員は神経系疾患，視器疾患において罹病率が逆に高い。小荷物掛は貨物掛に比して若年者が多く，徹夜勤務者が多かったからである[14]。肺結核は一般に外気に触れることが少なく，かつ徹夜勤務者に多いため，駅従事員にも多かった。その反面，線路工手と踏切看守は外気中に作業して適度の運動をしたため，罹病率がとても低かった。

　鉄道工場は，東北以北では雨雪のため窓扉が閉鎖され，換気が不完全であり，ストーブからの煤煙やガス発生が多く，溶接作業，重油の燃焼，有害金属蒸気の発生が絶えず，高温かつ高湿度のなかで労働が行われており，当然

14）　小荷物掛と貨物掛の罹病率（1924-26）を比較すれば，小荷物掛は全疾患 819，神経衰弱 41，気管支炎 26，肺結核 17，肋膜炎 16 であったのに対し，貨物掛はそれぞれ 603，30，27，12，10 であった。鉄道大臣官房保健課鉄道医馬渡一得「従事員の心身に及ぼす鉄道労務の影響に就て」『日本鉄道医協会雑誌』16-1, 1930 年 1 月, 33 頁。

表 3-4　1924-26 年 3 ヵ年平均の肺結核の職名別罹病率（単位：千人当たり罹病数）

一般従事員		機関手	11.6	駅手	5.3	工場従事員	
総従事員	8.3	操車掛	11.8	整灯手	6.3	客車	24.7
電車運転手	24.6	駅長	11.4	電話掛	5.0	組立	18.6
駅務助手	25.3	車掌監督助役	9.4	連結手	4.5	貨車	17.6
電信掛	23.7	機関助手	10.2	機関車清掃手	3.6	塗工	16.3
改札掛	23.5	倉庫手	10.9	荷扱手	4.2	仕上	15.8
小荷物掛	17.3	助役	9.7	踏切看手（保）	4.1	工機	15.4
列車給仕	15.6	信号掛	8.2	機関助手見習	3.5	旋盤	13.0
検車手	16.9	通信工手	7.9	機関庫助役	3.4	製缶	12.0
警手	16.3	技工（運）	7.1	運転掛	3.3	工場工手	11.8
車掌	16.0	合図手	7.3	踏切看手（運）	2.6	鍛冶	10.4
出札掛	14.6	客車清掃手	6.4	線路工手	2.7	木工	9.4
検車助手	12.0	転轍手	6.3	炭水手	2.5	鋳物	7.8
電灯検査手	12.8	電力工手	5.5	水夫	2.4	鉄工	4.0
制動手	13.3	庫内手	5.9	閉塞機手	3.3		
車号掛	12.2	技工（電）	5.2	木工手	1.4		
貨物掛	11.9	建築工手	5.3	列車荷扱手	1.1		

出所：鉄道大臣官房保健課鉄道医馬渡一得「従事員の心身に及ぼす鉄道労務の影響に就て」『日本鉄道医協会雑誌』16-1，1930 年 1 月，27 頁。

日光と光線が不足し，技工は血色不良，皮膚蒼白を示した。こうした不衛生な作業環境のため，貧血および栄養不足が生じると，病原に対する抵抗力が弱くなって，客車，組立，貨車，塗工，仕上，工機，旋盤，製缶などの職場で多くの肺結核患者が発生した。なかでも客車と組立の技工は客車から出る多くの塵埃の呼吸も甚大であった[15]。これに加え，既述のように，工場での給料体制が（時期によって変わってはきたが）基本的に出来高に基づくものであったため，技工の過労を誘発しやすく，それが高い罹病率の要因となったのである。

　このような肺結核の分布が個々人のレベルではどのように伝染したのだろ

---

15)　仙台鉄道局衛生嘱託角田耕六「鉄道職員罹病論」『日本鉄道医協会雑誌』21-1，1935 年 1 月，10-49 頁。

うか。これに関連して名古屋鉄道病院内科医学博士の武藤昌知によって報告された「本局諮問案『結核予防対策』に対する意見」がある[16]。そのなかで、彼は病原の根絶を力説しながら、伝染経路に対する三つの事例を提示した。「第一群 N 駅における例」であるが、これは関係者 1 人から聴取した患者 5 人に対する調査であった。「三ヵ年間に同一勤務場所で総員十二名の職員のうちから五人の結核性疾患を出し、うち三人が死亡」しており、「徹夜勤務の場合には三畳の休憩室で同一寝具中二名ないし四名休養する状態である」という。「第二群 I 駅における例（其の一）」は駅庶務掛で患者 10 人に対して調査したものであった。10 人のうち 6 人が九州出身で同じ寄宿寮で生活しており、しかも同一職名（車号掛）の下に同じ室で勤務していた。すなわち、大部分の者は住所、交友、勤務場所などの関係が密接であって、「同宿者間の伝染」「同僚間の伝染」「友人間の伝染」であったと見た。その 10 人のうち 6 人が退職後、死亡した。「第三群 I 駅における例（其の二）」は患者本人に聴取した調査である。4 人の伝染系統が住所、交友、勤務場所などに親密な関係を有するものであった。同報告書は 1929 年 11 月に名古屋教習所電信科生徒 22-23 期と名古屋駅電信係員 127 人に対して行われたピルケ反応検査[17]を言及した。当初被験者のうち陰性の者は 49 人であったが、8-10ヵ月後、再検査を行うとその 45% が陽性に転化したことが明らかになった。

こうして「職員間に開放性結核患者が健康者の間に介在して居って恐らく是等の患者から撒布される結核菌に由て他に伝染し蔓延する傾向が観取される」のであった。これによって量産された潜在的結核患者は個々人の体力が低下すると、発病にいたるものと考えられた。1934 年 11 月から 35 年 10 月までの満 1ヵ月間に相州七里ヶ濱恵風園療養所において委託診療した鉄道省職員 49 人についての報告によれば、発病要因（重複返答）として次のよう

---

16) 名古屋鉄道病院内科医学博士武藤昌知「本局諮問案『結核予防対策』に対する意見」1930 年 11 月 18 日『日本鉄道医協会雑誌』17-3、1931 年 3 月、42-59 頁。

17) 注 31 で後述するツベルクリン反応の経皮的なものである。旧ツベルクリン液を皮膚にたらして軽く傷つけ、24 時間あるいは 48 時間後に発赤腫脹があれば陽性とする。オーストリアの小児科医ピルケ C. Pirqet が 1907 年に発表した。

図 3-2　日本国鉄における結核の罹病率（単位：千人当たり罹病数）

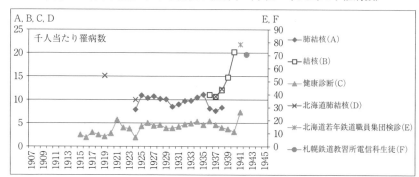

出所：①鉄道院『鉄道院年報』各年度版；②鉄道省『鉄道統計資料』各年度版；③札幌鉄道病院松井甚四郎「北海道鉄道管理局管内に於ける鉄道従業員の肺結核及び其他の結核症に就て」『日本鉄道医協会雑誌』5-10, 1919 年 10 月, 1-3 頁；④鉄道省官房保健課鉄道医馬渡一得「鉄道従事員の健康状態に就て」（第一回報告）『日本鉄道医協会雑誌』14-9, 1928 年 9 月, 4-5 頁；⑤官房保健課山川浩・田代義一「吾国有鉄道従事員の保健状態に就て（二）」『日本鉄道医協会雑誌』24-9, 1938 年, 7-11 頁；⑥札幌鉄道病院理学的治療科医長鉄道医伊達文次「札幌鉄道局管内職員結核症発生に関する調査（其四）：札幌鉄道病院内科にける職員初発内科結核症の調査」『日本鉄道医協会雑誌』27-5, 1941 年 5 月, 7-37 頁；⑦札幌鉄道病院理学的治療科医長鉄道医伊達文次・第一内科医長鉄道医戸田力「北海道における若年鉄道職員集団検診成績に就て」『日本鉄道医協会雑誌』29-6, 1943 年 6 月, 21-28 頁；⑧札幌鉄道病院理学的治療科医長兼第一内科医院鉄道医伊達文次「札幌鉄道局管内職員の結核性発生に関する調査（其五）：某鉄道教習所電信科生徒の入所時検診成績と結核症発病状況に就て」『日本鉄道医協会雑誌』29-7・8, 1943 年 8 月, 22 頁；⑨松本浩太郎「鉄道職員の生命に関する統計的観察」（第三報）『日本鉄道医学会雑誌』29-10, 1943 年 11 月, 1-4 頁。

注：1. Aは⑤, Bは⑧, Cは①と②, Dは③と④と⑥, Eは⑦, Fは⑨による。
　　2. Dは 4 年分, EとFはそれぞれ 1 年分しかない。

なものが指摘された[18]。①「住居不良に基く漸進的身体抵抗力の減弱」28 人, 57.1％, ②「既往疾患による局所ないしは全身的機能の衰退に伴う抵抗力の漸減」25 人, 51.0％, ③「自覚を欠ける生活法ことに衣食に対する無理解と不摂生」36 人, 73.5％, ④「各個人に往々認められる身体的特徴」49 人, 100.0％, ⑤「重症結核患者との共棲による頻回濃厚伝染」6 人, 12.2％。①から④までは内外要因による患者の体力低下を意味しており, 意外に結核菌保有者との接触による発病を考慮していなかった。これは結核患

---

[18] 神奈川県七里ヶ濱恵風園療養所所長鉄道嘱託医中村善雄・医局員四宮ふち・山口喜美・一林なを「鉄道省委託患者治療成績報告並に其の所見（第一回）」『日本鉄道医協会雑誌』23-6, 1937 年 6 月, 6-22 頁。

者と診断されるまでの「一見健康なる開放性結核患者」によって結核が伝染したことを示す。

結核は果たして国鉄内部でどのくらい伝染していただろうか。『職員疾病統計』は1924年より作成されたため，詳細な統計が分かるのはそれ以降に限られている。しかし，1915年度より毎年健康診断を行ったので，それを参考にすることもできるし，北海道についての部分的報告も残っている。もちろん，後述するが，健康診断は職員の半数について行われ，その方法でも不充分なところがあったため，実態を把握するのに限界がある。ただし，長期的な推移がどのように現われたかについては一定のアイディアを提供している。肺結核の罹病率（A）と健康診断時の結核患者率（C）を図3-2のようにグラフにしてみると「山」と「谷」がほぼ同様の動きを示すことから，これらのデータはある程度信頼できるだろう。

第一次世界大戦期が終わってから20年代初頭にかけて結核の罹病率（千人当たり罹病数）が上昇したあと，低下し始め，1924年を最低として再び上昇し，昭和恐慌の最中であった30年に若干低下した。しかし，再び上昇し，35年には11に達してから，低下に転じたが，戦時期に入って再び上昇する動きを見せた。肺結核だけでなく，結核性疾患を集計した結核（B）によれば，日中戦争が勃発してからは急上昇を推移し，1940年に20.17にも達した。これは戦前に比べて2倍以上結核の罹病率が増えたことをあらわす。このことは健康診断の結核患者率（C）が41年に急上昇したことや，北海道を中心として調査された罹病率が70-80を記録したことも確かめられた。北海道職員の罹病率が全体的に高いほうで，とくに戦時下で他の鉄道局に比べて最も高かったので，その数値を国鉄全体のものと解釈してはいけないものの，日中全面戦争およびアジア・太平洋戦争が勃発してからの国鉄内部における結核の伝染分布は，それ以前の戦前期には想像し難いものであったろう。

戦時期に入って従来とは全く異なるスピードで結核症が伝染したのはなぜだろうか。それを考えるため，図3-3に注目してみよう。比較的詳細な事情が分かる資料としては1930年代末の統計しか残っていないが，年齢的に10代後半から20代前半までの青少年で，結核症は甚だしく伝染している。さらにそれを勤続年数別に見よう。Bの場合，札幌鉄道病院で診察を受けた初

図 3-3 国鉄の結核罹病率

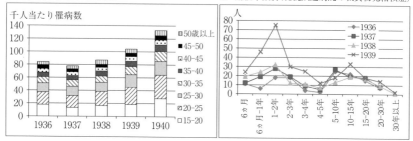

出所：札幌鉄道病院理学的治療科医長鉄道医伊達文次「札幌鉄道局管内職員結核症発生に関する調査（其四）：札幌鉄道病院内科に於ける職員初発内科結核症の調査」『日本鉄道医協会雑誌』27-5，1941年5月，7-37頁；松本浩太郎「鉄道職員の生命に関する統計的観察」（第三報）『日本鉄道医学会雑誌』29-10，1943年11月，1-4頁。
注：Aは全職員の対象としたもの。Bは札幌鉄道病院で診察を受けた初発結核患者を対象としたもの。

発結核患者を対象としたものであったことに注意しなければならないが，勤続2年以下の職員層が結核症の中心群であった。このような年齢・勤続年数別分布は戦時下で25歳以下の青少年が労働力の中心となったことを反映するものであるが，この層で罹病率がなぜ上昇したかについては依然として疑問が残る。その増加要因として当局によって考慮されたのが「栄養の低下」「勤務時間の増加に伴ふ疲労増加並に回復力の減退」「職員の採用条件緩和に伴ふ体格の低下」「応召，入営等に伴ひ健康者の減少」「衛生設備の不徹底」「体力法に基く身体検査に基くもの」であった[19]。すなわち，戦時中の生活難と疲労の上昇，そして労働移動の増加と労働供給源の枯渇による労働力希釈化が発病の増加に繋がっていたのである。それが輸送力の減退要因として当局に懸念されたことはいうまでもない。

こうして，慢性疾患であることからその発覚も難しく，なお疾患のなかで最大の死亡率を記録し，戦時下で急上昇の傾向を示していた結核に対して，国鉄当局がどのような対策を講じたかについて次節で検討する。

---

19) 松本浩太郎「鉄道職員の生命に関する統計的観察」（第三報）『日本鉄道医学会雑誌』29-10，1943年11月，1-4頁。

第3節　結核への対策

　鉄道は運営上多くの公傷事故を伴っており，さらに多くの職員を抱えていたため，国鉄の成立とともに，包括的な医療対策を講じなければならなかった。すでに指摘したように，国有化の直後には，私鉄17社から多くの職員が転職し，同じ組織の構成員としての意識が乏しかったので，早くから「国鉄大家族主義」が提唱され，それを実現する組織基盤として国鉄救済組合制度が1907年に整えられた（→ 1918年，共済組合）[20]。組合員の掛金と政府の補給金を財源として公傷不具廃疾者と死亡・老衰者に対して救済金を支給したが，1916年より医療救済金を支給し始め，後には年金制度を導入し，その適用範囲を拡大していった。共済組合は国鉄内部で社会保険としての役割を果たし，労資関係の安定化に寄与したのである。

　この制度の下で国鉄職員を対象とする医療機関が運営され始めた。既述のように1907年に大宮工場に応急手当所が設置されたことをきっかけとして主要工場と駅・区に次々と治療所が設置されることとなり，1911年には常盤病院が開院された[21]。というものの，共済組合による病院・治療所の運営は組合経営自体を悪化させたので，1914年に至ると，職員療養の勅令が出され，鉄道病院と治療所は国鉄直営として運営され，常盤病院は東京鉄道病院となり，なお神戸，札幌，門司，仙台，名古屋などにも鉄道病院が増設された[22]。主要現業機関に鉄道治療所が増設されたことはもとより，温泉地などに鉄道療養所も設けられた。直営医療機関によって医療サービスを提供することが難しいところでは，鉄道嘱託医による診療も行われた。提供された診療の費用においては公傷の場合，職員患者は負担しなかったが，私傷病の場合はたいていその半額を患者側が負担した。

---

[20]　鉄道大臣官房保健課『国鉄共済組合三十年史』1938年，44-45, 169-177頁；日本国有鉄道厚生局『国鉄共済組合五十年史』国鉄共済組合，1958年，21-22, 32頁。
[21]　日本鉄道医協会「保健課事務一般」『日本鉄道医協会雑誌』3-10, 1917年10月，20頁。
[22]　鉄道省官房保健課「国有鉄道ノ保健衛生施設」『日本鉄道医協会雑誌』12-7, 1926年7月，12-45頁。

このような共済組合と直営医療機関を管掌したのが，鉄道院・鉄道省の官房保健課（1908年）であり，地方鉄道局では庶務課に配置された衛生嘱託（保健掛，1913年7月）であった。戦時下では「職員の勤労管理上その基底をなす職員体力増強確保を使命とする」要員局体力課（1942年11月）が保健課に代わって新設された。したがって，職員の疾患についての具体的対策は保健課・体力課およびその系統事務ラインと直営医療機関で講じられたのである。結核対策としてもっとも肝心なのは予防制度であった。「病原の根元である所の開放性結核患者を早期に発見して之を隔離し同時に適当なる療養の機会を与へるやうにすると言ふことは結果予防対策として最も重要にして且つ急務とする所であると痛切に感ずる」と，上述の鉄道医武藤昌知は指摘した[23]。そのため，1925年以降は日本結核予防協会の主催による結核予防デー施行に賛成し，当日宣伝ポスター，パンフレットを配布し，また「国民と結核」および「家庭衛生の心得」などの図書を各勤務所に備えつけさせ，「保健の栞」を発行して従事員に対して予防知識の啓発，健康増進法の普及などに努めた[24]。また共同休憩所，寄宿舎の完全消毒，公衆用の唾壺の消毒，書類の消毒，接客・金銭の取扱者などの手掌の消毒，塵埃の防止，窓扉の開放，有害ガスの排除，暖房方法の改善（ストーブ→スチーム），体操の励行などが強調された[25]。そのなかでも，当初より国鉄当局が大きく期待したのが，身体検査竝健康診断規程（1914年11月，達第1079号）であった。採用時での健康状態をチェックし，毎年現業員の半数に対して健康診断を行えば，2年に1回全現業員の健康状態が把握できると考えたのである。

---

23) 名古屋鉄道病院内科医学博士武藤昌知「本局諮問案『結核予防対策』に対する意見」1930年11月18日『日本鉄道医協会雑誌』17-3，1931年3月，51-52頁。

24) 予防デー施行に際して該当年度実施事項を作成して宣伝用ポスターを印刷配布し，なお局，所，場報に注意事項を掲げた。また，それにあわせて衛生講話会および活動写真会を開催したが，その宣伝フィルムとして「人類の敵」「健康第一」「最後の勝利」（仙台），「人類の敵」「村の天使」（札幌）が上映された。講話会を開催しない地方では，点呼時を利用して長主任より必要な注意を促した。鉄道大臣官房保健課「国有鉄道に於ける第六回結核予防デー実施概要」『日本鉄道医協会雑誌』16-10，1930年10月，22-24頁。

25) 名古屋鉄道病院内科医学博士武藤昌知「本局諮問案『結核予防対策』に対する意見」1930年11月18日『日本鉄道医協会雑誌』17-3，1931年3月，53-58頁；仙台鉄道局衛生嘱託角田耕六「鉄道職員罹病論」『日本鉄道医協会雑誌』21-1，1935年1月，17-19頁。

第3章　鉄道員と結核——国鉄における「国民病」の流行　135

　しかしながら，身体検査については14年11月，健康診断については1915年1月より実施したが，初年度に現業員9万8,443人に対する健康診断を行った結果，患者の総数は246人であって0.25％に当たった。1914年度に在職中の死亡者が138人に達したため，検査後の処分を憂慮して検査を忌避する「病院引篭り」があったのではないかと，当初より懸念されるところがあった[26]。このような事情は第一次世界大戦期の死亡率の増加に対して疫学調査を強化するために1924年より体系的な『職員疾病統計』が作成されると，より一層明確になった。1924年，職員中の肺結核数は1,342人であったが，同年度の職員健康診断成績によれば，その数は152人に過ぎなかったのである。この健康診断は職員半数に対して実施されたので，単純にそれを2倍にすると304人であるが，その実数があまりにも少ないため，信じ難いと当事者も批判した[27]。名古屋鉄道病院の事例においても，1930年1-10月に喀痰によって肺結核患者と診断した者は64人であったが，そのうち定期健康診断によって発見された数はわずか10人に過ぎなかった[28]。

　この粗診問題を解決するため，栄養指数などが検査項目として新たに加えられた健康診断規程が1936年に制定された。ところが，よりドラスティックな制度変更が戦時下で行われた。1940年4月に国民体力法（法律第105号）が施行されると，体力管理の重点も26歳未満の男子および20歳未満の女子に置かれ，体力手帳を交付するなど相当充実した検査がなされた[29]。検査結果に伴って健民健兵を目的とする健民修練及体力章検制度などが実施され，積極的な体力管理の面で進展があった。その具体策をみれば，東京鉄道局では「其の採用時身体検査の実績並に長期欠勤者数の示す所は従事員体位に付必ずしも楽観を許さざる」として，「一定年齢層の運輸従事員に対し体

---

26)　鉄道院官房保健課嘱託坂野長三郎「健康診断の成績に就て」『日本鉄道医協会雑誌』2-9，1916年9月，1-11頁。
27)　姫路鉄道治療所鉄道医岩崎衛二「鉄道職員疾病統計を見て病類別様式改正の必要を論ず」『日本鉄道医協会雑誌』15-6，1929年6月，9-27頁。
28)　名古屋鉄道病院内科医学博士武藤昌知「本局諮問案『結核予防対策』に対する意見」1930年11月18日『日本鉄道医協会雑誌』17-3，1931年3月，52頁。
29)　東京鉄道局技師宮本正治「鉄道従事員の厚生問題」『日本鉄道医協会雑誌』26-5，1940年5月25日，16-28頁；大阪鉄道局『大阪鉄道局史』1950年，270-271頁。

表 3-5　結核の喀痰調査（単位：%）

報告者	発表年	検査場所	検査材料	検査方法	結核菌陽性率
山下，小島	1933	奉天	街路痰	一般法	1.1
斐永基	1935	平壌	同	同	1.8
星崎，河島	1935	ハルビン	同	同	2.2
池田，小谷	1935	東京	同	同	3.0
斎藤，杉江	1936	東京	路上，活動，百貨店	同	4.1
大竹	1936	撫順	停留所		4.0
曽我，佐々木	1937	札幌	公衆用痰壺	培養動物実験	15.5
田代	1939	東京及近郊	駅構内壺	一般法	2.9
宇津木哲夫	1939	札幌	駅構内壺	一般法	7.1

出所：札幌鉄道病院外科鉄道医宇津木哲夫「札幌駅構内痰壺内結核菌検査成績」『日本鉄道医協会雑誌』26-3，1940 年 3 月 25 日，18-21 頁。

力検査施行の件」（東総保卯第 10759 号，1940 年）が実施された。1940 年度には試験的に一定年齢層（満 20-24 歳）の管内従事員 1,000 人に対する体力検査を実施した。年齢が制限されたのは「この年齢層の結核を先づ排除する事が刻下緊急事である」からである。そのため，第一次検査として身体計測，疾病検診（ツベルクリン反応，レントゲン検査，赤血球沈降速度計定）が実施されたうえ，第二次検査として運動機能測定（運動種目は走幅跳，手榴弾投，懸垂，2,000m 疾走）が行われるようになった。こうした経験を踏まえて結核発病防止を図るため職員定期健康診断施行に際してツベルクリン皮内反応検査およびレントゲン検査を付加し（1943 年 4 月 9 日依命通牒），さらに職員採用時身体検査に当たってレントゲン検査をも施行した（1943 年 6 月 1 日依命通牒）[30]。

　要するに，戦時下の結核症が増えるのに対し，ツベルクリン反応，レントゲン検査，赤血球沈降速度計定が本格的に導入されたわけである[31]。このような検査が従来全くなかったわけではないが，入営・応召などで中堅要員の流失が甚だしいことから「人的資源の保護培養」が重視された結果であろ

30）　日本鉄道医学会「体力課事業成績概況（1943 年 11 月 15 日編）」『日本鉄道医学会雑誌』30-1，1944 年 1 月，23-24 頁。

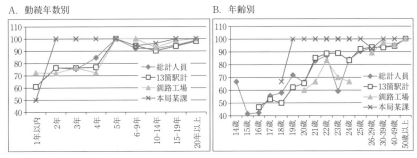

図 3-4　札幌鉄道局管内職員のツベルクリン反応陽性率（単位：人，％）

出所：札幌鉄道病院理学的治療科医長兼第一内科医員鉄道医伊達文次「札幌鉄道局管内職員結核症発生に関する調査（其一）：札幌鉄道局管内職員に施行せる『ツベルクリン』皮内反応検査成績に就て」『日本鉄道医協会雑誌』25-7, 1939 年 7 月 25 日，12-37 頁。

う。このような結核症調査が精力的に行われたところが北海道であった。従来より札幌鉄道局における結核罹病率は高いほうであったが，戦時下で最も懸念された。例えば，札幌市は全国人口10万以上の都市の中で結核死亡率が第一を占め，全国の2.9倍，本道の2.3倍であった。日本の結核患者は50人に付き1人，北海道は40人に付き1人であるのに対し，札幌の推定患者数は20人に付き1人の割合であった。札幌鉄道病院の鉄道医宇津木哲夫の喀痰調査によっても，陽性率は7.1％に達し，1937年の曽我・佐々木調査とともに，札幌が「有名な結核都市」であったことが証明された（表3-5）。

そのため，名古屋鉄道病院から札幌鉄道病院の院長兼第1，第2内科医長として赴任した前述の武藤昌知の命を受けて，同病院鉄道医伊達文次による「札幌鉄道局管内職員結核症発生に関する調査」が1937年より遂行された[32]。①管内職員 2,092 人へのツベルクリン反応（1937.5），②鉄道局某課職

31）ツベルクリン反応（tuberculin reaction）とは結核菌の感染を受け，結核菌の抗原により免疫が成立している人に対して，人為的に皮内に結核菌の抗原である PPD（菌体蛋白）を注射し，その反応を見て結核の既往や不顕性感染の有無を検査する方法である。また赤血球沈降速度計定（Erythrocyte sedimentation rate）とは，患者から採取した血液に凝固防止用のクエン酸溶液を加え，細い管の中に入れて立てておくと，赤血球が徐々に沈んでくるが，それを一定の時間後に測る方法である。男性では1時間で10ミリ未満，女性では15ミリ未満が正常であるが，それより早く下がると肺炎や腹膜炎，敗血症などの急性炎症，リウマチや結核などの慢性炎症の疑いがある。

員184人への赤血球沈降反応・ツベルクリン反応・精密健康診断（1937.9），③鉄道局某課職員207人への赤血球沈降反応・ツベルクリン反応・レントゲン検査・喀痰検査（1939.6），④札幌鉄道病院内科における職員初発内科結核症（9,601人，1936-39），⑤某鉄道教習所電信生徒269人の入所時健康診断成績と結核症発病状況調査（1941-42）。そのほかにも同病院の伊達ら，北海道の音威子府診療所による結核症調査があり，北海道以外の長野診療所，大阪鉄道病院などでも調査が実施されて報告された[33]。図3-4の札幌管内職員1,884人に対してツベルクリン反応が実施された結果から読めるように，検査の陰性者に対して諸反応の反復検査が行われると，陽性転化が多く確認されており，勤続年数の短い青少年層で多く発生したことや，採用後の集団生活による発病が明らかにされた。その罹病率は図3-2のEとFが7-8％に達したように，凄まじいものであった。

　各種検査によって結核症が明らかになると国鉄当局はどの対策を講じただろうか。直営医療体制が整えられると，1910年代末の札幌鉄道病院の事例を見れば，「中等程度の肺結核者」の退職が基本的原則であって，肋膜炎や腹膜炎のような結核性患者については治療後の転職が行われたようであ

---

32) 札幌鉄道病院理学的治療科医長兼第一内科医員鉄道医伊達文次「札幌鉄道局管内職員結核症発生に関する調査（其一）：札幌鉄道局管内職員に施行せる『ツベルクリン』皮内反応検査成績に就て」『日本鉄道医協会雑誌』25-7，1939年7月25日，12-37頁；「同（其二）：札幌鉄道局某課職員に施行せる赤血球沈降反応及『ツベルクリン』皮内反応検査成績並びに之に依る精密健康診断成績に就て」26-3，1940年3月25日，1-17頁；「同（其三）：再び札幌鉄道局某課職員に施行せる赤血球沈降反応，『ツベルクリン』皮内反応，胸部『レ』線検査，喀痰検査成績と之等に基く結核患者検出成績に就て」27-3，1941年3月25日，1-17頁；「同（其四）：札幌鉄道病院内科に於ける職員初発内科結核症の調査」27-5，1941年5月，7-37頁；「同（其五）：某鉄道教習所電信科生徒の入所時検診成績と結核症発病状況に就て」29-7・8，1943年8月，22-29頁。

33) 長野鉄道診療所鉄道医中沢一郎「職員定期健康診断時検せる集団的『レ』線検査成績」『日本鉄道医協会雑誌』26-8，1940年8月，34-41頁；音威子府鉄道診療所鉄道医寺沼政雄「工場に於ける肺結核殊に所謂結核菌保有者に就て」『日本鉄道医協会雑誌』27-1，1941年1月25日，27-35頁；大阪鉄道病院理学的治療科医学士内田秋夫・第二内科兼務医学士仲日一雄「職員採用身体検査に於ける『レントゲン』間接撮影成績」『日本鉄道医協会雑誌』28-2，1942年2月，14-21頁；札幌鉄道病院理学的治療科医長兼第一内科医院鉄道医伊達文次・札幌鉄道局総務部保健課鉄道医坂本楯旗「札幌鉄道局管内某駅電信掛集団検診成績に就て」『日本鉄道医協会雑誌』28-7，1942年7月，10-15頁；札幌鉄道病院理学的治療科医長鉄道医伊達文次・第一内科医長鉄道医戸田力「北海道における若年鉄道職員集団検診成績に就て」『日本鉄道医協会雑誌』29-6，1943年6月，21-28頁。

る[34]。結核予防法(1919)の実施後、名古屋鉄道局では「結核予防心得」(1920年5月3日、名管達甲第306号)が設けられ、その3条2項「職員中肺結核にして咳嗽、喀痰多く喀痰中結核菌を証明し得る者又は喉頭結核にして咳嗽頻発する者は加療の上伝染の虞なきに至るまで就業せしむべからず」こととなった。この対策は体系化され、仙台鉄道局管内では1927年以来「集団衛生上本病患者発すれば監督者は先以て知らねばならぬ」という結核患者内報制度を実施し、その効果を挙げていた[35]。診断医は「伝播の虞の有、無、不明」に分けて、患者が所属している職場の長、主任に内報すれば、所属長は仕業に従事させず、「専心療養を勧告」した。「乍併断行には困難を訴へつつあり」と指摘された。なぜならば、肺結核患者となって休養療養を受ける者は約半年くらいでたいてい退職せざるを得ず、その生活難を免れなかったからである[36]。1931年度において「職員ノ疾病調査ノ結果該患者数略判明セルニ一方内報ヲ受ケタル数ハ」「少数(三二・五％)ナルヲ遺憾ト」された[37]。

　名古屋鉄道局某駅荷役手の三輪某(20歳)は、1927年7月中旬に発病し、7月18日に名古屋鉄道病院で右側肺結核症の診断を受けて喀痰中に結核菌が証明されたあと、10月26日に退職し、爾後自宅で加療したが、家計上手当充分ではなかったので、12月31日に自殺した。また、一肺結核患者より前述の鉄道医武藤宛の書信によれば、出勤停止の処分を受けたあと、「貧者の常として働かざれば栄養の摂取も医療を受けることも不可能になる」ため、「職を失ふことになるかと思へば如何に運命とは申せ実に悲惨の極」であると述べた。そのため、休養療養の期間を最小限度1ヵ年とし、同時に休養金をも1ヵ年支給してほしいという提案が出るほどであった。さらに、1934年末以降には肺結核患者が発生するときには、その結果を所属長に内

---

34)　札幌鉄道病院松井甚四郎「北海道鉄道管理局管内に於ける鉄道従業員の肺結核及び其他の結核症に就て」『日本鉄道医協会雑誌』5-10、1919年10月、1-3頁。
35)　仙台鉄道局角田耕六「肺結核の統計的観察竝患者内報成蹟」1930年11月18日『日本鉄道医協会雑誌』17-5、1931年5月、33頁。
36)　名古屋鉄道病院内科医学博士武藤昌知「本局諮問案『結核予防対策』に対する意見」1930年11月18日『日本鉄道医協会雑誌』17-3、1931年3月、42-59頁。
37)　日本鉄道医協会「第十一回東北鉄道医総会」『日本鉄道医協会雑誌』18-7、1932年7月、56-57頁。

図 3-5 日本国鉄と日本全国との結核死亡率（単位：千人当たり死亡数）

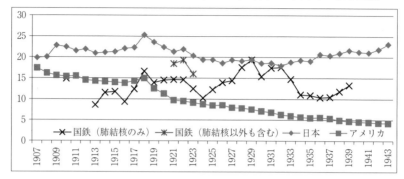

出所：「共済組合員死因表」鉄道省『統計年報』各年度版；厚生大臣官房統計調査部編『結核統計資料』日本衛生統計協会，1951 年。
注：1932-39 年の国鉄（肺結核のみ）には肺結核以外の結核疾患を含む。

図 3-6 日本国鉄の職務系統別肺結核死亡率（単位：千人当たり死亡数）

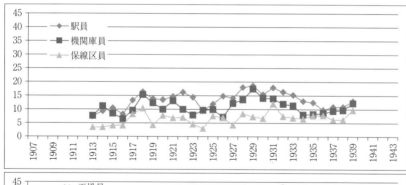

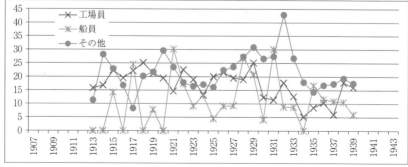

出所：「共済組合員死因表」鉄道省『統計年報』各年度版。
注：1932-39 年の国鉄には肺結核以外の結核疾患を含む。

報し，所属長が患者に近接していた職員の喀痰検査を実施し，開放性患者の早期診断を図った[38]。戦時下では鉄道局，事務所，担当医の三者が合意して不健康度に応じてもっとも適合した指示（転勤転職，職務変更，休養，退職）を出すようになったが，その方式は戦前来の対策の強化であった。

　このような国鉄当局の対応策を念頭に置けば，結核罹病率と死亡率との乖離が理解できる。死亡率は，1920年代中頃まで罹病率とほぼ同じ動きを示したが，1929年にピークに達してからその後減少し，1930年代中頃には極めて低くなった。この1929年のピーク時からの減少がまったく異なる動きを示しており，日本全体の死亡率とも違っている。1931年までには肺結核のみの死亡率であるが，1921-23年の3ヵ年分に関して資料上肺結核以外の結核による死亡者数が確認できるので，これを利用してみると，日本全体より多少低いものの，1920年代末から30年代初頭にかけて肺結核のみによる死亡率が日本全体のそれに匹敵したことから，国鉄の結核死亡率が日本全体に比べて必ずしも一貫して低かったとはいえない。ところが，32年からは肺結核以外の結核を含んでいたにもかかわらず，1930年代には上昇する日本全体の死亡率とは全く異なって低下していた。表面的にみれば，国鉄結核対策が大きな効果を挙げたように見える。このような動きは職務系統別の死亡率の動向でも見られる。その他を除いては工場員の死亡率が一貫して高く，保線区員がもっとも低い様相が前述した通り確認できるのである。あたかも1930年代に入っては，アメリカのような構造的改善があったかに見える。

　こうした傾向は下記のような具体的事例にも現れている。相州七里ヶ濱恵風園療養所への鉄道省委託患者49人の治療が1934年11月から35年10月の1年間行われ，死亡4人，増悪5人，不変6人，軽快13人，著軽快10人，全治11人，計49人という69.3％の治療効果を得た[39]。さらに1939年10月大阪鉄道病院近江分室が国鉄最初の職員軽症肺結核患者療養所として開設され，41年9月までの2ヵ年間141人の入院患者を治療した。そのうち

---

38)　官房保健課山川浩・田代義一「吾国有鉄道従事員の保健状態に就て（二）」『日本鉄道医協会雑誌』24-9，1938年9月25日，7-11頁。

1ヵ月以上入院した軽症肺結核患者95例についてその転帰，体重および赤沈値測定成績を記述したが，その結果をみれば，全治5例（5.2%），軽快66例（69.4%），不変11例（11.5%），増悪13例（13.6%）であった[40]。当時病床はわずか20床に過ぎなかったので，それを200床へと増床する計画であった。このようなサナトリウムの設置は初歩的水準であったため，6ヵ月間の療養後の退職が基本的パターンであっただろう。つまり，国鉄が1927年より実施し始めた結核患者内報制度が前提としたのは治療ではなくとりあえず他の職員との隔離であった。

しかしながら，こうした措置も，退職者にとっては改善にはむしろならなかった。1935年度中，肺結核によって廃疾年金を受ける者が総数の60%に上ったが，その1年以内に死亡する者が46%に達した[41]。また，北海道の音威子府鉄道診療所の調査によれば，1927年から37年の11年間，肺結核の職員患者は97人発生したが，そのうちに死亡した人数は20人に過ぎず，比率で20.6%であった[42]。しかし，同期間中の家族患者は95人発生し，その後48人，50.5%が死亡するにいたった。両者間の大きな格差があったのである。家族中には幼児・子供と老人が含まれていただろうが，むしろ退職者の死亡率がカウントされなかった可能性が大きい。このことは内報制度が強化されればされるほど，起こりやすかっただろう。したがって，厳格な隔離制度が実施されていたにもかかわらず，結核とは戦争そのものがもたらす栄養不足[43]，労働量過重，疲労蓄積，体力低下の結果による「戦争の病気」たることは間違いなかった。

こうして「国鉄部内における結核発病状態が相当憂慮すべき状況」にあったのに対して，その対策として1942年6月29日に結核予防ワクチン（BCG）

---

39) 神奈川県七里ヶ濱恵風園療養所所長鉄道嘱託医中村善雄・医局員四宮ふぢ・山口喜美・一林なを「鉄道省委託患者治療成績報告並に其の所見（第一回）」『日本鉄道医協会雑誌』23-6, 1937年6月，6-22頁。

40) 大阪鉄道病院内科医学士北川睦男・医学士吉田潔「鉄道職員軽症肺結核患者療養所療法成績（第一回報告）」『日本鉄道医協会雑誌』28-8, 1942年8月，1-8頁。

41) 鉄道省官房保健課馬渡一得「廃疾年金者の転帰に就て」『日本鉄道医協会雑誌』22-1, 1936年1月，1-6頁。

42) 音威子府鉄道診療所鉄道医寺沼政雄「工場に於ける肺結核殊に所謂結核菌保有者に就て」『日本鉄道医協会雑誌』27-1, 1941年1月25日，27-35頁。

接種に関する実施方法（鉄道保体第 37 号依命通牒）が決定された。約 2 万人の未成年職員（①新規採用者中当年度国民学校終了の未感染者，②工場従事員中満 20 歳未満の未感染者，③教習所生徒中満 20 歳未満の未感染者）に対する接種が実施されたのである[44]。さらに翌年の 5 月 24 日には本省で各鉄道病院長と鉄道医 80 余名が出席して BCG 接種に関する打合会が開催され，「結核予防に対し BCG 接種がきわめて有効であるとの結論に到達」した。43 年度中には国鉄部内において国民体力法に基づく体力検査と平行して漸次被接種者範囲を拡大し，結核予防に万全を期する方針を立てた。そのための結核菌培養法講習会が 1943 年 9 月に開かれ，BCG 接種の拡大に備えられたのである。

以上のように，国鉄輸送を担当する「人的資源の保護培養」のため，さまざまな結核対策が講じられたなか，戦時下に至って BCG という結核予防ワクチンが国鉄内部で普及されるに至った。これが戦後にはストレプトマイシン（streptomycin）の普及とともに，結核発生率の低下をもたらしたことはいうまでもない。

43）1942 年に現場各機関の勤労状態と所要栄養量の均衡状態を調査して，摂取栄養量が少なからず不足していることが判明された。国鉄側は詳細な増配資料を主務省に提出し，国鉄職員の勤労の特異性と戦時輸送の重要性が認められ，現在六大都市の徹夜勤労者に対して少量ながら白米を特配できた。鉄道省要員局体力課小林原義三郎「体力課録事：国鉄職員と栄養管理の概念」『日本鉄道医学会雑誌』29-10，1943 年 11 月，32-34 頁。

44）BCG は Albert Calmette と Camille Guérin が結核の畜牛から分離した牛型結核菌を 1906 年来グリセリンを加えた牛胆汁の馬鈴薯培地に 4 週間ごと 13 年継代培養（230 代）を重ね，弱毒化に成功したといわれた菌で，種々の動物に進行性結核を作らず，しかも免疫元性のあることを確かめたあと，1921 年に初めて人体に経口的に与えたものであった。日本においては 1925 年，志賀氏が Paster 研究所の同氏より譲与を受けた菌株を使用した。鉄道省要員局体力課「体力課録事：B・C・G について」『日本鉄道医学会雑誌』29-7・8，1943 年 8 月，30-32 頁；予防会結核研究所柳澤謙「体力課録事：B・C・G 接種について」『日本鉄道医学会雑誌』29-9，1943 年 9 月，27-30 頁。

コラム

コラム④ 女工と結核

　篭山京（1970）によれば，医学士の石原修が農商務省嘱託に任命されて工場衛生調査を行い，その報告書が『工場衛生調査資料』（農商務省工務局，1910年）として纏められた。調査結果は極めて衝撃的なものであって，石原が1913年10月に国家医学会例会席上で「女工と結核」という講演を行い，その記録が『調査資料』の解説論文として執筆された『衛生学上ヨリ見タル女工之現況』（石原修，1914）の「附録」として公刊されたのである。これは工場法の制定を促すほどのインパクトを持っており，その後の労働衛生や結核研究に大きな影響を持つことから，今なお労働史から見ても欠かせない基本文献となっている。詳しい解説は篭山京（1970）を参照されたいが，以下『女工と結核』をもって当時の実態を紹介し，筆者の論点を提示したい。

　1911年頃，日本の女工は男子職工を上回る50万人に達したが，その年齢別構成を見れば，20歳未満が30万人を記録し，「如何にも我国の工業の基盤が薄弱たる」ことを示している。そのうち，40万人が繊維工場に従事し，生糸19万人，紡績8万人，織物13万人であった。

　女工の労働状況を見れば，長時間労働（生糸13-15時間，織物12-16時間，紡績12時間）が一般的に行われていたとはいえ，業種別に労働条件の格差があった。生糸と織物において「作業に重なる必要のものは生きた手で」「機械を余り使はぬ」状態であって，「大資本の者は一体に少なくて小資本の小仕掛でやって居る」ため「家内工場になって居る場所が甚だ多い」状況であった。昼食時間の余裕があまりなく，「中にはお握りを傍に置いて食ひながら糸を紡ぐ或は布を縫って居る」ところもあり，「工場内は一体に薄暗い」状況で，生糸工場では「水蒸気が何時でも濛々と立て」いた。「女工の体格」をみれば，「一般に悪い」といわざるを得ず，「十七歳の者の体格を見ると十六歳で這入ったものより十五歳で這入ったものの方が悪い，十四歳で這入ったものの体格は尚劣」ていた。

　これに対し，紡績工場は西洋から輸入した機械を応用して行っており，「休憩時間に

しても午後の時には二十分間，昼飯の時には三十分間といふやうに厳格にやって居」り，労働時間も12時間であって他の繊維産業に比べて短いほうであった。工場には繊維性の粉塵が多く，「無暗と蒸し暑い」労働環境問題があった。さらに，昼夜交代制度が導入され，甲乙二組の入れ換えは7-8日で行われていたため，連続徹夜業が12-13歳の少女らに対して実施されざるを得ず，「まだ慾気も色気も無い所の娘を眠い眼をこすらせながら日暮より暁方まで働かせる，電灯の光り輝いて居る下に於て朝までぶっ通して働かせるといふのは人道問題でないか」と指摘されている。連続徹夜業と体重との間には強いネガティヴな相関関係があり，7日間連続徹夜を基準として一人平均夜業後の体重減量を見れば，紡績甲629グラム，紡績乙569.8グラムであった。この減量は昼業間に回復できないため，発育時代にある女工にとってバランスが取れず，「例へば十四歳まで発育し来ったが工場生活をすればそれ以上発育せぬ」結果となる。さらに，この夜業は死亡率の上に結核と密接な関係を有した。

　衛生上の問題は労働環境に止まらず，衣食住の全般にわたって考察されなければならない。大工場では工場作業服が支給されたが，産業全体からみれば，一部に過ぎなかった。食事については工場主から提供されたが，「女工の御機嫌」をとりそれを広告として募集したため，意外に粗食の所が少なかった。一方，宿舎形態を見れば，35万人が寄宿していたが，これが大きな衛生問題を抱えている。「西洋では工場を建て」「其処の村落の者を」「職工に傭ふ」のに対し，「日本ではそれと反対で」「其工場の付近に住んで居る者などは問題に置かぬ，其処より遥か遠く離れた地方から若い子女を引張って来て，それを寄宿舎に入れて使ふ」ことになった。「寄宿といふことは一つの拘禁制を含んで居る，意思の束縛を含んで居る」ことから，「多数の工場では」「寧ろ寄宿女工の方を非常に好んで居る」という。

　小工場においては面積を節約するため，1階を工場ないし作業場にし，2階を寄宿舎として使っているところが多かった。部屋の大きさは区々であり，多くは薄暗かった。資本の乏しい工場では寄宿舎が「粗末」であって，「女工一人に畳一畳」「寝具は女工二人に寝具1組」であった。「生糸，織物などの中以下の工場になれば場所が狭い上に布団が足りませぬからいきなり布団を布き詰めて雑魚寝をやって当番の婆さんが掛布団を以てあっちからこっちからと引っ掛けて行くといふ有様」であった。「日光消毒」できず，「不幸にして伝染病殊に結核」が伝染される危険性が多かったといえよう。紡績会社の寄宿舎をみれば，「連続徹夜を為して居る工場では工場に廿四時間女工が居ると同様に寄宿に廿四時間女工」がいることになる。もし「片番使ひ」であれば，「寄宿を折半し甲組寝室乙組寝室として」使うと，「昼間は開放にして風を入れ光線を入れる

事が出来」るが,「両番使ひ」は「二人一床」となり,「昼間寄宿で眠」るので,「戸をしめるなり幕をおろすなりし」「夜の模様に近寄せ」ざるを得ない。当然「日光消毒」などができるわけではなかった。

　女工の募集は募集員が農村地域を回り,「親に向かって言ふのには娘を女工に出せば嫁入の金が出来る,賃金が溜まるから家政を助ける,向ふの仕事が大変楽であるといふことを言って聞かせる。娘に対してはどういふことを聞かせるかといへば都会に行けば華美を尽せる,まづ都会では芝居も見られるし,活動写真も見られる,寄席に行って色々なことを見たり聞いたりする,金が溜まるから着物を拵へるにもよい,つまり嫁入の着物が出来る,といふ面白いことを聞かせて都会生活を憧恍らせるやうにする,さういふことを言ふて田舎の貧に苦しんで居る家の娘を引っ張り出す」。募集時には父兄に対して会社側が金の前渡を行ったり,強制貯金と送金の方法を取ったりし,父兄が深い事情を知らないうち,女工労働を引き止めようとした。

　しかし,「仕事の苦痛に堪へないで逃げて帰る者が随分多」かった。勤続年数を見れば,生糸はやや長いが,紡績と織物は女工の半分近くが１年未満であって,３ヵ月から６ヵ月までの間に辞める女工が非常に多かった。「仕事は人間の仕事として堪へない,人の身体を破壊する」からである。「工場に出しましたものが帰って来れば大概結核になって死ぬ」ことになったため,「開拓して三年経ては其地を放擲して他の募集地から女工を連れて行かなければ遣り切れない」という。「父兄の為に身を犠牲に供して働くといふことは宜い」が「最後には不具廃疾とな」り,「それだけ働いたからといふて自分の家庭の根本的の救済も出来ぬといふことは女工の運命といふことを考へたならば実に悲惨に堪へぬ次第」であった。毎年工場に20万人が出稼し,そのうち８万人が郷里に帰って来る中,「三箇月乃至六箇月で帰ったものは幸運」であるが,「六人又は七人の中一人は必ず疾病にして重い病気で帰って」来た。また,帰郷せずに他の工場へ移動すれば,「段々二三箇所位の工場を歩いて居る中に身体も続かなくなる,工場の仕事は嫌になる遂には女工の気の利いた者は酌婦になるし気の利かぬ者は貧民窟の私娼になって仕舞ふといふやうなことが甚だ多い」と指摘されている。

　コラム④-図１のAのように,三つの異なる基準に基づいて推計された死亡率が提示され,どのような分野の工場で死亡率が高いとはいえないものの,工場労働で得られた疾患がすぐに死亡を来すとは限らない。さらに工場労働などによって患者となってから解雇処分とされたのがBの「未治解雇者」である。その構成に注目すれば,紡績と織物では結核性疾患が全体の50％を超えている。この統計からも,在職女工の死亡のなかには結核性疾患が多いことがわかる。工場側の疾病統計ならびに死亡統計には結核

コラム④-図1　女工の死亡率と死因

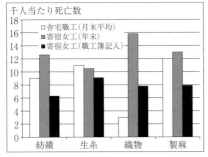

A. 工場在職女工の死亡率

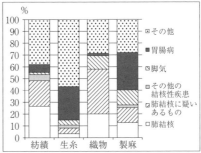

B. 工場職工未治解雇者の病名別構成

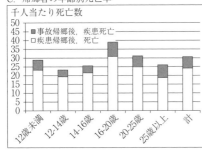

C. 帰郷者の年齢別死亡率

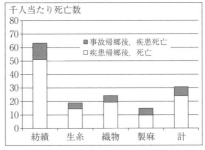

D. 帰郷者の業種別死亡率

出所：篭山京編『女工と結核』光生館，1970 年，188，199 頁。
注：帰郷者の死亡率＝帰郷者死亡÷帰郷者。

の疾患が明らかにされていないことに加え，退職者が多いため，事実上結核は少ししか捉えられないことも事実である。Cの帰郷者の死亡率を一般死亡率と比較したところ，工場労働後の帰郷者の死亡率が一般死亡率の約3倍以上高いと判明した。これをもって女工50万人から5,000人が工場労働のため追加で死亡したこととなる。帰郷者の死因はその7割が結核であったことはいうまでもない。この割合を工場全体に当てはめると，「一箇年に工場で出来る所の重病者がどの位出来るかといふことは」「先づ五万三百人あるとすれば其中の四分の一約一万三千三百人といふものは結核の患者であらう，其中の三千三百人は肺結核であらう」と推計できた。とりわけ，Dより分かるように，繊維産業のなかでも紡績のほうで結核が一番多かった。この点より，石原の著書では積極的に示されなかったが，筆者は当時として工場規模が大きく，最も近代的な機械設備が整えられ，連続徹夜業による工場運営の効率化が図られていた紡績工場において実際に労働者は最も健康的ではなかったことを重視したい。ある種の逆説といえる

のではないか。

　このような女工の労働衛生に対して石原は「平和の戦争の為に戦死したものは国民は何を以て之を迎いつつあるのであるか，国家は何を以て之に報いて居るかといふことは私には分かりませぬ」と批判し，「工業の盛んになった為には其以前の人と比して体質を痛め以て荘丁の体格を悪るくしたもの」と結論づけている。

資料：石原修『衛生学上ヨリ見タル女工之現況　付録　女工と結核』国家医学会，
　　　1914年（篭山京編『女工と結核』光生館，1970年，173-198頁）。
　　　篭山京「解説　女工と結核」篭山京編『女工と結核』光生館，1970年，3-46頁。

鉄道医療体制は、日本の産業医学史上先駆的かつ中心的な存在であり、その中心となったのが、直営の鉄道病院と、鉄道医による学知を促進した日本鉄道医協会であった。直営鉄道病院などというかたちで広範囲にわたる医療機関を内部化するのは、世界的に見てもユニークな日本の特徴である。衛生史や経営史の観点からだけでなく、鉄道医制度の検討は、近代社会経済史的に見ても大きな意味を持つ。1930年頃の、東京鉄道病院（現在のJR東京総合病院）の全景（日本交通医学会より）。

第 **4** 章

国鉄と医師

鉄道医の制度的展開と学知の追求

第4章　国鉄と医師——鉄道医の制度的展開と学知の追求 | 151

　本章の課題は，戦前の国鉄における従事員の健康管理と治療を担当した鉄道医が，制度としていかに成立して組織内部で受け止められており，さらに自らの協会を構成してどのような活動を展開したかを検討することである。
　鉄道医療体制は，医療の社会化に伴って産業医あるいは工場医制度が工場法の実施を前提に導入されたことから見れば，日本史上先駆的なものであった。川上武（1965）は産業医制度が身体の病気だけでなく心の病気たる思想の赤化をも予防することから「労務管理」にとって重要であったと指摘している[1]。戦後国鉄にも鉄道医体制は受け継がれ，1987年に国鉄の分割民営化が実現されたあと，多くの病院が廃院されるなかでも，JR札幌病院（JR北海道），JR仙台病院（JR東日本），JR東京総合病院（JR東日本），名古屋セントラル病院（JR東海），JR大阪鉄道病院（JR西日本），広島鉄道病院（JR西日本），JR九州病院（JR九州）は引続き存続してJR各社によって経営されている。医療機関の内部化は100年以上の長い歴史を持つ国鉄・JRの特徴であるといえよう[2]。このような特徴は欧米諸国においてはなかなか見られないものであるため，その歴史的経緯を明らかにすることは，衛生史や経営史の観点のみならず，広く意義あるものであろう。
　それにもかかわらず，国鉄医療システム，なかでもその担い手たる鉄道医という存在は，既存の鉄道史や医療保健史のなかではあまりに注目されて来なかった。管見の限り，以下の数件の研究に限られる。松藤元（1992）が国鉄労働科学研究所（戦前には鉄道大臣官房保健課衛生試験室）を中心として行われた鉄道労働衛生学に関する研究の成果を分析した。氏の研究は国鉄の医療活動を分析するというより，鉄道労働衛生学の歴史を取り上げて，国鉄民営化の後に軽視されている労働衛生学の重要性を強調している[3]。これに対し，近年鉄道医に注目した研究は村山隆志（2011）である[4]。彼自身が鉄道医であったことから，鉄道医の意義と今後の交通医学としての課題を提示し

---

1)　川上武『現代日本医療史：開業医制の変遷』1965年，399-401頁。
2)　日本交通医学会創立100周年記念事業実行委員会『日本交通医学会創立100周年記念誌』2014年。
3)　松藤元「日本の鉄道労働衛生学の歴史」『労働科学』68-3，1992年，102-114頁。
4)　村山隆志『鉄道医　走る：お客さまの安全・安心を支えて』交通新聞社，2011年。

ている。しかし，分析の焦点が今日の鉄道医制度とその課題にあるだけに，戦前鉄道医制度の形成とその歴史的意義を充分に吟味していない。

　これに対し，古瀬彰 (2014) は『日本交通医学会創立 100 周年記念誌』に学会の歩みを紹介している[5]。日本鉄道医協会を前身とする同学会の創立時については詳しく記述されたが，戦前鉄道医制度や鉄道病院に関する説明はきわめて少ない。記述の焦点が学会の創立とその歴史にあったため，やむを得ないことであろうけれども，戦前鉄道員の健康状況とそれに対する国鉄当局の対応，その結果として実施された鉄道医療体制がどのような歴史的な意味合いを持つのかが分析される必要がある。また，同記念誌には星亮一 (2014) による学会創立と後藤新平についての講演が掲載されているものの，後藤と鉄道医ないし鉄道医協会との関連性はあまり指摘されていない[6]。

　以上の研究史を踏まえた本章の問いは次のようなものである。外部の医療機関を利用せず，組織内に医療サービスを提供するという鉄道医制度はいかに形成されており，そのために必要な医療陣を外部の労働市場からどのように確保し，また内部で彼らはいかなる待遇を受けたのだろうか。より根本的にはなぜ鉄道医が必要とされたのか。日々の治療行為以外に彼らは医療事業の進展や学知の蓄積のためにどのような活動を展開したのか。そこで，本章では鉄道医が主体となって出された『日本鉄道医協会雑誌』を利用するとともに，『鉄道院年報』『鉄道院統計資料』『鉄道省統計資料』『労務統計』などより国鉄内部での鉄道医の位置づけを統計的に抉り出し，これらの疑問に対する歴史的パースペクティヴからの答を探してみたい。

　したがって，本章は以下のような構成を持つ。第 1 節では鉄道医の必要性を歴史的文脈から提示したあと，第 2 節において鉄道医の採用と待遇の変化そして彼らの役割を分析する。第 3 節では鉄道医自らによって学知が蓄積されるプロセスを検討する。

---

5) 古瀬彰「日本交通医学会の歩み」日本交通医学会創立 100 周年記念事業実行委員会『日本交通医学会創立 100 周年記念誌』2014 年，19-27 頁。
6) 星亮一「日本交通医学会創立と後藤新平」日本交通医学会創立 100 周年記念事業実行委員会『日本交通医学会創立 100 周年記念誌』2014 年，28-39 頁。

第 1 節　直営医療機関の歴史的文脈

　日本国鉄は中央本部たる本省のもとに地域別に鉄道局が置かれ，駅，列車区，機関区，検車区，保線区，鉄道工場などからなる現業機関に鉄道運営に関する指示を出し，各地方の特徴を鑑みた中央集権的鉄道運営を図った。全国の鉄道ネットワークを運営するためには，大量の労働力を様々な分野で採用しなければならなかった。既述のように，国鉄従事員数は 1907 年の 8 万 8,266 人から新線敷設と輸送量の増加に伴って増加し，26 年に 20 万 500 人となり，この水準を維持していたが，戦時下で急増して 45 年には 51 万 8,134 人に達した。

　国鉄従事員の勤務方式は，日勤を中心とする一般工場ないし官庁と違っており，半分近くの従事員が身体リズムにとって不規則的な乗務，各種交代の方式で従事し，また 9 割の従事員の勤務時間は官庁より長かった。こうした勤務形態が従事員の健康状態に影響したことはいうまでもない。さらに特殊な勤務内容から機関士および機関助士の熱射病や煤煙中毒，貨物掛の書痙，電話手の神経痛，線路手の防腐剤による皮膚病などといった職業病が発生した[7]。公傷の発生率（千人当たり公傷数）は 1910 年に 188.9 から上昇し，1918 年に 258.4 を記録した後，低下して 29 年 111.7 となり，30 年代半ば以降は 30 台を維持した。国有化当初より多くの従事員が勤務中事故発生にさらされたのである。

　鉄道医療機関の設置が持つ歴史的文脈を理解するため，その前提となる従事員の健康状態を検討してみよう。すでに第 1, 2 章で説明した死亡率と罹病率をともに 1907 年から 1945 年まで統計的に推計できる限り表示したのが図 4-1 である。共済組合員が全従事員の 9 割以上を占めたので，全体の動向を反映すると判断できる。図 4-1 によれば，死亡率は国有化の直後から 7-10 の間を推移したあと，スペイン・インフルエンザの大流行した 1918 年には 13.7 へと急増し，その後低下し始めたが，20 年代半ばまでは 7 以上の水準

---

7)　馬渡一得『鉄道衛生』鉄道時報局，1940 年，55-59 頁。

図 4-1　国鉄従事員の死亡率と罹病率（千人当たり死亡数と罹患数）

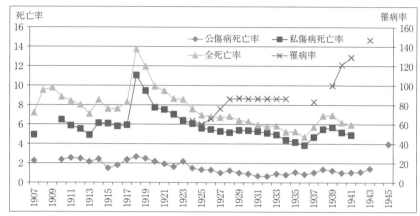

出所：図 1-8；図 1-16；表 2-1；表 2-4；図 2-11；鉄道大臣官房保健課『職員疾病統計』各年度版；官房保健課山川浩・田代義一「吾国有鉄道従事員の保健状態に就て（二）」『日本鉄道医協会雑誌』24-9，1938 年 9 月，7-11 頁；馬渡一得『鉄道衛生』鉄道時報局，1940 年，44 頁。
注：1. 死亡率＝共済組合員死亡者÷共済組合員。
　　2. 罹病率＝罹病者÷従事員。ただし，1924-34 年の患者は直営医療機関による診療件数を基準とするため，嘱託医による診療を含まない。1930-34 年は 5 ヵ年平均値である。1937 年よりは病気休業 8 日以上を集計したもの。

であった。その後低下し，36 年には 4.7 にまでなったが，戦時下でやや上昇する傾向が見られた。このような推移を規定したのは公傷病より私傷病であり，なかでも伝染病の流行如何であった。例えば，1925 年の場合，病類別死因（図 1-10）をみれば，公傷病は 1.33，私傷病は伝染病 2.12，癌その他の腫瘍 0.15，神経系疾患 0.59，循環器疾患 0.39，呼吸器疾患 0.76，消化器疾患 0.66，泌尿生殖器疾患 0.28，皮膚・運動器官疾患 0.05，急性・慢性中毒 0.04，外傷 0.42，その他 0.14，小計 5.60，公傷病と私傷病を合わせて 6.93 であった。

一方，罹病率に関しては一部の年にしか把握できない。また，図 4-1 の 34 年までの罹病率と 37 年以降のそれの基準が異なるため，両時期の統計を直接比較できないことに注意しなければならない。1925 年の病類別罹病率（表 1-4）を取り上げれば，伝染病 26.7，神経系疾患 40.6，循環器疾患 8.7，呼吸器疾患 53.2，消化器疾患 158.1，新陳代謝疾患 0.1，泌尿生殖器疾患 6.2，皮膚・運動器疾患 69.3，視器疾患 91.1，聴器疾患 14.1，寄生虫疾患 2.3，

第4章　国鉄と医師——鉄道医の制度的展開と学知の追求 | 155

表 4-1　東京鉄道病院の従事員数

職名	1911.5	1921.5	1925.10	1936.5	職名	1911.5	1921.5	1925.10	1936.5
院長	1	1	1	1	看護婦見習	8	22	17	
副院長			1	1	産婆			1	1
医長	2	6	5	7	守衛			4	
副医長		2	5	7	自動車運転手		3	2	1
主幹	1				自動車運転助手		1	1	1
主任	2			1	機関方		1	1	2
薬剤長	1	1	1	1	機関方助手		1	3	6
事務長	1	1	1	1	電話掛		3	1	3
医員	6	18	27	36	技術産		1	1	
薬剤員	2	4	5	10	料理人	8			8
事務員	6	10	17	34	給仕	2	8	5	7
助手		11	11	14	小使	7	9	8	13
看護婦長		2	1	4	定傭手		9	11	37
看護婦	11	37	49	92	合計	58	151	179	289

出所：東京鉄道病院「回顧十五年」『日本鉄道医協会雑誌』11-11，1925年11月，16頁；中央鉄道病院『中央鉄道病院史：新病院完成記念』1980年，76頁。
注：1936年の主任は派遣診療所主任，事務員は事務員および技術員（うち，10人は女子事務員），料理人は守衛を含む。

新生物 2.1，中毒 0.2，外傷 48.3，畸形 3.1，その他 74.0，合計 598.3 であった．最大死因であった伝染病は罹病率においては微々たるシェアを占めた反面，消化器疾患を最も多くの従事員が罹っていたほか，直接死因にはつながらない皮膚・運動器疾患や視器疾患の罹病率が極めて高かった．資料上，推計できる罹患率を見れば，20年代後半から30年代前半にかけての上昇と1937年から43年にかけての上昇が確認できる．それにもかかわらず，死亡率は戦時下の若干の上昇を除いて，1918年をピークとして長期的低下傾向を示した．死亡率と罹病率のギャップには，鉄道当局による労働衛生の効果があったことについては既に指摘した通りである．

1920年代前半まで高かった死亡率と公傷病発生率，すなわちこれらが意味する従事員の不健康さは国鉄当局に対して対策作りを促したことは言うまでもない．鉄道工場では公傷事故が多かったため，国有化当初より鉄道治療

所(→診療所)が設置されていたが、国鉄全体をカバーするような医療体制はまだ整えられなかった。そのため、ほとんどの現業員とその家族は一般病院に頼るしかなかったので、治療費の負担もあり、適した治療を受け難いところがあった。これに対し、1909年に鉄道嘱託医制度を実施し、従事員および家族に対する安定的な医療サービスを図るとともに、1911年には常盤病院を救済組合(→共済組合)を通じて運営させることとなった。それによる治療を受けた年間延患者数は1万5,000人を超えたが、一方、病院経営は公傷病などによる重症患者の発生が予想より多かったので、赤字規模が拡大し、救済組合の財政自体に大きな負担となっていた。

そのため、既述のように1914年に国鉄当局は常盤病院と工場治療所を官立東京鉄道病院と官立工場治療所に改め、直営体制を採った。同年より新規採用者に対する身体検査と既存従事員の定期健康診断を実施した。その後、施設拡充はもとより、鉄道病院および治療所の増設、療養所の新設を図った。鉄道病院のなかで最も歴史の長く、なおかつその中心であった東京鉄道病院(表4-1)に注目すれば、常盤病院の時代には内科、外科、眼科、耳鼻咽喉科、皮膚泌尿科が設置され、全従事員は合わせて58人に過ぎなかったが、16年に病院を新築した後、歯科、産婦人科、第二内科を設置して21年には151人になった。こうした東京鉄道病院の拡張を促した要因として、既述のようなスペイン・インフルエンザの苦い経験があったことはいうまでもない。

その後、鉄道病院の役割が注目されたのは、関東大震災のときであった。東京鉄道病院、上野、横浜、両国などの治療所が全焼するなど戦災を被ったにもかかわらず、保健課は地震直後の1923年9月3日に帝国鉄道協会の階上に臨時震災事務室を置き、総務、医療、共済、購買、貯金、防疫の6部を設置し、医療部を中心として班長1人、医員、書記、薬剤員、看護婦など若干名からなる救護班が全国鉄道病院、治療所などからの出張要員によって33班も構成され、主要駅などに配置され、職員1万1,425人、家族6,340人、一般公衆7,732人に対して医療活動を施した[8]。東京鉄道病院は新宿駅

---

[8] 鉄道省官房保健課「大正十二年大震災に於ける国有鉄道医療機関の業績」『日本鉄道医協会雑誌』9-11・12, 1923年12月, 1-18頁;同(承前) 10-1, 1924年1月, 1-11頁;同(承前終) 10-2, 1924年2月, 1-15頁.

図 4-2　新宿時代の東京鉄道病院（1928 年 3 月-戦後）

出所：中央鉄道病院編『中央鉄道病院史：新病院完成記念』1980 年。

構内東京鉄道局事務所の庁舎で仮病院の状態として運営されたが，1928 年 3 月に千駄ヶ谷町に新築移転した[9]（図 4-2）。新病院が完成すると，その規模はさらに拡大し，36 年には 289 人にも達した。すでに指摘したように，鉄道医は大学医学部や医科大学，医学専門学校の卒業者を採用したが，看護婦の場合，東京鉄道病院自らが養成にあたり，毎年 10-20 人を募集して，10 人程度を卒業させた[10]。

全体的に見ると，直営医療機関は 1914 年に鉄道病院 1 ヵ所，鉄道治療所 16 ヵ所から 44 年には鉄道病院 15 ヵ所，鉄道診療所 131 ヵ所，鉄道療養所 6 ヵ所へと拡大され，これらの治療を受けた患者は外来と入院をあわせて 27 万 4,426 人から 762 万 1,622 人に増えた[11]。そのほか，鉄道嘱託医が委嘱され，その人数が 44 年には 1,691 人に達し，その国鉄関係患者数が 363 万 4,322 人を記録した。すなわち，敗戦直前後には延人員 1,000 万人以上の患者が国鉄医療機関に関わったことになる。

---

9)　日本鉄道医協会「東京鉄道病院新築経過報告」『日本鉄道医協会雑誌』14-3，1928 年 3 月，55 -57 頁。
10)　東京鉄道病院「回顧十五年」『日本鉄道医協会雑誌』11-11，1925 年 11 月，11-25 頁。
11)　鉄道院『鉄道院統計図表』1914 年度版；運輸省『国有鉄道陸運統計』1944 年度版；運輸省『鉄道要覧』1960 年度版。

この点で，1935年頃海外出張を命じられ，欧米の鉄道医療機関を調査した門司鉄道病院内科の高折茂（1938）によれば，「鉄道直営医療機関（鉄道病院，鉄道診療所其他）整備の点では我国鉄は世界一であらう」と評価されたのである[12]。表4-2で見られるように，鉄道病院が設置されている国家はロシア，オーストリア，ハンガリー，アメリカしかなく，なかでも充実していると判断されるロシアとハンガリーはサナトリウムあるいは病後保養院や診療所の施設を持っていなかった。その反面，日本は治療機関のほかにも救護車，消毒班，病院列車などが設けられており，官房保健課衛生試験室（→同衛生試験所→要員局体力課勤労科学研究室）が関連研究を行っていた。
　さらに，医療機関の内部化に対する高折茂の評価に注目すれば，「欧羅巴の鉄道従事員が日本の国鉄従事員よりも劣った医療待遇を受けて居ると云ふのではなく，一般産業の医療施設が早く発達したので鉄道も一般産業並に進んで行ったのである。従って鉄道丈けを切離して進めて行く必要がなかったまでである。この為めに直営医療機関が少いのである。日本に於ては一般が進まなかったので鉄道丈け単独に進めて行った。其の為めに直営機関としては世界一となったのである」。言い換えれば，欧米諸国では外部医療機関から医療サービスが安定的に供給されるのに対し，後発国たる日本の場合，外部医療機関からの医療サービスが供給され難いことから，内部医療機関の発達があったわけである。
　こうした特徴は鉄道医に局限されず，他の分野にも現われて「専売医」「逓信医」「工場医」といった産業医制度が戦前より登場した。もちろん，こうして，社会全般の医療機関が進んでいたにもかかわらず，「従来在った特別の医療機関の制度を解体して，一般の開業医家へお願ひする様に変更された事は殆ど無く，段々特種の出来つつある現状である」とも高折茂（1938）によって指摘された。産業医ならではの特徴が外部医療市場の医療サービスの供給者たる一般開業医の成長によって解消されず，維持されつつ，日本医療史の一軸を形成したのである。その後，川上武（1965）によれば，社会全

12）　門司鉄道病院内科高折茂「各国鉄道医療機関の比較」『日本鉄道医協会雑誌』24-7, 1938年7月25日, 1-35頁。

第4章　国鉄と医師——鉄道医の制度的展開と学知の追求　|　159

表4-2　各国における鉄道医療機関の特徴（1935年頃）

	病院あるいは各科診療所	サナトリウムあるいは病後保養院	診療所	応急処置室	救護車	消毒車	病客車	巡回診療	孤児院あるいは子供保養所	交通医学研究所
ロシア	++				+++					+++
オーストリア	+	+++	+		+++		+++			-
ハンガリー	+++	-			+	+	+	+		-
イタリア		-	+		+					
スイス		+++	+		-					
ドイツ		++	+		+++	+	+	+	+	
フランス		-	+		-			++	+	-
ベルギー		-		-						
オランダ		++		+	-				+	
イギリス	+									-
アメリカ	-		+							
カナダ			+++		++	++	++	++	-	+
日本	+++	+++	+++		++					

出所：門司鉄道病院内科医高折茂「各国鉄道医療機関の比較」『日本鉄道医協会雑誌』24-7，1938年7月25日，2頁。

注：1．記入の無いところは調査未了。
　　2．(+) の数は建物や車の数を示すものではない。その国鉄道の営業マイル数に比して施設の量を示したものである。
　　3．病院，サナトリウム診療所などにおいて (-) としたものは鉄道だけの施設として「無し」の意味である。すなわち鉄道以外の一般病院などで取扱う。
　　4．日本は諸資料に基づいて高折茂が作成した。

般における「労働医(病院勤務医)の任務」は初期「身体の病気を治すばかりではなく,心(思想の赤化)の病気を予防すべきであるといわれる」ようになり,「資本にとって,産業医局の意味が完全に変化し,労務管理のうえから重大な存在となりはじめた」ことにも留意しなければならない[13]。

健康保険の点でも,「独逸でも仏蘭西でも一般の健康保険が先づ制定されて,唯此の法令を鉄道にも準用すると云ふ形式である。然るに日本の国鉄では『健保』と大体同じようなものが『健保』実施よりも十年以上前から行われて居た」。日本国鉄の場合,労働保険としての性格から出発した共済組合制度が公傷給付だけでなく療養と疾病に関する給付をも行った。こうして,日本国鉄の共済組合制度も産業衛生を支える制度的枠組の一つとして医療の社会化に対して先駆性を示したのである。

以上のように,日本国鉄は他国はもとより,日本内でももっとも発達した最大級の内部医療制度を構築していた。こうした医療機関を運営するためには,多くの鉄道医が採用されなければならなかった。

第2節 鉄道医,彼らは誰なのか

とりあえず,鉄道医の身分を制度的にみれば,次のような三つの時期として区分できる。1909年6月から19年4月までの鉄道嘱託医時代,1919年5月から44年4月までの待遇官吏鉄道医時代,1944年5月以降の鉄道医官時代である。

国鉄当局は国有化措置の当時より工場で治療所を運営しており,現業機関からの医療要求に応えて「鉄道医嘱託に関する件」(1909年6月,達第475号)を出し,身分上嘱託として鉄道医制度を導入した。鉄道医の嘱託と解嘱は局所長によって定められ,「鉄道従事員及其の家族に対する診察治療又は臨検をなし必要に従ひ診断書又は証明書を作成すること」「諮問に応じ医術上に関する意見を陳述すること」「請求に依り其の他の衛生に関する事項を施

---

[13] 川上武『現代日本医療史:開業医制の変遷』1965年,399-401頁。

図 4-3　鉄道医の推移と対鉄道医の従事員・営業キロ（単位：人，キロ）

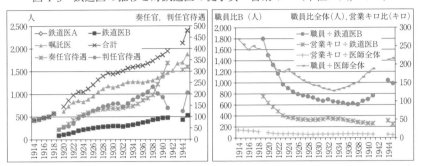

出所：鉄道院『鉄道院統計図表』各年度版；鉄道院『鉄道院年報』各年度版；鉄道院『鉄道統計資料』各年度版；鉄道省『鉄道統計資料』各年度版など。
注：鉄道Aは1919年以前の鉄道嘱託医。鉄道Bは1919年以降の待遇官吏としての鉄道医と1944年以降の鉄道医官・鉄道医官補。嘱託医は1919年以降の鉄道嘱託医。

行すること」を担当した[14]。実際に国鉄の直営医療機関が年々拡充されるなか，鉄道医は事実上鉄道病院と治療所で医員などとして勤務するようになり，嘱託医とはいえ，国鉄当局によって採用される形であった。それ以外の場合，「地方官公立病院又は開業医に嘱託したるものにして全線に互り一定の担当区間を受持たしめ一般に報酬を給せざるも無賃乗車証を交付す建設所管のものには月手当を給するものなり料金は官公立を除くの外多少の割引を為す」こととなった[15]。すなわち，同じ嘱託の部外者といえども，直営医療機関の医員と開業医（あるいは外部医療機関の医員）として分けられた。

鉄道医の配置を管理局別にみれば，1916年4月末に東部148人，中部72人，西部98，九州41人，北海道65人，各建設事務所20人，合計444人であった。鉄道医1人に対する営業キロと従事員数はそれぞれ東部20.1キロ，207人，中部21.6キロ，243人，西部20.9キロ，266人，九州28.5キロ，370人，北海道23.3キロ，187人，各建設事務所88人，合計20.9キロ，249人であった。建設現場と人口希薄の北海道を除いては東部に最も多くの鉄道医が集中しており，その次が中部＞西部＞九州であった。このなかでも西部

14) 鉄道院「鉄道医嘱託に関する件」『日本鉄道医協会雑誌』1-3，1915年5月20日，65頁。
15) 日本鉄道医協会「保健課事務一般」『日本鉄道医協会雑誌』3-10，1917年10月，19-26頁。

と九州の格差が大きく，九州管理局に対する鉄道医の配置はあまりにも少なかった。九州を除いても鉄道医1人当たり従事員数が240-270人であり，営業キロ数も17-22キロであったので，従事員らに対する充分な医療サービスの提供はできなかったといわざるを得ない。

これに劇的な変化をもたらしたのが，スペイン・インフルエンザであった。コラム①でふれたように，日本内地人口の約5,596万3,000人に対して患者はその42％に相当する2,358万人に達し，そのうち死亡者数は45万3,452人で死亡率（千人当たり死亡数）8.1を記録したという[16]。国鉄内部でも1917年から18年にかけて死亡率が8.3から13.7へと急増したが，その病類別変化を見れば，公傷病 2.7 → 3.1, 呼吸器疾患 2.2 → 4.7, 神経系疾患 0.6 → 0.8, 消化器疾患 1.1 → 1.1, 循環器疾患 0.5 → 0.4, 泌尿生殖器疾患 0.2 → 0.2, 急性伝染病 0.4 → 0.5, その他 0.6 → 2.8, 合計 8.3 → 13.7 であった。すなわち，他の疾患では大きな変化が見られないなか，呼吸器疾患と病名の不詳な「その他」のみが急増した。それによって，死亡者は943人から1,716人へと急激に増えた。当時，人口の4割がスペイン・インフルエンザに罹ったことを念頭におけば，数万人の従事員が罹患したと判断せざるを得ない。

これが鉄道医を嘱託から待遇官吏に変え，医療事業の内部化をさらに促す要因の一つとなったと思われる。「鉄道医制制定に関する件」（1919年5月勅令第257号）が発され，国鉄内部に奏任官と判任官の待遇を受ける鉄道医制度が設けられ，鉄道医の進退は官吏の例と同等に行われた[17]。それまで「鉄道医」と呼ばれた鉄道嘱託医は当局によって任命されて直営医療機関に勤務する「鉄道医」と「公私立病院又は開業医師」のなかで委嘱される「鉄道嘱託医」として完全に両分された。当初の定員は内閣総理大臣によって定められたが，鉄道省の設置以降，鉄道大臣が定めるようになった。「鉄道医の定員は外来及び入院を通じての患者数によって算定されるが，大体の内規としては内科および外科は患者25名，眼科は患者40名，耳鼻科は患者30人に

---

16) 速水融『日本を襲ったスペインインフルエンザ：人類とウィルスの第一次世界戦争』藤原書店，2006年，233-262頁。

17) 日本鉄道医協会「鉄道医制制定に関する件」『日本鉄道医協会雑誌』5-6, 1919年6月, 24頁。

ついて医師1名となってい」た[18]。そのため，患者の増加に伴って鉄道医の採用が増えたわけであるが，鉄道医1人に対する従事員数が減少することから，従事員に対してより多くの医療サービスを提供するようになったとも判断できる。

このような鉄道医の「身分的構成の内容は全く一般官吏と同一であって，それぞれの身分，官等，俸給その他官吏に関する一切の事項はそのまま鉄道医に適用されるが，ただその一般官吏と全然赴きを異にする唯一の点は，鉄道医は一般官吏と異なりいわゆる行政事務を管掌せずして，特殊技術たる鉄道医事，衛生をその主管の職務とすること」であった[19]。「国家的行政事務を管掌せざる従事員を官吏とすることを得ないので，ここに鉄道医として勅令により特別に官制を定める待遇官吏とした」のである。しかしながら，官吏であっても「待遇」官吏であっただけに，奏任官や判任官と必ずしも同じ待遇を受けたわけではない。

鉄道医の賃金水準を見ると，奏任官待遇鉄道医の賃金は1919年に奏任官の0.7に過ぎなかったが，徐々に上昇し，25年に1となり，その後1.2近くまでに高くなっていた。判任官待遇の場合，当初より判任官の1.3であって30年には1.8にも達したが，その後低下し，41年には1.4となった。いずれにせよ，長期的に鉄道医の賃金は一般の官吏層より高かったといえよう。一見優遇されたように見えるが，賃金決定要因としての学歴，経歴，勤続年数を勘案しなければならない。「多くの事務官および技術官が学校卒業後，直ちに一律に就職するに反し，医師は学校卒業後も多くは学校の附属病院に入って，一年ないし数年間自費をもって診療の実地研究をした上，始めて鉄道に就職するのを本則としてい」た[20]。大学の医学部は法学部と工学部より1年長い4年の修学年限を持つが，さらに，「実地診療をやるには卒業してからも尚ほ学用病院に於て就業する必要」があったため，「卒業後一年，二年乃至五，六年，場合によっては十年」にも至る経験を積まなければならなかった。それにもかかわらず，賃金の設定には1年の学歴が追加され，初任

---

18) 馬渡一得『鉄道衛生』鉄道時報局，1940年，138-144頁。
19) 伊能繁次郎『鉄道職員　鉄道常識叢書第12篇』鉄道研究社，1935年，204-206頁。
20) 馬渡一得『鉄道衛生』鉄道時報局，1940年，138-144頁。

図 4-4 鉄道医の賃金推移

出所：鉄道院『鉄道院統計図表』各年度版；鉄道院『鉄道院年報』各年度版；鉄道院『鉄道統計資料』各年度版；鉄道省『鉄道統計資料』各年度版など。
注：賃金比＝奏任官（あるいは判任官）待遇鉄道医賃金／奏任官（あるいは判任官）賃金。

給に5円の上乗せがあるのみであった。昇給率において鉄道医は「他に比して最近まで甚だ不良で，現状をもってすれば官吏の関所である3等1級の給料に達するのは60歳に垂とする頃である」と指摘された。それだけでなく「法学部ないし工学部卒業者は一両年の間に高等官となって，それぞれ要位を占め」たが，医学部卒業者は正規なコースを経て学位をとって，卒業後8-9年にしてようやく判任官待遇となることもあった。

それをあらわすのが図4-5である。昇給は行われていたものの，勤続年数5年から9年にかけてほぼ同数であることから，判任官待遇への昇格はあまり進んでおらず，とくに勤続年数10-11年の医師も存在したことから，専門学校以上の学歴にふさわしい昇格が実施されなかったことが推測できる。上述した鉄道医の不満は確かに根拠のあるものであった。『労務統計』（1932年10月10日現在）のなかで，「病院治療養所」の判任官待遇鉄道医144人（すべて男子）に関する情報が得られる。彼らの身分別勤続年数をみれば，129人が判任官待遇として6年2ヵ月を勤務しており，そのほかの15人は雇員として1年2ヵ月を過ごしたあと，判任官待遇へと昇格して4年9ヵ月を勤務した。144人は平均6年1ヵ月間勤続していたのである[21]。彼らの学歴は

図 4-5 判任官待遇鉄道医の勤続年数別平均給および人数

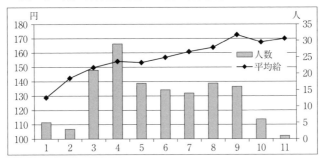

出所：鉄道大臣官房現業調査課『労務統計第 4 輯勤続年数（下巻）』1932 年 10 月 10 日現在。

医学専門学校以上のものであったため，ほとんどが判任官待遇として任命されたが，鉄道医の一部は雇員として採用されたあと，判任官待遇に昇格させられた。

さらに，鉄道医の供給源を検討してみよう。表 4-3 は「病院治療養所」における判任官待遇以下の身分別学歴構成を示している。上位の身分層に高い学歴者が集中したことはいうまでもない。とくに鉄道医の場合，医学専門学校，大学医学部，医科大学を卒業しなければ医師にならないため，判任官の専門学校卒業 123 人，大学卒業 24 人，雇員の専門学校卒業 19 人，大学卒業 3 人が鉄道医に当たると考えられるが，鉄道医 144 人がすべて男子であったとされるから，雇員の専門学校卒業の女子 3 人は除かなければならない。雇員から判任官へ昇格する場合もあるため，専門学校卒業 142 人，大学卒業 27 人のうち，144 人が鉄道医になる。もちろん，図 4-3 では判任官待遇以外にも奏任官待遇の 140 人が採用されており，奏任官待遇では大学卒業の学歴者が判任官待遇より多い可能性がある。とはいうものの，東京医学専門学校（現在の東京医科大学）をはじめとする全国の医学専門学校が鉄道医の重要な供給源であったことは確かである。それに比べて，看護婦は低い学歴の出身であった。1932 年には看護婦長 17 人（平均勤続年数 12 年 9 ヵ月），看護婦 617 人（5 年 1 ヵ月），看護婦見習 3 人（8 年 6 ヵ月），看護人 7 人（女子 7 年 2 ヵ

---

21) 鉄道大臣官房現業調査課『労務統計第三輯勤続年数（上巻）』1932 年 10 月 10 日現在，283 頁。

表4-3　日本国鉄の「病院治療養所」の身分別学歴構成

	判任官		鉄道手		雇員		傭人		合計		
	男	女	男	女	男	女	男	女	男	女	計
無就学					1		1	3	2	3	5
尋常小学半途退学						2	6	16	6	18	24
尋常小学卒業					31	26	73	37	104	63	167
高等小学半途退学	1		1		10	9	13	5	25	14	39
高等小学卒業	11	2	3		127	324	127	171	268	497	765
乙種中等学校半途退学・在学中	1				6	7	5	1	12	8	20
乙種中等学校卒業	1				23	23	15	13	39	36	75
甲種中等学校半途退学・在学中	3				27	12	19	8	49	20	69
甲種中等学校卒業	11				47	49	13	50	71	99	170
専門学校半途退学・在学中					3		4		7		7
専門学校卒業	123				16	3			139	3	142
大学半途退学・在学中	1						1		2		2
大学卒業	24				3				27		27
合計	176	2	4		294	455	277	304	751	761	1,512

出所：鉄道大臣官房現業調査課『労務統計　第五輯　年齢，配偶関係，教育程度』1932年10月。

月），合計644人が勤務した。女子のうち，高等小学卒業以上の学歴者663人であることから，高等小学卒業の学歴者が傭人として採用され，鉄道病院などで所定の教育と見習過程を経て雇員へ昇格したと判断できる。また，それ以上の学歴者はおもに雇員身分の看護婦として採用された。

　そうした中，鉄道医の処遇において新しい変化が生じたのは戦時下であった。図4-3の鉄道医1人に対する従事員数をみれば，日中全面戦争期になって1919年以来低下し続けたが，戦時下で上昇し，医療陣の不足現象があらわれ，それに伴う業務量も増えたことがわかる。これに関連し，当局は鉄道医へのインセンティヴとして判任官待遇から奏任官待遇への昇格を増やした。判任官待遇は1938年に232人で鉄道医全体の54％を占めたが，翌年の39年になると，202人へと低下し，その比率も45％になり，その後低下の

一途を辿った。その代わりに奏任官待遇が急激に増えた。もちろん，判任官待遇の減少には入営・応召の影響もあったが，奏任官の増加ぶりは戦争以前に見られない急激なものであった。日米開戦後，喪失の一途を辿る海上輸送力に代わって戦時経済の物流を担当している国鉄の輸送力発揮が重視されたので，1944年5月には待遇官吏ではなく，国鉄（当時は運輸通信省）の官吏の一部としての鉄道医官制が実施され，奏任官待遇と判任官待遇はそれぞれ鉄道医官と鉄道医官補となった[22]。それによって，一般官吏に比べて不公平な処遇が完全になくなり，鉄道医側が願望した同様の処遇を受けられたのである。

　医療機関の内部化というのは単に病院および診療所の増設とそれに伴う医師の拡充のみを意味しない。これに関連する医務事項も組織内部で決定される必要がある。その決定のためにいかなる仕組みが整えられただろうか。鉄道国有化以来，官房保健課と鉄道局保健掛の事務系統が中心となって主要決定を行ってきた。表4-4の医務関連会議を見ても，『日本鉄道医協会雑誌』が公刊され始めた当初より，各管理局保健掛及衛生嘱託医打合会の名称が確認できる。17年には保健事務協議会が見られ始め，その後も同じ系統の会議が続いたので，この会議が定期的に開かれたと判断できよう。その反面，1910年代には鉄道医打合会が開かれても，一部の地域に限定されたものであった。もちろん，すべての会議が「雑報」として掲載されたわけではないが，主要医事の決定において鉄道医が介入する余地は極めて限られた。しかし，鉄道医の待遇官吏制度が導入されると，病院長会議と治療所主任会議が定期的に開かれるようになった。22年には病院診療科別に会議が開かれたことが確認できるし，そのほか，衛生技術官会議，衛生試験所主任会議も出てくる。25年頃から鉄道調剤長会議が開かれ始めた。

　そこで，保健課系統と鉄道医系統の両会議の内容が確認できる1925年のものを取り上げれば，保健事務打合会は①健康診断の施行方法，②身体検査の励行，③職業的疾患を惹起する事項調査，④保護眼鏡マスク煙害塵埃など

---

22) 「JACAR（アジア歴史資料センター）Ref.A03022295800，御署名原本・昭和十九年・勅令第四一一号・運輸通信省官制中改正ノ件（国立公文書館）」。

表 4-4　国鉄の医務関連会議（1915-1929）

年	機関
1915	各管理局保健掛及衛生嘱託医打合会（1月），千葉県鉄道医打合会，治療所主任打合会（5月），小山鉄道医打合会（3月），新津鉄道医打合会（3月），鉄道医務打合会（10月）
1916	保健衛生調査会第3回特別委員会
1917	保健事務協議会（1月），東部鉄道管理局内鉄道医務打合会（6月），保健事務協議会（11月）
1919	衛生嘱託打合会（1月），保健掛長会議（4月），病院長会議（4月），治療所主任協議会（4月）
1920	院長会議（3月），治療所主任会議（3月），保健課長及主任衛生技術官会議（11月）
1921	鉄道病院薬剤長会議附草楽会（3月）〔ママ〕
1922	鉄道病院外科課長会議（3月），鉄道病院耳鼻咽喉医長会議（5月），鉄道病院耳鼻咽喉医長会議（5月），鉄道病院歯科医長会議，鉄道病院薬剤長会議，衛生技術官会議（7月），衛生試験所主任会議（7月）
1924	鉄道病院会議
1925	鉄道病院長及治療所主任会議（3月），鉄道病院薬剤長会議（4月），保健事務打合会（3月），旅客掛長会議に官房保健課よりの提案（3月）
1926	鉄道病院長治療所主任会議（3月）
1928	医務会議［治療所主任会議，院長会議］（4月）
1929	仙台鉄道局管内調剤事務打合会（4月）

出所：日本鉄道医協会『日本鉄道医協会雑誌』各月号。
注：『雑誌』に掲載されたものを集計したことから，当然すべての医務事項が把握できたわけではない。

の予防臭および配給範囲，⑤井水基礎調査の現況，⑥塵埃屎尿の処置，⑦従事員および旅客の飲餌衛生，⑧結核予防宣伝，⑨飲料水試験方法および制定標準改正，⑩隧道および工場における有害物および有毒瓦斯試験について議論し，鉄道病院長会議は①健康診断の施行方法，②健康診断の標準，③職業的疾患および廃疾の種類，④共済組合規則の休養標準，⑤特症金および疾病給付の診断書，⑥療養所との連絡方法，⑦ラジウム使用の料金，⑧看護婦および見習の配置標準，⑨歯科および薬剤室助手の配置標準，⑩家庭救急常備薬設備方法についての協議を行った[23]。鉄道治療所主任会議は病院長会議①

〜⑥の議題を取扱った。保健課が医務だけでなく衛生全般を議題としたのに対し、鉄道医は自らの活動に関する事項について主体的決定を行ったのである。1929年以降は医務会議が掲載されなかったので、詳しい内容は確認できないものの、この傾向は鉄道医の増加と身分の変化に伴って強くなっただろう。

　以上のように、鉄道医は機関長らによって委嘱される嘱託医制度から出発し、スペイン・インフルエンザという外部ショックをきっかけとして待遇官吏となり、総力戦のなかで官吏となり、医務事項の決定に積極的に介入するなど内部化傾向を強めていた[24]。

第3節　日本鉄道医協会と学知の追求

　鉄道医の活動は組織内部に局限されなかった。医療サービスの提供は量的拡充とともに、一般医学に遅れないように質的向上を担保しなければならない。鉄道は既述のように公傷病が多く発生し、さらに一般疾患のほか、職業病という問題もあるので、産業医であると同時に臨床家である鉄道医は新しい治療法などを吸収する必要がある。しかし、都市部の鉄道病院に勤務して新しい知識を吸収できる機会のある鉄道医は一部に限られており、医師が1人ないし数人に過ぎない診療所に勤務する鉄道医の場合、学知の摂取から遠ざかっている[25]。このような事情は地方の嘱託医でも大きく変わらなかった。

　これに対し、鉄道に関する衛生医療を研究してその学知の蓄積・伝播を図るため、1914年7月に日本鉄道医協会（以下、協会）が設立された。国鉄内部で1912年中に1万9,000人に達する負傷者が発生しており、また外部で

---

23)　日本鉄道医協会「雑報」『日本鉄道医協会雑誌』11-6, 1925年6月, 32-37頁。
24)　このようなプロセスは鉄道医よりは遅れたものの、鉄道薬剤師にも同じく現れた。1939年に勅令第619号によって待遇官吏となり、44年には勅令第411号によって鉄道医とともに、官吏（鉄道調剤官・同補）となった。「JACAR（アジア歴史資料センター）Ref.A03022396300, 御署名原本・昭和十四年・勅令第六一九号・大正八年勅令第二百五十七号（鉄道省鉄道医ニ関スル件）改正（国立公文書館）」。
25)　馬渡一得『鉄道衛生』鉄道時報局, 1940年, 138-144頁。

は結核予防協会が設立されることに鑑み,「特殊なる災害医学及び鉄道衛生の発達,関係医師相互の連絡および親睦,業務上の統一について,これが特種機関設立の要求は,従来関係者間において,しばしば称導されたるも,時至らず,これを具体的に見るを得」なかった[26]。ところが,医療機関の直営化が決定される中,14年2月に「鉄道院の医務衛生に従事するものを集めて一団を作り災害医学及び鉄道衛生の研鑽に力をいたし,傍相互の親睦を敦ふするは時宜に適するものなるを信じ,本年3月青山胤通,佐藤三吉,北里柴三郎,栗本庸勝[27]を発起人となり,427人の該関係医師に別紙規約案を送り鉄道医協会設立のことを諮りたるに何れも進んで賛成の意を表せり,よってさらに賛成者の承認を受け第一次総会を開くまで会頭に佐藤三吉を,理事長に栗本庸勝を,理事に山口秀高,内藤楽,井村英次郎3名を挙げ」,7月に協会が設立するに至った[28]。協会は同年12月より『日本鉄道医協会雑誌』を発刊し,災害医学,鉄道衛生に関する論説,臨床報告などを掲載し,関連情報の発信とシェアを図った。この雑誌が医務関係の情報伝達や鉄道医・嘱託医における意思疎通と親睦の通路となった。

　協会の会員は鉄道医と鉄道嘱託医からなっていたので,その会員数は戦前期までは前掲図4-3の医師合計とほぼ同じ推移を示している。入会率と退会率からみて,1920年代に会員数が大挙増加したことがわかる。しかし,戦時期に入ってからはやや異なる推移を示す。すなわち,鉄道医・嘱託医が1935年3月の1,592人から41年3月に1,858人へと増えたのに対し,会員数は35年3月の1,586人から41年3月に1,612人へと増え,医師数と会員数との差が200人以上となった。ついには日本鉄道医協会が41年4月に「鉄道医事衛生の翼賛機関」たる日本鉄道医学会に変わり,学会の概念が導入さ

---

26) 日本鉄道医協会「本会成立の経過」『日本鉄道医協会雑誌』第1号,1914年12月,94頁。
27) 青山胤通は東京帝国大学医科大学内科教授,鉄道員顧問,佐藤三吉は東京帝国大学医科大学付属医院長,外科教授,鉄道員顧問,北里柴三郎は伝染病研究所所長,元内務省衛生局,栗本庸勝は常磐病院(→東京鉄道病院)院長,警視庁衛生部長であった。
28) 佐藤三吉会頭体制は敗戦時まで維持されるが,理事長は栗木庸勝(1914-1924),井村英次郎(1925-1936),阿部賚夫(1937-1944)と変わっていった。「日本交通医学会100年通史」日本交通医学会創立100周年記念事業実行委員会『日本交通医学会創立100周年記念誌』2014年,46頁。

図 4-6　日本鉄道医協会の会員数の動向

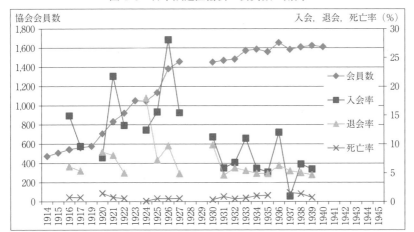

出所：日本鉄道医協会「雑報」『日本鉄道医協会雑誌』各月号；「日本交通医学会 100 年通史」日本交通医学会創立 100 周年記念事業実行委員会『日本交通医学会創立 100 周年記念誌』2014 年，46 頁。
注：1916-17 年の嘱託医は鉄道医を意味する。

れ，会員の資格は鉄道医・嘱託医だけでなく歯科医師，薬剤師，旧現従事員にまで広げられた[29]。協会の総会は 1915 年 3 月創立総会を第 1 回として毎年開かれ，鉄道大臣をはじめとする関係者が参加しており，場合によっては医務関連事項が議論されることもなった。会務事項が終わってからは，特別講演とともに，会員達の論文発表が行われた。その数は当初 7 本程度であったが，1920 年代半ば以降は 30 本以上となり，1938 年には 67 本に達した。

例えば，1935 年 3 月に開催された第 21 回総会では 41 の報告が行われた[30]。その内容を見れば，列車内空気汚染度，集団的喀痰検査成績，従事員採用進退に現われる成績と視力との関係，鉄道従事員高齢者の健康診断成績，機関車缶能力試験時乗務員の疲労状態，外傷による腎臓損傷の一例のような鉄道労働衛生に密着した研究が多かった。もちろん，巨大児と分娩障碍，回虫卵殻の形成などといった従事員の健康と直接な関係のなさそうなも

---

29) 日本鉄道医協会「雑報」『日本鉄道医協会雑誌』28-1，1942 年 1 月，31-33 頁；日本鉄道医協会「日本鉄道医学会第 28 回総会会誌」『日本鉄道医協会雑誌』28-4，1942 年 4 月。
30) 日本鉄道医協会「雑報」『日本鉄道医協会雑誌』25-4，1935 年 4 月，71-79 頁。

のも報告された。とはいえ，これらのほとんどが臨床経験から得られた「学知」であり，またその多くが機関誌に掲載された。というものの，鉄道医の調査研究活動は国内に止まらず，戦時下では「大陸派遣医員」として蒙古，満州，華北，華中でも現地調査をも行った[31]。

　各地方別にも鉄道医会が創立され，協会のとは別の総会を毎年開催した。九州鉄道医会がいち早い1915年に創立され，3回の総会を開き，その後活動が見えなくなったが，1918年に北海道鉄道医会，22年に東北鉄道医会，26年に名古屋鉄道医会，27年に大阪鉄道医会が創立され，毎年総会を開き，活動を続けた。1933年には門司鉄道医会が創立され，九州地方の鉄道医の災害医学研究に寄与した。新潟鉄道局の設置に伴って新潟鉄道医会が1937年に東北鉄道医会より独立・創立されており，40年には日本鉄道医会とは別個のものとして東京鉄道医会が創立された。これらの医会は1941年に日本鉄道医学会の地方会に改められた。医会総会には鉄道局長らが参席しており，総会がおわってから特別講演と自由論題の発表が行われた。こうした協会および医会の開催が鉄道医と嘱託医にとって新しい知識を吸収し，さらに学知を蓄積する機会になっていた[32]。それ自体が鉄道医と嘱託医を束ねる主要な機構であった。そのため，鉄道大臣官房保健課は協会を「全く私設団体」と規定したにもかかわらず，戦時下では日本鉄道医学会の事務を国鉄の体力課が1943年7月に処理した[33]。

　とはいえ，これらの協会および医会の総会は年1回に過ぎない。この点から，1922年頃から，仙台鉄道病院が集談会を開き始め，23年には門司鉄道病院，24年には名古屋鉄道病院，25年には神戸鉄道病院大阪分院，28年には名古屋鉄道病院，29年には東京鉄道病院でも集談会（あるいは医事研究会）を年に1-10回開くようになった。1920年代半ば以降は全国的に年間26-30回の集談会が開かれ，100本以上の研究成果が発表された。地域別に見

31）　日本鉄道医協会「雑報」『日本鉄道医協会雑誌』27-5，1941年5月，71頁；日本鉄道医協会「雑報」『日本鉄道医協会雑誌』27-6，1941年6月，55頁。
32）　馬渡一得『鉄道衛生』鉄道時報局，1940年，138-144頁。
33）　日本鉄道医協会「保健課事務一般」『日本鉄道医協会雑誌』3-10，1917年10月，19-26頁；日本鉄道医学会「体力課事業成績概況（1943年11月15日編）」『日本鉄道医学会雑誌』30-1，1944年1月，23-24頁。

第 4 章　国鉄と医師——鉄道医の制度的展開と学知の追求 | 173

図 4-7　病院別集談会の開催状況

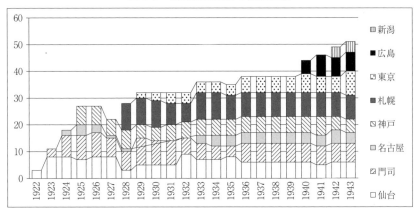

出所：日本鉄道医協会「雑報」『日本鉄道医協会雑誌』各月号；日本鉄道医学会「雑報」『日本鉄道医学会雑誌』各月号。
注：1. このデータは他の図表（会計年度）とは異なって暦年を基準とする。
　　2. すべての集談会が雑誌に掲載されたわけではないため，実際に開催されたが，掲載されなかったものもある。例えば，大阪鉄道病院集談会の場合，1930 年 3 月に 31 回集談会が開かれたあと，関連情報が掲載されなかったが，1941 年 12 月に開催された 101 回集談会の記録が残っている。とくに，1936 年から 40 年まではどこの病院の集談会も記録されなかった。そのため，雑誌より確認できる開催回数をもって補間法で推計する。また，開催回数が確認できない場合，他の集談会の回数から毎年開かれたと仮定し，それまでの平均年間開催回数をもって補外法推計を行った。

ると，医学会ないし関連発表会の機会が比較的少ないと思われる仙台，門司，札幌の鉄道病院が比較的頻繁に例会を開いたのに対し，名古屋，神戸（大阪），東京の鉄道病院は集談会に関してはそれほど活発な動きを示さなかった。比較的に学知を吸収する機会が多かっただろう。しかし，戦時期に入ると，広島鉄道病院（1940）と新潟仮鉄道病院（1942）も集談会を始めるようになり，集談会の名称もその目的を明らかにし，医事研究会，医薬研究会，医事集談会，医事衛生研究会に改められた。医療陣の不足が著しくなる中，医療資源の豊富な東京鉄道病院の役割が大きくならざるを得ず，研究会の開催も 40 回以上へと拡大したと推計できる。

　そのほか，鉄道医の知識の習得上，注目に値するのが講習会である。鉄道局別治療所主任および医員 3 人程度を対象として災害医学講習会が年 1-2 回 10 日間開かれた。1926 年 6-7 月に鉄道省保健課が開いた講習会では，災害医学総論，鑑定および詐病，救急処置，外科的診断および治療，後療法，レ

ントゲン，災害と内科的疾患，外傷性神経症，災害と結核，合併症の認定，災害と眼科および耳鼻科，保証制度および基準，職業的疾患という科目が教育された[34]。おもに産業医としての必要な知識の伝達に主力したわけである。しかし，戦時期に入ると，敵機の爆撃や米軍の上陸に備えて，表4-5のように戦時医学及防空救護講習会，戦時防毒指導員養成講習会などが開かれた。1943年12月に大阪鉄道局で開かれた戦時防空医学講習会を見れば，鉄道防空，戦時鉄道医としての心構，防空救護の一般，毒ガスの治療，救護指導要領，戦傷治療（外科，耳鼻，眼），戦傷と輸血が講習員22人を対象として2日間開かれた。鉄道医学会の介入が1943年1月には日本鉄道医学会が主体となって第1回鉄道医学講習会を実施した。

　以上のように，鉄道医は国鉄内部自らの関連事項に対して意思決定を行うとともに，日本鉄道医協会，地方鉄道医会，鉄道病院集談会，各種講習会を組織し，自らの学知を再生産しながら，その伝達を図った。それが従事員身体の健康を媒介して鉄道輸送力の発揮に繋がったものであったことはいうまでもない。こうした重要性が浮き彫りにされたのが，戦時下での講習会ではなかっただろうか。

　こうして，直営医療機関とそれを人的に支える鉄道医制度が内部化するにしたがって，従事員が病気に罹っても死亡にいたる比率は低下し，従事員の身体は管理されるようになった。このような医療方式は外部より適切な医療サービスの提供が得られないためである。これによって歴史的に確立した鉄道医制度は産業医制度の先駆であったといえよう。外部より充分な医療サービスが得られるようになった戦後にもこれが続いたのである。

---

34)　日本鉄道医協会「雑報」『日本鉄道医協会雑誌』12-4，1926年4月；同12-9，1926年9月；同13-3，1927年3月；同13-6，1927年6月；日本鉄道医学会「雑報」『日本鉄道医学会雑誌』29-2，1943年2月；同29-5，1943年5月；同29-11，1943年11月；同30-1，1944年1月；同30-2，1944年2月；同30-3，1944年3月。

第 4 章　国鉄と医師――鉄道医の制度的展開と学知の追求 | 175

表 4-5　戦時末期日本国鉄における医学関連講習会（1943-44）

年	月	地域	機関	種類	講義	講師	備考
1943	1		日本鉄道医学会	第1回鉄道医学講習会			
1943	3		鉄道省	適正考査講習会			
1943	3		鉄道省	国鉄体操指導員講習会			
1943	11			防空救護竝戦時医学講習会			
1943	7-8		鉄道省要員局	レントゲン技術者養成講習会			
1943	12-1			各鉄道局主催鉄道医, 薬剤師講習会			
1943	12	名古屋	鉄道病院	戦時医学及防空救護講習会	9	9	防空救護訓練見学
1943	11	仙台		適性考査講習会			
1943	11	大阪		適性考査講習会			
1943	11	広島		適性考査講習会			
1943	12	東京		適性考査講習会			
1944	1	東京	本省	傷害者指導員養成講習会	7	6	陸軍〇〇廠, 臨時東京〇〇陸軍病院
1944	1	門司	鉄道局	防空救護講習会	5	5	
1944	1	門司	鉄道局	戦時防毒指導員養成講習会	4	4	
1944	1	仙台	鉄道局	戦時医薬学並に防毒講習会	10	14	
1943	12	大阪	鉄道局	戦時防空医学講習会	10	10	
1943	12	広島	鉄道局	戦時栄養調理講習会			松岡厚生課長司会の下に座談会
1944	2-6	門司	鉄道局	健民修練指導員の養成講習会			
1944		札幌	鉄道局	戦時栄養調理講習会			

出所：日本鉄道医協会「雑報」『日本鉄道医協会雑誌』各月号；日本鉄道医学会「雑報」『日本鉄道医学会雑誌』各月号。
注：陸軍〇〇廠, 臨時東京〇〇陸軍病院は当時の検閲のため不詳。

コラム⑤　日本鉄道医協会の第一回総会

　日本鉄道医協会は1914年7月10日に設立された。同協会機関紙『日本鉄道医協会雑誌』の中で記載されているそれまでの経過について見ると、「特殊なる災害医学及び鉄道衛生の発達，関係医師相互の連絡及親睦，業務上の統一に就て，これが特種機関設立の要求は，従来関係者間に於て，屡々称導されたるも，時至らず，これを具体的に見るを得ざりき。然るに近来鉄道は倍々延長し，これが従事員は益々増加し，随て鉄道医並に院関係医師はとみに激増し，其の声は一層大を為せり。／茲に昨冬，青山胤通佐藤三吉北里柴三郎栗本庸勝の四氏は此の機運を捕へ，本会設立を発起せり。発起人は爾来屡々会合を催し，遂に今春二月会則草案を得，恰も炎天に雲霓を望めるが如き全関係医師に配布し其の賛同を求めたるに忽ち応じ一の不賛なし，而して発起人に於て，来

コラム⑤-図1

佐藤三吉会頭　　　　　　　　栗本庸勝理事長

春第一次総会を開く迄，役員を左の如く定め，全く会の成立を遂ぐ。」「会頭　医学博士　佐藤三吉／理事長　栗本庸勝／同上　井村英次郎／同上　内藤楽／理事　医学博士　山口秀高」。その趣旨が1914年7月25日には日本鉄道医協会会頭の佐藤三吉から鉄道院総裁の仙石貢へ報告された。

　翌年の1915年4月5日には東京市麹町区大手町の大日本私立衛生会講堂において第1回の総会が開催された。「通常の所謂総会なるものとは多少趣旨を異にし，一面に於ては創立総会の如き感あり，亦発会式とも見るべき重要なる会合なりしば，帝都附近は更なり邦家の四境，僻遠の地よりも参集し，未だ準備整はざる早朝既に会場は幾多の方言にて幾多の色彩を現し，開会時刻に於ては既に二百に垂んたる会員を見，その盛会なること今春帝都に於て開催せられし学会中の首位を占むべしと言ふ。而して鉄道院よりは仙石総裁を始め幹部各位の来臨を添うし，本総会をして九鼎の重きを加へ，一層の光輝を発せしむ」。午前10時15分より開会となり，佐藤会頭から次のような開会の辞が出された。

　　諸君，御承知の通り私は会頭と致しまして御挨拶を申上げます。今日，日本鉄道医協会の第一次総会を開くに方りまして総裁閣下首め来賓諸賢の御臨席を添うしましたことは，本会の最も光栄とするところでございまして，深く御礼を申上げます。会員諸君には御多用にも拘らず斯く多数御来会になりましたることは，此会にとりまして洵に悦ぶべき事と思ひます。
　　扨此日本鉄道医協会を今般設立しましたことに就きましては，諸君も御承知の如く我日本に於ては，特種の作業に伴ふところの衛生事項，及び負傷等の事に就て研究をするところの傷害医学と云ふものは，洵に幼稚なものであると思ふのであります。殊に吾々鉄道医は之を他の医師に比較して感ずることが最も適切であらうと思ふのであります。ところで鉄道院に於きましては，近来治療及衛生機関の完備を図られることが洵に切なるやうになりましたのは洵に欣ぶべき気運であらうと思ふのであります。乃で鉄道の事業に従事して居りまする者共には此災害医学を進めるに最も好い機会であると思ふのであります。で此機会を逸せずして私共は充分に此方の道に尽したいと思ふのであります。それには従来の如く吾々が離ればなれになって居りましては研究をするにも非常に不便であると思ひまして会を設けて互に懇親を結び，又互に連絡を取り，即ちこれに依て会を起し又会の機関として雑誌を発行致しました次第であります。幸ひに諸君の御賛同を得まして此会の成立致しましたのは洵に斯道の為に賀すべき事であらうと思ひます。斯

の如き会はまだ日本には類がありませぬ。即ち災害医学，之を研究するやうな会はまだ設立されて居らぬやうに思ひます。洵に幼稚で，生れた許りであります。之が今後如何なる発達をするか，或は不幸にして夭折致しまするか，或は健康なる発達を遂げまするか，其辺は前途の事で分りませぬが幸ひに此会に大なる鉄道院と云ふ後援を有して居りますから吾々鉄道医は充分努力致しまして，災害医学の為に尽さんことを希望する次第であります。唯今では此会は鉄道医協会でありまして，鉄道に関する災害医学の範囲でありまするが，どうか希望と致しましては，唯鉄道院に限らず，災害医学を広い意味に於て之を中心となりまして，日本の災害医学の独立と云ふものが出来るやうになり，立派なる科学となることを希望致すのであります。一言以て今日の開会の辞と致します。

　その後，理事長栗本庸勝の日本鉄道医協会経過報告，理事山口秀高の庶務会計報告が行われた。来賓の祝辞に移ると，仙石総裁からは「輓近医界の状勢を察するに欧洲諸邦に在りては意を災害医学の研鑽に用い力を結核の予防療養に致して其の績頗る顕著なるものあり今や我邦に於ける世運の進歩に伴ひ此雑専門の施設研究一日も忽せにすべからざるの機運に迫り殊に我鉄道業務の如きに在りては之が研究に俟つ所極めて大なるものあるを以て斯業上本協会の如き特種機関の創設を見るに至りたるは寔に時宜を得たるものと謂ふべし」という祝辞が朗読された。さらに，高橋貞碩，宮田哲雄，石原雅一，児玉語一など関係者からの祝辞が加えられ，役員選挙が実施され，評議員の選定が行われた。座長は評議員会を開会して会頭の選挙を行う旨を命じて，別席に退いた評議員による会頭の選挙を通じて佐藤博士は「満場拍手喝采の下に」二期目の会頭となり，次期役員を指名され，満場の承認を得て理事長栗本庸勝，理事三輪徳寛，田代義徳，山口秀高，戸塚巻藏，内藤楽，井村英次郎，梅津小次郎が任命された。

　午前11時56分から休憩の時間を持ち，午後0時45分より会費の増額（1円→2円）と評議員の選定方法（出席有無にもかかわらず各府県より選出）などについての議事が行われた後，次のような演説が施された。①鉄道医の責務（六角謙三），②黴毒の診断及び治療（梅津小次郎），③聴器検査に就て二三の注意（笠茂掃部），④肋骨骨折の療法（桑原下学），⑤下尺関節の単独掌面脱臼（内藤楽），⑥眼外傷の一例（山口秀高），⑦外傷性痴呆に就て（井村英次郎）。なお加藤義三および栗本庸勝の演説も準備されたが，時間の関係上機関紙掲載することとし，撤回された。さらに東京駅の参観の上，午後5時より上野公園の常磐華壇において懇親会が開かれた。

　こうして始まった日本鉄道医協会は戦時中の1941年4月20日に至って学術的

性格を重視して日本鉄道医学会と改称されたが，戦争のため，年次総会が1944年から46年まで開催できず，機関紙の発行も紙の配給難のため中止となり，阿部資夫理事長の戦災死（1945）が生じるなど正常な学会活動ができなくなった。戦後には鉄道医から交通医への活動範囲を拡大する意味もあり，1947年4月2日には日本交通医学会に改められ，機関紙も『交通医学』に改称された。さらに，1950年4月17日には災害医学としての特徴を強調し，日本交通災害医学会と改称され，同月20日に日本医学会第38分科会となったが，1967年3月7日には再び学会名を日本交通医学会に戻し，今日に至っている。

とはいうものの，1987年に断行された国鉄の分割民営化は日本交通医学会の構成と財政にも大きな影響を及ぼした。当時，日本交通医学会の会員総数は4,500人に達したが，そのうち3,000人以上の会員が鉄道嘱託医であったが，国鉄体制の解消に伴って鉄道嘱託医制度も廃止され，会員数が激減せざるを得なかった。また，38にも達していた鉄道病院も7病院を残して廃院となり，廃院された31病院のなかでその一部のみが診療所あるいは診断センターとして再編された。そのため，学会の財政が危うくなったことから，薬剤師，研究者などにも門戸解放されたのである。

資料：「会報」『日本鉄道医協会雑誌』1-1，1914年12月15日，94頁。
　　　「日本鉄道医協会第一次総会記事」『日本鉄道医協会雑誌』1-3，1915年5月，83-94頁。
　　　古瀬彰「日本交通医学会の歩み」日本交通医学会創立100周年記念事業実行委員会『日本交通医学会創立100周年記念誌』2014年，19-27頁。

第 II 部 植民地鉄道と労働衛生

第5章 「南国」台湾における鉄道員と労働衛生

植民地鉄道の労働衛生管理の始まり

台湾の鉄道は清国支配下で基隆・新竹間97キロが建設されていたが、1889年に台湾総督府鉄道部の所管となり、台湾縦貫鉄道の改良・建設工事が始められ、1908年に完成を見た。日本本土とは異なる「南国」生活によって、人々はマラリアをはじめとする様々な疾病に罹患し、とりわけ、駅務から運転、工作、土木などにいたる分野で勤務する鉄道労働者の健康問題は、帝国主義の拡張による、植民地の衛生問題を浮き彫りにした。パパイヤの実る風景の中を走る台湾鉄道のガソリンカー(渡部慶之進『台湾鉄道読本』1939年より)。

地図 2　台湾鉄道網

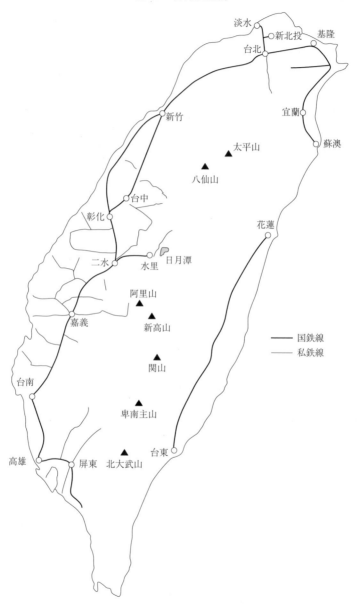

台湾総督府交通局鉄道部『台湾鉄道旅行案内』1935 年より著者作成

第 5 章 「南国」台湾における鉄道員と労働衛生——植民地鉄道の労働衛生管理の始まり

　本章の目的は，植民地台湾における鉄道労働者を分析の対象としてとりあげ，現場で働く身体がどのように認識・管理されたかを検討し，植民地期労働衛生管理の一面を明らかにすることである。

　日清戦争の勝敗によって，台湾は日本帝国のなかで最も早い時期に植民地として統合され，その後帝国内の植民地経営のモデルとなった。支配と開発のため，日本から多くの技術と制度が移植され，植民地としての近代化が進められた。その一環として台湾島を南北に縦貫する鉄道が建設され，交通インフラとしての役割を果たした。鉄道の運営に当たっては，官設鉄道運営の方式が導入され，組織内部では民族的ヒエラルキーが形成され，鉄道管理と現場上層部は移住した日本人によって充当された。

　当時日本人の夢見た生活は本土とは違う「南国」生活であったが，この初めての生活はマラリアをはじめとする様々な疾病に罹患せざるを得なかった。とりわけ，鉄道労働者は駅務から運転，工作，土木などにいたる分野で勤務し，そのような労働環境が働く人々の身体にも影響を及ぼした。これは「台湾人」[1]にとっても例外でもなく，現場労働力としてより危険な作業に就かされる可能性はつねに存在する。鉄道自体が 1941 年に従事員 1 万 5,000 人を超えるほどの台湾最大の事業場であり，しかもその重要性から総督府によって直接管理される近代部門でもあった。この点で，鉄道労働者の健康状態と衛生管理に対する分析は，まさに近代技術や制度設計が帝国によって導入される過程で避けられなかった植民地の衛生問題を浮き彫りにすることができる。

　しかし，既存の鉄道研究では台湾鉄道の労働衛生を取り上げることがなかった。そうしたなか，蔡龍保（2004）は，台湾国鉄従事員がつねに風土病と炎暑の脅威にさらされ，その健康状態が決して良くなかった一方，日本国鉄に比べて医療面での対策は乏しかったことからこの是正に対する要求が出され，1935 年に共済組合に医療部が設置され，医療サービスが提供されたことを指摘している[2]。というものの，その内容は不十分であり，健康状態

1）　当時「台湾人」とは民族別に中国人として区別すべきであるが，当時は資料上「台湾人」「本島人」として表示された。
2）　蔡龍保『日治中期的臺灣國有鐵路　1910-1936』台灣書房，2004 年。

の実態と衛生対策が全面的に分析されたとは言い難い。

　また，「働く」身体の健康に対する関心は従来の衛生史でもあまり見られない。台湾側の研究としては李尚仁著編（2008）が植民地期における新医学の導入，熱帯神経衰弱，阿片，乳児死亡率，衛生観念などを検討し，帝国のネットワークが医学分野での学知の伝播に寄与して「殖民医学」が構築されたことを明らかにした[3]。一方，日本側の帝国衛生史の代表的な研究としては見市雅俊他編（2001）と飯島渉（2005）が挙げられる[4]。両研究は比較史的観点から近代東アジアの疾病と医療を検討した先駆的分析である。とはいえ，これらの研究は長期間にわたって一貫性をもって労働現場での疾病と衛生を検討した成果ではない。

　以下，本章は台湾国鉄の労働衛生問題を明らかにするため，次のような構成をとる。第1節では台湾国鉄の植民地的雇用構造と労働力構成を分析し，組織内部で民族別労働力がどのように配置されたかを論じた上，第2節においては統計資料を利用して罹患率，死亡率といった健康指標を推計し，彼らの健康状態を民族別かつ業務系統別に検討する。第3節では，このような健康状態に置かれていた鉄道労働者の身体に対していかなる措置が施されたかを分析して，労働衛生対策の実態を明らかにし，最後に他の鉄道との比較という観点からその歴史的意味合いを探ってみる。

第1節　台湾国鉄の植民地雇用構造

　台湾鉄道は清国の支配下で基隆・新竹間97キロ営業区間が建設されていた。この区間は，台湾が日本の領土に加わると，台湾鉄道線区司令部（→陸軍省臨時台湾鉄道隊）によって引受けられ，民政局通信部臨時鉄道掛を経て1889年に台湾総督府鉄道部の所管となった。当年より基隆から打狗（高雄）にいたる436キロの台湾縦貫鉄道の改良・建設工事が始められ，1908年に

---

[3]　李尚仁著編『帝國與現代醫學』聯經，2008年。
[4]　見市雅俊・斉藤修・脇村孝平・飯島渉編『疾病・開発・帝国医療』東京大学出版会，2001年；飯島渉『マラリアと帝国』東京大学出版会，2005年。

図 5-1　台湾での鉄道事業展開

出所：台湾総督府鉄道部『台湾総督府鉄道部年報』各年度版；台湾総督府交通局鉄道部『台湾総督府交通局鉄道部年報』各年度版。

完成を見た。その後，海岸線，台東線，宜蘭線，潮州線，集集線，平渓線などの建設・買収が行われ，36年に国有鉄道は延長881キロとなった[5]。

当初は10年間の赤字経営が懸念されたが，実際には石炭，砂糖，米，木材，肥料などの貨物輸送が多くなり，1902年より黒字を記録した。第一次大戦期には景気好況に伴って輸送が激増し，滞貨の発生を見るに至って，27年より縦貫線の複線工事が始まった。というものの，昭和恐慌の影響を受けて，客貨両方も低下に転じざるを得なかった。このことが労働生産性にも反映されたことはいうまでもない[6]。しかし，西欧に比べて日本側の景気回復が早かっただけに，台湾国鉄の輸送も1930年代半ばより急激に増えつつ，さらに戦時下では膨大な需要の発生に直面することとなった。しかし，日米開戦後，貨物輸送が伸び悩み，ついに1943年には低下に転じたのに対し，旅客輸送はこのような現象が見られず，伸びて行った。鉄道輸送力の不足のため，旅客列車が圧縮される中で旅客の増加が続き，客車の混雑度は甚だしくならざるを得なかった。

このような輸送動向に伴って，鉄道労働者の採用も変動を伴いながらも，

---

5)　渡邉慶之進『台湾鉄道読本』春秋社，1939年。
6)　林采成「鉄道業の展開：推計と実態」須永徳武編著『植民地台湾の経済基盤と産業』日本経済評論社，2015年。

図 5-2 台湾国鉄における要員の採用率と退職率（単位：％）

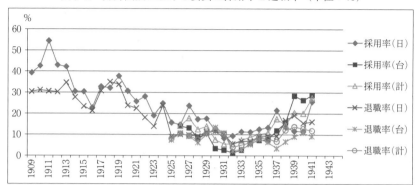

出所：台湾総督府鉄道部『台湾総督府鉄道部年報』各年度版；台湾総督府交通局鉄道部『台湾総督府交通局鉄道部年報』各年度版；台湾総督府交通局鉄道部『台湾総督府交通局鉄道職員共済組合事業成績』各年度版。
注：共済組合の加入・脱退から推計。1925 年の急上昇は「台湾人」が始めて加入できたからである。

増加していった。これに対して，労働力の確保が安定的に行われたわけではない。図 5-2 をみれば，総督府鉄道部の設置以来高かった労働異動率は，1910 年代に入って安定化する兆しが見えたものの，第一次大戦の好況期に採用率と退職率がともに上昇し，20 年代になってからようやく低下し続け，昭和恐慌に際してきわめて低くなったのである。その後，恐慌からの景気回復によって再び上昇し始め，戦時期になると，10 年代末期水準へと高くなった。資料上，1924 年までは「台湾人」の異動率の動向が把握できないものの，それ以降の動きが基本的に同様の傾向を示したことから，「台湾人」でも，異動率は高かったと推測できる[7]。しかしながら，やや注意すべきなのは，両民族間に労働異動率の格差があったことである。日本人のほうが「台湾人」より高かった。これは経済的要因もあるだろうが，日本人の健康状態とも密接な関連がある。ただし，戦時期に入って日本人の確保が難しくなり，採用率においては「台湾人」のほうがより高かった。

当然，こうした激しい労働異動率の推移には労働力構成の大きな変化が伴

---

[7]　台北工場では 1918 年中に多数「本島人」職工の民間事業への移動が懸念されながらも，台湾工業界の開発に対する寄与が論じられた。台北工場長「台北工場職工夫現在人員年齢に就て」『台湾鉄道』1918 年 7 月，29-33 頁。

第5章 「南国」台湾における鉄道員と労働衛生——植民地鉄道の労働衛生管理の始まり | 189

図 5-3　台湾国鉄の民族別労働力構成（単位：%）

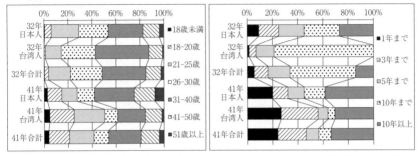

出所：台湾総督府鉄道部『台湾総督府鉄道部年報』各年度版；台湾総督府交通局鉄道部『台湾総督府交通局鉄道部年報』各年度版；台湾総督府交通局鉄道部『台湾総督府交通局鉄道職員共済組合事業成績』各年度版。

注：共済組合員の年齢と加入年数を基準として推計。ただし、「台湾人」の場合、1925年に初めて加入できたので、1932年の「10年まで」は「10年まで」と「10年以上」の合計。

われた。資料上，1930年代以降に限ってしか確認できないものの，年齢と勤続年数の両方で若年化と短期化が見られる。とくに，この変化が劇的に生じたのは日本人ではなく「台湾人」であった。1932年には「台湾人」が日本人より25歳以上の年齢層と5年以上の勤務者が多かったが，戦時下の41年には25歳未満と3年未満が過半を占めるようになった。これは日本人を中心として労働力不足が深刻化するのに対し，鉄道当局が「台湾人」の採用を増やすことで対応しようとしたことを意味する。このような労働力構成の若年化と勤続年数の短期化が労働力の希釈化を意味することはいうまでもない[8]。

鉄道当局は労働力をどのように配置しただろうか。日本人と「台湾人」の比率をみれば，時期によって若干の変化はあるが，戦前期までは基本的に6対4の日本人優位が維持されたことがわかる。これが1939年に逆転した。そのため，戦時下では日本人の希少性がより著しくなり，これが両民族の身分別かつ業務系統別配置において変化をもたらした。まず，身分別配置率に注目してみよう。台湾国鉄は総督府の一部であったので，官吏制度をとって

---

8) U・S・M「『熟練工』といふこと」『台湾鉄道』1940年10月，28-30頁。

表 5-1　台湾国鉄における日台両民族の身分別配置率および配置率（単位：%）

	高等官		判任官		雇員		傭員		計	
	日	台	日	台	日	台	日	台	日	台
	配 置 率									
1904	1.2	0	17.0	0	27.8	5.4	54.0	94.6	100	100
1910	0.7	0	11.7	0	46.0	3.7	41.5	96.3	100	100
1916	0.5	0	12.5	0.1	45.3	10.6	41.7	89.3	100	100
1921	0.8	0	8.7	0	53.7	8.4	36.8	91.6	100	100
1926	0.4	0	8.6	0	54.7	9.5	36.3	90.5	100	100
1931	0.4	0	6.5	0	56.1	15.3	37.0	84.7	100	100
1936	0.3	0	11.1	0.1	51.7	30.3	36.8	69.6	100	100
1941	1.0	0	15.1	0.1	64.4	26.1	19.5	73.8	100	100
	占 有 率									
1904	100	0	100.0	0	89.8	10.2	49.7	50.3	63.3	36.7
1910	100	0	100.0	0	94.6	5.4	38.0	62.0	58.6	41.4
1916	100	0	99.5	0.5	85.6	14.4	39.3	60.7	58.2	41.8
1921	100	0	99.7	0.3	84.1	15.9	24.9	75.1	45.2	54.8
1926	100	0	100.0	0	84.2	15.8	27.1	72.9	48.0	52.0
1931	100	0	99.5	0.5	82.5	17.5	35.9	64.1	56.2	43.8
1936	100	0	99.5	0.5	68.5	31.5	40.3	59.7	56.0	44.0
1941	100	0	98.5	1.5	59.8	40.2	13.7	86.3	37.5	62.5

出所：台湾総督府鉄道部『台湾総督府鉄道部年報』各年度版；台湾総督府交通局鉄道部『台湾総督府交通局鉄道部年報』各年度版。
注：高等官は同待遇，判任官は同待遇，交通手，雇員は嘱託，技術見習生，傭員は筆生を含む。

いた。高等官は鉄道の上位管理部を形成し，その隷下にミドルマネジメントに当たる判任官が配置され，現業員を指示した。現場労働力として雇員と傭員が鉄道によって直接雇用され，それぞれ上位現業員と下位現業員に当たった。これらの身分体制は基本的に学歴によって構成され，その内部では傭員から雇員を経て判任官にいたる昇格ルートは整えられていた。身分別配置率をみれば，初期には傭員に対しても30-40％台の日本人が配置されたが，戦時下ではそれを減らし，判任官と雇員への配置率を高めるようになった。占有率においては傭員層で「台湾人」の比率が圧倒的に高くなり，雇員においても「台湾人」の増加が現われ，その比率が40％に達した。戦前にも判任官に任官された「台湾人」のケースがあり，戦時下でその身分層は若干増えたとはいえ，それは1.5％に過ぎなかった。

第5章 「南国」台湾における鉄道員と労働衛生——植民地鉄道の労働衛生管理の始まり | 191

表 5-2 台湾国鉄における日台両民族の業務系統別配置率および配置率（単位：％）

	庶務		運輸		運転		工務		工作		鉄道出張所		総計	
	日	台	日	台	日	台	日	台	日	台	日	台	日	台
配置率														
1904	9.4	0.7	18.8	13.1	14.3	20.4	15.5	24.5			41.9	41.4	100	100
1910	9.7	0.5	24.6	16.8	18.1	33.6	8.7	17.5			38.8	31.6	100	100
1916	6.8	0.8	58.5	38.3			12.5	28.0	10.5	27.2	11.7	5.6	100	100
1921	7.8	0.8	41.5	29.4	25.1	42.3	14.2	18.4			11.4	9.0	100	100
1926	7.1	0.7	41.1	32.0	31.2	42.1	12.3	18.7			8.3	6.4	100	100
1931	6.6	0.7	35.3	33.9	18.5	16.4	16.9	20.0	14.1	23.0	8.6	6.0	100	100
1936	7.0	0.8	33.7	33.1	21.8	20.6	16.9	21.0	12.9	19.1	7.7	5.4	100	100
1941	11.6	1.8	29.2	39.4	20.9	22.6	16.8	16.8	12.2	11.9	9.4	7.5	100	100
占有率														
1904	96	4	68	32	51	49	49	51			60	40	60	40
1910	96	4	62	38	37	63	35	65			57	43	52	48
1916	91	9	66	34			36	64	33	67	73	27	56	44
1921	88	12	51	49	31	69	37	63			49	51	43	57
1926	89	11	51	49	37	63	34	66			51	49	44	56
1931	92	8	55	45	57	43	50	50	42	58	62	38	54	46
1936	92	8	59	41	60	40	53	47	49	51	67	33	58	42
1941	80	20	31	69	36	64	38	62	38	62	43	57	38	62

出所：台湾総督府鉄道部『台湾総督府鉄道部年報』各年度版；台湾総督府交通局鉄道部『台湾総督府交通局鉄道部年報』各年度版。
注：庶務課は庶務課、経理課、監督課、鉄道現業員教習所など。運輸課は1916年には運転課を含む。運転課は1904, 10, 21, 26年には工作課を含む。工務課は工務課、建設・改良課。鉄道出張所は花連港出張所、打狗出張所、彰化出張所。

つぎに、業務系統別配置率について検討する。時期によって系統別統計に掲載されている内容が異なっている。また、鉄道出張所の場合、1910年代までは建設中であったので、大きなシェアを占めている。そのため、1936年を基準としてみると、日本人は駅、列車区（車掌、給仕など）からなる運輸に最も多く、その次が運転（機関区、検車区）＞工務（保線区、改良区、建設区）＞工作（修理工場）＞庶務の順であったのに対し、「台湾人」の場合、運輸に一番多く配置されたことは同じであるが、その次に多かったのが工務（→日本国鉄の場合、保線）であった。また、鉄道出張所の配置率が庶務のそれより大きかった。一方、占有率においては管理機能を持つ庶務では日本人

図 5-4 台湾国鉄における民族別身分別月給推移（単位：円，％）

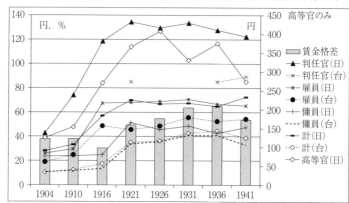

出所：台湾総督府鉄道部『台湾総督府鉄道部年報』各年度版；台湾総督府交通局鉄道部『台湾総督府交通局鉄道部年報』各年度版。
注：1. 賃金格差＝「台湾人」平均賃金÷日本人平均賃金。
　　2. 本給を基準とするもの。

が圧倒的であり，戦前期には現業部門でも工作を除いて日本人が50-60％を占めた。一般工場に近い工作系統においてのみ，「台湾人」の配置が若干多かった。こうした要員配置が戦時下で大きく変わっていき，すべての現業部門で「台湾人」が6割強を占めて数的に優位となり，庶務でも2割を占めた。

　以上のような要員配置において，戦前期までは日本人が本部の管理統制部門だけでなく現場の下層部にいたるまで現業員の主力となり，「台湾人」を補助的労働力として活用してきた。ところが，戦時期に入ると，日本人の確保難のため，それができず，希少性の高まった日本人を本部などの管理統制部門と現場の上層部に集中し，その代わりに青少年の「台湾人」を現場労働力の主力として利用したのである。

　鉄道従事員の賃金体系をみれば，学歴に基づく身分に従って，昇給のトラックが作られ，おもに勤続年数に即して賃金昇給が行われた。もちろん，上位の身分への昇格が可能であったが，しかしそれには試験，鉄道教習所への入所などの学識が必要とされた。近代教育の機会の多い日本人が有利であったことは当然のことである。したがって，「台湾人」の賃金は日本人の

それを下回った。図5-4の賃金は本給を基準とするものであったため、各種手当および賞与とフリンジ・ベネフィットを入れると、その賃金格差は拡大するだろう。賃金動向は身分別にそれぞれ異なるが、全体的にみれば、1900年代以降徐々に上昇傾向にあり、第一次大戦期のインフレの圧力を受けて1919年に賃金引上げが断行された。その後、日本人は昭和恐慌期の高等官を中心とする賃金削減の影響を受けてやや低下傾向を示したが、「台湾人」は勤続年数の増加に伴い、なだらかな賃金上昇が続いた。そのため、両民族間の賃金格差は縮小し、1936年には「台湾人」の賃金が日本人の70％近くに達した。しかし、その後、青少年の「台湾人」が多く採用されたので、勤続年数が全体的に短くなり、賃金格差は再び拡大せざるを得なかった[9]。

以上のように、植民地雇用構造のなかで、日本人は組織内部で上・中位の管理分門や現場の上層部を占めており、賃金面でも「台湾人」に比べて2倍近くの賃金を受けていた。このような点から、日本人は健康面で比較的健康であったと期待される。

第2節　鉄道労働者の罹患と死亡

本節では台湾国鉄の労働者がどのような健康状態であったかを検討する。鉄道労働者は日勤を中心とする工場労働者とは異なって、列車運行にしたがって徹夜勤務もしくは多様な交代勤務が多かったため、健康状態が良好であるとはいえない[10]。とくに「熱帯地の生活は人体にとって極めて不利な条件が多い」[11]。例えば、図5-5は『鉄道部年報』『共済組合事業概要』により1899-1924年の被診療率と1929-39年の休養率を推計したものである。罹病実人員数（7日以上継続休養）を基準とする罹患率の推計が望ましいが、資料

---

9) この点で、高橋泰隆（『日本植民地鉄道史論：台湾、朝鮮、満州、華北、華中鉄道の経営史的研究』日本経済評論社、1995年、43-46頁）が指摘した「台湾人」の賃金上昇による民族間賃金格差の縮小と解消は非常に限定的なものであったといえよう。
10) 軽部一右衛門「医療機関の改善に就て」『台湾鉄道』1927年11月、54-59頁。
11) 嘱託医学博士富士貞吉「保健国策に対する我等の決意」『台湾鉄道』1936年10月、12-14頁。

図 5-5　鉄道労働者の被診療率の推移

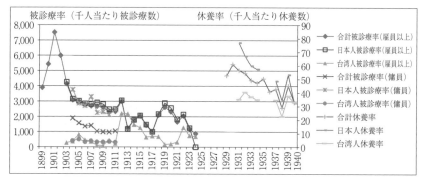

出所：台湾総督府鉄道部『台湾総督府鉄道部年報』各年度版；台湾総督府交通局鉄道部『台湾総督府交通局鉄道部年報』各年度版；台湾総督府交通局鉄道部『台湾総督府交通局鉄道職員共済組合事業成績』各年度版；台湾鉄道会『台湾鉄道』各月号。
注：被診療率＝延患者数÷従事員数×1000。休養率＝休養給付件数÷組合員数。

上延患者数を使わざるを得ないため，ここでは被診療率を示す。ただ被診療率では重複のケースが入ったので，休養率のほうが被診療率より正確であった可能性もある。おもに，被診療率は雇員以上を中心とするものであって，傭員に関して 1904-11 年の統計しか得られない。

全体的な動向からみれば，台湾領有初期段階で非常に高い被診療率が確認できる。しかし，スペイン・インフルエンザなどのパンデミックがあった 1910 年末に上層傾向を示した[12]が，その後被診療率の低下傾向が見られる。それ以降は統計類で患者数が掲載されなかったが，それ自体が従来より低くなり，患者数の掲載が不要であったことをあらわすだろう。そのため，1929 年より共済組合員に対して実施された休養給付をもって休養率を推計し，現業員の健康状態を把握してみた。その結果，1930 年に入っても休養率の低下が確認できており，鉄道労働者全体の健康状態が改善したと判断した。そのなかで，民族別に見ると，被診療率と休養率の両面で大きな差が見られるが，日本人のほうが「台湾人」に対して非常に高い罹患率を示す。雇員以上

---

12)　1918 年度には「悪疫の流行により従業員の罹病者続発した為，列車運転能力を減殺」させた。渡部慶之進『台湾鉄道読本』春秋社，1939 年，155 頁。

図 5-6　鉄道労働者の業務系統別公傷病率

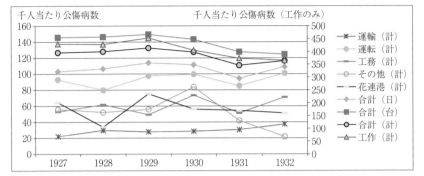

注：台湾総督府交通局鉄道部庶務課編『職員公傷病統計』各年度版。

　の身分では「台湾人」の比率が低いので，傭員の被診療率と，共済組合員の休養率を見ても，日本人のほうが高かった。

　なぜこのような現象が生じただろうか。日本人は植民地的雇用構造のなかで身分，職務，賃金などで優遇されたにもかかわらず，被診療率からみて，「台湾人」より健康状態が悪かったと判断せざるを得ない。日本人は「台湾人」より多くて，現場の下層部まで配置されたため，日本人がより危険な労働環境に配置された可能性はある。それを確認するため，『職員公傷病統計』をもって公務によって発生した公傷病率を推計してみた。1927年から32年までのデータではあるが，「台湾人」のほうが日本人より一貫して高かった。これは公傷病率が最も高かった工作部門（→日本国鉄の場合，工場）で「台湾人」の公傷病率が高かったからである。例えば，1930年に日本人と「台湾人」の公傷病率はそれぞれ運輸39.6，16.0，運転109.8，87.3，工務81.5，67.8，工作362.2，432.8，その他36.5，300.0，花連港62.0，47.8，合計111.5，143.3であった。

　鉄道工場での公傷病の発生理由としては，①「工場設備の上に幾多の不備欠陥あり」，②「比較的保健思想の乏しき本島人技工を多数包含せること」が指摘されたが，公傷病率において日本鉄道省大宮工場のほうが台北鉄道工場より高いことから，必ずしも②の理由は成立し難い[13]。「傷病状況は製缶，組合，仕上，鋳物職場の如き動的作業に従事するものに多数を占め，縫工，

塗工，電鍍工等の如き静的作業に従事するものに最も少数」であると記されているように，公傷病の多発はそもそも危険な作業が多かったからである。工場以外では日本人のほうが高かったものの，公傷病が多発した工作において，「台湾人」のほうが高かったので，公傷病率全体では「台湾人」が高かったわけである。この点から見て，日本人が「台湾人」より危険な作業環境に置かれ，私傷病を含む罹患率が高かったとは評価できない。

そこで，被診療率の内訳を詳しく見る必要がある。それによれば，マラリアをはじめ，多くの伝染病に罹っていたことがわかる。屋外の肉体労働は少なく室内勤務が多かっただけでなく，台湾国鉄での異国の生活であったため，鉄道官舎で多くの従事員が生活しており，独身者の場合，寮が提供されて共同生活をしていた[14]。したがって，日本の事例のように，従事員のなかで1人が伝染病に露出されると，周囲の同僚などが感染しやすかったのである。

疾病に罹ったとして，すべての患者が死に至るわけではない。死亡給付金を払っていた共済組合のデータを利用すれば，死亡率を推計できる。ただし，「台湾人」は1925年にようやく加入できたので，24年までは日本人のみの死亡率である。共済組合員には高等官や非現業員などが含まれないものの，24年までは組合員が日本人の80-90％台を占めており，それ以降は全従事員の90％以上に達したことから，ほぼ日本人あるいは従事員全体を反映すると理解できよう。図5-7をみれば，1912年と18-19年には15を超えるほど，1910年代までは死亡率が高かったが，20年代に入って低下し，6-8を推移した。戦時下ではやはり死亡率が上昇し，38年頃には8を超えることもあった。このような死亡率の長期的低下傾向からは日本人従事員の健康状態が改善されたとも判断できる。この推移は台湾全体における日本人の死亡率の推移（図5-8）と似ている。さらに，1928年からは民族別死亡率と公・私傷病別死亡率が確認できる。それによれば，公傷病死亡率は0-1台で

---

13) 工作課共済編「台北高雄両工場の傷病統計（其の一）」『台湾鉄道』1930年3月，42-51頁；工作課共済編「台北高雄両工場の傷病統計（其の二）」『台湾鉄道』1930年4月，84-93頁。

14) 「台北市街の今昔5」『台湾日日新報』1918年5月6日；「大新竹の創造と事業の数々」『台湾日日新報』1922年1月1日；「新竹州勢と特産物：其の概況と推移」『台湾日日新報』1923年1月1日。

第5章 「南国」台湾における鉄道員と労働衛生——植民地鉄道の労働衛生管理の始まり | 197

図 5-7 鉄道労働者の死亡率

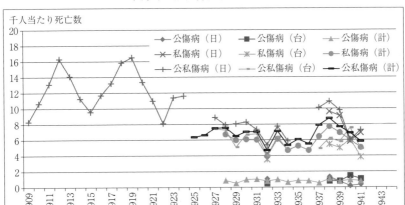

出所：台湾総督府鉄道部『台湾総督府鉄道部年報』各年度版；台湾総督府交通局鉄道部『台湾総督府交通局鉄道部年報』各年度版；台湾総督府交通局鉄道部『台湾総督府交通局鉄道職員共済組合事業成績』各年度版；台湾鉄道会『台湾鉄道』各月号。
注：共済組合員の死亡者を基準とするもの。1924年までは日本人のみの死亡率。死亡率＝死亡件数÷組合員。

図 5-8 植民地期台湾における死亡率の推移

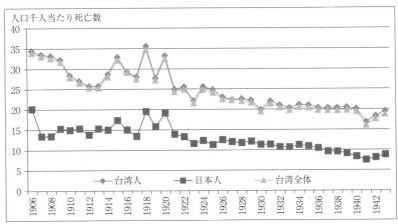

出所：台湾省行政長官公署統計室編『台湾省五十一年来統計提要』台湾省政府主計処，1994年。

あったので，基本的に死亡率を規定するのは私傷病死亡率であった。民族別には年によって異なることもあったが日本人のほうが傾向的に高かった。こ

表 5-3 台湾国鉄における鉄道員の死因別死亡率（単位：千人当たり死亡数）

		1910	1912	1915	1919	1920	1932			1938			1941		
		日	日	日	日	日	日	台	計	日	台	計	日	台	計
公務死	傷痍						0.9	0.5	0.7	1.3	0.8	1.1	0.3	1.1	0.8
	疾病						0.2		0.1						
	計	NA	NA	NA	NA	NA	1.1	0.5	0.8	1.3	0.8	1.1	0.3	1.1	0.8
非公務死	伝染病	8.2	8.2	6.4	8.7	4.9	1.1	0.9	1.0	2.4	1.9	2.2	3.0	1.4	2.0
	（肺結核）	1.6	1.1	0.5		0.8	0.6	0.7	0.7	0.5		0.3	NA	NA	NA
	（マラリア）	6.5	5.4	4.6	0.4	0.8		0.2	0.1	0.2		0.2			
	神経系疾患				0.4	0.4	0.6		0.3	0.5	0.4	0.4	0.5	0.1	0.3
	循環器疾患		0.5					0.2	0.1	0.3	0.4	0.4	0.2	0.3	0.3
	呼吸器疾患	0.8	1.6	0.5	1.3	3.6	0.6	0.7	0.7	0.3	1.6	0.9	0.5	0.5	0.5
	消化器疾患		0.5	0.5	0.4	0.8	1.9	0.7	1.3	0.5	0.4	0.4	0.5	0.5	0.6
	泌尿・生殖器疾患									0.2		0.1	0.2	0.1	0.1
	寄生虫疾患													0.1	0.1
	皮膚・運動器疾患					0.4					0.2	0.1			0.0
	新生物		0.5			0.4							0.2	0.2	0.2
	中毒						0.2		0.1						
	外傷		4.4	1.4	3.5	2.0	0.2	0.1	0.2	0.2	0.6	0.4	0.2	0.4	0.3
	その他疾患	1.6	0.5	0.9	2.2	0.8		0.5	0.2				1.5	0.1	0.6
	計	10.6	16.3	9.6	16.5	13.4	4.3	3.5	3.9	4.4	5.4	4.9	6.9	3.8	5.0
	合計	10.6	16.3	9.6	16.5	13.4	5.3	4.0	4.7	5.7	6.2	5.9	7.2	4.9	5.8

出所：台湾総督府鉄道部『台湾総督府鉄道部年報』各年度版；台湾総督府交通局鉄道部『台湾総督府交通局鉄道部年報』各年度版；台湾総督府交通局鉄道部『台湾総督府交通局鉄道職員共済組合事業成績』各年度版。
注：1. 共済組合員の死亡者を基準とするもの。
　　2. 1910-20 年は公務死と非公務死が資料上区分できない。
　　3. 1910, 15 年の死因には資料上合病症が多い。

の現象は被診療率の推移からみれば，多くの日本人が疾病に罹患し，死に至った結果である。

ところが，台湾国鉄での動きは図 5-8 で見られるように台湾全体の民族別死亡率とは全く異なる傾向である。台湾全体では「台湾人」の死亡率が日本人よりはるかに高い。もちろん，日本人の乳児・老人死亡の少なさや日本人の帰郷なども考えられるが，栄養状態と近代医療への接近可能性から見て日

第5章 「南国」台湾における鉄道員と労働衛生――植民地鉄道の労働衛生管理の始まり | 199

本人が優位であったことは確かである。しかし，鉄道内部では死亡率が台湾全体より低いだけでなく，民族間で年によっては例外があるが，反対の結果が出たわけである。これはどのように理解できるだろうか。

これを理解するため，死亡の原因を詳しく見なければならない。表5-3は鉄道員の死因別死亡率を示しているが，「台湾人」の共済組合への加入が遅れたことから，1920年代までは台湾人に関する死因別死亡率を推計できないものの，日本人の場合，一貫した長期傾向が把握できる。それによれば，1920年まで日本人の高い死亡率は「鉄道事業の性質に伴ふ危険の外，更に風土の険悪に基づくもの」[15]と指摘されたように，やはり伝染病の発生と深い関係があった。すでに検討した日本の事例や後述の朝鮮と満鉄とは異なって，結核に比べてマラリアによる犠牲者が多かった。戦時期の動向は確認できないものの，むしろ結核は1930年代になっても内地や大陸部の植民地・半植民地のほどの脅威を及ぼしていない。マラリアはハマダラカ（Anopheles spp.）によって媒介されるマラリア原虫（Plasmodium ssp.）によって生じる原虫感染症である。原虫のライフサイクルに伴って40度近くの激しい高熱や頭痛，吐き気などの症状をもたらす[16]。

図5-9のように，マラリア原虫はハマダラカの体内で分裂・増殖し，唾液の中に含まれていたが，ハマダラカが人体を刺すと，人体に浸透し，肝臓に到達して一定期間潜伏する。その後，マラリア原虫は赤血球に浸透してその内部で催熱性の胚子となり，これが分裂・増殖し，ついに赤血球が破裂し，人体の高熱と発作を起こす。このように，発作を度々反復すると，血中には分裂型以外の球状または半月形の生殖母体ができるが，この生殖母体には雌雄の別があり，いずれも変化することなく長く血中に残っている。ハマダラカが吸血すると，その胃中に移り，そこで変化を遂げ，雌雄の生殖母体は交配してまず虫様体となる[17]。これが自動的にハマダラカの胃壁に侵入して小さな包囊体に変化し，漸次膨大し，その中に無数の微細な芽体が生じて蚊体

---

15) 台湾総督府鉄道部『領台二十年記念台湾鉄道要覧』1915年，106頁。
16) 外務省経済協力局民間援助支援室『NGOのマラリア対策ベーシック・ハンドブック』2006年，5-8頁。
17) 宮島幹之助『南方経論と厚生問題』人文書院，1943年，83-85頁；外務省経済協力局民間援助支援室『NGOのマラリア対策ベーシック・ハンドブック』2006年，5-8頁。

図 5-9　マラリア原虫の発育環（ライフサイクル）

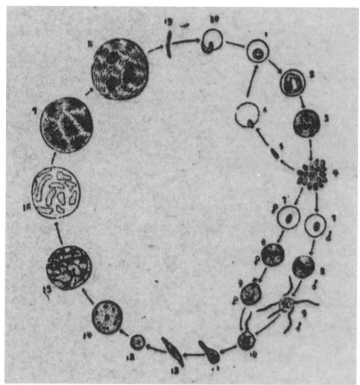

出所：宮島幹之助『南方経論と厚生問題』人文書院，1943 年，83 頁。
注：1-6 は人血中における原虫の発育，7-9 は生殖体の発育，10-19 は蚊体内における原虫の発育，20 は萌芽体の赤血球侵入。

内に瀰浸し，ついに蚊の唾液腺に集まり，潜む。この蚊が人を刺すと，芽体は血液に移ることとなる。マラリアの感染によって，嘔吐，下痢，脱水，黄疸，脳マラリア，急性腎不全，重症正球性貧血，肺水腫，低血糖，虚血，低血圧，凝固系の異常など症状が起こる[18]。

　飯島渉（2005）によれば，日本が台湾を領有して以来，日本人はマラリア

---

18)　外務省経済協力局民間援助支援室『NGO のマラリア対策ベーシック・ハンドブック』2006 年，5-8 頁。

第5章 「南国」台湾における鉄道員と労働衛生——植民地鉄道の労働衛生管理の始まり | 201

に罹患し，多くの人々が命を落としたのに対し，台湾総督府中央研究所が1909年3月に設置され，マラリア防遏会議を開催し，1913年にマラリア防遏規則が実施されるなど，1910年代より台湾総督府のマラリア対策が本格化した[19]。その効果が1910年代中頃からあらわれ，その後長期的にマラリアを死因とする死亡率は下がっていた。このような傾向が表5-3でも確認できるが，1918-19年には死亡率が再び高くなるのはスペイン・インフルエンザによる死亡が多かったからである[20]。その後，伝染病死亡の減少によって，1920-30年代の死亡率の低下がもたらされたのである。戦時下で死亡率が若干の上昇を示したのも伝染病の動向と関連がある。そのほかの死因として消化器疾患，神経系疾患，呼吸器疾患が多かった。

さらに，系統別死亡率をみよう。ただし，系統別統計は時期にはよってグルーピングが違うので，資料上主要系統や公・私傷病の死亡率が把握できる1938年の統計を利用することにする。工作（7.5）が最も高く，その次は工務（6.8）＞運輸（5.8）＞運転（5.6）＞花蓮港（3.7）＞その他（2.7）の順であった[21]。室内の密閉された空間で旋盤などの各種機械を取扱い，溶接などによる悪臭，騒音などが多く，出来高賃金制度が採られていた鉄道工場で罹患率も高く，死亡率も高かったわけである。とはいえ，1932年には3.9と低かったことにも注意しなければならない。戦時下でむしろ死亡率が上昇したと見るべきである。その次に工務の死亡率が高かったのは，日本国鉄，朝鮮国鉄に比べて意外なことである。両鉄道では保線，建設，建築など屋外労働が多く，新鮮な空気を呼吸することから，外傷の危険性が高い反面，伝染病への露出は少なくなるからである。これを民族別に分けてみると，日本人の

---

19) 飯島渉『マラリアと帝国：植民地医学と東アジアの広域秩序』東京大学出版会，2005年。
20) 速水融『日本を襲ったスペイン・インフルエンザ：人類とウイルスの第一次世界大戦』藤原書店，2006年。
21) 1938年の系統別死亡率（公傷病，私傷病，合計）をみれば，運輸の日本人2.6，4.0，6.6，「台湾人」2.1，2.7，4.8，計2.4，3.4，5.8，運転の日本人0，3.7，3.7，「台湾人」0，8.1，8.1，計0，5.6，5.6，工務の日本人2.3，5.8，8.1，「台湾人」0，5.5，5.5，計1.1，5.6，6.8，工作の日本人0，7.7，7.7，「台湾人」0，7.4，7.4，計0，7.5，7.5，花蓮港の日本人0，0，0，「台湾人」0，26.3，26.3，計0，3.7，3.7，その他の日本人0，2.0，2.0，「台湾人」0，4.0，4.0，計0，2.7，2.7，平均日本人1.3，4.4，5.7，「台湾人」0.8，5.4，6.2，計1.1，4.9，5.9であった。台湾総督府交通局鉄道部『台湾総督府交通局鉄道職員共済組合事業成績』1938年度版。

ほうが8.1と高く,「台湾人」(5.5)はそれほど高くない。これも日本,朝鮮,満鉄などでは結核が最も大きな死因であったのに対し,台湾には亜熱帯の影響もあり,肺結核がそれほどの死因ではなかったからである。花蓮港鉄道出張所の死亡率が高いのは,そもそも配置された「台湾人」が1938年に250人であったので,死亡者が1-2人出ても死亡率が高くなった結果である。

注意すべきなのは,傷病によって労働能力を失われると,当局は一定の補償の上,退職の処分を下したことである。言い換えれば,罹患の結果,回復と死亡だけでなく退職の処分もあったのである。そのため,疾病退職率を推計しなければならない。共済組合統計から疾病退職率を計算してみると,1931年17.8,34年13.4,37年12.2,39年29.5,40年14.8であって,10-30を記録した[22]。とくに,死亡率が少し上昇した38-39年には疾病退職率も高くなった。ここでも日本人のほうが同期中24.9,20.1,16.4,46.9,20.2であって,「台湾人」(同期間中10.5,5.4,6.6,13.9,11.0)より圧倒的に高かったことがわかる。

以上のように,日本人は植民地的雇用構造と異国での共同生活によって,多くの伝染病に罹患し,死亡あるいは退職せざるを得なかったのである。これに対し,鉄道当局側が労働衛生対策を講じなければならなかったことはいうまでもない。

第3節　衛生管理対策としての共済組合と鉄道医療機関

疾病などによる従事員の欠勤は鉄道部にとって「能率に於て損失を受けているばかりでなく更に三十万円[1920年基準：引用]の過剰支出をしているので結局二重に損を受けている」ことを意味した[23]。これに対する措置が講じられたが,そのなかで重要な役割を果たしたのが,共済組合と医療制度であった。まず,共済組合についてみれば,1909年3月に雇員以下現業員

---

22)　『台湾総督府交通局鉄道職員共済組合事業成績』。
23)　翠霖生「部員の欠勤によって被る損耗一百万円当局者の一考を累はす」『台湾鉄道』1920年9月,17-21頁。

第 5 章 「南国」台湾における鉄道員と労働衛生――植民地鉄道の労働衛生管理の始まり 203

図 5-10 台湾総督府交通局鉄道職員共済組合の給付推移と組合員一人当たり給付額（単位：円，％）

A．種類別給付総額

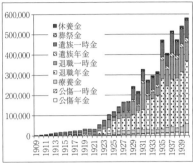

B．平均給付額

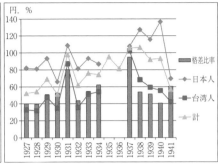

C．種類別給付平均額

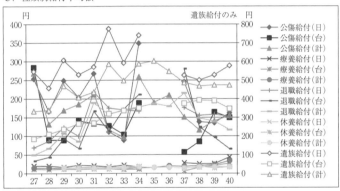

出所：台湾総督府鉄道部『台湾総督府鉄道部年報』各年度版；台湾総督府交通局鉄道部『台湾総督府交通局鉄道部年報』各年度版；台湾総督府交通局鉄道部『台湾総督府交通局鉄道職員共済組合事業成績』各年度版。

注：格差比率＝「台湾人」1 人当たり給付額÷日本人 1 人当たり給付額。C の給付は公傷（公傷年金，公傷一時金），療養，退職（退職年金，退職一時金），休養，遺族（遺族年金，遺族一時金，葬祭金）として集計。

の相互救済を目的とする組合に関し，勅令第 49 号が公布され，日本国鉄のように台湾総督府鉄道部職員救済組合（→1921 年，共済組合）が設置された。「現業員は其の数太だ多く而も特種の技能と多年の経験とを必要とするのみならず職務の性質上常に危険の場合に遭遇し且つ健康を冒かざること多きを以て従事員をして斯かる間に処し後顧の処なからしめ」る必要があったのである[24]。

そのため，組合員の掛金と政府給与金を救済資金として，死亡，傷痍（→公傷一時金），療養，老衰（→退職一時金）の4つの救済金を給与し始めた。その後，ほぼ日本国鉄と同じ時期に年金制度の導入が図られ，退職後の生活を保障するため，退職年金が日本国鉄より1年後の1921年に新設され，22年には遺族を対象とする遺族年金，23年に公傷者を対象とする公傷年金が追加的に設置された。21年には葬祭金が公傷病者の葬式支援の趣旨で支給され始めた。とくに私傷病の発生に関連して注目すべきなのは，1929年より支給された休養給付である[25]。療養給付が公傷病者の療養に対して支給されたのに対し，私傷病者が休業する場合，休業5日よりその休業日数に対して給料の半額に相当する金額を給付したのである。

このような制度的実施が当初より「台湾人」に対して適用されず，「国鉄大家族主義」は1924年までは日本人に限って施された。とはいうものの，前掲の図5-1と表5-1で見られるように，1920年代に従事員が1万人以上となり，そのうち「台湾人」の比率が一時50％を超えると，「台湾人」を労使関係の基本理念であった「大家族主義」（familism）をもって包摂する必要が生じたのである。とりわけ，中国大陸での政治情勢をみれば，民族主義の登場を背景として第1次国共合作が成立して近代国家の樹立が目指されたのである。そのため，1925年になって「本島人」たる「台湾人」の加入が1925年よりかろうじて認められたのである。

全体的には年金制度が整備された1921年より給付総額が急激に上昇し始めており，最も大きなシェアを占めた。とはいえ，件数では退職が最も大きかったわけではない。1937年の種類別給付件数と平均額を見れば，公傷（公傷年金，公傷一時金）24件，151円，療養1,168件，19円，退職（退職年金，退職一時金）688件，215円，遺族（遺族年金，遺族一時金，葬祭金）179件，486円，休養470件，14円，合計2,585件，106円（日本人1,597件，108円，「台湾人」988件，102円）であった。療養と休養は平均給付額では少ないものの，件数からみてそれぞれ1位と3位を占めることから，労働者の健康管

---

24) 台湾総督府鉄道部『台湾総督府鉄道部年報』1909年度版，200-202頁。
25) 台湾総督府交通局鉄道部『台湾総督府交通局鉄道職員共済組合事業成績』1932年度版，1-5頁。

理のため，組織内部に深く定着したことがわかる。

　これを民族別組合員一人当たり給付額の観点からみれば，戦争が勃発した直後の 1937-38 年にピークに達したあと，「台湾人」が低下し始め，日本人も太平洋戦争が勃発した 41 年には急低下した。給付額が月給と連動する掛金に基づいて行われることから，青少年が多く採用された「台湾人」を中心に平均給付額の低下が進み，その後日本人の給付額も低下せざるを得なかった。当然，民族別給付額の格差は 1937 年に最も縮小し，「台湾人」の給付額は日本人の 95％ までに達したが，その後低下した。種類別給付格差（=「台湾人」平均給付額／日本人平均給付額）をみれば，1937 年に公傷 23％，療養 22％，退職 159％，遺族 71％，休養 92％，合計 95％ であった。退職の格差で「台湾人」の退職給付がそれほど大きいのは一般的現象ではなく，長期勤続者の退職によるこの年に限ったものである。そのほか，私傷病に対する休養の格差が 95％ であったことは，「働く」身体の回復に対する配慮が読み取れる。

　勤務中多くの公傷病が発生し，従事員の生活でも様々な疾患に罹患したのに対し，鉄道当局はいかなる医療サービスを提供しただろうか。鉄道部が設置されてから，嘱託医制度を採り，「全線の要所に配置し職務公務上の疾病は勿論職員及家族並旅客の傷病をも診療」させた[26]。ただ台北と高雄にはそれぞれ請負制度による小規模の診療所（事実上医務室）を設けて 1 人ずつ専属の嘱託医を配置させた（1923 年には宜蘭線工事現場にも診療所が臨時的に設けられていた）。嘱託医の診療を受けた従事員は延人員基準で 1929 年 6 万 9,839 人，30 年 7 万 6,823 人であり，彼らの家族患者もそれぞれ 6 万 7,928 人，7 万 5,611 人に達し，職員患者とほぼ同じ規模であった[27]。部員と家族の区分はできないが，1930 年の病名別患者（延人員）をみれば，感冒 2 万 5,137 人，消化器病 2 万 6,695 人，呼吸器病 2 万 8,554 人，外襲性疾患 2 万 6,111 人，その他 9,521 人，合計 11 万 4,384 人であった。また，風土病およ

---

26) 台湾総督府鉄道部『台湾総督府鉄道部年報』各年度版；台湾総督府交通局鉄道部『台湾総督府交通局鉄道部年報』各年度版；飯田重左衛門「台湾鉄道診療所創立初年度の業務概況に就て」『交通時代』7-12,1936 年 12 月号，66-67 頁。
27) 庶務課森川生「嘱託医別医事統計に就て」『台湾鉄道』1931 年 6 月，19-26 頁。

図 5-11　台北鉄道病院の全景

出所:「待望の台北鉄道病院 十五日に落成式」台湾日日新報社『台湾日日新報』1940 年 5 月 11 日。

び流行病患者の延人員はマラリア 6,782 人, 脚気 5,043 人, 腸チフス 208 人, 赤痢 1,757 人, 流行性感冒 2,926, デング熱 546 人, その他 513 人, 合計 1 万 7,775 人であった。

　こうした患者数の増加にもかかわらず, 嘱託医の人数（1923 年 25 人→ 34 年 28 人）は限られており,「専門的技術」の欠如,「医療設備」の不備, 経済的負担（薬価, 手術料）などの問題もあり, 多くの従事員および家族は公医あるいは開業医に頼らざるを得なかった[28]。それだけでなく, 健康調査および喀痰検査や寄生虫の検索および駆除など従事員に対する労働衛生対策が日本鉄道省に比べて遅れていると指摘された[29]。これに対して鉄道医療機関

---

28) 傭員の場合, 欠勤したら, 日給だけでなく期末賞与, 昇給などに不利であったため,「代務者」（臨時代務請負常習者）が利用されることもあった。大町昇「診療所設備に就き提言」『台湾鉄道』1916 年 4 月, 17-21 頁;「医務機関の整備に就て」『台湾鉄道』1919 年 11 月, 6-8 頁; 羽生国彦『台湾の交通を語る』台湾交通問題調査研究会, 1937 年, 342-345 頁。

の設置要求が常に出されたことはいうまでもなく，そのため，台湾鉄道部の長主任会議の決定によって1935年10月に共済組合附属事業として医療部が設置され，台北（医師5人，内科，外科，耳鼻咽喉科），松山（1人，内科，外科），高雄（1人，同），花連港（2人，同）の4ヵ所に診療所が設置された[30]。それとともに，嘱託医も前年度の28人から45人（→41年84人）に拡充された。

これらの診療所は分科の増設が行われ，なかでも台北診療所は1940年に台北鉄道医院に拡充された[31]。1日300人から多い日には500人近くの患者が利用するようになったため，鉄道部が二十数万円を投じて総建坪580坪，本館階下278坪，階上267坪，附属建坪40坪の台湾鉄道病院を新築し，1940年5月15日に落成式を挙行した。それによって，従来の内科，外科，耳鼻科，歯科に小児科，産婦人科を加え，6科体制となり，手術室はもとより，理学治療室，レントゲン線室などを整え，病室は平時48人，予備室を含めると六十余人が収容可能となり，日本「内地の一流病院に比しても決して遜色なし」と指摘された[32]。各科医長をみれば，内科は江尻裴次郎医学博士，小児科は速水保彦医学博士，外科は毛受英二医学博士，耳鼻科は田中半之助医学士，産婦人科は徳永幹雄医学博士，歯科は松村普医学博士であった。そのうち，小児科医長速水保彦が病院長に任用された。1941年からは台北鉄道病院の官制化が実現され，それまでの鉄道共済組合医療部ではなく台湾総督府鉄道部予算より支出される鉄道部附属の官設鉄道病院となった[33]。それに伴って，嘱託鉄道医は待遇官吏（奏任待遇6人，判任待遇5人，薬剤長1人，事務長1人，合計13人）へ昇格できた。さらに，2月1日に鉄道嘱託医規程の一部を改正し，従来無期限であった嘱託期間を2ヵ年以内に限定し，「優良医師登用の道を開き延いては全線各駅に散在する開業嘱託医の

---

29) 飯田重左衛門「『鉄道省の三大指示事項実現の具体的方策』を読み我台湾鉄道の当該事項の中の一に論究す」『台湾鉄道』1934年10月，9-20頁。
30) 共済組合附属事業としては金融部（1929），保険部（1933），医療部（1935），住宅部（1935），消費部（1937）があった。
31) 飯田重左衛門「台湾鉄道医院組織構成の予定計画概要」『台湾鉄道』1940年2月，10-15頁。
32) 「待望の台北鉄道病院 十五日に落成式」台湾日日新報社『台湾日日新報』1940年5月11日。
33) 「台北鉄道病院を愈よ官制化」『台湾日日新報』1941年1月21日。

表 5-4　1938 年鉄道診療所の各科別種類別患者数（単位：人，％）

		患者数	各科別比率	全体比率			患者数	各科別比率	全体比率
内科	職員	11,128	39.0	26.0	理学治療科	職員	708	18.4	1.7
	家族	12,989	45.5	15.6		家族	2,773	71.9	3.3
	その他	4,418	15.5	33.8		その他	377	9.8	2.9
	計	28,535	100.0	20.5		計	3,858	100.0	2.8
外科	職員	20,211	51.3	47.2	小児科	職員		0.0	0.0
	家族	14,251	36.2	17.2		家族	14,384	89.6	17.3
	その他	4,921	12.5	37.6		その他	1,674	10.4	12.8
	計	39,383	100.0	28.3		計	16,058	100.0	11.6
耳鼻咽喉科	職員	5,697	17.4	13.3	合計	職員	42,808	30.8	100.0
	家族	25,692	78.6	30.9		家族	83,046	59.8	100.0
	その他	1,301	4.0	9.9		その他	13,076	9.4	100.0
	計	32,690	100.0	23.5		計	138,930	100.0	100.0
歯科	職員	5,064	27.5	11.8	健康診断身体検査人員	（参考）			
	家族	12,957	70.4	15.6		2,959			
	その他	385	2.1	2.9					
	計	18,406	100.0	13.2					

出所：台湾総督府交通局鉄道部『台湾総督府交通局鉄道部年報』1938 年度版。

資質向上を期することになった」[34]。

　これらの利用患者数を見ると，1936 年より 10 万人を超える規模であり，そのほとんどが台北鉄道医院の患者であった。1936 年と 41 年の診療所別利用患者数を見れば，台北 9 万 1,616 人，9 万 3,679 人，松山 1 万 333 人，8,172 人，彰化 1 万 1,798 人，1 万 2,426 人，花連港 1 万 4,812 人，2 万 1,238 人，合計 12 万 8,559 人，13 万 5,515 人であった[35]。患者達を職員，家族，その他として区分して掲載したのが，1938 年度版の年報（表 5-4）である。これを見ると，職員は 31％に過ぎず，家族が 60％を占めていた。また分科別に見ると，従事員の場合，事故などのため，外科患者が半分近くになるほど

---

34)　「鉄道嘱託医の嘱託期限限定」『台湾日日新報』1942 年 1 月 30 日。
35)　台湾総督府交通局鉄道部『台湾総督府交通局鉄道部年報』各年度版。

一番多く，その次が内科，耳鼻咽喉科などであった。その反面，家族は耳鼻咽喉科がその31％を占めており，その次が小児科，外科，内科の順であった。

　このような医療施設は従事員の身体回復に寄与したことは当たり前のことであったが，当局が「鉄道現業，事務能率の増進は先づ部員並に家族の健康化から」というモットーを提示した[36]ように，それはもはや従事員のみではなく，むしろ家族の健康管理に対して最も力を入れる機関となっていた。しかし，当初，彰化診療所では傭員層は利用し難くなっており，場合によっては近代的医療に頼るより，まず漢方薬を使用し，比較的利用度が落ちていることが懸念されることもあった[37]。

　そのほか，交通局て鉄道衛生規程（1906年）が設けられ，庁舎，官舎などに対して衛生消毒法が実施された。例えば，1927年6-7月に台北市内に腸チフスが流行し，官舎居住者の中で患者が発生すると，地方行政長官との協力を得て「防遏に努め且病毒汚染の虞ありと認むる官舎便所其の他に対し」7月から12月までに1ヵ月2回の予防消毒を実施した[38]。また台北官舎地域内の下水道を改築し，共同便所を撤去して専用便所を設置した。急性伝染病が流行すると，一般従事員の健康保全に努め，予防注射を励行することもあった。鉄道当局はマラリア患者が沿線で発生する際には，受持ちの嘱託医が該当地域の在勤者に対して定期的採血検鏡や予防薬の配付など「防遏作業を施行」するようにした。

　戦時中の1941年よりは「鉄道業務遂行に不適当なる者及採用後種々の疾患に罹る惧れ多き者を排除し真に身体優良にして能率良好なる者を選ぶの目的を以て従事員の採用時健康診断を実施し併せて現在の職務に不適当なる健康状態に在る者及集団衛生上危険なる伝染病疾患並に自覚性なき疾患を有する者の早期発見に努め病源の蔓延を未然に防止し其の治療及摂生方法を指示

---

36) 嘱託医学博士富士貞吉「保健国策に対する我等の決意」『台湾鉄道』1936年10月，12-14頁。
37) 「傭人扱の者には言を左右にして往診してくれない。その為めに傭人扱の者は他の開業医の診療を受け，診療所を利用しないのだ。」彰化診療所I生「診療所近況」『台湾鉄道』1937年4月，71-73頁。
38) 台湾総督府交通局鉄道部『台湾総督府交通局鉄道部年報』1927年，23-24頁；同，1941年，56頁；渡邉慶之進『台湾鉄道読本』春秋社，1939年，202-203頁。

する目的を以て従事員の定期健康診断を施行すること」にした[39]。総力戦体制の下で究極的に戦力に繋がる身体を確保するため，採用対象者と従事員の健康診断が定期的に行われるようになったのである。

　このように，台湾国鉄における労働衛生対策は日本人を中心として実施され，「医療の社会化」は日本国鉄とともに進行した。とはいえ，共済組合制度の台湾人への適用は大きく遅れており，さらに鉄道医療体制の整備も「嘱託医」体制が長く維持され，内部医療陣による診療・治療は他の地域に比べて遅れていた。その要因として台湾国鉄の規模や帝国内の位置づけから見て，それほど鉄道医療機関の設置が重要性を有しなかったからであろう。同じ植民地である朝鮮の国有鉄道は日本列島と中国大陸との陸橋として帝国の生命線と認識され，鉄道医療システムの整備もいち早く実施されたことは対照的であるが，次章でその検討を行うことにする。

39）　台湾総督府交通局鉄道部『台湾総督府交通局鉄道部年報』1941年，56頁。

コラム⑥　台湾とマラリア

　マラリアはその原虫（*Plasmodium* ssp.）がハマダラカ（*Anopheles* spp.）と人体に跨るライフサイクルを持ち，赤血球に増殖した原虫がしながら，高温と頭痛などの症状を伴ったため，日本では瘧（おこり）と呼ばれたが，中国移住者からは寒熱症，原住民からは「スソリサン」（寒戦の義）と称された。台湾マラリアについては台湾総督府警務局衛生課（1932）が詳しい基本書となっているため，主としてこれに則して説明することにする。

　台湾島における日本人がこの病気に初めて出会ったのは1874年の「征台の役」であった。いわゆる台湾出兵で戦死よりはるかに多い兵士が病死したが，その原因が「沼沢地より発散する瘴気に依りて惹起するものとなし」といわれ，まだ病原に対する理解すらできなかった時代であった。ところが，日清戦争に際して再び日本軍はこの「地方病」の脅威を経験し，その後台湾島が日本側によって領有されると，日本人の長期滞留が必要とされ，より根本的な措置を取らなければならなくなった。とはいうものの，死亡率のより高いペストやコレラといった急性伝染病が流行したため，軍医学からの調査・対策はあったとはいえ，総督府レベルでの本格的なマラリア対策にまだ着手できなかった。

　1899年に台湾地方病及伝染病調査委員会が設置されるにしたがって，マラリアに関する各方面の研究が着手され，調査報告書の発表が続いた。台湾におけるマラリアの種類は三日熱と熱帯熱の二種であると調査されたが，1902年に四日熱型の存在が発見され，それ以来植民地期には3種があると認識された。一般的に蔓延しているのは三日熱であり，これに次ぐのが熱帯熱であって，四日熱は比較的少ないが，局地的に多く存在するケースがあった。当初の対策は医師の診療に基づいて対症的投薬療法が施される程度であったが，陸軍および民生の医官の研究が進み，台湾でもハマダラカ媒介の「蚊瘧説」が確立されると，根本的な予防対策が採られ始めた。

　1906年に樟脳資源の開発を行った甲仙埔採脳拓殖会社が元阿緱庁下（→高雄州）

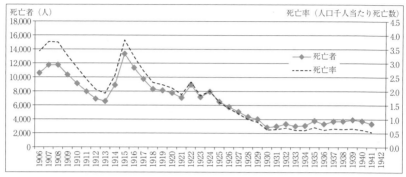

コラム⑥-図1　台湾におけるマラリア死亡率

出所：台湾総督府『台湾現勢要覧』各年度版。

の甲仙埔山地において「大々的採脳事業を企画し内地より多数の採脳人夫を招致」したが，多くの労働者がマラリアに罹り，台湾人の部落にも伝播して大流行となったため，その「善後策」を総督府に依頼し，総督府側は当時欧米を視察してきた総督府医学校教授，地方病調査会臨時委員であった木下嘉七郎を同地に赴かせて，マラリア予防方法を実施した。木下教授は1907年4月に住民採血検査を行い，マラリアの侵疫度を測定して，検出する原虫保有者および時々の発生患者に対してことごとく完全な服薬治療を加え，同年7月より住民3500人に対してドイツ留学時に学んだコッホ（Koch）の「グラム予防法」を施行した。住民に対して一定量のキニーネを予防的服薬として「強要」させ，これを連続することで一定の効果を得，発病者も減少したのである。このキニーネ予防内服法が台東，花蓮港，呉全城，璞石閣などにも実施された。

　とりわけ，1906年以来鉄道の縦貫工事，トンネル工事，水力電気など大工事が各地で起こり，土木関連労働者の往来が頻繁になると，各地でマラリアが爆発的に流行した。これに対し，1909年にマラリア防遏会議が開催され，防遏方法の考究の上，1910年3月に「撲滅計画たる原虫対蚊族の成案」を見て，同年7月にこれを防疫医官羽鳥重郎の指揮監督の下で北投庄に実施し，大きな成果を得た。この経験に基づいて，総督府側は具体案を立案し，1911年3月に全島警務課長会議に諮問し，1911年度以降には総督府直営事業として北投，鳳山，阿緱，竹頭崎樟脳寮，九曲堂，花蓮港，璞石閣，成広澳および移民指導所などの流行地域に実施した。1913年4月には律令第5号をもってマラリア防遏規則を制定し，同年5月より実施した。とはいうものの，1907-08年より下がっていた死亡率がこの時期より再び上昇したことからわかるように，従来の予防方法だけでは限界があることが判明した。

コラム⑥-図2　台湾蘇澳鎮における地物整理前後

出所：台湾総督府警務局『台湾衛生要覧』1925年度版，298-299頁。

　そのため，1919年5月には訓令第65号をもってマラリア防遏規則施行規程を改正し，従来の原虫保有者の検出や強制服薬法に加えて「地物整理」を重視するようになった。「地物整理」に際して防疫組合，保甲，私人の責任を明確にし，その費用を国庫伝染病予防費より支弁するとともに，防疫医，医務助手，防遏手を配置した。地方庁において公共衛生費を通じて防遏地域の拡張を図ってきたが，1920年には地方制度の改正によって地方自治団体が組織されるにつれ，従来国庫伝染病予防費で行われてきた伝染病およびマラリア防遏の事務を地方団体に移管させ，公共衛生費と防疫組合を廃止した。衛生当局はその「善後策」を講究し，1920年12月に総督長官通達をもって当時公共衛生費の主な財源であった屠場の使用料および屠畜手数料をもって各州に特別会計伝染病予防臨時費資金制度を特設して「地物整理」などを実施するようになった。さらに，1922年2月に府議をもって「伝染病予防費及『マラリア』防遏費負担区分及補助に関する件」を決定し，国庫は各州の支出する伝染病およびマラリア防遏経費に対して1/3-1/2の補助金を交付した。ところが，この特別会計は1924年の財政整理によって廃止されざるを得なかった。
　ともあれ，死亡率は著しく底止し，1930年代にはピーク時に比べて1/4になっているものの，原虫保有者や患者が多数存在し，「本当地方病の巨擘たる地位は遺憾ながら依然として動かない」と指摘された（台湾総督府警務局衛生課編『台湾の衛生』1939年，25-26頁）。1938年に公医診療総患者中マラリア患者の比率は15.4%であって，190ヵ所の防遏所における検血成績を見れば，検査人員100人のうち3.3人が原虫保有者であった。マラリアの最終的な撲滅は，解放後の台湾衛生当局の課題とならざるを得なかった。飯島渉（2005）によれば，このような台湾でのマラリア経験が帝国全域に広まったことはいうまでもなく，戦時中には台湾総督府に

対して軍当局からの要請に応じて防疫要員を派遣することとなった。たとえば，1942年8月に海南海軍特務部総監よりマラリア防遏に従事すべき技術員募集養成の依頼を受け，総督府は全島より50人を採用し，各州において1942年9月より6ヵ月間にわたって学術ならびに実務の講習を実施し，1943年3月より約2週間全員を台北に召集し，熱帯医学研究所において再教育の上海南島に向け出発させたのである（台湾総督府官房情報課『大東亜戦争と台湾』1943年，53-54頁）。

資料：台湾総督府警務局衛生課『マラリア防遏誌』1932年。
　　　台湾総督府警務局衛生課編『台湾の衛生』1939年度版。
　　　台湾総督府官房情報課『大東亜戦争と台湾』1943年。
　　　台湾総督府警務局『台湾衛生要覧』1925年度版。

第6章 「半島」朝鮮における鉄道員の健康と疾病

朝鮮国鉄の経営と労働衛生の展開

日本国鉄で構築された労働衛生管理体制は，植民地朝鮮にもやや時差を置いて実現された。しかし，鉄道病院・診療所と共済組合を通じた鉄道員の身体管理が全く日本と同様のものであったとはいえない。鉄道当局は日本人だけでなく，植民地住民たる朝鮮人をも労働衛生管理に入れなければならなかったからである。そこには，労働衛生における近代的な側面とともに，差別的構図としての植民地性が内在していた。朝鮮国鉄の日常的保線風景（鮮交会『朝鮮交通史』1985年より）。

地図3 朝鮮・満州・華北の交通図

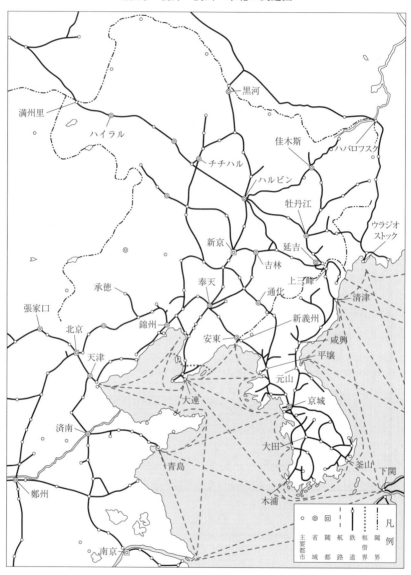

『朝鮮交通史』などより著者作成

朝鮮は近代社会への移行に際して植民地を経験したことから，近代性の導入は植民地性によって媒介されており，人間に対する身体的規律という衛生学的レベルでもこれは例外ではない[1]。植民地期医療について申東源（1997）は総督府の保健医療政策を分析して主要な政策の方向性が監督中心にあったため，朝鮮人がこれを忌避しており，また医療救護はその場しのぎかつ虚構のものであったので，朝鮮人が享有したベネフィットは大きくなかったとみた。その一例として鄭根埴（1997）はハンセン病に対する近代的医療体系を検討し，収容患者数が増えつつあったにもかかわらず，全体の患者数は減少していないとし，これが植民地統治の本質とともに，近代的「収容」の実質的効果を示していると指摘した。趙亨根（1997）は植民地支配体制を近代的規律権力の強化過程として理解し，植民地的医療体系のなかで近代的身体観と医療的規律が形成したと見た。この研究結果は松本武祝（1999）の植民地農村に関する衛生医療事業に対する分析と整合性を有する。農村の場合，都市に比べて医療の恩恵が少なかったにもかかわらず，衛生および医療分野が総督府「規律権力」の下で決して自由ではない。朴潤栽（2005）は旧韓国時代から植民地初期にかけて展開された近代的医学体系の形成と再編過程に対する分析を通じて，植民地体系の形成過程とその内容を明らかにした。植民地朝鮮においては積極的な健康の向上より生命の保護という消極的行政のみが実施され，朝鮮人はただ衛生警察の統制範囲内に置かれる客体の範疇に止まっているとみた。

以上の先行研究を通じて植民地期衛生政策は近代的側面とともに，その展開過程において差別的構図としての植民地性が内在していたことは明確である。しかしながら，既存の研究では個々人の植民地住民が働く工場ないし作業場レベルでどのような労働衛生体制が確立し，その衛生体制が当該労働者の労働と生活との間でいかなる関わりを持つかが分析されていない。すなわ

---

[1] 申東源『韓国近代保健医療史』한울，1997年；鄭根埴「'植民地的近代'와 身体의 政治：日帝下 癩療養院을 中心으로」『韓国社会史学会論文集』51，문학과지성사，1997年；趙亨根「植民地体制와 医療的 規律化」『近代主体와 植民地規律権力』문학과지성사，1997年；松本武祝「植民地期朝鮮農村における衛生・医療事業の展開」『商経論叢』34-4，1999年3月，1-35頁；朴潤栽『韓国近代医学의 起源』慧眼，2005年。

ち，植民地住民を患者ないし潜在的疾病の発生可能者としてのみ捉えるため，日常的労働過程とどのような関連性を有するのかが把握されていない。このような問題意識から鉄道は良い分析の素材となる。

鉄道の登場は在来の輸送方式を変えて輸送の大量化と迅速化を実現した。この利点のため，鉄道が産業革命をもたらし，あるいはその過程を加速化するインフラになり得た。しかし，観点を変えて衛生学的特徴に注目すると，鉄道は多くの客貨を一度に運ぶことによって，特定地域に限定されていた疾病を広範囲の地域に伝播させた。この点で，衛生学的観点から持続的清潔性を要求するだけでなく，有事には客貨に対する速やかな防疫対策を実施しなければならなかった。このような利用者との関係に加えて，その組織内部に多くの従事員（例えば，1945年前半期の朝鮮国鉄は約10万7,000人）を抱えており，彼らへの清潔さすなわち衛生管理が同時に要請された。

そこで，日本国鉄で構築された労働衛生管理体制が植民地たる朝鮮にもやや時差を置いて実現された。鉄道員の勤務形態は事故の多発とともに職業病などによる労働力損失の発生可能性を高めざるをえなかった。そのため，国鉄当局は職員健康診断成績などによって疾患発生の事前予防を図るとともに，鉄道病院・診療所と共済組合を通じて患者，公務上の死傷病者を治療し，さらに傷病医療給付を支給し，長期間にわたって個々人の身体を管理しようとしたのである。このような対策が全く日本と同様のものであったとはいえない。なぜならば，鉄道当局は日本人だけでなく，植民地住民たる朝鮮人をも労働衛生管理に入れなければならなかったからである。

とはいえ，既存の研究史では衛生管理問題はあまり注目されなかった。高橋泰隆（1995）と高成鳳（1999）は比較史的観点から植民地鉄道を分析し，その経営史的特徴と日本の植民地鉄道政策などで多くの論点を提示した[2]。しかし，衛生学的分析は全く行われず，このような状態は韓国側の鄭在貞（1999）でも同様である[3]。労働者への関心が日本国鉄に比べて薄い中，働く

---

[2] 高橋泰隆『日本植民地鉄道史論：台湾，朝鮮，満州，華北，華中鉄道の経営史的研究』日本経済評論社，1995年；高成鳳『植民地鉄道と民衆生活』法政大学出版局，1999年。

[3] 鄭在貞『일제침략과 韓国鉄道 1892-1945』서울大学校出版部，1999年（→鄭在貞著・三橋広夫訳『帝国日本の植民地支配と韓国鉄道』明石書店，2008年）。

第6章 「半島」朝鮮における鉄道員の健康と疾病——朝鮮国鉄の経営と労働衛生の展開 | 219

人間の身体に対する分析が具体化し難かったのではないかと考えられる。植民地鉄道衛生で見られる植民地性（coloniality）と近代性（modernity）が本格的に分析されてこなかったわけである。

そこで本章は，植民地期朝鮮国鉄を対象として捉え，従事員側の衛生状態の変化とそれに対して取られた国鉄当局の措置を検討し，保健衛生の近代性がどのような形で植民地朝鮮に実現されたかを明らかにしたい。以下，本章は次のような構成をもつ。第 1 節では本格的分析に入るまえ，鉄道業の展開とともに，いかなる植民地雇用構造が成立したかを検討し，第 2 節では労働と生活のなかで発生した公私傷病を時系列的且つ横断的に分析し，どのような疾病が日朝両民族間に発生し，朝鮮全体とはいかに異なっていたかを明らかにする。こうした疾病の発生に対応するため，当局はいかなる医療対策とそれを支える共済組合体制を構築したかを第 3 節において検討する。最後に以上の分析に基づいて朝鮮国鉄ならではの，近代的身体観と医療的規律を考察することにする。

第 1 節　鉄道業の展開と植民地雇用構造

朝鮮における鉄道事業の展開はその創設以来朝鮮の植民地化や東アジアの国際秩序の再編成と密接な関連性を有した。1910 年代中頃までの X 字型幹線網の形成それ自体が日本帝国の繁栄と朝鮮啓導という総督府側の自賛の裏面に，列強間の確執と朝鮮人の民族資本の疎外・排除を表すものであった（鄭在貞 2008）。すなわち，日露戦争における軍事作戦とその戦後処理の一方針として建設された京釜・京義・湖南・京元線は，朝鮮支配を可能とする基盤であると同時に，中国およびロシアへの影響力を拡大させる大陸政策の戦略的布石であった。この頃，第一次大戦ブームの拡張と相まって新規路線による客貨輸送は図 6-1 のように爆発的に増えつつあった。とはいうものの，日本政府の植民地鉄道政策は朝鮮内の開発より大陸政策との連繋を重視して朝鮮国鉄の満鉄委託経営（1917 年 7 月-25 年 3 月）を決定した[4]。ところが，第一次大戦後に反動恐慌が発生して以来，長期不況が続いたことから鉄道輸

図 6-1　朝鮮国鉄の輸送，資本ストックと従事員

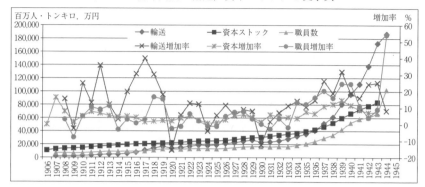

出所：朝鮮総督府鉄道局『年報』各年度版；同『朝鮮鉄道（交通）状況』各年度版；韓国交通部
　　　『韓国交通年鑑』1960 年度版。
注：資本ストックの推計は，出所の統計「建設及改良費並災害費」「鉄道投資額」から年間の車両
　　投資額と建設投資額（＝投資総額−災害費−用品資金−車両投資額）を得て，『第一次国富統
　　計調査総合報告書』（韓国経済企画院，1968 年）の「物価倍率表」から得られる軌道車両およ
　　び軌道施設デフレーターを以って，34-36 年平均価格を基準として実質額化し，次のように
　　Perpetual Inventory Method により，行われた。$K_{it} = I_{it} + (1 − \mu_i) K_{it−1}$ （K_{it} t 年度の資本ストッ
　　ク，I_{it} t 年度の投資額，μ_i 代替率）。車両投資額と建設投資額の代替率は各々 0.05, 0.02 であ
　　る。ただし，1906 年以前は車両投資額は不明であるため，1907-16 年の車両と構築物のストッ
　　ク比率をもって分離。また，1909 年以前は 1910 年のデフレーターをもって実質化。1905 年まで
　　の投資総額は 66,384,078 円（そのうち，京釜鉄道株式会社支出金 29,233,183 円，軍事費支弁
　　31,383,215 円）。

送が伸び悩み，それに伴い鉄道投資はそれ以前の時期に比して抑制され気味
であった。

　これに対する朝鮮側の反発は大きく，とくに 1921 年に朝鮮産業調査委員
会が設置され，朝鮮産業開発の必須条件として鉄道建設および拡充を要求し
た。その具体的行動が植民地官僚とブルジョアによる中央政府への活発なロ
ビー活動につながり，朝鮮国有鉄道の満鉄委託経営解除と朝鮮鉄道 12 年計
画の実施を達成するに至った[5]。これは開発鉄道としての経済性の論理が全
面的に浮かび上がってきたことを示し，1920 年代後半に鉄道投資もより活

4）　橋谷弘「朝鮮鉄道の満鉄への委託経営をめぐって：第一次大戦前後の日帝植民地政策の一断
　　面」『朝鮮史研究会論文集』19，1982 年 3 月，151-184 頁。
5）　金景林「日帝下朝鮮鉄道 12 年計画線에 関한 研究」『経済史学』12，1988 年，59-119 頁。

発に行われた。しかし，1920年代末に昭和恐慌が発生すると，鉄道輸送の増加率はマイナスへと急降下し，それに伴う財政悪化のため鉄道投資も抑制された。また満州事変後の軍事費を中心とする財政拡張が続き，植民地朝鮮を含む日本帝国は他の国家より早く昭和恐慌より脱出した。とくに，植民地工業化は日本経済の昭和恐慌からの回復期と軌を同じくして本格化し，膨大な輸送需要を発生させた。

ついに，1937年に至って日中両国の緊張関係が全面戦争へとエスカレートするにしたがって，朝鮮半島の縦貫ルートを経由した軍事輸送が急増し，さらに生産力拡充計画と物資動員計画の進展による新規需要が加えられ，国鉄輸送は図6-1で見られるように，旅客，貨物ともに急激に増えていった。このような輸送需要を満たすため，大量の鉄道投資が行われたが，朝鮮国鉄は輸送力の不足を免れず，強制的需給調整，すなわち輸送順位に基づく輸送力の事前的配分を断行せざるを得なかった[6]。また，資本投下が戦時中の資源不足のため制限されただけに，朝鮮国鉄は既存の鉄道施設や車両を効率的に運営して，できるかぎり大量の貨物と旅客を輸送しなければならなかった。それを実現する条件としてより多くの労働者が採用され，労働集約的鉄道運営方式に携わる必要があった。

そこで，従事員数の推移に注目すれば，1907年6,933人であったが，満鉄委託経営の始まる1917年に約9,592人となり，それが解除される頃には約1万3,000人の規模へと増え，その後増加を続けた。世界大恐慌の直後には多少その速度が鈍くなったものの，景気回復とともに伸び始めて戦時期に入って約3万人であったものが，1944年度末，すなわち1945年3月には10万人を超える規模となった。このような要員の確保は激しい労働異動率を伴うものであった。1910年代には第一次大戦期の景気好況もあり，採用率と退職率がともに高かったが，1920年代に入って労働力の流動化が安定するかに見えた。ただし，1920年代半ばより朝鮮鉄道12年計画が実施されるなど，活発な鉄道建設が続けられたため，朝鮮国鉄はやや新規採用が増える傾

---

6) 林采成『戦時経済と鉄道運営：「植民地」朝鮮から「分断」韓国への歴史的経路を探る』東京大学出版会，2005年。

図 6-2 朝鮮国鉄における要員の採用率と退職率（単位：％）

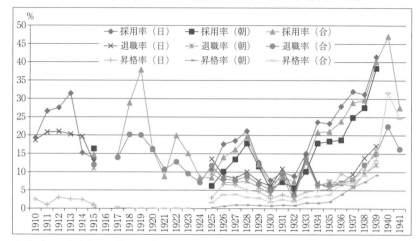

出所：朝鮮総督府鉄道局『年報』各年度版；朝鮮總督府鐵道局庶務課『朝鮮総督府鉄道局現業共済組合概況』各年度版。
注：鉄道員（日本人，朝鮮人，合計）の異動・登格率は共済組合加入脱退表より前年度末人数を基準として推計したものである。採用率は加入，離職率は脱退と死亡による。昇格率は上位身分への登格による。

向を示したが，昭和恐慌期に際して異動率は急減し，1930年に採用率6.6％，離職率5.5％を記録するにいたった。その後，恐慌からの経済回復に伴って，新規採用が急激に増えつつ，日中全面戦争が勃発してからは離職率も増加し，37年に8.7％へと漸増したあと，40年には22.4％に達した。入営・応召，満鉄北支事務局への移譲，他産業への転職などのため，日本人を中心に離職率が急増したわけである。これらの離職者を補うとともに，急増する輸送量に対応するため，離職率を上回る水準で採用率が推移した。すなわち，採用率は戦争の勃発する37年に29.0％，40年には47.0％という激しい増加振りを露呈した。

これを民族別に見れば，両民族ともに労働力の流動化が見られるものの，日本人のほうが朝鮮人のほうより激しかった。そのため，朝鮮国鉄のヒエラルキー上，職場別に多くの空席が生じており，組織拡大に伴うポストが増えたのである。これを戦時下の外部からの経歴者ないし技術者の確保が困難となったため，おもに内部昇進制度によって埋めていた。その結果，共済組合

統計より推計した昇格率も1930年の1.8％から37年7.1％，39年13.2％へと急増した。そのなかでも，日本人の青少年化がより激しかったにもかかわらず，昇格率が朝鮮人より高く，身分上昇の機会が基本的に日本人に与えられたと判明した。

　このような要員規模は他の工場や事業場より大きく，なお朝鮮国鉄が現業機関ながら，満鉄委託経営を除いて一貫して統監府鉄道管理局・日本鉄道院・総督府鉄道局（→ 1943年交通局）という植民地国家機構の一部であっただけに，民間工場および事業場では見られない組織構造を採っていた。上層部から中層部までは官吏制度をとったが，その下の階層に対しては朝鮮国鉄が直接雇用する体制を持っていたのである。すなわち，勅任官と奏任官からなる高等官をトップマネジメントとし，その隷下にミドルマネジメントたる判任官が置かれ，さらにその下に現業員上層部の雇員，現業員下層部の傭人が配置されるというヒエラルキー組織が成立した。紙面制約のため，機関区のみを事例として提示すれば，高等官である機関区長の下に判任官たる庶務主任―庶務助役，運転主任―運転助役，技術主任―点検助役・工作助役が置かれ，これらの主任および助役は判任官あるいは雇員たる庶務方・調度方・警手，準備方・機関士・機関方・合図方，技術方，点検方，修繕方・暖房方・給水方を統率し，さらにその最下層に機手とよばれる傭人が配置されていた[7]。

　こうした身分構成を長期的に見ると，図6-3のように傭人の比率は下がる傾向を示したが，一貫して最も高い水準を維持しており，雇員の場合，上昇の傾向を示したものの両者の間には大きな開きがあった。これに対して判任官は第一次総督府直営期より満鉄委託経営期を経て第二次直営期にかけて3-4％へと高くなったものの，1920年代末から戦時期にかけてその比率が増加したとはとうていいえない。また，現場で多年の経験を持ち，現場の掌握力が大きかった鉄道手の場合も，増加傾向は見られない。こうした特徴は日本国鉄に比べると明確である[8]。民族別に見ると，朝鮮人の場合，傭人の比

---

7)　大谷留五郎『朝鮮鉄道概論』帝国地方行政学会朝鮮本部，1929年，125-138頁。
8)　林采成「近代 鉄道인프라스틱처의 運営과 그 特徴：韓日比較의 視点에서」韓国経営史学会『経営史学』25-1，2010年3月，49-74頁。

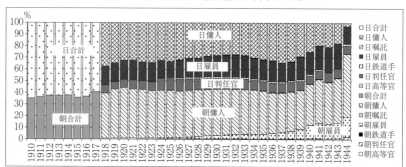

図 6-3　朝鮮国鉄の身分構成（単位：%）

出所：朝鮮総督府鉄道局『年報』各年度版；同『朝鮮鉄道（交通）状況』各年度版；鮮交会『朝鮮交通史』1986 年，185 頁；水野直樹編『戦時期　植民地統治資料 4』柏書房，1998 年，247 頁。

注：1. 1917 年より 1924 年までの満鉄経営時代の身分としての「職員」は判任官に計上した。ただし，1924 年には判任官に相当する従事員が 3,574 人であったが，その総督府直営後，判任官と雇員へと分けられた。そのため，23 年と 25 年の直線補間として雇員を推計したあと，その人数をもって 3,574 人より引き算をして判任官数を推計した。奏任官，判任官には同待遇を含む。在外研究員を含むも，休職者を計上せず。嘱託は有給者のみを計上。年度末の基準，すなわち翌年 3 月末，ただし，42-43 年は 10 月基準。傭人は試用（1917-23 年度には臨傭も）を含む。
2. 朝鮮人の場合，雇員と傭人が合わせて 42 年 29,219 人，43 年 34,159 人と提示されているため，これは朝鮮人の合計の増加率をもって 41 年の傭人数より推計し，これを雇員と傭人の合計人数より引き算をして雇員数を得た。こうした方法をとったのは，直線補間あるいは回帰式による補間を試みると，傭人数が全体数より大きくなったからである。
3. 身分別民族構成は 1918 年より把握可能である。また，その前まで朝鮮人の従事員が把握できるのは，救済組合の数字が残っている 1915-16 年のみである。ただし，1914 年までに救済組合に加入できたのは，日本人しかなかったため，救済組合員数をもって雇員および傭人の人数より引き算すると，おもに現業員であった朝鮮人の数が得られる。また，1917 年にはそれも不可能であったため，16 年と 18 年の人数をもって直線補間し，民族別人数を推計した。

率が最も大きく，多少減少したとはいえ，圧倒的な部分であった。その反面，雇員層は増加したが，戦争末期にも全体の 20％にも至らなかった。当然，判任官の比率は，米軍の上陸に備えて隊組織を編成するため，大量の任官が行われた 1944 年（年度末 = 45 年 3 月）においても微々たる水準であった。その反面，日本人の場合，戦時下で傭人の比率が急速に低下し，その代わりに雇員の比率が増えた。これも 44 年には急減した。これは雇員と鉄道手から判任官への昇格が多く行われたからである。このように，朝鮮人は植民地雇用構造のなかでおもに現業員，それも下層労働者として位置づけら

第6章 「半島」朝鮮における鉄道員の健康と疾病——朝鮮国鉄の経営と労働衛生の展開 | 225

表6-1 朝鮮国鉄における従事員の職場別配置率および占有率（単位：％）

種類別	配置率										占有率									
年度	1915		1925		1935		1940		1944		1915		1925		1935		1940		1944	
民族	日	朝	日	朝	日	朝	日	朝	日	朝	日	朝	日	朝	日	朝	日	朝	日	朝
本・地方局	3	1	17	10	13	3	17	5	24	4	85	15	68	32	84	16	80	20	68	32
駅・列車	33	15	31	17	29	25	29	28	22	27	77	23	71	29	62	38	53	47	23	77
機関・検車	18	13	21	15	23	15	28	24	23	36	68	32	64	36	69	31	56	44	19	81
保線・建築	28	44	19	32	16	35	10	22	10	17	49	51	43	57	38	62	33	67	17	83
工場	13	26	10	24	10	16	7	15	7	10	45	55	35	65	46	54	32	68	20	80
建設・改良	4	1			3	1	5	2	6	2	89	11			78	22	70	30	53	47
その他			3	2	6	4	5	3	10	4			67	33	69	31	65	35	48	52

出所：前掲『年報』；前掲『朝鮮交通史』185頁。
注：1．本・地方局は本局，地方局，鉄道事務所，建設・改良は建設および改良の事務所・工事区，その他は電気区，電気修繕場，自動車区，養成所など。配置率は特定民族の職場別割合であり，占有率は当該職場での特定民族の割合。
　　2．1915年は救済組合人員表より作成。そのため，本局などの配置率が極めて低い。

れ，一部に限ってのみ中間管理層への昇進が認められたのである。

　系統別配置（表6-1）においては，朝鮮人の場合，最も多くの要員が保線・建築区で肉体労働に従事し，つぎに工場，駅・列車，機関・検車区の順に配置された。これが朝鮮人の採用が増えるにつれ，工務関係（→日本国鉄の場合，保線関係）の比率が低下し，その代わりに他の系統従事者が増えて行き，1935年頃には駅・列車区の営業系統への配置率が工場のそれより高くなった。戦時下では日本人の採用が難しくなったため，それを補う多くの朝鮮人が工務より営業と運転の系統に配置されたのである。日本人の場合，戦争以前には営業系統に最も多くの人が配置され，その次が運転関係であったが，戦争が勃発してからは，運転系統，のちには本局・地方局・鉄道事務所などへの配置が多くなった。すなわち，限られた信頼可能の人的資源として日本人労働力を，身分別に中間管理層および現場上層部に，職場別に鉄道運営・管理・計画，従事員教養および特別技術要求部署に集中的に配置して，現場指導力および国鉄管理能力を維持したのである。

　このような植民地的雇用構造のなかで，鉄道員たちは民族別にどのような待遇を受けただろうか。図6-4によれば，従事員1人当たり名目賃金は1918-19年に大幅な引上が行われたあと，その水準を維持したものの，物価

図 6-4　朝鮮国鉄における民族別実質賃金動向（単位：円）

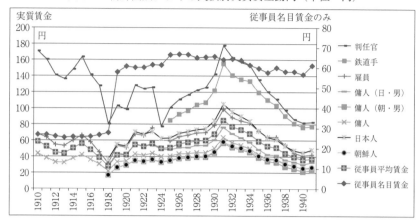

出所：朝鮮総督府鉄道局『年報』各年度版；許粹烈「日帝下実質賃金（変動）推計」『経済史学』5，1981年，213-246頁；金洛年・朴基炷「解放前後（1936-1956年）서울의 物価과 賃金」『経済史学』42，2007年，75-105頁。

注：従事員の名目賃金と実質賃金は従事員一人当たり平均賃金。デフレーターは1910-38年は許粹烈の消費者物価指数，1939-41年は金洛年・朴基炷の消費者物価指数を利用する。ただし，1938年を基準として両指数をリンク。

の変化を反映した実質賃金を基準としてみると，生活水準の激しい変動が読み取れる。第一次大戦ブームのなかで急降下を示したあと，賃金調整によって一定の水準を回復し，さらに1920年代の不況とデフレによって上昇し続け，1931年には最高水準に達したが，戦時下で急激に低下したのである。高等官の賃金を示さなかったが，身分間，民族間の賃金格差は明確であった。同一身分内でも民族別賃金格差はあったが，朝鮮人はおもに賃金の最も低い傭人からなっていたため，朝鮮人の賃金は日本人の50-60％を推移した。国鉄従事員の身分を規定する重要な要因となる学歴において朝鮮人の場合は教育の機会があまりなかったことに注意しなければならない[9]。

とはいえ，これは本給を基準とするものであったため，1922年の京城鉄道工場の事例をとってフリンジ・ベネフィットを考慮した生活水準について

---

9) 林采成『戦時経済と鉄道運営：「植民地」朝鮮から「分断」韓国への歴史的経路を探る』東京大学出版会，2005年。

検討してみよう[10]。日本人の場合，賞与金，家族手当，散宿料，共済給与金からなる付帯給与金2割7分を加えると，月収は90円68銭，職工1戸の家族数3.8人に割り当てれば，1人当たり23円86銭に相当し，朝鮮人7円92銭（＝43円56銭／5.5人）に比して「実に三倍強の巨額」に達した。そのため，生活水準において朝鮮人は上（日給1.91円以上）6％，中（1.31円以上）35％，下（1.30円以下）59％であったのに対し，日本人のほうは上60％，中34％，6％であった。当時朝鮮人職工の場合，28％のみが負債がなかったことは当たり前のことであっただろう。このように，植民地雇用構造のなかで朝鮮人は鉄道運営の下層部の低賃金労働者群をなしていた。

第2節　死亡率および罹病率の民族別・系統別実態
　　　　——謎と逆説

　このような植民地雇用構造の下で朝鮮国鉄の従事員の健康状態はいかなるものであっただろうか。それを探る手掛かりは長期的に観察できる死亡率の推移（図6-5）である。死亡率は1910年代中頃急減したが，1917年から18年にかけて急上昇し，その後23年まで11-12を推移した。その後，再び低下したが，29年までにやや上昇し，30年代前半に低下し，戦時下でやや上昇気味を示した。こうした激しい死亡率の変動はどのような要因によって発生しただろうか。死亡率を公傷病（おもに傷痍）によるものと私傷病（おもに疾病）によるものに分けてみると，公傷病死亡率は2以下であり，私傷病死亡率が死亡率全体と同じ動きを示す。死亡率の激しい変動は各種疾患による結果であったと判断できる。激しい変動は鉄道労働によって発生する構造的要因のほか，外的要因，すなわち特定疾病の流行によって影響されるところが大きかった。例えば，『朝鮮総督府統計年報』の死亡原因統計によれば，1914年，18-22年，29年，32年の死亡率の急上昇は伝染病と密接な関

---

10) 林原憲貞「朝鮮人工場労働者に関する統計的考察」1923年12月，満鉄京城鉄道局『業務資料　第1輯』1924年。

図6-5 朝鮮国鉄における鉄道員の死亡率の推移（単位：千人当たり死亡数）

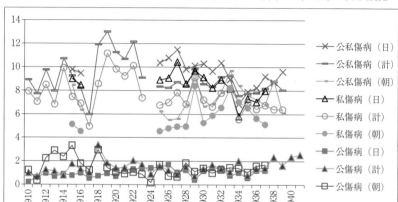

出所：朝鮮総督府鉄道局『年報』各年度版；同『朝鮮鉄道（交通）状況』各年度版；『朝鮮総督府鉄道局現業員共済組合事業概況』各年度版；森尾人志『朝鮮の鉄道陣営』1936年。

注：1. 『年報』の共済組合員人員表より民族別死亡率を計算。1915-16年の場合，民族別組合員の死因表があるため，民族別公傷病・私傷病死亡率が得られる。また『朝鮮総督府鉄道局現業員共済組合事業概況』よりも9年分（1925-28，32-33，35-37年）の民族別公傷病・私傷病死亡率を得られる。
2. しかしそれ以外の年度については不明であるため，次のような推計方式をとる。職務死傷者表より従事員全体の職務中死亡率を計算し，上記の9年分の公傷病による共済組合員の死亡率と比較する。すると，組合員の死亡率がやや高いため，両者の平均比1.72861をもって掛け算をして，公傷病死亡率と私傷病死亡率を推計する。さらに『朝鮮の鉄道陣営』より1935年までの民族別殉職者を拾って民族別公傷病死亡率を推計する。

係を有する[11]。とくに18-21年にはスペイン・インフルエンザによる朝鮮内の死亡者が20万人以上に達すると推計できる[12]。

民族別死亡率はどのようなものであっただろうか。『朝鮮総督府統計年報』より民族別平均死亡率（1925-39年）を計算してみると，日本人15.1，朝鮮人19.0であって，朝鮮人のほうが日本人より高かった。しかし，朝鮮

---

11) 朴熙振・車明洙の推計（「人口」金洛年・朴基炷・朴二沢・車明洙編『韓国의長期統計Ⅰ』海南，2018年，77-111頁）によれば，『朝鮮総督府統計年報』を利用した粗死亡率は人口センサス（国勢調査）に基づく粗死亡率に比べて過小推計されている。しかしながら，長期的観測ができるのは『統計年報』粗死亡率しかないことから，鉄道員の死亡率と比較するため，それを利用することにする。
12) Lim, Chaisung, "The Pandemic of the Spanish Influenza in Colonial Korea," *Korea Journal*, Vol.51. No.4, Winter, 2011, pp.59-88.

国鉄では同期間中日本人9.3、朝鮮人7.2を記録し、日本人のそれが朝鮮人より高かった[13]。日本人従事員の死亡率は日本国鉄の死亡率より高いほうでもあった。国鉄内部の分業関係で優位に立ち、生活水準では朝鮮人のそれを遥かに上回っており、平均年齢でも日本人31.9歳、朝鮮人33.7歳であって、日本人のほうが若かった[14]ので、一見日本人のほうが低そうに考えられるが、実際には死亡率はむしろ高かったわけである。

その謎を解くため、死亡の原因を公傷病と私傷病に分けてみることにする。公傷病では20年代前半に日本人のほうが高かったこともあったものの、全体的には朝鮮人のほうが高い死亡率を示した。その反面、私傷病死亡率においては、日本人が約4-5も遥かに高かった。ただし、私傷病の死亡率がピークに達する年のみに両者の死亡率が近接する動きを見せた。これは死亡率の急上昇が前述のように伝染病の流行と密接な関係をもつため、私傷病死亡率で日本人の死亡が高い背景は構造的要因があったと考えざるを得ない。朝鮮人でも現業員のほとんどは共済組合に加入していた。もちろん、疾病、事故などによって労働力を喪失し、朝鮮国鉄から解雇されることも考えられるが、このカテゴリは共済組合の給付のうち「廃疾」として日本国鉄のように区分されるので、これをあわせて考慮することによって正確な状況が把握できる[15]。

まず、なぜ公傷病死亡率では朝鮮人のほうが高かったのか。職務中死亡者

---

13) 朝鮮国鉄と朝鮮全体の死亡率の桁が違うのは鉄道従事員の場合、幼児と老人の死亡がないからである。
14) 朝鮮総督府鉄道局庶務課『朝鮮総督府鉄道局現業員共済組合事業概況』1933年度版による。その年齢別構成を見ても、日本人のほうが全体的に少し若かった。
15) 特症金をもって日本人と朝鮮人の千人当たり廃疾率（＝特症金給付件数÷組合員数×1000）を推計したところ、それぞれ1926年1.3、0.7、1927年2.0、0.8、28年6.1、2.3、1929年1.6、1.5、1930年6.2、1.6、1931年4.0、2.1、1932年3.9、1.7、1933年4.5、2.6、1934年3.9、3.7、1935年4.5、4.8、1936年4.4、4.4、1937年3.2、3.9、1938年5.1、4.7、1939年3.8、2.6、1940年3.7、1.6であった。日本人のほうが長期的に見て朝鮮人より高かったのである。しかしながら、後に実行された廃疾年金を基準とすると、日本人と朝鮮人はそれぞれ1935年0.5、1.5、1936年1.2、2.6、1937年1.3、4.0、1938年1.5、4.7、1939年2.1、4.7、1940年1.5、3.1であった。朝鮮人のほうがむしろ日本人より高くなったのである。両方を合わせてみると、1930年代後半には朝鮮人の廃疾率がより高くなり、朝鮮人の健康状態でも工場をはじめとする室内での業務が増え、不健康となったのである。とはいうものの、1940年には再び日本人のほうが高くなったため、長期的に見て日本人の身体が相対的に不健康であったといわざるを得ない。

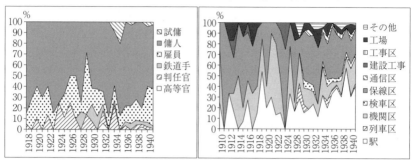

図6-6 職務中死亡者の身分別系統別構成（単位：%）

出所：朝鮮総督府鉄道局『年報』各年度版。

（図6-6）に注目すれば，身分別には傭人層で最も多く，次に雇員層で死亡事故が多く発生した。職務系統別には死亡者の構成が年々大きく変わっていたが，保線区がたいてい一番多くの死亡者を出しており，つぎに機関区と駅であった。すなわち，死亡事故は国鉄ヒエラルキーのなかで一番下層部でしかも工務関係で多く発生した。要するに，朝鮮人がおもに採用されていた身分と系統で多くの事故が発生し，朝鮮人が作業現場において多くの事故危険に曝されたといえよう。さらに死亡には至らなかったものの，公務中の負傷でも傭人層の事故発生が最も多かった。1934年の職務中の身分別負傷者は高等官1人，判任官8人，鉄道手12人，雇員133人，傭人1,094人，試傭123人，合計1,371人であった。ところが，系統別負傷者数は死亡者数とは大きく異なっている。すなわち，同年度に駅157人，列車区55人，機関区200人，検車区42人，保線区294人，通信区13人，建設・改良事務所6人，工事区7人，工場560人，その他37人，合計1,371人。むしろ，工場での負傷者数が工務＝保線区より多かったのである。

工場での負傷者が圧倒的に多かったことから，工場と工場以外に分けて系統別負傷率（＝負傷者数÷従事員数，千人当たり負傷数）を計算してみれば，1917年工場727，工場以外30，計150から1918年にそれぞれ1,427，47，261へと急増し，その後低下し，1924年には580，43，122となり，1937年には109，39，47の最低水準に達したあと，戦時下で少し上昇し始め，1941年には170，44，56となった。工場における負傷率は他の系統に比べて一貫

して高かったのである。この特徴は日本国鉄でも見られる現象であった。このことはおもに修繕量の多かった京城鉄道工場が「機関車の修理作業を為すべき，組立職場其の他の機械設備の多い職場を有するからで，即ち客貨車の修繕を主とする他の工場と，作業組織を異にするから」であった[16]。それだけでなく，「工場内に駐在医が常置されてある為，軽微なる負傷者でも，医師の治療を受け，従て負傷其のものが実際通り統計に上ることも，一つの副原因」であった。鉄道工場が保線区とともに朝鮮人の占有率（前掲表6-1）が1910年代より過半であった。しかも『朝鮮総督府鉄道局現業員共済組合事業概況』の「療養給付に対する傷病類別調表」より民族別負傷率を計算して見ても，朝鮮人の負傷率が約2倍ほど高かった。朝鮮人が現場で日本人より多くの危険に曝されたのである。

しかし，私傷病死亡率ではすでに指摘したように朝鮮人が低かったし，1923年春の鉄道工場の診断統計によれば，朝鮮人は1,426人のうち甲91.6％，乙8.4％，丙0.1％であったのに対し，日本人は430人のうち甲87.9％，乙12.1％であった。朝鮮人のほうが多少優良であった。ここで我々は，朝鮮人が劣悪な生活および労働条件に置かれていたにもかかわらず，なぜ日本人より健康であっただろうかという疑問を持たざるを得ない。それが果たして当局がいうように「彼等の体格が，比較的頑健で労苦に堪へ得る」からであったのだろうか。

共済組合員の死因表より拾って作成したのが，表6-2である。そのうち，公傷によらない死亡，すなわち私傷病による死亡のうち，傷痍を取り除いた疾患死亡率を集計してみると，日本人は6-8を推移した反面，朝鮮人はそれより低い3-5であった。死亡率の差は1916年4.2，25年4.4，32年3.2，37年1.8であって，縮小していた。こうした死亡率の差をもたらした最大の要因は伝染病であって，そのなかでも結核の影響がもっとも大きかった。他の疾患では朝鮮人の死亡率が高いものもあり，急性伝染病と慢性伝染病（おもに結核）による日本人の死亡者が確かに多かったわけである。このような傾

---

16) 林原憲貞「朝鮮人工場労働者に関する統計的考察」1923年12月，満鉄京城鉄道局『業務資料 第1輯』1924年。

表 6-2　共済組合員傷病別死因表（単位：千人当たり死亡数）

		1916			1925			1932			1937		
		日	朝	差	日	朝	差	日	朝	差	日	朝	差
公務に起因するもの	傷痍	1.0	1.8	-0.8	1.5	1.7	-0.2	1.2	0.7	0.5	0.8	1.3	-0.5
	疾病	0.0	0.0	0.0	0	0	0.0	0.3	0.6	-0.3	0.4	0.4	0.0
	合計	1.0	1.8	-0.8	1.5	1.7	-0.2	1.4	1.3	0.1	1.2	1.7	-0.5
公務に起因せざるもの	傷痍	0.8	0.9	-0.1	0.7	0.8	0.0	0.1	1.0	-0.9	1.5	0.4	1.1
	伝染病	2.4	0.6	1.8	4.0	1.7	2.3	4.4	1.1	3.3	2.8	1.5	1.2
	（肺結核）	1.2	0.3	0.9	1.5			2.5	0.7	1.7	2.1	1.2	0.9
	神経系統	1.2	0.6	0.6	0.9	0.2	0.7	0.6	0.9	-0.2	0.3	0.4	-0.2
	循環器疾患	1.0	0.3	0.7	0.5	0.2	0.4	0.3	0.3	0.0	0.4	0.2	0.2
	呼吸器病	1.0	0.9	0.1	0.5	0.2	0.4	1.4	2.1	-0.7	1.7	0.9	0.8
	消化器病	1.0	0.9	0.1	0.7	0.8	0.0	1.8	0.7	1.1	0.5	1.2	-0.6
	泌尿生殖器病	0.0	0.0	0.0	0.5	0.6	0.0	0.3	0.1	0.1	0.5	0.1	0.4
	新生物	0.0	0.0	0.0	0.5	0.0	0.5	0.0	0.1	-0.1	0.2	0.2	0.0
	その他	1.2	0.3	0.9	0.4	0.2	0.2	0.0	0.1	-0.1	0.1	0.2	-0.1
	合計	8.5	4.4	4.1	8.9	4.5	4.4	8.9	6.6	2.4	8.0	5.1	2.9
	（疾患死亡率）	7.7	3.5	4.2	8.2	3.8	4.4	8.8	5.6	3.2	6.4	4.7	1.8
	総計	9.4	6.1	3.3	10.4	6.2	4.1	10.4	7.8	2.5	9.2	6.8	2.4

出所：朝鮮総督府鉄道局『年報』各年度半；朝鮮総督府鉄道局庶務課『朝鮮総督府鉄道局現業員共済組合事業概況』各年度版。
注：肺結核は 1920 年代より伝染病として分類されたため，1916 年に呼吸器病などに含まれていた結核を伝染病へと調整する。

向は伝染病に曝され易かった朝鮮内の朝鮮人全体の高い死亡率とは随分異なる結果である。もちろん，朝鮮人全体の死亡率には幼児と老人の死亡率が含まれたため，高くならざるを得なかったという側面もある。日本国鉄における全死亡率と疾患死亡率が一時期（スペイン・インフルエンザの流行期）を除いてそれぞれ 6-8，5-6 を示したという点から見ても，朝鮮国鉄の死亡率は案外に高いほうであった。

　この問題は鉄道労働分業のなかで考える必要がある。系統別疾患死亡率（1933 年）を見ると，日本人と朝鮮人はそれぞれ庶務系 10.8，5.4，営業系（駅・列車区）9.4，8.5，運転系 5.2，7.9，工務系 7.1，5.9，工場系 11.8，5.7 であった。もちろん，年度別に系統別死亡率は多少変動するが，営業系と工場系では民族間の差が少なく，庶務系，運転系，工場系でその格差が大き

かった。上述の配置率と占有率（前掲表6-1）で考えてみれば，工務系と工場系にはいち早くから朝鮮人が現場労働力として配置されており，その後営業系と運転系への配置が比率的に増えていった。朝鮮人の場合，分業体制のなかで下層部の屋外労働ないし肉体労働を担当したため，負傷事故に当たる機会は多かったものの，密集空間での共同作業が少なく新鮮な空気に触れ，さらに体を鍛える機会が比較的多かった。その分，病原に曝される危険性も減少し，曝されてもそれに抵抗できる体力を持っていたと判断できよう。朝鮮人の配置率と占有率が駅と機関区へと増えるにつれ，民族間の疾患死亡率の差も縮小する傾向を示したことも見逃してはならない。

　その反面，日本人は管理部門の中核たる本局・地方局・事務所，現業機関の上・中層部を占めており，駅，機関区，保線区などの現場労働力として働いても中心的役割を担当し，できる限り熟練度の低い肉体労働は朝鮮人に回した。そのため，駅舎内，機関車内，列車内，工場内という室内勤務が多く，限定される空間での病原へ触れる危険性が多かった。この危険性は単に労働現場に限らなかった。日本人従事員は何よりも社宅と独身寮での共同住居を行ったため，第1章で記述したように結核などに感染することも多くなった。日本鉄道省の一鉄道医の疫学調査によれば，清潔さの有無よりも「同宿者間の伝染」「同僚間の伝染」「友人間の伝染」が結核の流行の主要因であった[17]。日本を離れて植民地朝鮮で就職した若年の日本人従事員はその多くが独身寮で生活を始めており，日本人同宿者とともに職場に出勤して同僚として勤務し，退勤後と休日には日本人友人と余暇生活を送った。また結婚してからは竜山などの鉄道村で日本人のみの共同生活を営んだ[18]。治療剤たるストレプトマイシン（Streptomycin）が普及する前に，開放性結核患者との接触を遮断しない限り，疾病の拡散を防ぐ方法はなかった。

---

17)　名古屋鉄道病院内科医学博士武藤昌知「本局諮問案『結核予防対策』に対する意見」1930年11月18日『日本鉄道医協会雑誌』17-3，1931年3月，42-59頁。

18)　「鉄道社宅에 染病」『東亜日報』1922年9月15日；「汶山駅附近」『東亜日報』1924年7月22日；「京城을 逼迫한 近代稀有의 凶獰한 大洪水」『東亜日報』1925年7月19日；「兼二浦春季清潔」『東亜日報』1928年4月17日など。植民地鉄道村については布野修司・韓三建・朴重信・趙聖民『韓国近代都市景観の形成：日本人移住漁村と鉄道町』京都大学学術出版会，2010年を参照されたい。

表 6-3　朝鮮国鉄における民族別罹病率（単位：千人当たり罹病数）

	1926				1933				1937			
	日	朝	計	差	日	朝	計	差	日	朝	計	差
傷痍	1.0	1.1	1.1	-0.1	0.4	0.6	0.5	-0.2	0.5	1.4	0.9	-0.9
伝染病	8.0	0.7	4.5	7.3	12.6	5.3	9.2	7.3	13.6	5.8	10.3	7.8
（肺結核）	1.4	0.4	0.9	1.0	1.9	1.2	1.6	0.8	1.1	0.7	1.0	0.4
神経系病	2.9	2.0	2.5	0.9	2.1	3.2	2.6	-1.2	0.9	1.3	1.0	-0.4
循環器疾患	0.3	0.6	0.4	-0.2	3.1	1.2	2.2	1.9	2.6	0.7	1.8	1.9
呼吸器病	14.0	3.1	8.8	10.9	9.1	4.1	6.7	5.0	6.6	2.5	4.9	4.1
消化器病	7.5	2.0	4.9	5.5	6.0	2.8	4.5	3.2	7.3	3.1	5.5	4.2
泌尿生殖器病	3.1	1.5	2.3	1.6	3.4	2.1	2.8	1.3	1.9	0.5	1.3	1.3
皮膚・運動器病	2.9	2.2	2.6	0.7	2.1	2.2	2.1	-0.1	2.6	1.7	2.2	0.8
臭口視聴器病	1.5	0.4	1.0	1.2	2.3	0.6	1.5	1.7	2.6	0.7	1.8	1.8
新生物	0.5	0.0	0.3	0.5	0.0	0.0	0.0	0.0	0.1	0.2	0.2	0.0
寄生虫	0.5	0.4	0.4	0.1	0.3	0.4	0.3	-0.2	0.1	0.0	0.0	0.1
その他	10.3	2.6	6.6	7.7	3.2	1.8	2.5	1.5	1.7	0.7	1.3	1.0
合計	52.7	16.5	35.3	36.1	44.5	24.2	35.0	20.3	40.4	18.7	31.1	21.7

出所：「疾病給付に対する傷病類別調表」朝鮮総督府鉄道局庶務課『朝鮮総督府鉄道局現業員共済組合事業概況』各年度版より作成。
注：罹病率＝傷病類別疾病給付者数÷共済組合員数×1000。

　果たして朝鮮国鉄の労働者はどのような疾病に罹患していただろうか。共済組合の「疾病給付に対する傷病類別調表」（表6-3）によれば，伝染病あるいは呼吸器病が最も多く，その次が消化器病，皮膚・運動器病あるいは神経系病であった。そのうち，死に至る病気として当然伝染病が一番多く，その次に消化器病あるいは呼吸器病であった。罹病率を民族別に見ても，日本人のそれが朝鮮人の約2倍に達した。系統別罹病率（1933年）を見ると，日本人と朝鮮人はそれぞれ庶務系82.4，43.0，営業系48.3，28.0，運転系35.7，30.5，工務系29.0，14.6，工場系65.0，32.6であった。労働環境が最も良好であったと考えられる庶務系を除いて，罹病率は工場系＞営業系＞運転系＞工務系であった。各種機械設備が多く絶え間ない精神の緊張を要し，劣悪な衛生環境の工場で罹病率が前述の負傷率のように高かったのである。しかも工場では賃金制度が出来高によって支給されたことから，技工らが過労し易く，疲労の蓄積が多かった。その次に昼夜の区別なく列車ダイヤにしたがって服務せざるを得なかった営業系と運転系で罹患率が高かった[19]。なかで

も，列車乗務員と機関車乗務員の場合，疲労度の上昇による罹病の危険性が多かっただろう。その反面，工務系従事員は屋外労働が多く，精神を労せずに，勤務形態も日勤であったため，罹病率が一番低かった。この傾向は開きがあったものの，両民族間に同様であった。

　このような健康状態も1937年に日中全面戦争が勃発してからは悪化し始めた。上述のように，戦時下で鉄道輸送が増えるに従って，業務量の増加による従事員側の肉体的・心理的消耗は著しくなった[20]。とくに，戦時下で経験不足の青少年従事員が多く採用されたため，この傾向が深刻なものとなり，例えば，38年度に日本人を対象とする徴兵検査によれば，徴兵適齢者1,008人のうち甲種合格497人，第1乙228人，第2乙177人，丙種93人，検査未了13人であり，例年に比べて甲種合格者数がかなり少なくなった[21]。戦時下の罹病状況の全貌については資料上把握困難であるものの，結核患者を示す「現業各系統別呼吸器疾患者罹病率」（＝欠勤者数／年度末従業員数×1000。欠勤数は呼吸器病に起因する欠勤者数の延人員）によれば，1936年から38年と40年にかけて運輸系79→103→146，運転系43→77→137，工務系24→30→33，工場系129→242→240，合計62→98→135であった[22]。患者数は1936年1,206人から38年2,567人へと，さらに40年5,243人へと3.3倍も増加し，2.2倍の「従事員増加率の線を遥かに」超えており，中でもその増加ぶりは鉄道工場において最も強かった。しかも，「死亡者（呼吸器病者）の平均在職年限は十三年度［引用：1938年度］五年七箇月，十四年度七年二箇月，十五年度四年九箇月」と低くなって行き，青少年層の体力が著しく低下したことが判明した。戦時下の健康状態の悪化が労働力の質的低下の一因であったことはいうまでもない[23]。

---

19)　鉄道省官房保健課鉄道医馬渡一得「従事員の心身に及ぼす鉄道労務の影響に就て」『日本鉄道医協会雑誌』16-1，1930年1月，1-37頁。
20)　朝鮮鉄道協会「京城駅旅客座談会」（続）『朝鮮鉄道協会会誌』1940年2月，41頁；釜山地方鉄道局長大和田福徳「鉄道と親切」『朝鮮鉄道協会会誌』1942年9月，8-11頁。
21)　朝鮮鉄道協会「徴兵検査の結果」『朝鮮鉄道協会会誌』1938年9月，83頁。
22)　庶務課厚生係「鮮鉄人と結核」朝鮮総督府鉄道局局友会『局友』1942年4月，52頁。
23)　林采成『戦時経済と鉄道運営：「植民地」朝鮮から「分断」韓国への歴史的経路を探る』東京大学出版会，2005年，72頁。

以上のように，植民地的雇用構造の下で職務中の死亡率と負傷率において朝鮮人のほうが高く，事故発生の危険に曝されたものの，屋外の肉体労働が多く，屋内勤務が少なく，さらに生活面でも独立的であったため，罹病の発生とそれによる死亡率ではかえって低かった。言い換えれば，日本人は労働作業上比較的安定であり，屋内勤務が多く，退勤後にも共同生活が多かったため，結核をはじめとする伝染病に罹患する危険性がむしろ多かったのである。このような植民地的雇用構造の逆説的現象（paradoxical phenomenon）に対して植民地当局はいち早くから労働衛生策をとっており，この対策があったからこそ，植民地住民一般とは異なる朝鮮人の低い罹病率があったわけである。戦時期に入ると，罹病率の上昇に伴う従事員側の体力低下問題が著しくなり，それへの対応が至急に要請された。

第3節　労働衛生対策――誰のための病院と共済組合？

　鉄道は運営上多くの事故が発生し，従事員の健康如何が旅客などに及ぼす影響が大きかったため，いち早くからその対応策が講じられた。その軸となっていたのが日本国鉄で確認したように鉄道医療と共済組合であった。
　朝鮮の鉄道が建設される段階より多くの公傷病者が発生したが，しかし当時としてはそれに対応できるような医療システムを内部には構築しなかった。そのため，外部の医療機関に対して公傷病者の治療を依頼せざるを得なかったのである。朝鮮初めての鉄道であった京仁鉄道は営業キロが短く，従事員も少数であったので，医療機関を設置せず，仁川病院に傷病者の受診と加療を任せ，公傷病者の場合，その実費を会社が負担した[24]。これに比べて釜山から京城までの長距離を営業区間とした京釜鉄道では，会社が同仁会（会長大隈重信）に交渉して1904年2月に所属医師藤縄順文以下十数名の派遣を受け，各工区ごとに配置して従事員の傷病医療を担当させ，さらに草梁と永登浦の2ヵ所に仮建築の医務室を設けて，従事員およびその家族の診療

24）　朝鮮総督府鉄道局『朝鮮鉄道史　第1巻創始時代』1937年，495，546，585頁。

図6-7　竜山鉄道医院と京城鉄道病院

出所：朝鮮総督府鉄道局『朝鮮鉄道四十年略史』1940年。

に備えた[25]。京義線の工事を行った臨時軍用鉄道監部は工事要員の保健衛生を考慮し，1904年9月に監部の編制を改正して専属衛生員として1等軍医近藤吾一郎，3等軍医天野貞および看病人4人の着任を見，彼らを工事の進展とともに移動配置し，医療活動に当たらせた。しかし，僅少の衛生員をもって全線の診療をカバーできなかったため，1905年2月に嘱託医配属の件に関して兵站総監に申請し，東京の同仁会より嘱託医を受けることとなった。

そのため，統監府鉄道管理局が設置された後でも，同仁会との契約（1907年3月）によって嘱託医制度が維持され，医学博士佐々木四方志を鉄道医長

---

25)　同仁会は1902年6月に結成され，1945年まで続いた医学界の団体として日本の植民地経営と占領地の運営を医学面で支えた。大里浩秋「同仁会と『同仁』」神奈川大学『人文学研究所報』39，2006年3月，47-105頁。

として草梁，大邱，平壌などに常時嘱託医が配置され，従事員の診療を続けた[26]。1907年12月には4等官舎2戸1棟の竜山同仁病院が今村保を院長として設置された，1910年にはその院長が佐々木四方志に代わった。1913年9月には同仁会との契約が解除されるにつれ，同仁病院が竜山鉄道病院に改められ，レンガ2階建の建物を新築して，医療設備を整え，佐々木四方志にその経営を委託した。その後，朝鮮国鉄が満鉄委託経営を経て総督府の運営に復帰すると，この病院は1926年に委託経営を解消して竜山鉄道医院と改称され，医療機関の直営時代が始まった。患者数の増加に伴って1929年1月にレンガ2階建の本館を増築し，さらに1937年9月には本館の後方にコンクリート3階建病棟新館を増築して各種の医療設備を完備し，1938年6月には京城鉄道病院と改称した。

　この鉄道病院は鉄道局鉄道手および雇員以下の現業員の職務執行上の傷痍，疾病に関する治療を原則とするが，必要に応じて一般従事員，その家族および旅客傷病の治療ならびに助産婦および看護婦の養成に関する事項を司った[27]。1940年6月には内科，外科，眼科，耳鼻科，小児科，歯科，婦人科，皮膚科の8科が設置され，医師および助手33人（うち医学博士7人），薬剤長以下8人，事務長以下47人，看護婦長以下46人，合計134人の従事員（1944年9月265人）が勤務に当たった。京城鉄道病院は各科診療室，事務室，薬局のほかにレントゲン写真室，試験室，手術室，病室（52室），食堂，看護婦寄宿舎などの施設を持っており，毎年30人程度の看護婦および助産婦を新規募集してその養成を図った。ここでの助産婦は医療機関に恵まれない地方従事員のために1925年7月局友会の事業として設置された巡回慰問婦であって，その後嘱託医助手と改称され，産婆・看護の免状を有する者が沿線主要地に各1名宛配置された。毎月1回指定の受持区域を巡回するほか，随時の依頼，主として家族の看護または分娩に際して派遣されたが，その数は漸次増加して1940年6月に58人に達した。

　この病院で治療を受けた人々は1926年2万4,964人から1934年3万

---

26) 鮮交会『朝鮮交通史』1986年，233-234頁。
27) 大谷留五郎『朝鮮鉄道概論』帝国地方行政学会朝鮮本部，1929年，120頁。

第 6 章 「半島」朝鮮における鉄道員の健康と疾病——朝鮮国鉄の経営と労働衛生の展開 | 239

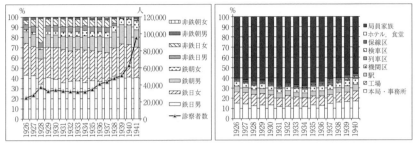

図 6-8　京城鉄道病院の被診療者の構成

出所：朝鮮総督府鉄道局『年報』各年度版。
注：本局・事務所は本局・事務所のほかにも工場・駅・機関・列車・検車・保線区以外のすべてを含む。

1,978 人へと増え，その後戦時中に急増して 1941 年 9 万 5,244 人に達した（図 6-8）。そのほとんどが被診療者は国鉄従事員およびその家族であって，「局外」と分類された外部者の比率は 10％台であり，戦時中には 5％以下へと低下した。鉄道関係者では日本人男子が最も多く，次に日本人女子，朝鮮人男子，朝鮮人女子の順であった。日本人の比率が全体の 60％を超えたことから，鉄道病院の利用が当然日本人中心であったと捉えるべきである。

ところで，職場の系統別に見ると，まず局員家族が 60％以上を占めていた。このことは病院直営以前，すなわち委託時代には『年報』に統計が取られていないため，詳しい実態はわからないものの，日本国鉄の場合，最初は国鉄従事員を中心としたものの，20 年代になると医療サービスの提供がその家族にまで拡大されたことから，朝鮮国鉄の場合もこのようなプロセスを経過したと思われる。ただし，家族への治療が占めるシェアが日本より朝鮮のほうが遥かに大きいことが注目される。これは従事員の家族が利用できる医療施設が朝鮮では比較的少なかったことや，後述のように満鉄委託経営期間中に従事員家族への医療サービスの提供が拡大したことなどの結果であろう。その次には本局・事務所などであるが，この系統は本局と事務所（鉄道事務所，運輸事務所，工務事務所，建設事務所，改良事務所）のほかにもホテル・食堂車，従事員養成所などからなっていた。この二つの系統以外に工場＞駅＞機関区＞保線区＞列車区＞検車区であった。工場の場合，従事員数が

図 6-9 京城鉄道病院の系統別被診療率（単位：千人当たり被診療数）

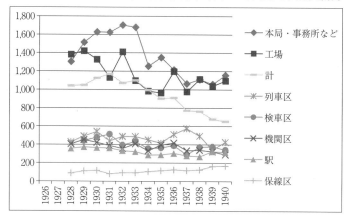

出所：朝鮮総督府鉄道局『年報』各年度版。
注：1. 被診療率＝延診療者÷従事員数×1000。
  2. 本局・事務所などは本局・事務所のほかにも工場・駅・機関・列車・検車・保線区以外のすべてを含む。

他の系統に比べて少ないにもかかわらず，上述のように，作業条件の劣悪さや精神的緊張などから被診療者数が多かった。その反面，工務系統は被診療者数が少なかった。

さらに，系統別従事員数を基準として被診療率を計算したのが図6-9である。それによっても本局・事務所が最も高く，次が工場であった。本局と事務所などは一部しか現業部門を抱えていないものの，こうして高い数値を記録したのは意外なことである。しかし，主としてこれらの部署に多く勤務する日本人従事員が，前述のように，共同生活や屋内勤務を行っていたため，彼らのなかでの発病が比較的多く，また病院と診療所へのアクセスが容易であったこともこの系統の高い被診療率に寄与しただろう。現業部門では工場＞列車区＞検車区＞機関区＞駅＞保線区の順であった。このような順序は既述のように作業環境，機械設備の多少，賃金制度の支給方法，精神的緊張の有無，屋内・屋外勤務の比率，医療機関へのアクセスの容易性などによって決定されるものである。工場と保線区が対比的職場であったことはいうまでもないが，同じ乗務系統でも健康の観点から車掌などの列車乗務が機関士などの機関車乗務より劣悪であったことがわかる。というものの，全体的には

30年代初頭以降，被診療率の低下傾向を示し，従事員全体の健康状況がよくなったかに見えるが，被診療率は罹患率とは異なっていることから，注意しなければならない。後述するが，疾患類別にみれば，異なる評価ができる。

京城鉄道病院のほか，医療機関として1926年4月局長達137号の鉄道嘱託医規程によって釜山，大田，平壌，元山など既設線区の要地および建設・改良各工事区の所在地に嘱託医が設置され，従事員の診療に当たった。嘱託医は各受持区間を定めたことから，路線の延長に伴って逐次その数が増加し，1940年6月にはその数92ヵ所に達した[28]。さらに，業務量の増加と路線延長のため，従事員が増えるに従って直営医療機関が各所に設置された。まず鉄道診療所が1937年9月に順天に設置され，主任以下7人による傷病治療を始めた。その後の戦時下では，従事員の急増に対応して清津（1941年3月）と江界（1941年6月）にも診療所が開設された。ついに日米開戦後に従事員数が6万人に肉薄すると，京城のほかにも総合鉄道病院（1943年12月機構改正によって鉄道病院→交通病院，鉄道診療所→交通診療所）が平壌（1942年4月），咸興（1943年2月），釜山（1944年4月）に設置された。

鉄道病院・診療所および嘱託医によって診療を受けた人々の統計を疾患別に整理したのが図6-10である。その疾患別順位では年々若干の変動はあったものの，1936年には消化器病＞呼吸器病＞伝染病＞外傷＞皮膚病＞眼およびその付属器病＞鼻咽喉病＞耳病＞歯牙病＞寄生虫病などの順であった。この数値には多くの局員家族が含まれているため，前述の罹病率の順位とやや異なっている。そのうち，死亡に至らせる最大の要因であった伝染病に注目すれば，36年に流行性感冒4,702人＞花柳病3,168人＞マラリア1,961人＞結核1,332人＞トラコーマ1,302人＞百日咳929人＞麻疹625人＞赤痢403人＞ジフテリア172人＞腸チフス116人＞猩紅熱63人＞パラチフス26人＞発疹チフス5人＞ペスト4人＞コレラ3人であった。当時多くの死亡者を出していなかったものの，流行性感冒と花柳病の人数が圧倒的であり，そのほか，マラリアとトラコーマも多かった。

---

28) 鮮交会『朝鮮交通史』1986年，223-235頁。

図 6-10　朝鮮国鉄の病院・診療所および嘱託医の被診療者数（単位：人員）

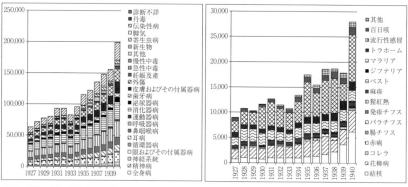

出所：朝鮮総督府鉄道局『年報』各年度版。

　既述のように，日本人と朝鮮人の死亡率の格差がおもに毎年発生した伝染病によって生じただけに，これらの流行病に対して多大な注意が払われたことはいうまでもない。その対策として毎年腸チフス，赤痢などの予防薬を京城鉄道病院で調製し，廉価で全線の従事員に配給し，また各地に伝染病の流行が報じられると，現業員を始め従事員およびその家族に対して，京城鉄道病院と各地嘱員医が予防注射を無料で施行した[29]。日本国鉄で見られるように，スペイン・インフルエンザなどの経験から伝染病予防対策が採られたと考えられる。1939年度における京城鉄道病院取扱の各種予防注射人員は1万2,500余人分に達しており，全線に配布されたチフス，赤痢予薬の調製数は3万4,100余個であった。鉄道内部の疾病発生を防ぐため，京城鉄道病院は毎年定期あるいは臨時に各種の実地調査を行った。事務室内の空気汚濁試験，各駅・区および官舎の井戸水の試験，消費部販売の牛乳その他飲食物試験，各駅立売品中飲食物の試験，および鉄道局施設温泉場の温質分析などを行ったのである。
　伝染病のなかで急性伝染病ではないが，戦前国鉄の最大死因であった結核は，被診療者数の順位として4位を記録したが，戦時中に年々急激に増え，

29）　鮮交会『朝鮮交通史』1986年，235頁。

1940年には6,195人に達し，流行性感冒の次に多くの被診療者を出していた。これらの数値には多くの家族と国鉄外部者を含んでいることに注意しなければならないが，従事員の結核患者が1936年1,206人から40年5,243人へと急増したから，ある程度従事員の健康状態を反映したものと見るべきであろう。既述のように被診療率が低下傾向を示し，従事員全体の健康状況がよくなったかに見えたとはいえ，内容的には戦時下で健康状態が深刻なものになっていたのである。

そのため，国鉄当局は1941年11月に共済組合資金などで建築費を充当し，患者約70人を収容できる規模の馬山鉄道療養所を結核専門サナトリウムとして開設した[30]。満鉄委託経営時代よりその設置が検討されたが，実施に至らず，また32年より国鉄内部で設立の案が立てられたものの，機は熟さなかった。結核患者が蔓延した1938年に至ってようやく具体化したのである。統計上発病後1ヵ月以内に治療を始めれば，9割以上は全治し，半年以内に始めれば，約7割7分は治るが，しかしそれ以後になると4割くらいしか治療できなかったという[31]。当時としては適確な治療剤がなかったため，自然治療すなわち一般衛生栄養法を総合的に試みるほかなかった。「第一に精神肉体の安静，第二に新鮮なる空気と日光の吸収，第三に栄養を摂ること」であったため，サナトリウムが必要とされたのである。そのほか，1940年11月には城津鉄道事務所の強い要望によって温水坪温泉休養所が開設された。恵山線，白茂線など寒冷地に勤務する従事員およびその家族のなかで神経痛患者が多発したため，その治療機関として鉄道省のような温泉療養所の設置が要請され，共済組合からの融資と城津鉄道事務所青年隊の奉仕作業を得て設置された。そのため，金松・古站間に簡易駅として温水坪駅が設けられた。

以上のような医療サービスが植民地住民を含めて国鉄従事員に施されるため，労働衛生を支える一種の保険制度としての共済組合制度が朝鮮ではいち早く実施された。統監府鉄道管理局の時代では，負傷の多かった京城の竜山

---

30) 朝鮮総督府交通局『朝鮮交通状況』1944年。
31) 江口寛治「結核療養所の設置」『朝鮮鉄道夜話』二水閣，1936年，396頁。

図 6-11　1910-1917 年における朝鮮国鉄の民族別救済内容（単位：人，円）

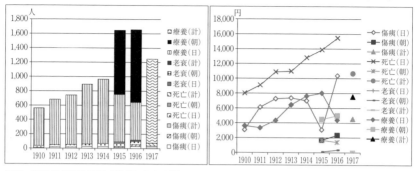

出所：朝鮮総督府鉄道局『年報』各年度版．
注：1910-14 年は日本人のみ，15-16 年は朝鮮人と日本人のみ，17 年は計のみである．

　工場において共扶会が組織され，1908 年 12 月より毎月給料月額の 1% を拠出して死亡，疾病に対して相互の保護救済を図った．1909 年に鉄道の運営が統監府鉄道管理局から日本の鉄道院の所管に入ると，日本の鉄道院より転職した者があったが，それらの現業員に対して 1907 年より実施されていた日本国鉄の救済組合制度が適用された[32]．朝鮮では 1910 年 4 月に至ってこの制度が導入され，職員救済組合が設置され，朝鮮の植民地化後には朝鮮総督府鉄道局救済組合となった．当初は朝鮮人の場合，民籍制度が整備されず，従事員の年齢別死亡傷害率が把握できなかったため，日本人のみ（雇員と傭人は強制加入，判任官は任意加入）を対象として死亡，養老，傷害保険（公務傷病に限る）が実施された[33]．その財源として強制加入の場合，給料月額の 100 分の 3 に相当する掛金を組合員に徴収し，また政府も給料総額の 100 分の 2 の補助金を交付した．任意加入は組合員が同 100 分の 5 の掛金を出した．

　この期間中，救済を受けた従事員数（図 6-11）をみれば，死亡，傷害，老養の数は少なく，圧倒的に多くの人が療養の救済を受けていた．しかし，金額的にはむしろ死亡救済が療養救済を上回っており，傷害救済が療養のそれ

---

32)　鮮交会『朝鮮交通史』1986 年，223-225 頁．
33)　朝鮮総督府鉄道局『朝鮮鉄道史』1915 年．

図 6-12　満鉄委託経営期における朝鮮国鉄の社員共済（単位：人，円）

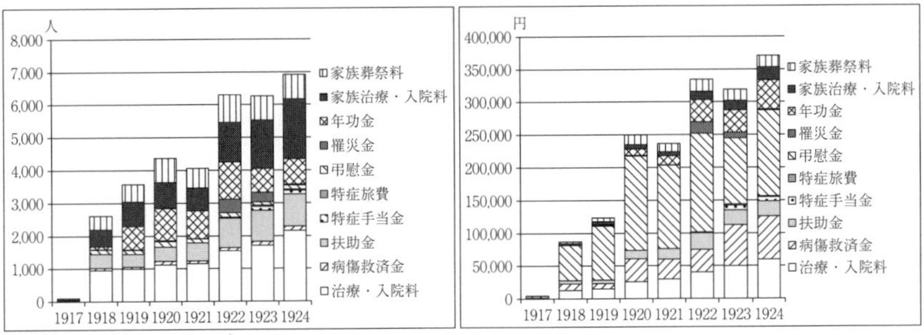

出所：朝鮮総督府鉄道局『年報』各年度版。

に肉薄していた。一人当たり救済金は当然のことながら 1914 年に傷害 304.3 円，死亡 284.0 円であったのに対し，療養 8.5 円に過ぎなかったからである。1915 年 4 月には民籍制度の整備とともに，それまでの間，組合計算の基礎となる朝鮮人従事員の死亡傷害率が明らかになったため，朝鮮人の加入が可能となった。ただし，生活水準などを考慮し，掛金と給与額は日本人の半額にした。これは朝鮮人の給料が当時日本人の半分であったことを反映したものである。しかし，16 年の日本人と朝鮮人の救済金をみれば，それぞれ傷害 345.3 円と 96.8 円，死亡 359.5 円と 81.5 円，療養 8.3 円と 5.0 円であって，療養のほかには 3 倍以上の格差があり，賃金より深刻な形で植民地雇用構造が共済組合制度の運営で反映されていたのである。

　この制度は 1917 年に朝鮮国鉄が満鉄委託経営とされるにしたがって，大きく変わった。同年 11 月に共済組合は廃され，図 6-12 のように満鉄社員共済規程（第 7 章で後述）が適用された。従来鉄道局の負担であった職務上の傷害疾病に関する費用は全額社員負担となった。その代わりに，共済の範囲が社員の私傷病・死亡・災害だけでなく，従事員家族の疾病，死亡にまで拡大されることとなり，さらに給与金の種類も治療入院・病傷救済・扶助金・罹災金・弔慰金・年功金・家族治療入院料および家族葬祭料の 8 種に拡張された。加入者も本俸 100 円未満は強制加入となり，本俸 100–150 円は任意加入となった。拠出金は日給者は毎月日給 1 日分，月給雇員および本俸 70 円未満の従事員は本俸 100 分の 5，100 円未満は 100 分の 6，150 円未満は 100

分の7とし，会社はそれぞれの拠出金と同額以内の補給金を支出した。さらに，第一次大戦期中の生活難を緩和するため，貯金部，消費部，授産部が付帯事業として実施された。

その結果，社員共済制度の運営について見ると，給付を受けた人員としては治療・入院料がもっとも多く，その次が家族治療・入院料，扶助金，弔慰金などの順であった。それを金額面（1923年）では従業員死亡者に支給される弔慰金が一番多く，病傷救済金，年功金，治療・入院料，扶助金，家族葬祭料，家族治療・入院料，罹災金，特症手当金，特症旅費の順であった。一人当たり共済金額では，弔慰金1,013.2円，病傷救済金548.2円，結核患者などへの特症手当金63.6円，退職者への年功金46.8円，特症旅費40.4円，罹災金30.7円，治療・入院料28.9円，家族葬祭料23.8円，扶助金23.7円，家族治療・入院料9.8円であった。満鉄委託経営の下で従事員家族への福利が拡大され，新しい制度としての退職金が導入されており，さらに結核患者などへの共済も1922年より始まったのである。このように満鉄の社員共済を経験することによって，病院の被診療者のなかで従事員家族が圧倒的に多くなっただろう。

1925年4月に国鉄運営の権限が満鉄より総督府に復帰すると，鉄道局現業員共済組合（→1941年鉄道局共済組合→1944年交通局共済組合）が設置され，鉄道手以下の現業員は強制加入，それ以外は任意加入とし，満鉄社員共済制度と日本国鉄共済制度を参照して表6-4のような新しい年金制度，私傷病の救済などを実施した。掛金は，強制加入者は月給100分の6，任意加入者は月給100分の7あるいは11を出すことにし，加えて政府が強制加入者に対して給料総額100分の5を交付した。この制度は戦時中の1941年に判任官以下の強制加入，43年奏任官俸給年額1,820円未満の強制加入へと拡充された。この新しい制度による給付を受けた人々は図6-13のように従事員数の急増に伴って増加して1936年5,494人から41年1万6,264人となり，44年には3万9,762人（推計）に達した。その内訳をみれば，1941年に公傷4,193人，廃疾212人，医療5,799人，産婦1人，退職4,043人，遺族1,991人，災害25人であった。金額的にも公傷，医療，退職，遺族の四給付が中心であって，これらの給付が戦時下で爆発的に増加し，共済給付の総額は

第 6 章 「半島」朝鮮における鉄道員の健康と疾病——朝鮮国鉄の経営と労働衛生の展開　247

表 6-4　朝鮮国鉄共済組合の給付制度

給付別	内容
公傷	職務執行上傷痍を受けた者に対する年金および一時金
廃疾	職務によらない傷病退職者に対する年金および一時金
療養	職務執行上の傷痍または疾病者に対する療養費相当額
疾病	職務によらない傷痍者に対しては医療費の半額，休養金は給料の 10 分の 7 額
産婦	分娩前後約 42 日間給料 10 分の 7 額
退職	死亡以外の事由により脱退した者に対し年金および一時金
遺族	職務傷痍のため死亡した時その遺族に対する年金，葬祭金その他の死亡に対する一時金
災害	水・火・震災その他非常の災害に遭遇した場合，給料 2 ヵ月分以内の災害見舞金

出所：朝鮮総督府鉄道局『朝鮮鉄道四十年略史』1940 年。
注：1941 年頃には療養と疾病は医療として統合された。

図 6-13　1925-1943 年における朝鮮国鉄の共済給付（単位：人，千円）

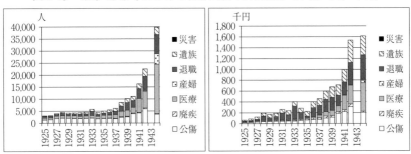

出所：朝鮮総督府鉄道局『年報』各年度版；同『朝鮮鉄道（交通）状況』各年度版。
注：1. 1942 年と 44 年には『年報』の統計が得られないため，『状況』より当該年の 4-7 月の統計を得てそれを 3 倍して推計。ただし，1943 年は資料上不詳。
　　2. 各給付（1941 年基準）を内訳別に見ると，公傷給付は公傷年金，公傷一時金，療養金，廃疾給付は廃疾年金，特症金，医療給付は医療金，家族医療金，傷病手当金，休養金，産婦給付は産婦金，分娩費，配偶者分娩費，出産手当金，退職給付は退職年金，退職一時金，遺族給付は遺族年金，遺族一時金，葬祭金，災害給付は災害見舞金であった。

1936 年 40 万 2,000 円から 41 年 100 万円，44 年 161 万 5,000 円となった。1941 年の一人当たり給付額は公傷 52.5 円，廃疾 151.2 円，医療 46.4 円，産

図6-14　朝鮮国鉄の一人当たり共済給付（単位：円，%）

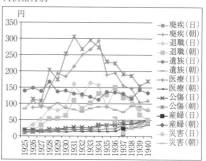

出所：朝鮮総督府鉄道局『年報』各年度版；同『朝鮮鉄道（交通）状況』各年度版。
注：格差比率＝朝鮮人1人当たり給付額÷日本人1人当たり給付額

婦20.0円，退職60.1円，遺族118.0円，災害44.3円であり，廃疾と遺族給付が大きかった。

　1915年から40年までは民族別に一人当たり給付額が得られるため，図6-14をもってそれを示すと，全体的に給付額が増えていたが，戦時下ではそれが低下し始め，44年にはそれが20年代末の水準であった40.6円にまで落ちた。しかし，1910年代に比べて長期的に民族間の格差が縮小する傾向が示されたことも事実である。すなわち，10年代には日本人の給付額の30%に達していなかったが，満鉄委託経営を経た20年代後半以降には50%を超えており，30年代には約60%から80%以上の水準となり，38年には96%へと上昇した。もちろん，その後低下したが，約25年間にわたって格差が大きく縮小したのである。この水準は日本人を基準として50-60%であった朝鮮人の賃金水準を上回るものであって，公私傷病による体力の低下とそれによる輸送力の低下という点から給付において朝鮮人に対しても比較的高い金額の給付が行われ，民族別不平等が比較的低くなったわけである。言い換えれば，植民地雇用構造がフリンジ・ベネフィットに貫徹されたとはいえ，加給などによる賃金格差のような露骨なものではなかったといえよう。

　これを給付別格差（1940年）で見ると，公傷93.7%，廃疾64.4%，医療75.4%，退職61.8%，遺族59.2%，災害71.8%であった。公傷がもっとも高く，その次に高いのが医療と災害であって，勤務中の事故発生と疾病による

第6章 「半島」朝鮮における鉄道員の健康と疾病——朝鮮国鉄の経営と労働衛生の展開 | 249

患者の発生に対して朝鮮人にとって有利な給付金が支払われた。その反面，廃疾，退職，遺族は約60-64％にすぎず，むしろ賃金水準（40年57.1％）と似たような水準を示した。この差は治療ないし休養のあと体力を回復して職場へ復旧することを前提とする公傷，医療，災害の場合は高い給付金が支給された反面，そのような効果がなく，鉄道より離脱する場合の廃疾，退職，遺族では低い給付金が支給されたといえよう。共済組合の運営でも，植民地政府によるある種の効率性の追求が見られたのである。

　以上のように，下層現業員として生活水準も低かったが，朝鮮人は健康の面で変えて比較的良かったということは，労働分業関係より規定される逆説的現象であった。そこで，日本人中心の医療サービスが提供され，なお彼らの家族にまでそれが拡大された。近代的医療とその基盤たる共済制度のベネフィットが朝鮮人にも拡大されたが，それは人的資源としての朝鮮人の身体の有用性が当局によって認められたからである。

コラム⑦　逓信員の労働衛生Ⅱ——朝鮮逓信局

　1904年に日本政府と韓国政府との間に日韓議定書が交換され，まず韓国通信機関の全部を日本管理とし，韓国通信機関の委託に関する取極書の強制調印（1905）によって1906年に統監府通信官署官制の発布を見た。その後，朝鮮の植民地化に伴い，通信管理局は朝鮮総督府通信局となり，後には逓信局と改称され，通信業務だけでなく航路標識，気象観測および電気事業，航空業務，簡易生命保険業務をも管轄した。従業員の配置などから判断すると，逓信局はあくまでも郵便，電信，電話という通信業務を中心とする現業機関であった。

　逓信局の事業展開を考察してみると，まず郵便の場合，景気変動などの影響を受けながらも，国内郵便は比較的一貫して増加したのに対し，国際郵便は20年代の停滞を経て，昭和恐慌の回復以降急激に増加する傾向を示した。そのピークは1943年の4億4,977万通であった。次に電話の場合は市外電話の料金が高いことから，そのほとんどが市内電話であった。郵便とは違って10年代まではその増加ぶりが緩慢であったが，1920年代に入って急激に増加し，44年には4億351万度数に達した。これに対し，景気変動の影響が画然と受けたのが，貿易や金融そして卸取引に使われていた電信であった。第一次世界大戦中の好況や恐慌からの回復には急激に伸びており，1940年に5,903万通のピークに達した。郵便と電話も戦時期に入って使用制限などのため，停滞の傾向を示したが，電信の場合，統制経済の進展によって個別経済主体間の通信連絡が少なくなり，電信量の急降下が示された。

　こうした通信量の増加は大量の労働力を必要とした。通信量が急増する第一次世界大戦期と日中全面戦争以降には採用率が全体の50％を超えていた。このような動きは退職率においても確認できるが，20年代前半の一部の年度を除いては採用率を下回り，全体の従事員数が増加したことをあらわす。従事員数は総督府が設置された1910年に5,022人であったが，その後増加し，20年9,642人，30年1万3,952人，40年2万6,777人となり，43年に3万2,835人へとピークに達したあと，甚

だしい労働力不足のため，44年には３万514人へと減少した（年度末基準）。とくに民族別には朝鮮人の退職率が高くて，労働力の流動化が生じた。朝鮮人の比率が1910年の31％（1,569人）から44年の80％（２万4,495人）へと全体的に急増した。

　身分別に見ると，日本人はおもに上層部，朝鮮人は下層部とされていたが，朝鮮人の場合，20年代から30年代にかけて傭人の低下と雇員の上昇という身分上昇が起こり，戦時期にはいってからはその現象が加速化し，判任官と逓信手の比率も43年にそれぞれ４％，２％に達した。そのため，各身分での占有率においては傭人だけでなく，雇員と逓信手でも朝鮮人が圧倒的シェアを占めた。その反面，日本人は戦時期に入る前では大きい変化がなかったが，戦時下では半分が判任官になるなど，激しい身分上昇が伴われた。すなわち，日本人の確保が難しくなるにつれ，従来より高い身分層に集中的に配置したのである。業務系統別には，全体の労働力は当然現業部門たる郵便局・特定郵便局を中心として配置されたが，戦時下ではそれを減らし，逓信局・地方逓信局の管理部門を強化した。民族別には日本人は現業機関への配置を減らし，上位の監督機関へ集中的に配置したパターンが見られる。そのため，朝鮮人はその空白を埋め，郵便局，特定郵便局，電話局，貯金管理所の現業員の主力となっていた。

　以上のような身分別・業務系統別配置を合わせて考えると，現業機関の中・上層部までを日本人が占めていたが，戦時下で労働力の不足現象が著しくなると，逓信当局は日本人を業務系統別に監督機関，現業機関の上層部に集中的に配置し，その代わりに朝鮮人を現業機関の下層部から現業機関の下・中層部および監督機関の下層部へ配置することによって，通信機関運営のイニシアティヴを維持しようとしたのである。

　このような植民地的労働分業のなかで従事員達の生活はいかなるものであっただろうか。日本人の場合，植民地たる「外地」に勤務すると，本俸以外にも加俸が支給されたことはよく知られている。雇員は官吏ではないので，加俸が支給されなかったものの，それに相当する高い水準の初任給が策定されていた。それだけでなく，初任給が高いだけに，日本人の同一な学歴であっても，判任官への登格基準たる一定の給与額に早く到達し，朝鮮人より短い期間内での昇格が可能であった。

　こうした労働分業や生活条件のなかで，従事員の健康状態はいかなるものであったのか。また，民族別には健康な日本人と不健康な朝鮮人が予想される。

　罹患率の推移（コラム⑦-図１）から従事員の健康如何を判断できる。1910年代半ばまでは資料上把握できないものの，1917年から18年に急激に上昇したことがまず確認できる。スペイン・インフルエンザが大流行すると，全国で働いていた営業網

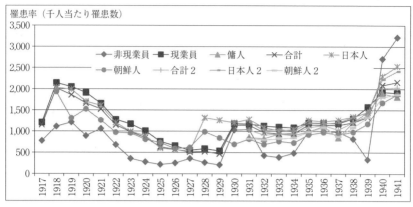

コラム⑦-図1　朝鮮逓信局従事員の罹患率（単位：千人当たり罹患数）

出所：Lim（2016）．
注：罹患率＝疾病欠勤度数÷従事員数×1000。ここでの非現業員と現業員は吏員に限る。合計2，日本人2，朝鮮人2のみが傭人層の罹患率を含む。

を持つ逓信従事員がまっさきに打撃を受けたからである。このパンデミックのため，朝鮮内では1918年に755万6,693人の患者が発生して14万527人が死亡し，その翌年にも43万586人が感染して4万4,099人が死亡した。そのほか，法定伝染病によっては19年に1万3,599人，20年に1万8,075人が死亡した。逓信局内部でもスペイン・インフルエンザのため，各地に逓送人をはじめ罹病者が続出し，通信業が麻痺状態に陥った。1918年9-10月間に罹病延人員2,029人，欠勤延日数7,259日であって，とくに10月の欠勤人員の割合は総人員の26.9％に達したという。

　こうして，従事員の罹患率は測定から間もなく1910年末に一旦ピークに達したあと，急速に低下し，さらに1920年代末より若干上昇したあと，その水準を維持したものの，戦時期に入ってから急上昇した。このような動きには現業員と非現業の間に，なおかつ民族別に隔たりがあった。すなわち，全体的に現業員の罹患率が高く，非現業員のそれを上回った。当然，現場での作業が多かったため，肉体の消耗が多かった結果である。しかし，戦時下では非現業員の罹患率が3,000を超えるほど急上昇していたことは，説明を要する。また，民族別には日本人のほうが朝鮮人より高かったことが意外な結果であった。この格差はほぼ植民地全体の期間中一貫して見られるものであり，戦時期にはむしろ500へと拡大した。なぜだろうか。予測として分業上中・上層部に立ち，日々安定的生活を送ったので，日本人の罹患率が低くなるわけであるにもか

かわらず，実際には逆の現象が起こっており，非現業員の場合も戦時下で罹患率が急増している。この実態が生じる原因を探るためには罹患率を疾患別に分解して検討しなければならない。

症状の軽微な「6日以内の欠勤」を除いてみると，全体的にインフルエンザ，コレラなどの流行の多かった1919年度を除いて呼吸器病が最も多く，次が消化器病＞神経系病＞急性伝染病の順であった。とくに戦時下では慢性伝染病である結核性疾患が急性伝染病より多くなった。こうした疾病に日本人のほうが朝鮮人より多く罹っていたのである。朝鮮人の罹患率が日本人より高くなったのは勤務などによる外傷がもっとも著しく，そのほかに微々たるシェアを占める外皮病，花柳病であった。1941年に非現業員の罹患率が現業員より高くなったのも，非現業員の「6日以内の欠勤」が1936年の2,093度数から41年の9,342度数へと急増したからである。健康状態が1910年代に悪化したあと，20年代から30年代にかけて改善し，戦時下で悪化するなか，日本人のほうがより劇的な変化を示したのである。

さらに，身分別罹患率を見よう。職場での現場業務が雇員と傭人によって行われるなか，おもに傭人は肉体労働に従事し，雇員は室内で彼らの仕事を統制管理する職務に当たっていた。そのため，傭人のほうが最も罹患率が高く，その次が雇員と予想される。しかし，罹患率は1936年に判任官以上749，雇員1,302，傭人1,121であった。1941年にはこれが上昇して判任官以上1,443，雇員2,396，傭人1,816となった。そのうち，傭人は職務上「外傷，損傷，腫瘍及外科的疾患」が最も多かったものの，全体的に勤務条件や給料面で傭人より良好であった雇員層の罹患率が一番高かった。すなわち，「雇員に於て他に比し多数の患者を出している事は雇員は多く事務室内に於て勤務し，常に日光に背きたる勤務をなしている関係上局内部に於て伝染する虞あり殊に栄養，運動等の関係から自然罹病の危険にさらされている」と指摘された。また，所属別罹患率（1936）をみよう。逓信局1,333，海事出張所457，航路標識166，貯金管理所1,653，飛行場432，逓信分掌局697，郵便局1,390，電信局492，電話局2,451，郵便所863，郵便取扱所0，電信電話取扱所231，合計1,136であった。

勤務環境だけでなく，生活環境でも，日本人が逓信局官舎，寄宿舎（独身者用）で生活して結核を始め伝染病を露出される可能性が高かった。このような官舎生活が当時としての清潔かつ便利な生活を保障することはいうまでもないが，その結果として密集住居ないし共同生活が，治療剤が開発されていなかった結核などのような伝染病に罹患する危険性を高めたのである。

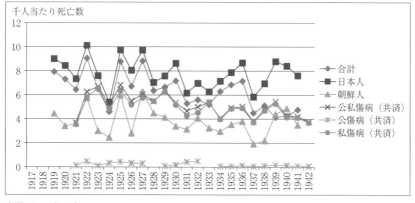

コラム⑦-図2　逓信従事員の死亡率（単位：千人当たり死亡数）

出所：Lim（2016）．
注：共済は『現業員共済組合事業概要』より推計．

　しかし，病気に罹ったといっても，すべての患者が死に至るわけではない。まず，死亡率（コラム⑦-図2）に注目すれば，全体的にはやや低下する傾向を示している。もちろん，戦時期に入って上昇する傾向が見られるとはいえ，罹患率で見られるような劇的な変化は見られない。次に，死因を勤務中に発生した事故ないし病気による公傷病とそうではない私傷病にわけてみよう。共済組合事業統計を利用して公傷病による死亡者数を殉職給付金の件数より得たあと，死亡給付金の件からこれを引き算すると，私傷病による死亡者数が得られる。もちろん，共済組合には非現業員と判任官以上を含まないため，死亡者が少なくなっているが，全体の推移を把握するのには大きな誤りはない。その結果，公傷病による死亡率は0.5以下の水準であって，年度によっては公傷病による死亡が全くなかったこともあった。したがって，ほとんどの死因が私傷病であったといわざるを得ない。さらに，この死亡率を民族別に見ると，日本人が全体的に朝鮮人より非常に高い死亡率を記録した。やはり，日本人のほうが致命的な疾患に罹患し，死にいたることが多かったのである。

　疾患別死亡率を見れば，朝鮮人がおもに公傷病を死因として死亡したケースが多く，危険な労働環境におかれたことがわかる。その身分もおもに一般傭人であった。私傷病による死亡率では圧倒的に日本人のほうが高かった。三大死因は1919年に急性伝染病＞呼吸器病＞消化器病，26年に結核性疾患＞消化器病＞呼吸器病・神経系病，31年に呼吸病＞伝染病＞傷痍，36年には急性伝染病＞結核性疾患＞呼吸器病，41年に

は結核伝染病＞呼吸器病＞急性伝染病であった。肺炎，肋膜炎，気管カタルなどでは結核によるものが多いので，実際には結核性疾患を死因とするケースはより多かっただろう。とりわけ，戦時期には長時間勤務と栄養不足が避けられなかったため，結核性疾患と呼吸器病による死亡率は上昇せざるを得なかった。それに加えて，年齢的に10代に過ぎない日本人青少年は逓信合宿所＝逓信寮で共同生活し，有病者からの伝染に罹患していた。

さらに，死亡率（1936年度）について共済組合統計を利用して所属，身分，民族，男女別に検討してみよう。まず，所属別には逓信局4.5，海事出張所0.0，貯金管理所8.1，郵便局5.5，電信局11.4，電話局0.0，郵便所4.7，飛行場0.0，計5.0であった。さらに，身分別には通信手4.7，雇員5.2，普通傭人4.0，職工傭人10.0，乙種（非現業員の一部）0.0であった。民族別男女別には日本人男子8.5，日本人女子4.7，朝鮮人男子3.7，朝鮮人女子2.1であった。従事員が多く配置されていた郵便局と郵便所の死亡者が多かったが，死亡率においては貯金管理所のほうが高かった。さらに，身分別には技工からなる職工傭人が最も高い死亡率を示しており，次に傭人層を統制していた雇員の死亡率が集配手からなる一般傭人より高かった。日本人別には日本人男子の死亡率が圧倒的に高かったのである。良好な作業環境と上位の職務に配置されたと思われる日本人男子が伝染病などに罹患し，最も死亡にいたる可能性が高かったわけである。

これに対する逓信当局の健康な身体作りは疾病の減少ではなく，むしろその増加を伴いながら，それに適した対応策を講じることで，疾病による死亡と退職を抑制するものであった。言い換えれば，「管理される身体」であったわけである。それを可能とした制度的基盤が共済組合であり，嘱託医という医療制度であった。これらの制度でも日本人が優先されたことはいうまでもなく，一人当たり共済金の支出も賃金とほぼ同じ水準であった。なかでも，身体の回復に関連する給与金において民族間格差は鉄道業のように相対的に小さかった。

鉄道業と比較して注目すべきなのは，朝鮮の場合，内部に逓信病院や診療所を有せず，患者による伝染のおそれがある場合，特症給与金制度を利用して組織外部に放出したことである。鉄道の場合，病院・診療所・療養所という独自の医療システムを構築していた。鉄道労働者は激しい労働・勤務形態に従事しており，国家からみれば，高い技能水準をもっているため，退職の上，市場から新たな労働力を確保し，技能を向上させるのにはコストが高かった。言い換えれば，逓信業務はその特性上日勤がおもに多く，技術的には電信・電話の一部を除いては高い技術水準を要求しないため，内部での治療

よりは組織外部への放出という「疾病退職」が多かっただろう。これが戦時下の要員不足を加速化したことはいうまでもない。

資料：Lim Chaisung, "Health and Diseases of Laborers in Colonial Korea: Focusing on the Cases of the Bureau of Posts and Telecommunications, the Japanese Government General of Korea," *The Review of Korean Studies*, 19-1, June 2016, pp. 75-110.

コラム

コラム⑧　植民地鉄道病院の戦後再編
——旧竜山鉄道病院を中心に

　植民地鉄道が帝国の崩壊後新しい国家作りを支えるインフラ基盤となるに従って鉄道病院もその直営体制の下で新しく再編され，医療陣の空白を克服しなければならなかった。その事例として韓国の竜山鉄道病院が取り上げよう。

　竜山鉄道病院は1907年に竜山同仁病院として始まり，1926年より朝鮮総督府鉄道局の直営事業となり，1929年1月には既存のレンガ2階建の本館を増築した。この本館の新しい設計については『朝鮮と建築』(8-5，1929年5月)にその内容が詳細に記述されている。本館は鉄道局工務課建築係が直接設計して1928年まで使用されていた旧館の北側，病院敷地の端に位置した。地下一階，地上二階のレンガとコンクリート混合構造をもち，病院としての機能を重視した機能主義的建築物を志向した。1階面積1,128.42m²，2階面積905.39m²，全体面積2,154.72m²規模であって，当時としては最新式設備を整えた。1937年9月には本館の後方にコンクリート3階建病棟新館を増築して各種の医療設備を完備した。1，2階にそれぞれ7病室，3階に10病室，合計24病室を持つほか，日光浴室，分娩室などを持ち，暖房，ガス，水道，電気，昇降機，消毒設備などを有していた。この鉄道病院は1938年6月に京城鉄道病院と改称され，1939年には追加的にレントゲン室の増築，磨工室の新築などを行った。

　解放に伴って朝鮮総督府鉄道局は米軍政庁に所属して運輸部となり，京城鉄道病院もソウル運輸病院と改称され，鉄道病院の看護婦養成所も運輸高等看護学校に改められた。韓国政府が樹立されると，この病院は交通部所属のソウル交通病院となって，1949年には「4万人に達する従業員の保健を担当」し，産婦人科を拡張し，また外科担当医の洪弼勲が渡米し，3年間にわたって外科学の研究を行うこととなり，また1950年には結核治療に当たっていた馬山交通療養所の所長李在珪が米国務省の招聘で渡米し，1年間結核を研究することとなった。こうして，交通病院は日本人鉄道医

257

の引揚による医療技術の空白を克服して「病院」としての正常性を取り戻しつつあった。

しかしながら，朝鮮戦争の勃発は交通病院にとっても大きなショックとなり，病院要員の撤退が余儀なくされたことはいうまでもない。だがそのような中でも戦災を被らなかった釜山交通病院では避難民への奉仕として無料で治療を行った。ソウル交通病院も幸いに戦災を免れ，朝鮮人民軍・中国人民志願軍の占領からソウルが修復されると，国連軍の支援およびアメリカからの援助を得て，ソウル交通病院が再び診療を始めた。交通病院は1956年に政府部署と国会の間で民営化措置が検討されることもあったが，交通部直営体制は変わらず，ソウル，釜山，順天の交通病院と馬山の交通療養所（→馬山交通病院）は維持された。直営医療機関がない地区には嘱託医が指定された。その定員を見れば，1959年にソウル鉄道局85人，大田鉄道局44人，釜山鉄道局43人，順天鉄道局21人，安東鉄道局19人，三陟鉄道局4人，ソウル工作廠（鉄道工場）1人，永登浦工作廠2人，仁川工作廠1人，釜山工作廠2人，合計223人（一般医185人，歯科医38人）であった。鉄道病院の赤字運営はその性格上やむを得なかったものの，1959年頃には公務員俸給が適用されて交通医は夜間開業で生活難を凌がなければならなかった。また，割れた窓ガラスが適時補修されないなど診察室・入院室の基本設備も不備なところが多く，しかも備蓄されるべき薬類も足りないと批判された。

これに対し，1961年2月に政府は交通病院職制を改正し，財政拡大の上，大幅増員を決定した。交通医の質的能力も向上し，ソウル交通病院耳鼻咽喉科長の徐相元（神戸医大，1961年），同病院産婦人科長の金光沃（神戸医大，1961年），同病院外科長の朴章熙（延世大，1962年），同病院の申時雨（延世大，1963年）など内部医療陣による医学博士学位取得が続いた。1962-63年には応急患者診療所として選定されるなど，交通病院は交通部要員および家族だけでなく一般市民に対しても適時医療サービスを提供した。これらの交通病院は交通部から現業部門の鉄道事業が鉄道庁（1963年9月）として独立するにつれ，再び鉄道病院という名称を取り戻した。大韓交通医学協会（1963年）が設立されて1964年には『交通医学』を創刊し，定期的機関紙の発行を始めた。

こうして内部医療体制が整えられるに従って，鉄道要員の健康状況も大きく改善されたことはいうまでもない。とりわけ結核の罹患率（千人当たり罹患数）が一時期には100にも達したものの，全国4つの鉄道病院と200余人の鉄道医などを中心とする予防と治療が施され，罹患率は20へ急減したのである。1960年代末にソウル鉄道

コラム⑧-図1　旧竜山鉄道病院の本館全景

出所：延世大学校産学協力団（建築工学科建築歴史理論研究室）『旧竜山鉄道病院本館記録化調査報告書』文化財庁，2012年9月。
注：旧竜山鉄道病院本館の後ろに見える現代式建物は1981年に立てられた新棟である。

　病院はベッド105個を持ち，医師27人，インターン6人，レジデント12人，看護婦41人，看護補助員8人の医療陣を抱えており，公務員療養所としても指定されていた。鉄道看護学校が付設され，学費免除の教育が施され，卒業後には一定の期間鉄道病院に勤務した。利用患者においても一般患者の診療数が全体の61％を占めるようになり，もはや一般市民のための総合病院化したのである。1972年4月に至っては鉄道の名称を落とし，国立ソウル病院と改称され，総建坪171坪の3階コンクリート建物を増築して病室，講義室，ラジウム治療室を設置し，さらに8,862坪の本館建物および病棟を全面改修して現代的総合病院に改め，38,000VのX線カラー同位元素診断機など当時としては26基に及ぶ現代医療施設をも導入した。さらに，鉄道庁は1978年より3年間国立ソウル病院の増築にとりかかり，1981年には総建坪約2,900坪の地下1階，地上9階，300病床の新病棟の竣工を見た。
　とはいうものの，その翌年の1982年に至っては鉄道庁の赤字経営が批判される中，鉄道経営改善方案の一環として赤字要因の一つたる国立ソウル病院を民間に委託経営させることが決定された。当初直営病院を民間に払下げ，完全民営化を実施することが議論されたが，鉄道従事員の医療福祉のためには完全民営化は望ましくないと判断され，病院の運営権のみが民間に渡されることとなった。1982年に閉鎖された釜山病院（150病床）の場合，1984年には韓国援護福祉公団によって引き受けられ，国家有功者を対象とする援護病院釜山分院として開設された。国立ソウル病院は1984年より中央大学校の財団である中央文化学院によって委託経営され，中央大学校竜山病

院となり診療を続けた。しかし，鉄道庁の公社化によって2005年に設置された韓国鉄道公社より「竜山病院敷地開発事業」のため返還訴訟が2007年に出され，契約満了となった2011年3月に病院の診療も終了した。というものの，竜山区民が開発計画に反対し，これに応じてソウル市は2008年に竜山病院敷地を総合医療施設敷地として指定したため，他用途への転用開発は不可能となった。旧竜山鉄道病院の本館は幸いにその形を残すことができ，西洋古典様式から近代建築様式へ変わっていく過渡的特徴を示すと評価され，2008年に登録文化財として指定された。2008年以来登録文化財第428号と指定されている。

このような鉄道病院体制は台湾や中国でも維持された。台北鉄道医院やその他鉄道診療所などは戦後台湾鉄路管理局の鉄路医院と改称され，1970年代までは地域社会の医療サービスを含めてその存在意義があったが，1980年代に入ると鉄路医院の経営収支は必ずしも良好ではなく，一般病院の医療施設も増えたことから，再び再編されることとなった。すなわち，花蓮鉄路医院は1983年に廃院されており，台北市鄭州路にあった台北鉄路医院は1987年に省立台北医院によって引き受けられ，その城区分院に改められたが，その後廃院された。一方，中国大陸では第二次国共内戦下の激しい変動を経験しながら鉄路医院体制は維持され，今日に至るまで全国鉄道ネットワークに沿って各地に配置され，診療を続けている。満鉄の代表的医療機関であった大連医院に注目すれば，1945年12月に中国長春鉄路大連中央医院となり，その後中長路大連総医院と改称され，その後ハルビン鉄路局，瀋陽鉄路局の大連医院となり，2005年には中国鉄道部を離れて大連大学附属中山医院に改められた。

資料：「運輸病院拡充」『東亜日報』1949年1月21日。
　　「交通病院 洪医師 渡米」『京郷新聞』1949年6月24日。
　　「馬山交通療養所長 二十七日渡米研究」『京郷新聞』1950年6月13日。
　　「釜山交通病院을 一般에 開放한다」『東亜日報』1951年1月25日。
　　交通部『交通統計年報』1959年度版，596—597頁。
　　「仁術地帯에 赤信号」『京郷新聞』1959年2月22日。
　　「職員大幅増員 交通病院職制改正」『京郷新聞』1961年2月23日。
　　「徐相元 金光沃氏 医学博士獲得」『京郷新聞』1961年3月29日。
　　「넓은門 象牙塔의 出口 25日에만 学士5,576名」『東亜日報』1963年2月25日。
　　「地域別로 病院指定」『京郷新聞』1962年7月28日。

「応急患者診療 19個病院의 選定」『東亜日報』1963年1月12日。
「新刊紹介」『東亜日報』1964年4月18日。
「交通医学 李在珪博士」『京郷新聞』1966年10月3日。
「仁術探訪 総合病院巡礼（10）鉄道病院篇」『毎日経済』1969年7月22日。
「『鉄道病院』改修 総合病院으로 国立서울病院 増築開院」『毎日経済』1973年6月28日。
「国立서울病院 開院 各種医療施設拡充」『東亜日報』1973年6月28日。
「鉄道看護学校学費免除」『京郷新聞』1976年11月11日。
「国立서울病院竣工 鉄道庁」『東亜日報』1981年11月18日。
「서울・釜山鉄道病院 民間에 委託経営」『毎日経済』1982年3月9日。
「全大統領指示 援護対象者自立부축에 力点」『京郷新聞』1983年2月24日。
延世大学校産学協同団（建築工学科建築歴史理論研究室）『旧竜山鉄道病院本館記録化調査報告書』文化財庁，2012年9月。

第7章 「大陸」中国における鉄道員の健康と衛生

満鉄鉄道業を中心として

帝国日本の鉄道網は，台湾，朝鮮から中国大陸部までに広がり，労働衛生の観念は中国における植民地鉄道にも広まったが，満鉄の場合，植民地鉄道のなかでも突出して大量の労働者を雇用した。鉄道は帝国統治と経済を維持する基盤であり，また満鉄は植民地政府としての機能をも遂行したから，衛生問題について，台湾鉄道，朝鮮鉄道より強い関心を寄せ，病院運営はもとより，後に満洲医科大学に繋がる南満医学堂をも運営していた。とはいえ満鉄は利潤追求を完全には手放すことができない株式会社として，台湾や朝鮮の国有鉄道とは経営形態が異なり，このような性格が労働衛生の在り方にも影響していた。満鉄を代表する列車として親しまれた特急あじあ号の発車の様子（満史會編著『満州開発四十年史』満州開発四十年史刊行会，1964年より）。

第7章 「大陸」中国における鉄道員の健康と衛生——満鉄鉄道業を中心として 265

　本章の目的は戦前の満鉄を対象として、従事員側の衛生状態の変化とそれに対して取られた満鉄の措置を検討し、労働衛生の近代性がどのような形で満州に実現されたかを明らかにすることである。

　戦前日本帝国の鉄道網は台湾、朝鮮から中国大陸部までに広まり、労働衛生の観念は国鉄に止まらず、中国における植民地鉄道にも広まった。戦前日本版「東インド会社」たる満鉄の場合、植民地鉄道のなかでも大量の労働者を雇用し、マンパワーにおいて日本内地から渡満した日本人社員が中心となった人的プールに中国人、朝鮮人、台湾人、ロシア人が加えられていた。とりわけ満州事変後には満州国の国有鉄道をも担当し、台湾、朝鮮に比べても鉄道員ははるかに多かった。この鉄道の運営の円滑さが帝国統治と経済を維持する基盤であったから、いち早く鉄道に対する防疫活動が行われており、駅・区など沿線沿いに多く雇われている労働者の身体を疾病から遮断し、労働者の健康状態を維持することは鉄道運営にとって見逃してはならない問題であった。さらに、満鉄は鉄道業だけでなく撫順炭鉱、鞍山製鉄所など多様な事業部門を抱えており、満州事変後の満州国政府への委譲までは附属地において植民地政府としての機能をも遂行した。

　そのため、衛生問題について他の鉄道、すなわち、台湾国鉄、朝鮮国鉄より強い関心を寄せており、実際、病院運営はもとより、衛生研究所をも運営していた。実態として異郷での生活は日本人社員の健康にさまざまな悪影響を及ぼし、それが高い罹患率と死亡率をもたらしたこともあったから、満鉄は組織内部に優れた衛生管理体制を構築した。とはいうものの、同じ植民地鉄道でありながらも、満鉄は利潤追求を完全には手放すことができない株式会社として台湾や朝鮮の国有鉄道とは経営形態が異なっていた。このような性格が労働衛生にどのような影響を及ぼしたのだろうか。

　以上のように、満鉄は事業部門だけでなく植民地政府としての役割を果たしただけに、衛生観点から有意義な分析の対象となるにもかかわらず、いままであまり注目されなかった。満鉄に関する分析は多様に行われたものの、主な分析は国際政治史や経済・経営史を中心として行われ、衛生史的アプローチはほとんど試みられなかった[1]。すなわち、満州国の樹立や華北分離工作の基盤となったため、多様な関心が寄せられ、鉄道はもとより、石炭、

附属地運営，製鉄などについて分析が試みられたにもかかわらず，満鉄で働く人間の身体に分析の焦点を当てるものはあまりなかった。

そうしたなかでも，直接衛生問題を取上げたわけではないが，多少参照すべきなのが松村高夫・解学詩・江田憲治編著（2004）である[2]。氏らは強制労働を含む満州国の労働統制政策，満鉄とその傘下の事業部門たる鉄道，土建，港湾，炭鉱，製鉄，そして生活，中国側の抵抗・蜂起を分析し，満鉄労働史を詳細に明らかにした。ところが，主な分析のポイントは労使関係などに置かれており，江田いづみ氏による「生活」分析でも戦時下で「中国人労働者の食事に対し，専門家による栄養学的分析が加えられ，合理的な食事によって生産効率を高めることが模索された。しかし，時はすでに遅く，理想的食事に関する提案も自給農場の壮大な青写真も，結局は机上の空論に終わらざるを得なかった。」という食糧対策に関する指摘の範囲を超えられなかった。分析のメスは社員らの身体にはまだ到達していない。

鉄道運営，技術，経済的処遇といったさまざまなレベルで民族的不平等（ethnic disparity）があったにもかかわらず，日本人社員の身体は中国人社員のそれに比べて決して良好であったとは評価できない。すでに第5章，第6章で指摘したように，この現象は他の植民地鉄道でも見られる現象であった。そのミステリーがどこから生じたかを検討し，その意味合いを吟味することが本章の課題である。

以下，本章は次のような構成を持つ。第1節では満鉄事業の展開とともに，いかなる植民地雇用構造が成立したかを検討し，第2節では社員たちの疾病を分析し，どのような疾病が民族間に分布し，とくに日本内地（あるいは満州）とはいかに異なっていたかを明らかにする。第3節では満鉄によってどのような衛生対策が採られたかを検討する。

1）　満鉄に関する研究史としては岡部牧夫「満鉄研究の歩みと課題」（岡部牧夫編『南満州鉄道会社の研究』日本経済評論社，2008年）が最も詳しいので，ご参照されたい。
2）　松村高夫・解学詩・江田憲治編著『満鉄労働史の研究』日本経済評論社，2004年。

第1節　満鉄の事業展開と雇用構造

　満鉄は日露戦争によって確保された東清鉄道南部支線を運営するため，野戦鉄道監理部よりその施設一切を引き継いで1906年12月に設立され，07年4月より事業を開始した。本業たる鉄道業をはじめ，旅館，港湾，船舶，炭鉱，電気を経営し始めるほか，収益性から見て赤字部門である鉄道附属地内の行政（土木，教育，衛生など）にも携わった。当初の予測とは異なって大豆と石炭を主貨物として鉄道の経営が拡大すると，それによって確保される利潤をもって満鉄は事業展開を行い，1909年にガス，17年に製鉄，24年には窯業部門に進出した。とはいうものの，関東大震災，金融恐慌，昭和恐慌が続く中，事業部門のスピンアウトが試みられ，25年にガスと窯業の2部門が南満瓦斯と大連窯業として独立し，26年には電気部門が満電となり，28年には旅館業も分離された。そのほか，多くの会社設立に参加したことは言うまでもない。まさに日本主導の満州開発をいち早くより満鉄が日本版「東インド会社」として担当したわけである。とはいえ，中国側の満鉄包囲線建設，中東鉄道の競争力の回復，そして昭和恐慌の発生は満鉄経営にとっ

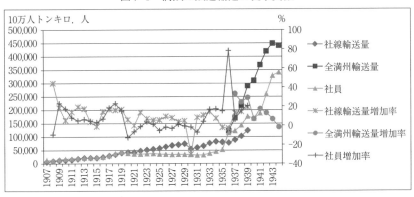

図7-1　満鉄の鉄道輸送と従事員数

出所：南満州鉄道株式会社『統計年報』各年度版；同『南満州鐵道株式会社第三次十年史』1938年，174-178頁；同『満鉄在籍社員統計』1944年9月末現在。
注：満鉄は満州事変以降満州国有鉄道を委託経営したため，輸送量と社員が1930年代より急増した。

てマイナス要因として作用し，満鉄が経営リソースを特定の分野に集中しなければならないきっかけとなった。

　そのなかで発生した満州事変は事業環境を一変させ，満鉄事業のポートフォリオは大きく変わった。満鉄側は軍事輸送を展開し，占領鉄道の運営に当たり，満州国の成立後は占領鉄道を国有鉄道として委託経営し，その運営に当たる機構たる鉄路総局が外局として設立された。さらに，朝鮮総督府の北鮮鉄道も日本内地から満州への新しいルートとして満鉄に委託経営され，北鮮鉄道管理局が設置された。その後，これらの鉄道網は1936年に鉄道総局によって一元化された。満鉄は鉄道業の拡張にとどまらず，満州産業開発の主軸として計画の立案だけでなく社業以外にも資本参加し，総合開発会社への脱皮を指向した。しかし，満州政策のイニシアティヴをとっている関東軍をはじめ，日本内地の財界，官僚，軍の思惑は全く異なり，日本資本を満州に進出させ，総合開発会社を設立し，満州産業開発計画を推進しようとする方針が具体化した[3]。そこで満鉄は中国との全面戦が勃発することをきっかけとして華北地域への進出を図り，新しい事業空間を得ようとした。しかし，この方針も不可能となり，満鉄は鉄道（あるいは交通）と炭鉱の2部門への事業再編を余儀なくされた。満鉄は保有している産業別統制会社の株式と，五ヵ年計画を作成していた産業部社員約140人を満州重工業開発株式会社に譲渡し，なお鉄道附属地内の地方行政権および関連事業を満州国へと移譲した[4]。満鉄は事業範囲の縮小を余儀なくされたものの，事業規模の拡張はむしろ進んだ。

　このような事業展開には，雇用調整が伴った。満鉄社員の配置を見れば，設立当初は鉄道業に全社員の8割が配置されていたが，その後炭鉱，商事・興業・産業部，地方部の人員配置が増え，1924年には鉄道の配置率（＝該当社員数÷全社員数）が4割にまで落ちた。その後，経営環境が厳しくなる中，鉄道業を中心とする事業再編が行われ，その配置率が多少上昇し，決定的に

3）　原朗「『満州』における経済統制政策の展開：満鉄改組と満業設立をめぐって」安藤良雄編『日本経済政策史論　下』東京大学出版会，1976年．

4）　満州国側に移譲された勧業施設には従業員503人，農事試験場2,196千円，農事試作場33千円，種羊場182千円，獣疫研究所1,043千円，地質調査所68千円，施設計3,522千円があった．

図 7-2　満鉄における鉄道員の労働異動率（単位：％）

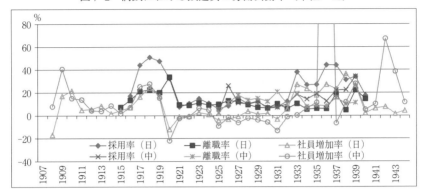

出所：南満州鉄道株式会社『統計年報』各年度版；南満州鉄道株式会社『満鉄要覧』1943 年。
注：1．共済組合から推定。1940 年は『満鉄要覧』109 頁より。
　　2．中国人は互助共済（＝同仁共済）より作成。ただし、1938 年より傭員も加入。
　　3．採用率＝本年度加入者÷前年度社員数。離職率＝（本年度脱退者－任意脱退）÷前年度社員数。
　　4．1936 年に鉄路総局からの移籍があったため、中国人の増減率は 1936 年に 415.9％へと急増した。

　は満州事変後の鉄道網の拡大、満鉄改組による事業範囲の縮小が行われると、鉄道への配置率は 1937 年に 88.6％にも達した。というものの、戦時下で 42 年 4 月にはおもに炭鉱業に務めていた中国人「社員外」の常役数万人が傭員として「社員」扱とされたため、その後炭鉱への配置率が 3 割近くなり、44 年 9 月の鉄道への配置率は 68.8％に過ぎなかった。
　満鉄の労働異動率をみれば、要員の確保においていかに激しい労働力の流動化があったかが明確になるだろう。共済組合統計に基づく労働異動率の推計は日本人の場合 1907 年より、中国人は 1925 年より可能であるため、補助的指標として従事員の増減率を利用することにする。
　まず、日本人について見ると、野戦鉄道提理部から引き継いだ社員のうち、退職手当を増額して職員 382 人、傭人 1,489 人の不良社員を整理した[5]ため、1908 年に社員の増減率は－20％近くを記録したあと、社員の拡充が

5）「野戦的ニ気荒レ心怠リ粗笨ニ傾キ放逸ニ流レ加之新ニ採用セシ社員ト調和ヲ欠キ到底風紀ヲ維持シ執務ノ真摯ヲ期スル能ハザルヲ慮リ一大整理ヲ断行スル」。南満州鉄道株式会社『南満州鉄道株式会社十年史』1919 年、130 頁。

行われた。第一次大戦が勃発すると，採用率，離職率がともに上昇したが，なかでも採用率の増加が著しかったものの，1920年に戦後反動恐慌が生じた後，20年代景気不況が続くにつれ，人的運用でも合理化が進められた。その後は2万1,000人程度の水準が20年代末まで維持された。1930年には大恐慌のため人員整理が行われたが，満州事変に際して「社外派遣」が行われ，従事員の採用が増えた[6]。この傾向が1930年代末まで続いた。満鉄が委託経営を担当する鉄道網が拡張するに従って，要員拡充が行われた。こうした日本人採用パターンは戦争勃発の直前より増加し始めた日本国鉄，朝鮮国鉄とは異なっている。そのなかでも，離職率の動きは採用率とはやや異なって，日中全面戦争が勃発する前までは20年代のような10％以下の水準を推移したが，戦争勃発後には急増した。第一次大戦中と日中全面戦争後に増加する離職率は実質賃金の低下と密接な関係がある。もちろん，入営・応召の要員もあるが。ともあれ，非常に激しい労働力流動化現象が生じたことは確かであった。

　それを補うため，中国人の採用が増加した[7]。設立初期には労役夫，下級職工，電車従事員などとして中国人の大量採用が行われ，満鉄の設立時に24人に過ぎなかった中国人は1907年度には4,129人へと急増した[8]。その後，第一次大戦期に社員増加率は高くなったが，その後要員縮小のため20年代中にマイナスとなった。20年代後半の離職率は10-20％を推移した。昭和恐慌を経て採用率が持続的増加を示し，その傾向は戦時下でより著しくなった。注意すべきなのは，1936年に中国人の増減率が1936年に415.9％へと急増したのは人事制度の一元化のため鉄路総局から鉄道総局への移籍（ロシア人1,249人，朝鮮人1,949人，中国人4万3,871人）があったからである[9]。さらに，1942年には社員外の常役中の相当数を傭員に登用し，増減率が67.2％に達し，その後43年にも38.4％を記録して，引き続いて数万人の規

---

6)　南満州鉄道株式会社『南満州鉄道株式会社第三次十年史』1938年，174-175頁。
7)　「人事当局の大童なる努力にも拘らず，新入社員の獲得はわずかに要請数の三分の一にも足りない情勢である」。「満鉄春秋」『協和』16-2，1942年1月15日号，1頁。
8)　南満州鉄道株式会社『南満州鉄道株式会社十年史』1919年，137-138頁。
9)　南満州鉄道株式会社『南満州鉄道株式会社第三次十年史』1938年，719頁。

模で大量採用が行われたことがわかる[10]）。

　そのなかでの民族別配置率（＝特定民族の職場〔身分〕別割合）をみれば，中国人の本社・各種委員会，支社，地方部，商事・興業・産業部への配置率は比較的低く，もっぱら現業部門を抱える鉄道，撫順炭鉱，鞍山製鉄所への配置率が高かった。鉄道への配置率が最も低かった1924年に注目すれば，鉄道36.7％，炭鉱31.5％，製鉄所11.0％，合計79.2％を占めたが，37年には鉄道94.0％，炭鉱4.6％，合計98.6％となり，44年9月にはそれぞれ63.9％，34.6％，合計98.5％を記録した。満鉄改組のなかで中国人はおもに鉄道と炭鉱に特化したのである。その反面，日本人の場合，本社，支社，地方部，商事部などへの配置が多くなり，1924年の鉄道，炭鉱，製鉄所への配置率は59％に過ぎなかった。

　こうした動向を正確に把握するためには，民族別占有率（＝当該職場〔身分〕での特定民族の割合）を考慮しなければならない。1907年に全体的にみて日本人が68.8％を占め，中国人は31.2％に過ぎず，その後中国人は4割へと上昇し，1927年までその水準を維持したものの，20年代末の景気後退に伴って3割へと減少した。民族別日本人6割：現地人4割の比率は戦前期台湾や朝鮮でも見られる労働力構成であった。満州事変後，中国人の占有率は多少増えて，32年に49.1％になったが，日本人の採用が続くと，34年に24.3％へと急減し，鉄路総局が設置されて国線の中国人が社員となった36年に53.3％へと増えたものの，その後日本人の採用が増えると，39年には43.2％となった。42年に既存の常役が社員扱いとなるまで中国人の社員数は全体的に見て4割程度に維持されたのである。部門別占有率をみれば，非現業部門では日本人が7割以上を記録し，鉄道では6割，炭鉱4割，製鉄所4割の水準を維持した。言い換えれば，中国人の占有率は非現業部門で3割以下，鉄道4割，炭鉱と製鉄所6割を占め，中国人は満鉄全体はもとより，本業の鉄道業でさえ副次的労働力として位置づけられた。

　そこで本業の鉄道業に注目すれば，時期によって機構改革が続いたため，機関別配置率を一貫して把握することが難しい。そのため，比較可能ないく

10）　南満州鉄道株式会社『南満州鉄道株式会社第四次十年史』龍渓書舎，1986年，126-127頁。

つかの時点を比較することにする。表7-1によれば，日本人は鉄道本部と鉄道事務所といった運営管理部署だけでなく現業部門にも多く配置されており，とくに戦時下日本人の採用が極めて難しくなってからはその人員の4分の1が鉄道本部と鉄道事務所の両部門に配置されていた。現業部門では時期によって変動があったものの，駅と機関区への配置率が最も高かった。もちろん，第一次大戦直後の1918年には鉄道工場が駅の次であったことも見逃してはいけない。これは第一次世界大戦の車両調達が難しくなったため，その不足が著しくなり，車両修繕と製作に多くの労働力が配置されたことを意味する。これに対して，運営管理部門に対する中国人の配置は極めて少なかった。現業部門で最も高い配置率を示したのが，1909年に機関区，18年に鉄道工場，28年に鉄道工場，34年に駅，44年9月に保線区であった。配置率の1位は時期によって激しく変わったわけであるが，その2位は一貫して保線区であった。すなわち，列車運行に直接関わりが少なくまた現地よりの採用が可能な保線区に対して多くの中国人が採用されたのである。さらに占有率を見れば，より明確である。管理部門たる鉄道部・局・事務所における日本人の占有率が極めて大きく，現業部門では駅，機関区，埠頭，ホテルでたいてい6-7割に達した。しかし，保線区と鉄道工場の場合，中国人がシェアの半分以上を占めていたが，戦時下で日本人を中心として労働力不足が甚だしくなると，中国人の占有率が高まり，過半数を占めるようになった。そのなかでも管理部門とホテルにおける日本人の占有率は高い水準を維持した。また，中国人の占有率が最も高かったのは依然として保線区であった。

　以上のように，鉄道業の中枢機能を果たす管理部門や列車運行部門を中心として日本人が配置されたのに対し，中国人は現業部門，おもに重要性の低い部門に配置されていた。この傾向は戦時下でも維持され，敗戦まで日本人が鉄道運営を掌握しようとしたことを意味する。さらに，身分的にみても，中国人は1933年までは最下層の傭員に限定されており，内部昇格はまったく適用されなかった。満州事変後，国線，社線，北鮮線の一元化が実現されてから，中間管理層，場合によって上層管理層にも中国人がかろうじて登場し始めた。とはいうものの，1936年から44年にかけて民族別配置率の変化

第7章 「大陸」中国における鉄道員の健康と衛生——満鉄鉄道業を中心として

表 7-1 満鉄における鉄道機関別配置率

	1909 年			1918 年			1928 年			1934 年			1944 年 9 月		
	配 置 率														
	日	中	計	日	中	計	日	中	計	日	中	計	日	中	計
鉄道 HQ	9.9	1.8	6.5	5.6	1.4	3.8	6.0	0.7	4.1	10.2	3.4	8.1	11.1	2.1	5.0
鉄道事務所							3.1	0.5	2.1	2.9	0.6	2.2	4.5	2.1	2.8
駅	23.5	16.1	20.4	27.8	11.8	20.9	24.6	20.7	23.1	24.0	25.8	24.5	16.9	19.9	18.9
列車区							5.9	1.6	4.3	5.7	1.5	4.4	3.3	2.7	2.9
機関区	23.3	37.6	29.3	16.0	12.0	14.3	18.9	16.8	18.1	19.5	11.4	17.0	19.9	26.0	24.0
検車区							4.4	4.3	4.4	5.3	4.2	5.0	4.8	6.6	6.0
保線区	13.4	24.7	18.2	13.0	20.7	16.3	7.6	20.5	12.3	8.3	24.1	13.1	10.6	24.3	19.9
保安区							3.3	1.3	2.6	5.6	2.5	4.7	10.6	4.2	6.2
埠頭	7.4	3.3	5.7	10.5	4.8	8.1	11.7	11.9	11.8	8.3	13.3	9.8	2.5	1.0	1.5
鉄道工場	13.8	14.4	14.1	25.1	48.1	34.9	13.6	21.6	16.5	10.1	13.2	11.1	8.1	8.7	8.5
ホテル	8.6	2.2	5.9	2.0	1.3	1.7							2.4	1.1	1.5
その他				0.1		0.0	0.9	0.1	0.6				5.2	1.4	2.7
合計	100	100	100	100	100	100	100	100	100	100	100	100	100	100	100
	占 有 率														
鉄道 HQ	88.5	11.5	100	84.2	15.8	100	93.3	6.7	100	87.5	12.5	100	71.7	28.3	100
鉄道事務所							90.7	9.3	100	91.1	8.9	100	50.6	49.4	100
駅	66.5	33.5	100	76.0	24.0	100	67.1	32.9	100	68.2	31.8	100	28.5	71.5	100
列車区							86.6	13.4	100	89.7	10.3	100	36.8	63.2	100
機関区	45.7	54.3	100	64.2	35.8	100	65.9	34.1	100	79.9	20.1	100	26.4	73.6	100
検車区							63.8	36.2	100	74.4	25.6	100	25.6	74.4	100
保線区	42.6	57.4	100	45.7	54.3	100	39.0	61.0	100	44.4	55.6	100	17.1	82.9	100
保安区							81.1	18.9	100	83.7	16.3	100	54.1	45.9	100
埠頭	75.4	24.6	100	74.6	25.4	100	62.8	37.2	100	59.1	40.9	100	53.0	47.0	100
鉄道工場	56.7	43.3	100	41.2	58.8	100	51.9	48.1	100	63.8	36.2	100	30.5	69.5	100
ホテル	83.9	16.1	100	67.5	32.5	100						100	50.3	49.7	100
その他						100	94.9	5.1	100			100	63.0	37.0	100
合計	57.6	42.4	100	57.3	42.7	100	63.2	36.8	100	69.8	30.2	100	31.9	68.1	100

出所：南満州鉄道株式会社『統計年報』各年度版；同『南満州鐵道株式会社第三次十年史』1938 年，174-178 頁；同『満鉄在籍社員統計』1944 年 9 月末現在．
注：1934 年までは社線，1944 年 9 月は全満州鉄道．鉄道 HQ は本社の交通関連の局と各鉄道局．鉄道事務所は駅区の上位機関として事務所を意味する．1909 年と 18 年の駅，機関区，保線区にはそれぞれ列車，検車，保安の要員が含まれている．埠頭には築港区ないし築港事務所が含まれている．ホテルの空欄は一時期ホテルがスピンアウトされたからである．1934 年の合計には鉄路総局，北鮮鉄道管理局，鉄道建設局を含んでいない．すなわち，社線のみの鉄道部である．

図 7-3 満鉄従事員の賃金推移

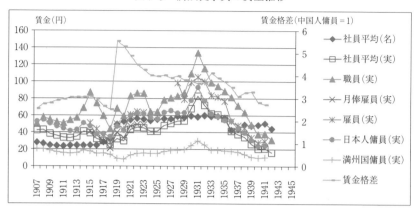

資料:南満州鉄道株式会社『統計年報』各年度版；南満州鉄道株式会社『帝国議会説明資料』各年度版；南満州鉄道株式会社調査課『満州参考物価統計』1931 年；南満州鉄道株式会社経済調査課『満州経済統計図表』1934 年；大連商工会議所『満州経済統計年報』各年度版；東北財経委員会調査統計処編『旧満州経済統計資料：「偽満時期東北経済統計』1931〜1945 年』柏書房，1991 年。

注: 1. 1938 年までは『統計年報』，それ以降は『帝国議会説明資料』。
  2. 日給の月給への換算は日給に 30 日を掛ける。30 日は満鉄『帝国議会説明資料』の月給と『統計年報』の日給を比較して確認した。すなわち，当時公休日は出勤扱いとされた。月給と日給には在勤手当を含まない。
  3. 実質賃金 = 名目物価／大連卸売物価指数 (1934-36 年基準)
  4. 雇員は月給雇員，日給雇員，准職員 (1936 年度版『統計年報』による)。

を見ると，日本人は職員 29.0％→27.0％，准職員 0.0％→20.1％，雇員 18.3％→53.0％，傭員 52.7％→0.0％であったのに対し，中国人は職員 5.9％→2.1％，准職員 0.0％→3.9％，雇員 9.6％→14.7％，傭員 84.4％→79.4％であった。つまり，雇員以上の身分層は人数的には増えたとはいえ，比率的には極めて限定されたものであった。

満鉄社員の所属別身分別動向は朝鮮に比べてもより徹底した日本人主義が貫徹されたものであった。労働分業体制の中で中国人の位置はより周辺的なものであったともいえる。このような特徴は社員の処遇において反映された。社員の名目賃金は第一次大戦期を経て約 2 倍も引き上げられ，その水準が 1920 年代から 30 年代前半までにほぼ維持された (図 7-3)。ただし，36 年の鉄道一元化に伴って大量の中国人が鉄路総局から鉄道総局へ移られ，社員扱いとなったため，平均賃金は低下せざるを得なかった。これに物価を反

表7-2　鉄道労働者の平均月収額（1927年5月調書）

	職員	傭員（日）	傭員（中）
駅	190.89	106.34	27.37
機関区	197.35	113.55	27.34
列車区	171.30	103.82	25.73
保線区	244.88	135.46	25.21
検車区	223.82	122.51	26.06
通信区	226.23	102.57	25.21

出所：満鉄調査役岩田穣「鉄道労働者の罹病率に関する考察」『労働科学研究』4-4，1927年12月，159頁。

映した実質賃金の推移に注目すれば，第一次大戦期に下がったあと，20年代に上昇し，昭和恐慌期に最も高い水準を記録したが，戦時下で急降下した。人件費の4割を俸給および給料のほか，各種手当・賞与・旅費などが占めただけに，これを調整することによって戦時期の賃金統制に対応しようとしたと思われる。それにしても，食糧の面で江田いづみ（2004年）が「食べ物の恨み」と指摘したように，配給不足のため，戦時下生活水準の低下は凄まじかった。

　民族別賃金格差はいかなるものであっただろうか。中国人傭員の賃金を基準としてそれ以外の社員の賃金を計算してみれば，1907年に2.5倍であったものが，1919年の賃金調整に伴って18年の2.5倍から19年に5.5倍へと急上昇したあと，低下して33年に4.1倍，37年に3.1倍となり，戦時下の41年には2.7倍にもなった[11]。この格差の縮小傾向はインフレと配給不足に対して生活が苦しくなった下層労働者を配慮した賃金調整が行われた結果である。もちろん，満州事変後，傭員以外の中国人社員が登場し，彼らの賃金が同身分の日本人に比べて低かったことを勘案しければならない。もしその効果が大きければ，賃金格差はより大きなものとなる。それだけでなく，平均給に現物給与を換算して入れると，賃金格差はより大きくなった。「全国鉄道総工会報告」（1925年2月-26年2月）によれば，中国人に「比し三倍の給与を受けて居るとのことなるも，それは基本給料のみの比較で，手当其の他

11）　南満州鉄道株式会社『統計年報』各年度版。

の給与一切とを比較すれば」4-5倍となっていた[12]。表7-2のように、職員と比較すれば、7倍以上の差が生じる。いずれにせよ、両民族間の賃金格差はきわめて大きく、時期によって変動はあったが、敗戦時までに解消されなかった。

　以上のように、内部配置と賃金からみて、中国人社員は下層部の低賃金労働者であったといわざるを得ない。

第2節　鉄道員の健康と疾病

　このような植民地雇用構造の下で満鉄社員の健康状態はいかなるものであったか。その手掛かりとなるのは長期的推移が把握できる死亡率と廃疾率である。日本人の場合、1915年より時系列が得られるが、中国人は台湾国有鉄道のように1925年からのものしかなく、それ以前の状況が把握できない。満鉄社員の死亡率に対する比較の指標として関東州の死亡率を利用することにする。それは満州全域に関する死亡率が得られないからである。

　まず、日本人を中心として長期推移をみれば、死亡率はスペイン・インフルエンザをはじめ伝染病の多かった1919年の21.1をピークとして低下し、20-30年代中に4-8を推移した。関東州の日本人死亡率が1919年に25.8を記録してから低下し、20年代前半に15前後となり、さらに20年代後半以降約10であったことに比べれば、満鉄のほうが低かったといえよう[13]。その背景には満鉄の人口構成は死亡率の高い幼年および老年層を含んでいないことがある。もちろん、昭和恐慌期に一旦低下したあと、戦時下で少しずつ上昇し、戦時下でその傾向はより著しくなったと思われる。外傷と疾病によって労働力を喪失し、退社することになった廃疾者の比率、すなわち廃疾率は第一次大戦中の1917年に26.7で最も高く、その後低下して22年に8.9

---

12)　満鉄調査役岩田穣「鉄道労働者の罹病率に関する考察」『労働科学研究』4-4、1927年12月、159頁。
13)　関東長官官房文書課『関東庁人口動態統計』各年度版；関東局『関東局人口動態統計』各年度版。

第7章 「大陸」中国における鉄道員の健康と衛生——満鉄鉄道業を中心として 277

図7-4 満鉄従事全体の死亡・廃疾率とそのうち鉄道従事員の運転事故の死亡・負傷率

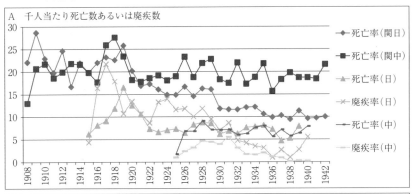

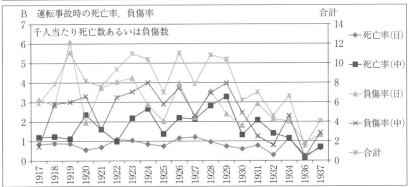

出所：南満州鉄道株式会社『統計年報』各年度版；南満州鉄道株式会社『満鉄要覧』1943年；南満州鉄道株式会社総務部人事課『共済統計概要』各年度版；南満州鉄道株式会社総務部労務課『共済事業成績概要』各年度版。

注：1. 図7-4Aの日本人の1915-20年と中国人の1935年は前年度末共済組合員数をもって推計。それ以外は年間平均組合員数をもって除して推計。
　　2. 図7-4Bの死亡率と負傷率の推計は鉄道従事員のみをもって計算。

となり，再び上昇したが，その後一貫して下がり続けた。

　次に，中国人社員の場合，死亡率において日本人社員はもとより，関東州の中国人に比較してもずいぶん異なる動きが見られる。1924年までは資料上不詳ではあるが，死亡率が極めて低い5前後を推移しており，また廃疾率も1931年5.1をピークとして低下し，1939年に0.3にまで下がった。しかし，関東州の中国人のそれが1918年に27.6をピークにいったん下がったあ

と，20を中心として激しく変動していた。中国人社員でも年齢構成における相違がその原因の一つであったが，廃疾率が持続的に減っていくことから，満鉄社員の身体に対する管理が体系的に行われた可能性がある。とはいえ，関東州の民族別死亡率で見られるように，植民地においては一般的に近代的医療へのアクセスが容易であった日本人の死亡率が現地人のそれより低かったことに注意しなければならない。このような現象が満鉄内部ではまったく逆であったのである。

図7-4Aの死亡率は公傷病と私傷病が区別されていないため，勤務中に発生した事故あるいは疾病によって，死亡あるいは負傷に至る比率が明確に見えてこない。そのため，満鉄の『統計年報』から運転事故中に死亡・負傷した鉄道従事員をもって死亡率と負傷率を計算してみた。負傷率では年によって日本人のほうが高くなったり，中国人のほうがより高くなったりしたものの，死亡率では中国人のほうが一貫して高かった。もちろん，人数では日本人の死亡者が多かったこともあるが，現場の下層労働力となっていた中国人がより大きな危険にさらされたと判断せざるを得ない。鉄道工場でも事故＝災害の発生率が把握できるが，死亡率と負傷率は得られない。1923年から25年までの災害頻度率（全勤工1,000，労働日数1年300日として産出）においては日本人が41.21を記録して33.61の中国人より高かった[14]。鉄道工場では日本人のほうが多くの事故に晒されたのである。この二つのデータをもって整合性のある判断はできない。

この点で，『南満州鉄道附属地衛生概況』「傷病手当給付ニ関スル医学的審査件数」に注目してみよう。傷病手当は身体上「機能障碍を遺残したるときは其の程度に応じ」て支給されるものであるため，職務中に発生する死亡と傷害が推測できる[15]。1922年から28年までの7年間，鉄道従事員の平均死亡率（千人当たり死亡数）は日本人1.1，中国人1.5，全社員のそれは日本人0.9，中国人1.1であった。その反面，罹病率では鉄道のみで日本人2.3，中国人2.1，全社員では日本人1.8，中国人1.5であった。要するに，日本人の

---

14) 南満州鉄道株式会社地方部衛生課『南満州鉄道附属地衛生概況』1928年度，129頁。
15) 満鉄調査役岩田穣「鉄道労働者の罹病率に関する考察」『労働科学研究』4-4，1927年12月，159頁。

図7-5 民族別死亡者の年齢別・勤続年数別死亡者構成（％）

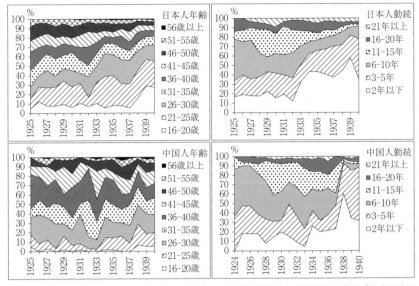

出所：南満州鉄道株式会社『統計年報』各年度版；南満州鉄道株式会社総務部人事課『共済統計概要』各年度版；南満州鉄道株式会社総務部労務課『共済事業成績概要』各年度版。

ほうが事故に遭う機会が多かったけれども，事故の深刻さから見れば，中国人が死亡に至るケースが多かったのである。まさに分業体制で危険を伴う下層部に置かれていた中国人の状況が読み取れる。この点からみれば，鉄道工場でも日本人の震災頻度率が高かったとはいえ，その深刻さにおいて死亡に至る中国人の「震災」が多かった可能性も考えられる。

　廃疾率と死亡率においても労働力構成が反映されるので，年齢と勤続年数の構成変化に注目して見よう。図7-5のように，民族別死亡者の年齢と勤続年数の構成が異なる動きを示している。まず日本人の場合，1930年代に入っては一貫して年齢の上昇が見られる。この現象が勤続年数ではよりはっきりしている。その反面，中国人の場合，年齢の上昇が30年代に入って多少見られるが，それが20年代とはっきり区分されていない。ところが，勤続年数では5年未満の比率が1938年には90％を超え，そのような動きがはっきりしている。満州事変以降，日本人の大量採用が行われ，年齢の青少年化と勤続年数の短期化が進んだが，中国人の場合，1936年になって満鉄外局の

鉄路総局から満鉄内局の鉄道総局に大量移籍してから，大きな労働構成の変化が生じ，そのため，日本人と中国人の死亡者構成が時期的に違ってきたのである。青少年層と経験不足者を中心とする死亡者の発生は労働力希釈化の一現象であった。

　ここで，次のような疑問を持たざるを得ない。日本人は労働分業のなかで上・中層に立ち，職務中に死亡する比率が低かっただけでなく，賃金などの処遇面でも中国人より遥かに優遇された。にもかかわらず，なぜ日本人は満州で中国人より高い死亡率を示したのだろうか。「高温にして湿度高き盛夏」と「酷寒より漸く温暖に向ひ，大気大いに乾燥し，風速の著しき時期」と特徴づけられる異郷の地「満州」に，日本人は住み慣れなかったからであろうか。もちろん，その原因はまったくないといえないものの，それを検証するためにはどのような疾患が死因であったかを考えなければならない。

　まず，日本人の最大死因は伝染病であり，その次が傷痍，呼吸器疾患，消化器の疾患であった。伝染病のシェアは図7-6で見るように圧倒的であり，伝染病のなかでも結核が最も多かった事実に注目せざるを得ない。すなわち，民族別死亡率の格差が1931年までそれほど大きくなかったが，それ以降拡大し，日本人の死亡率が上昇するのは伝染病，なかでも結核による死亡率が高くなったからである。この傾向は廃疾率でも確認できる（図7-7）。ただし，廃疾率は1920年代に入ってから急速に低下し，それによる労働力の損失が比率的に少なくなったとも思われるが，同時に30年代に年齢の低下が進み，廃疾者の発生可能性が比率的に減少したことも見逃してはいけない。ともあれ，廃疾の中で伝染病，とくに結核が占めるシェアは，死因のなかで占めるそれより確かに大きかった。

　それでは，日常的に社員はどのくらい疾病に罹患していただろうか。その罹患率に注目すれば，日本人は消化器疾患が全期間にわたって最も高く，その次が1931年までは神経系・感覚器疾患＞伝染病＞皮膚・運動器疾患の順であったが，36年と39年には伝染病が二番目となった。また，伝染病のなかで結核が占める比率は死亡率と廃疾率でのそれらに比べて決して高くない。その反面，中国人の場合，神経系・感覚器疾患が最も大きく，その次がたいてい皮膚・運動器疾患あるいは消化器疾患であって，伝染病はさらにそ

図 7-6　満鉄従事員の病類別死亡者構成（単位：％）

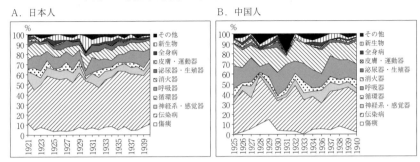

A．日本人　　　　　　　　　B．中国人

出所：南満州鉄道株式会社『統計年報』各年度版；南満州鉄道株式会社総務部人事課『共済統計概要』各年度版；南満州鉄道株式会社総務部労務課『共済事業成績概要』各年度版。

表 7-3　満鉄従事員の病類別死亡率（単位：千人当たり死亡数）

	1921	1926			1931			1936			1940		
	日	日	中	差	日	中	差	日	中	差	日	中	差
傷痍	1.2	0.3	0.1	0.1	0.4	0.2	0.2	0.7	0.2	0.4	0.7	0.3	0.4
伝染病	4.5	3.2	2.5	0.8	2.5	1.8	0.8	4.4	1.1	3.2	4.5	2.1	2.4
（結核）	2.4	2.1	1.7	0.4	1.7	1.5	0.2	3.7	0.7	3.0	3.0	1.8	1.2
神経系・感覚器	0.8	0.5	0.3	0.2	0.6	1.2	0.4	0.6	0.6	0.0	0.4	0.3	0.1
循環器	0.3	0.2	0.1	0.1	0.1	0.3	−0.2	0.1	0.2	−0.1	0.3	0.2	0.0
呼吸器	0.9	0.7	0.9	−0.2	0.9	1.2	−0.4	0.7	0.6	0.1	1.4	0.9	0.5
消火器	1.4	0.4	1.0	−0.6	0.3	0.4	−0.1	0.6	1.0	−0.4	0.9	0.7	0.1
泌尿器・生殖器	0.6	0.4	0.1	0.2	0.4	0.2	0.2	0.2	0.1	0.2	0.2	0.1	0.1
皮膚・運動器	0.1	0.1	0.1	0.0	0.0	0.1	−0.1	0.1	0.1	0.1	0.1	0.1	−0.1
全身病	0.4	0.2	0.1	0.1	0.1	0.1	0.0	0.2	0.2	0.0	0.2	0.1	0.1
新生物	0.1	0.4	0.3	0.1	0.3	0.0	0.3	0.1	0.2	−0.1	0.1	0.1	0.0
その他	0.2	0.0	0.2	−0.2	0.3	1.0	−0.7	0.3	0.2	0.1	0.2	0.2	0.0
合計	10.4	6.4	6.0	0.4	5.7	5.2	0.5	7.9	4.4	3.5	8.9	5.0	3.9

出所：南満州鉄道株式会社『統計年報』各年度版；南満州鉄道株式会社総務部人事課『共済統計概要』各年度版；南満州鉄道株式会社総務部労務課『共済事業成績概要』各年度版。

の次であった（ただし，31年には消化器より0.1高い）。すなわち，死亡および廃疾に至る最大原因であった伝染病，とりわけ結核は，罹患率ではそれほど大きなシェアを占めなかった。というものの，民族別罹患率の差は死亡率や廃疾率より大きかった。この罹患率は満鉄の医療機関から治療を受けた患者数を基準とするもので，同じ人が二つ以上の疾患を抱えると，それぞれ別

図7-7　満鉄従事員の病類別廃疾者構成（単位：％）

A. 日本人

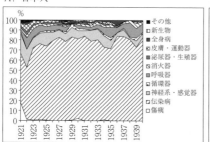

B. 中国人

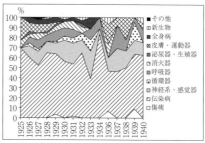

出所：南満州鉄道株式会社『統計年報』各年度版；南満州鉄道株式会社総務部人事課『共済統計概要』各年度版；南満州鉄道株式会社総務部労務課『共済事業成績概要』各年度版。

表7-4　満鉄従事員の病類別廃疾率（単位：千人当たり廃疾数）

	1921	1926			1931			1936			1940		
	日	日	中	差	日	中	差	日	中	差	日	中	差
傷痍	1.9	0.0	0.0	0.0	0.0	0.1	-0.1	0.0	0.1	-0.1	0.0	0.0	0.0
伝染病	5.1	9.3	1.6	7.7	7.3	2.6	4.6	1.0	0.5	0.6	4.6	0.1	4.5
（結核）	5.1	9.2	1.3	7.9	7.2	2.5	4.6	1.0	0.5	0.6	4.5	0.1	4.4
神経系・感覚器	2.0	1.0	0.3	0.7	0.5	1.1	-0.6	0.0	0.2	-0.1	0.2	0.0	0.2
循環器	0.3	0.2	0.1	0.1	0.2	0.3	-0.1	0.0	0.0	0.0	0.1	0.0	0.1
呼吸器	0.2	0.6	0.1	0.5	0.2	0.4	-0.2	0.1	0.0	0.1	0.5	0.0	0.4
消火器	0.2	0.2	0.1	0.1	0.2	0.4	-0.2	0.0	0.2	-0.2	0.1	0.0	0.1
泌尿器・生殖器	0.2	0.1	0.1	0.0	0.2	0.2	0.0	0.0	0.0	0.0	0.0	0.0	0.0
皮膚・運動器	0.3	0.3	0.2	0.0	0.1	0.0	0.1	0.0	0.2	-0.2	0.0	0.0	0.0
全身病	0.1	0.1	0.1	-0.1	0.1	0.2	-0.1	0.1	0.0	0.1	0.0	0.0	0.0
新生物	0.0	0.0	0.0	0.0	0.0	0.1	0.0	0.0	0.1	-0.1	0.0	0.0	0.0
その他	0.3	0.0	0.0	0.0	0.0	0.0	0.0	0.0	0.0	0.0	0.0	0.0	0.0
合計	10.6	11.7	2.6	9.1	8.6	5.1	3.5	1.2	1.2	0.0	5.5	0.2	5.3

出所：南満州鉄道株式会社『統計年報』各年度版；南満州鉄道株式会社総務部人事課『共済統計概要』各年度版；南満州鉄道株式会社総務部労務課『共済事業成績概要』各年度版。

人としてカウントされ，結果的に過大評価される。この点を考慮した実罹患率は表7-5のようにその半分以下となる。それによれば，罹病率の格差は1930年中頃には縮小したが，戦時下で再び拡大する傾向を示す。いずれにせよ，日本人の健康状態は良好ではなかった。

なぜ，それほど日本人は疾病に弱い存在であったか。もちろん，中国人従

第7章 「大陸」中国における鉄道員の健康と衛生——満鉄鉄道業を中心として 283

図7-8 満鉄従事員の病類別罹患者構成（単位：％）

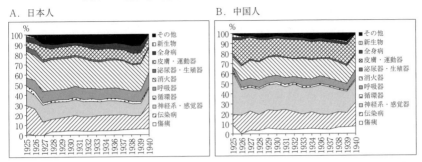

出所：南満州鉄道株式会社『統計年報』各年度版；南満州鉄道株式会社総務部人事課『共済統計概要』各年度版；南満州鉄道株式会社総務部労務課『共済事業成績概要』各年度版。

事員が疾病に罹っても医療機関に通わなかったという可能性もあるが、多くの日本人が疾病に罹ったことは疑いない事実である。業務系統と健康状態の関連性を見るため、満鉄が1923年より行った「現業員傷病調査」を検討しよう。ただし、この調査が日本人に限って行われたサンプル調査であることに注意する必要がある[16]。これが満鉄地方部衛生課『鉄道現業傷病調査成績』および『南満州鉄道附属地衛生概況』と岩田穣「鉄道労働者の罹病率に関する考察」（『労働科学研究』4-4, 1927年12月）として発表された。上述の満鉄『統計年報』および『共済統計概要』・『共済事業成績概要』には各系統別状況は掲載されていない。

公傷病率では機関区は94.3で最も高く、その次が検車区＞保線区＞列車区＞駅＞通信区の順であった。列車運行と施設保守を担当する系統が当然、多くの事故にさらされていた。しかし、私傷病率においては車掌などの乗務員からなる列車区が311.1を記録して最も高く、その次に機関区＞駅＞検車区＞通信区＞保線区の順であった。要するに、罹病率と直結する私傷病率では、乗務員の健康状態が悪かった。「機関車及列車乗務員の業態は、過度の高気温、又は低気温、或はその急激なる変化、過度に強き風速、常に絶えざ

---

16) そのため、一応全数調査の『共済組合』あるいは『統計年報』とは罹病率、廃疾率、死亡率が異なる。1927年より全数調査が行われたが、業務系統別統計が把握できない。

表 7-5　満鉄社員の病類別被診療率と罹病率（単位：千人当たり被診療数と罹病数）

	1927			1931			1936			1940		
	日	中	差	日	中	差	日	中	差	日	中	差
傷痍	0	18.7	−18.7	75.1	17.5	57.7	69.8	24.7	45.1	102.8	37.4	65.4
伝染病	205.4	95.3	110.1	262.6	78.1	184.5	244.6	78.9	165.7	473.9	120.1	353.8
（結核）	75.8	12.4	63.4	80.0	11.2	68.8	76.1	16.4	59.6	72.9	13.0	59.9
神経系・感覚器	265.5	118.6	146.9	269.0	88.4	180.6	224.4	156.3	68.1	262.1	112.8	149.3
循環器	31.4	8.5	22.8	38.2	9.4	28.8	37.4	7.8	29.6	27.1	7.7	19.4
呼吸器	177.8	36.0	141.8	191.8	26.1	165.6	165.6	40.0	125.6	254.1	43.9	210.2
消化器	456.3	88.3	368.0	497.6	78.0	419.6	440.5	91.9	348.6	442.9	77.9	364.9
泌尿器・生殖器	35.5	6.2	29.3	29.1	2.9	26.2	18.1	4.6	13.5	22.8	7.9	14.8
皮膚・運動器	203.8	108.2	95.6	173.8	69.5	104.3	149.8	90.0	59.8	173.8	96.8	77.1
全身病	51.3	8.4	43.0	42.9	9.5	33.4	100.4	15.8	84.6	61.2	3.2	57.9
新生物	3.9	1.2	2.6	1.7	0.4	1.3	0.5	0.3	0.1	2.4	2.1	0.3
その他	134.3	9.5	124.8	134.5	14.1	120.3	137.9	26.7	111.2	3.3	1.0	2.4
合計	1,565.2	499.0	1,066.2	1,716.2	393.8	1,322.4	1,589.0	537.0	1,052.0	1,826.5	510.8	1,315.7
実罹患率	705.6	256.5	449.0	758.1	256.5	501.6	714.4	338.5	375.8	763.3	513.3	250.0

出所：南満州鉄道株式会社『統計年報』各年度版；南満州鉄道株式会社総務部人事課『共済統計概要』各年度版；南満州鉄道株式会社総務部労務課『共済事業成績概要』各年度版。

注：日本人の被診療率が1925年 184.2、26年 218.2 から 27年 1,565.2 へと急増。

表 7-6 鉄道現業員の業務系統別罹病および疾病日数率（1923-26 年平均）

		駅	列車区	機関区	検車区	保線区	通信区	計
公傷病	罹病率（千人当たり罹病数）	36.4	52.4	94.3	84.1	71.2	25.0	62.6
	患者平均治療日数	34.6	24.9	26.1	31.9	30.3	50	28.7
	全従事員疾病日数率（％）	1.2	1.3	2.5	2.7	2.2	1.3	1.8
私傷病	罹病率（千人当たり罹病数）	258.8	311.1	269.4	194.7	112.8	131.3	243.4
	患者平均治療日数	40.7	37.5	32.7	38.7	34.9	42	37.2
	全従事員疾病日数率（％）	10.5	11.7	8.8	7.5	3.9	5.5	9.1
公私傷病計	罹病率（千人当たり罹病数）	295.2	363.5	363.7	278.8	183.9	156.3	30.6
	患者平均治療日数	39.7	35.7	31	36.6	33.4	43.3	35.5
	全従事員疾病日数率（％）	11.7	13.0	11.3	10.2	6.1	6.8	10.9
廃疾および死亡	廃疾率（千人当たり廃疾数）	16.4	7.9	8.4	9.6	7.7	6.3	11.4
	死亡率（千人当たり死亡数）	6.2	4.8	7.8	7.2	6.2	12.5	6.8
	計	22.6	12.7	16.2	16.8	13.9	18.8	18.1
総計	罹病率（千人当たり罹病数）	310.8	371.3	373.8	290.8	193.6	171.8	318.2
	患者平均治療日数	45.8	38	33.8	40.6	37.3	50.1	33.7
	全従事員疾病日数率（％）	14.2	14.1	12.6	11.8	7.2	8.6	12.6

出所：南満州鉄道株式会社地方部衛生課『南満州鉄道附属地衛生概況』1928 年度，203 頁。
注：業務系統別調査人員をみれば，駅 2,253 人，列車区 630 人，機関区 1,793 人，検車区 416 人，保線区 647 人，通信区 160 人，計 5,899 人であった。

る音響及び雑音，反復せる振動，不自然なる体位，精神の緊張の結果より招来せらるる過労，体養の不十分，睡眠の不十分に依存する健康障害を考慮すべきである」[17]。そのなかでも，運転系統の機関士などより営業系統に属する車掌などの健康状態がいっそう悪かった。その次に室内業務の多かった駅が 258.8 を記録し，検車区は 194.7 であった。屋外勤務の多かった施設保守関連系統，なかでも保線区が良好な健康状態を示した。「徹夜作業を多く有する，駅，機関区，列車区が何れも三〇％［引用：千人当たり 300］以上を示し，之を有するも其の量の少い検車区は之に準じ，之を有せざる保線区通信区は著しく低率となる」のであった[18]。徹夜作業が健康に対して悪影響を

---

17) 満鉄調査役岩田穣「鉄道労働者の罹病率に関する考察」『労働科学研究』4-4, 1927 年 12 月, 183 頁。
18) 満鉄調査役岩田穣「鉄道労働者の罹病率に関する考察」『労働科学研究』4-4, 1927 年 12 月, 177 頁。

及ぼしたのである。

そのため，作業箇所別罹病率（1923-25年平均）を見れば，屋内の日勤305.2，屋内の徹夜勤務323.8，屋外構内の日勤258.3，屋外構内の徹夜勤務321.0，機関車乗務員407.7，列車乗務員377.2，野外作業170.0であった。このような罹病率が廃疾率と死亡率につながったものの，廃疾率（1923-26年平均）では駅と検車区が高く，死亡率では通信区が比較的高かったので，廃疾率と罹病率二つを合わせた廃疾・罹病率では駅＞検車区＞機関区＞列車区＞保線区の順であった（表7-6）。病類別罹病率の最高値と最低値をみれば，職務外傷はそれぞれ機関区93.5，通信区24.5，感冒は列車区56.5，通信区6.1，消化器病は列車区47.1，通信区12.3，肺結核は駅2.18，保線区0.61，鼻咽喉病は列車区18.8，保線区6.1，呼吸器病は駅17.9，保線区9.2，精神神経系病は駅14.4，検車区9.5，脚気は機関区13.2，通信区0.0であった。これらの疾病と業務系統との連関性は勤務形態と内容を原因とすることは言うまでもない。

とりわけ，最大の死因であった結核（肺結核およびその他結核）に注目すれば，罹病率（1923-26年平均）は駅15.1，列車区15.9，機関区10.7，検車区12.0，保線区4.6，通信区6.3であって，これが通信区を除いて同じ順の結核による廃疾・死亡率（駅12.9，列車区6.3，機関区6.7，検車区9.6，保線区4.6，通信区12.5）をもたらしており，全体の廃疾・死亡率の順ともほぼ一致する。当然，伝染病，なかも結核の罹病率とそれによる廃疾・死亡率が健康状態を規定する最大要因であった。しかし，このデータでは満鉄全体と鉄道部がどのように異なっているかがわからない。

そのため，このデータよりはやや早い時期であるが，1921-22年の共済組合データを利用することにする[19]。それによれば，結核の罹病率と死亡率（対総人員比）はそれぞれ鉄道部12.75，7.38，鉄道工場[20] 4.66，3.19，埠頭7.57，5.17，炭鉱6.90，2.64，製鉄所15.87，7.87，その他8.02，5.14，計

---

19) 南満州鉄道株式会社地方部衛生課『共済社員殊に鉄道従事員の肺結核の統計的観察』1924年3月．
20) この時期，鉄道工場は鉄道部から独立して本社によって直接の管轄に入っており，日本や朝鮮とは異なって修繕だけでなく車両製作をも担当し，作業速度や内容も違っていた。

9.05, 4.83 であった。現業部門のなかで製鉄所の次に鉄道のそれらが高かったのである。とくに，日本国鉄の場合，鉄道工場における労働者は密集した空間で精神的緊張感をもって作業したため，最も高い死亡率を記録していたのに対し，満鉄ではむしろ鉄道工場が鉄道部より低かった。これは沙河口工場での衛生管理が比較的よかったといえよう。とはいえ，満鉄全体の結核罹病率は1926-31年平均59.4に達し，日本国鉄の10.3（28-29年平均）や日本内地の19.1（26-31年平均）はもとより，在満日本人の20.6（同）より高かったことから，満鉄従事員が結核に脆弱であったことは確かである[21]。

このように伝染病，なかでも結核の罹病率と死亡率において業務系統別格差がなぜ生じたのか。既述のように，作業環境の優劣差，屋内外の差，徹夜作業の有無，身体鍛練の機会などという要因があるだろう。ところが，伝染病などが必ず勤務地のみで発生するわけではないから生活空間にも注目する必要がある。すでに説明したように，清潔さの有無よりも「同宿者間の伝染」「同僚間の伝染」「友人間の伝染」が結核感染の主要ルートであった[22]。とくに日本人の場合，日本を離れて来満しただけに，結婚の前には独身寮の生活が一般化していた。調査人員のなかで独身者比率（1923-25年合計）をみれば，駅31.7％，列車区32.2％，機関区29.4％，検車区17.5％，保線区6.9％，通信区13.0％，計26.9％であった。独身者比率が高いほど私傷病，なかでも結核に罹る比率が高くなることが確認できる。「独身宿舎に於ける比較的節制の伴はない，無規律に流れやすき一般的生活，並に集団的栄養方法それ自身のうちに含まるる欠陥，その他暴飲暴食等の機会の多きこと等が大いに関係ありと考へざるを得ない」[23]。共同生活の中で日本人社員は同宿者とともに出勤して，退勤後と休日には彼らとともに余暇生活を送った。札幌より寒い－10℃以下の冬季中には閉鎖された室内空間で生活せざるを得なかった。こうして，限られた空間と人間関係のなかで多くの疾病，なかで

---

21) 鉄道総局保健課「満州の衛生事情」南満州鉄道株式会社総裁室人事課『新入社員執務要覧』1938年4月，233-248頁。
22) 名古屋鉄道病院内科医学博士武藤昌知「本局諮問案『結核予防対策』に対する意見」1930年11月18日『日本鉄道医協会雑誌』17-3，1931年3月，42-59頁。
23) 満鉄調査役岩田穣「鉄道労働者の罹病率に関する考察」『労働科学研究』4-4，1927年12月，202-207頁。

も結核が広がったのである。

　このようなロジックは中国人従事員に適用すれば、もっぱら現業部門の多い鉄道、撫順炭鉱、鞍山製鉄所に対して多く配置され、鉄道のなかでも機関区、駅、保線区へと重点的に配置され、中・上層部への配置は稀であって、多くの中国人社員が鉄道工場を除いてはおもに屋外労働に従事した。この典型的事例が保線区であった。それだけに、職務中の事故に遭う可能性は大きかったものの、新鮮な空気を呼吸して、肉体を鍛えられる機会が多かった。これがかえって低い罹患率、廃疾率、そして死亡率をもたらしたのである。労働条件と処遇が日本人に比べて劣悪で、中国人のほとんどが社内の分業体制のなかで下層部の肉体労働に従事させられたにもかかわらず、健康状態ではかえって良好であった。まさにある種のパラドクスが潜んでいたといわざるを得ない。

第3節　労働衛生管理の展開

　満鉄従事員の健康と疾病に見られる一種のパラドクスに対して、どのような対策が講じられたのだろうか。まず、満鉄の医療体制について検討してみよう。

　野戦鉄道提理部時代には所属員の治療のため、大連などの7ヵ所に診療機関が設置されたが、満鉄の設立とともに、陸軍から提理部所属医院の引き継ぎが行われた[24]。陸軍大臣に申請して現役軍医13人、薬剤官1人を在官のまま会社の職員とし、衛生員配置規程を定め、大連に本院を、千金寨に分院を、また8ヵ所に出張所を設けて、社員だけでなく附属地居住民をも診療した。1907年10月には関東都督府所管の大連医院と居留民会経営の奉天、公主嶺両病院を満鉄が引き継いで運営し始めた。これをきっかけとして新たに病院規程（→翌年、医院規程に改められる）並びに薬価諸料金規則を制定して医療機関を再編した。その後も、同仁会、外務省といった他の機関が運営し

---

24)　南満洲鉄道株式会社『南満州鉄道株式會社十年史』1919年。

第 7 章 「大陸」中国における鉄道員の健康と衛生——満鉄鉄道業を中心として　289

図 7-9　満鉄大連病院

出所：南満州鉄道株式会社長室情報課『満州写真帖』中日文化協会，1927 年。

ていた医院を引き継いでおり，医療機関の新設と調整を行い，医療体制を拡大していった。

　満鉄は 1929 年 4 月に至っては財団法人大連医院を設立し，大連，沙河口，金州および同寿医院から一切の業務を継承させた。そのため，本社経営の医院は瓦房店，大石橋，営口，鞍山，遼陽，奉天，開原，四平街，公主嶺，長春，吉林，撫順，本渓湖および安東の 15 ヵ所となり，主要医院には看護婦養成所を併設していた。さらに営口，奉天の各城内には分院を設け，中国人を対象とする医療を施した。また，医院を設けられない主要附属地および鉄道沿線外主要都市 13 ヵ所には公医を配置し，地方在住者の診療に従事させた。既述のように，満鉄では結核罹病率が日本国鉄，日本内地はもとより，在満日本人よりも高率であることから，結核療養所の設置が度々要請され，1928 年に至って御大典記念事業として南満州保養院の設置が決定され，1932 年 5 月に落成された[25]。それにしても，僻地の中間駅などでは医療機関がなかったため，地方部衛生課と主要沿線医院に家庭医生婦を置いて各

---

25)　南満州鉄道株式会社地方部衛生課「満鉄医院一覧」1933 年。

担当区域を定め，毎旬1回巡回するようにした[26]。そのほか，大学教育機関までを設置して満州医科大学，吉林東洋医院を中心として夏季中診療班を構成し，東部内蒙古や吉林省の僻地を巡回診療した。

1944年9月現在，医療機関を見れば，医院は奉天鉄道局12ヵ所，大連埠頭局3ヵ所，錦洲鉄道局4ヵ所，吉林鉄道局3ヵ所，牡丹江鉄道局6ヵ所，ハルビン鉄道局3ヵ所，チチハル鉄道局6ヵ所，羅津鉄道局1ヵ所，満州医科大学附属病院（1929年4月，独立会計），撫順病院（撫順炭鉱），合計40ヵ所，保養院および分院は9ヵ所，建設事務所診療所3ヵ所，温泉保養院，従事員数3,388人であった[27]。そのほか，大連病院が1929年に財団法人として設立されており，5ヵ所にその分院があった。

満鉄は社員の健康状態を把握するため，採用者に対する身体検査規程を設けて現業員と非現業員を区分し，甲，乙，丙，丁の四種に検査成績をつけ，合格と不合格を決定した。なお，採用された社員に対しては健康診断規程を設けて年1回に健康診断を実施して「体格素質」の向上を図った。満州事変後，社員の急増に伴って一般診療業務が多忙となり，短時間内の大量検査ができなかったので，1935年には検診医6人を衛生課に配置し，身体検査と健康診断を専任させた[28]。それによって，虚弱体質者の入社を防止するとともに，社員の疾病を早期発見して「加療ノ要アル所以ヲ指示」し，罹病率を減退させることが期待された。

これらの医療機関を行政的に管理するため，1907年5月に地方部衛生課（→1908年12月地方課→1914年5月地方部衛生課）が設置され，関連業務を所管した。この衛生課には医務係，保健防疫係，現業衛生係，学校衛生係が置かれて，単に満鉄だけでなく，附属地の衛生保健に対する包括的業務を担

---

26) 巡回家庭衛生婦は「社員及其ノ家族ノ傷病応急処置，妊産婦，初生児ニ対スル手当，乳幼児ノ哺育方法等ノ指導」を行った。南満州鉄道株式会社地方部衛生課『南満州鉄道附属地衛生概況』1928年度，3，19-21頁。

27) 満鉄会編『南満州鉄道株式会社第四次十年史』龍溪書舎，1986年，442-443頁。

28) 南満州鉄道株式会社地方部衛生課『南満州鉄道附属地衛生概況』1928年度，20頁；南満州鉄道株式会社重役会，特第9号の87「専任身体検査医設置に関する件」1934年11月27日（1-4「昭和九年度下半期重役会議決議録」HM335-1-3-2，小田原市立図書館所蔵『山崎元幹満鉄関係資料』雄松堂フィルム出版，マイクロフィルム版74番）。

図 7-10　満鉄衛生研究所

出所：南満州鉄道株式会社編『南満洲鉄道株式会社十年史 第二次』1928 年。

当した。25 年には本社に衛生研究所が設置され，細菌，衛生，血清，痘苗，化学，病理の 6 科を置いて病原体の検索，予防治療剤の供給，地方病の防止を図った。とはいうものの，満鉄改組に伴って，1937 年 12 月に衛生を含む鉄道附属地行政権が満州国に委譲され，衛生研究所も関東軍に渡されると，鉄道総局に人事局保健課（→鉄道総局の廃止後，総務局保健課）を置いて会社全体の保健，医療施設を統括し，各鉄道局，総裁室庶務課，撫順炭鉱には保健係（→各鉄道局は総務部保健科，撫順炭鉱は総務局人事課保健係）を設置し，該当区域における医療機関の運営，保健・防疫，鉄道救護，検診を担当した[29]。なお，1945 年に敵軍の侵攻に備えて自活自戦態勢の一環として地区事務局が設置されるにいたって，大連および新京両事務局にも保健部を置いた[30]。

29）　南満州鉄道株式会社広報課『満鉄保健一覧』1941 年 12 月 30 日。
30）　満鉄会編『南満州鉄道株式会社第四次十年史』龍溪書舎，1986 年，440 頁。

図 7-11　満鉄医院の取扱患者数と民族別構成（単位：千人，％）

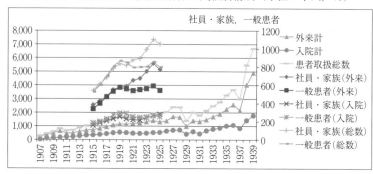

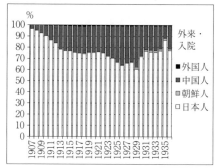

出所：南満州鉄道株式会社『統計年報』各年度版。
注：1929 年より大連医院は財団法人としてスピンアウトされたため，30 年より大連医院の取扱患者数を加算した。入院患者数は治療日数である。

　こうした医療体制のなかで，どのくらいの患者が診療を受けたかを提示したのが図 7-11 である。1910 年代までは急激に上昇する動きが見られるが，20 年代に入って入院患者数が低下した。社員および家族と一般患者に二分化してみると，外来でも一般患者は伸び悩んだことがわかる。この背景には医療費の負担があった。第一次大戦中の物価上昇によって医院の経営収支が悪化し，その状態が 20 年代に続いたことがある。患者一人一日平均差引損益は 1910 年に － 0.30 円から 12 年に － 0.42 円と悪化したあと，少し改善し，16 年に － 0.12 円に達したが，再び悪化して 20 年に － 0.56 円を経て 25 年には － 0.88 円へと悪化した[31]。これに対し，1910 年代末から薬価および諸料金の引き上げが度々実施された。そのなかで，「銀貨ノ低落ハ中国人ノ

受診ヲ困難ナラシムルニ至リ」，1927年には中国人の診療をおもに担当する医院に限って料金を引き下げたものの，このような経済的負担が一般患者の診療が増えない要因となったのである[32]。

満鉄は1929年4月に至っては財団法人大連医院を設立したが，これが当時の世界大恐慌のなかで医院経営の合理化を進める一策となった。そのため，図7-11の患者数は29年に急減した。その後，大連医院の取扱患者数を加算した30年よりやや回復する動きが見られるが，31年に再び低下したが，これが昭和恐慌の影響であった。いずれにせよ，料金の引き上げと大連医院の財団法人化のため，医院の経営収支が改善に向け，患者一人一日平均差引損益は29年の−0.02円の赤字から30年には0.83円の黒字に転じ，昭和恐慌の影響で31年に患者数が減少し0.04円となったが，その後回復し，36年に0.34円を記録した。満州事変後，大量採用が続くと，取扱患者数は伸び続け，その傾向が維持されたのである。

民族別に取扱患者を見れば，日本人が一番多く次が中国人であって，朝鮮人や外国人（おもに，ロシア人）は比率的に極めて少なかった。外来と入院の動向はほぼ同様の動きを示したので，ここではその合計のみを提示した。中国人患者のシェアは会社設立以来増え，1920年代中頃には3割を超えるに至ったが，30年代に入ってはむしろ縮小し，2割強となっていた。中国人社員をはじめ一般中国人に対しても満鉄側は医療サービスを提供したとはいえ，7割以上が日本人を対象としたものであった。

さらに満鉄医院の科別取扱患者数を見れば，日本人と中国人は全く異なる治療を受けていたことがわかる。日本人の場合，外来患者は内科，外科，眼科を中心とするものの，すべての診療科にわたって患者が分布し，多様な医療サービスを受けたのである。入院患者は内科が最も多く，その次は産婦人科＞小児科あるいは外科の順であった。家族への医療サービスも多かったと見られるが，社員の罹病率で指摘したように，消化器病が最も高く，神経

---

31) 南満州鉄道株式会社『統計年報』各年度版。
32) 南満州鉄道株式会社地方部衛生課『南満州鉄道附属地衛生概況』1928年度，76-78頁。

図 7-12　満鉄医院の科別患者数（単位：人）

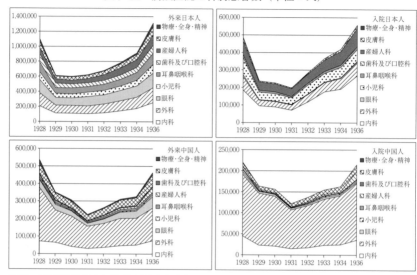

出所：南満州鉄道株式会社『統計年報』各年度版。
注：1929 年に大連医院が財団法人化し，その取扱患者数が本図より落とされた。

系・感覚器疾患，伝染病，皮膚・運動器疾患の罹病率が高かったからである。その反面，中国人患者は圧倒的な部門が外科であった。この現象は入院患者において著しかった。中国人社員の場合は神経系・感覚器官，皮膚・運動器疾患あるいは消化器疾患が多かったのに対し，診療を受ける患者では外科のほうが多かった。そのなかには社員のほかに，家族と一般患者が含まれている。ともあれ，中国人は身体に対する外的損傷を受けてからかろうじて近代的医療施設を利用したと言わざるを得ない[33]。治療費の引上と銀貨価値の低下は「中国人ノ受診ヲ困難」としたのである。

　こうした点で，満鉄社員および家族の診療を支えるため，どのような制度を構築されていただろうか。まず，注目に値するのが，1915 年 8 月に実施された社員共済制度である[34]。鉄道医療機関の設置が会社の設立とともに行

---

33)　朝鮮人の場合，産婦人科の患者数が外来，入院とも多かった。それ以外には中国人より日本人のパターンに近い。すなわち，妊娠と出産が朝鮮人にとって異郷の満州で「近代化」されたのである。

われたが，それを現業員の立場から支える共済組合制度は遅れて実施された。この制度は日本人社員に限られ，その共済基金は社員の醵金および会社補助金ならびにその他の収入によって賄われた。その後，社員共済規程が人事制度の変化に伴って改正され，1922年9月には加入給料制限の拡張，特症者（おもに肺結核者）の救済などが決定されており，27年4月の大改正によって①入通院の待期および病種による給与区分の撤廃，すなわち医療自体の給付，②扶助金の増額，③特症者の拡大（肺カタル，肺湿潤），④家族入通院の待期撤廃および3-6割の給与率，⑤分娩手当金の支給が実施された。36年8月には月俸150円未満の社員はすべて強制加入されることとなった。1939年にいたって社員の急増に合わせて従来中央で行っていた共済事務を分権化し，その処理の敏速化を図った。40年4月には再び全面改正が実施され，月俸200円未満の強制加入，別居家族条項の是正ならびに特別承認家族の新設，社員医療費の1割本人負担，扶助金の増額，特症取扱期間の延長，特症旅費の支給範囲の拡大，災害給与金の支給額の是正，弔慰金と年功金との併合，家族医療費に対する給与率の引き上げ，家族葬祭料の最低額の設定が決定された。戦時下生活難の進行と健康の悪化に対する共済制度の改善であった。それによって，日本人社員に対しては疾病（社員治療料，社員入院料，扶助金，特症手当金，特症旅費），分娩，廃疾，遺族，災害，退職，家族（家族治療料，家族入院料，家族分娩手当金，家族葬祭料）の給付が行われた。

　このように，日本人社員に対する共済制度はいち早く設けられ，年々補強されたにもかかわらず，中国人に対する共済制度は1925年11月に至って「互助共済」としてかろうじて実施された。鉄道総局の設置とともに，日本人の社員共済と中国人の互助共済に加入していない中国人雇員および傭員を対象とする総局員「同仁共済」制度が1936年11月に実施された。38年8月に至って，社線の互助共済と国線の同仁共済として二分化されたのに対して，新たに同仁共済規程が制定されて，同年10月より実施された。同時

34）　南満州鉄道株式会社総務部人事課『共済統計概要』各年度版；南満州鉄道株式会社総務部労務課『共済事業成績概要』各年度版。

に，共済制度の運営も地方集権化され，関連業務の迅速化が図られた。同仁共済においても，40 年 4 月に社員入通院の医療費の増額（8 割→9 割），弔慰金の増額，罹災見舞金の増額，家族入通院の医療金の増額（4 割→6 割），分娩手当金の増額，家族葬祭金の増額などの大改正が行われた。それによって，疾病（社員治療費，社員入院費，傷痍扶助金），分娩，廃疾，遺族，災害，退職，家族（家族通院費，家族入院費，家族分娩手当金，家族葬祭金）の給付が行われた。

　中国人社員側でも長い年月をかけて戦時下ようやく日本人社員共済並みの制度が整えられたが，依然として特症手当金，特症旅費が設けられず，また家族入院費が 1 割少ないなど，制度的格差は完全に解消されなかった。また，社員および家族の疾病などを救済するため，共済基金よりその資金を貸し付けて一定期限内に償還させる共済基金貸付（1925 年 4 月）も日本人に限って実施されていた。共済制度自体が一つの制度として統合されず，民族間に別の制度が成立したことに根本的差別が潜められていただろう。果たして制度的運営がいかなるものであったかを検証するため，当時の統計を活用して定量分析を試みる。

　共済給付を受けた人員数とその金額（図 7-13）をみれば，日本人は 1914 人の 1,093 人，7 万 5,086 円から増加し，制度的大改正が行われた 27 年に 1 万 6,637 人，173 万 5,000 円に達したあと，その水準を維持した。33 年に 2 万 483 人，201 万 7,000 円へと若干増えてから急増し，39 年に 7 万 5,985 人，644 万 8,000 円，40 年に 9 万 2,775 人，842 万 7,000 円に達した。その中心となったのが，人員面では治療料であり，その次が家族給付，入院料，扶助金，年功金であり，金額面では治療料が最も大きく，その次が年々多少変わるが，入院料，家族給付，弔慰金，年功金の順であった。これに対し，中国人は 1925 年 905 人，1 万 4,012 円から増えて，28 年に 7,921 人，11 万 9,000 円となったものの，その後むしろ低下しつつ，互助共済と同仁共済が一元化した 38 年にいたって 2 万 8,833 人，26 万 5,000 円，39 年には 3 万 4,171 人，34 万 4,000 円へと増加した。とくに，このような増加には 38 年より家族給付が中国人に対しても実施されたことが大きかった。中国人社員でも人員，金額の両面で通院費が一番大きかったが，その次は人員において

図7-13 満鉄の民族別共済給付（単位：人，円）

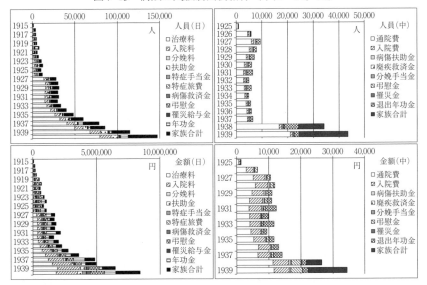

出所：南満州鉄道株式会社『統計年報』各年度版；南満州鉄道株式会社『鉄道要覧』1943年度版。
注：家族合計は家族給付のみの合計である。

37年まで退出年功金，入院費であり，金額面では入院費＞退職年功金＞弔慰金の順であった。38-39年には家族給付が1番目となった。

さらに，一人当たり金額（図7-14）に注目すれば，両民族間の格差がより明確である。例えば，中国人の一人当たり給付金額が最も高かった1937年において，日本人社員は治療料29.6円，入院料137.1円，分娩料30.0円，扶助金39.6円，特症手当金216.4円，特症旅費54.6円，病傷救済金514.7円，弔慰金1,201.4円，罹災給与金60.9円，年功金155.7円，以上の社員給付平均93.3円，家族給付平均42.5円，給付全体平均100.0円であった。その反面，中国人社員は通院費15.5円，入院費65.4円，病傷扶助金7.7円，廃疾救済金45.1円，弔慰金99.4円，罹災金12.5円，退出年功金24.2円，以上の社員給付平均31.2円であった。給付名は異なるけれども，同じ給付と判明した項目を比較すると，日本人の給付額に対する中国人の比率は治療料52.4％，入院料47.7％，扶助金19.5％，病傷救済金8.8％，弔慰金8.3％，罹災給与金20.5％，年功金15.6％，以上の社員給付平均33.4％であった。身体

図7-14 満鉄の民族別共済組合員一人当たり共済給付（単位：人，円，％）

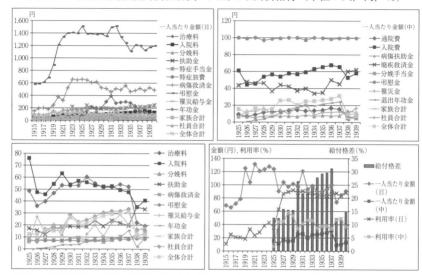

出所：南満州鉄道株式会社『統計年報』各年度版；南満州鉄道株式会社『鉄道要覧』1943年度版。
注：家族合計は家族給付のみの合計である。社員合計は社員給付のみの合計。一人当たり金額は社員給付と家族給付を合わせたものである。利用率＝給付人員÷加入組合員数×100。給付格差＝中国人の一人当たり平均給付÷日本人の一人当たり平均給付×100。

の回復にかかわる治療・入院の費用に対して日本人の半分程度の給付が支給されたが，その他の給付では2割以下であったのである。差別の構造のなかでも労働力の保全を図るため，ある種の効率性が読み取れる。

しかし，長期的にみれば，一人当たり給付金の格差は解消するどころか，戦時下でむしろ拡大し，1939年には11.9％に過ぎなくなった。若年層の中国人が大量採用された結果であるとはいえ，共済給付制度は賃金制度より深刻な植民地的差別性を帯びていたことは否めない。そのためか，日本人の場合，年間利用率が1927年以降80％以上の水準を維持したのに対して，中国人の利用率は40％前後に過ぎなかった。このように，中国人の厚生福祉に対する共済制度的バックアップが弱かったため，中国人社員および家族による満鉄医院の利用件数も少なくならざるを得なかっただろう。また，適時の手当を受けなければ，生命が危うくなる外傷に限って外科という特定の医療施設が比較的多く利用されたのではなかろうか。要するに，中国人社員の身

体は「一般に体躯は強壮，消化力は馬の如く，筋肉は強健であり，病気に対して驚くべき抵抗力がある」として，近代医療へのアクセスが日本人社員より制限され，労働力の保全のみに対して限定された近代医療が施されたといえよう[35]。

---

35) クリスティー著・矢内原忠雄訳『奉天三十年』岩波書店，1938年。

補論　華北交通の労働衛生

日中全面戦争が勃発すると，関東軍鉄道線区司令部（1937 年 8 月以降，関東軍野戦鉄道司令部）から満鉄総裁に対して鉄道動員の命令が出され，それに応じて満鉄は鉄道総局内に輸送本部を，山海関に輸送班を，天津の支那駐屯軍司令部参謀部内に連絡班を設置し，軍事輸送統制に当たらせた。その後，満州から華北戦場への軍事輸送を行う一方，軍鉄一体として「鉄道隊が更に前方へ躍進し，満鉄は後方を固め」，占領鉄道の復旧・運営を担当した[1]。1937 年 8 月 27 日に満鉄は天津弁事処を母体として北支事務局を天津に設置し，後にこの北支事務局を北京に移転させ，華北鉄道を一元的に管理した。これを基盤として満鉄は単なる交通業ではなく基本産業の開発をも担当する意志を示したが，北支那方面軍と企画院が反対し，さらに関東軍も満鉄の対ソ戦準備に専念することを望み，別途の会社として華北交通株式会社（資本金 3 億円，社長宇佐美寛爾）が 1939 年 4 月に設立された[2]。

　とはいえ，満鉄から派遣された社員らによって占領鉄道が運営されただけに，華北交通の設立も満鉄をモデルとして進められ，両鉄道間には社員の交流と鉄道運営方式の統一が図られた。補表 1，補表 2 の社員の構成からわかるように，満鉄よりも中国人の比重が大きく，当然日本人が相対的に少ないため，身分構成と職場の配置のなかでも鉄道運営を管理する上層部に日本人が配置された。日本人社員は最底辺の身分たる「傭員」になることはなく，雇員からスタートし，中国人とは昇進経路を異にしたことが推測できる。これが賃金面でも反映されたことはいうまでもなく，華北交通は満鉄並みの植民地的雇用構造を持っていた。もちろん，陸運転嫁輸送をはじめ，輸送需要が急増するに従って，より多くの労働力が要請されると，華北交通は中国人社員に対して昇進の機会を与えて，中国人は本社などにも以前より多く配置されたが，日本人中心の鉄道運営体制が変わることはなかった。それによって戦時下の華北交通は高い生産性を達成したことは事実であるが，それに従事する社員らの勤務条件は良好なものではなかった[3]。

　その中でも，社員の体力低下は深刻な問題になりつつあった。日中全面戦争

---

1)　華北交通社員会「資材局」『興亜』第 27 号，1941 年 9 月，6-7 頁。
2)　林采成『華北交通の日中戦争史：中国華北における輸送戦の実態とその歴史的意義』日本経済評論社，2016 年。

補表 1　華北交通における従業員の身分別構成（単位：人、％）

	1939年度末		1940年度末		1941年度末		1942年度末		1943年度末		1944年度末	
	日	中	日	中	日	中	日	中	日	中	日	中
職員	8,622	2,934	9,563	2,443	11,590	2,286	12,779	2,199	13,770	2,436	14,313	3,207
准職員	4,875	4,306	5,264	4,036	5,555	4,242	5,680	4,388	5,684	5,036	15,036	6,976
雇員	14,396	15,063	15,253	19,171	18,518	23,189	19,928	26,866	17,353	33,429	13,781	44,898
傭員	0	51,364	0	50,652	0	63,822	0	68,164	0	70,320	0	86,390
合計	27,893	73,667	30,080	76,302	35,663	93,539	38,387	101,617	36,807	111,221	43,130	141,471
配置率												
職員	31	4	32	3	32	2	33	2	37	2	33	2
准職員	17	6	18	5	16	5	15	4	15	5	35	5
雇員	52	20	51	25	52	25	52	26	47	30	32	32
傭員	0	70	0	66	0	68	0	67	0	63	0	61
合計	100	100	100	100	100	100	100	100	100	100	100	100
占有率												
職員	75	25	80	20	84	16	85	15	85	15	82	18
准職員	53	47	57	43	57	43	56	44	53	47	68	32
雇員	49	51	44	56	44	56	43	57	34	66	23	77
傭員	0	100	0	100	0	100	0	100	0	100	0	100
合計	27	73	28	72	28	72	27	73	25	75	23	77

出所：華北交通株式会社『華北交通統計月報』1943年1月；華北交通株式会社総裁室総務部『華北交通会社従業員表』1944年11月；華北交通『華北交通の運営と将来』1945年10月。

補表2 華北交通における従事員の職場別配置率および占有率

	1939年4月		1941年3月		1942年3月		1942年11月		1944年7月		1945年6月	
	日	中	日	中	日	中	日	中	日	中	日	中
配置率												
本社	18	3	11	2	13	2	13	2	11	3	13	3
鉄路局等			27	7	25	6	21	5	15	3		
現業機関	82	97	62	91	61	92	65	93	73	94	87	97
合計	100	100	100	100	100	100	100	100	100	100	100	100
占有率												
本社	67	33	70	30	75	25	74	26	55	45	50	50
鉄路局等			60	40	65	35	64	36	57	43		
現業機関	21	79	21	79	23	77	23	77	19	81	17	83
合計	24	76	28	72	31	69	30	70	23	77	18	82

出所：華北交通株式会社『華北交通統計月報』1943年1月；華北交通株式会社総裁室総務部『華北交通会社従業員表』1944年11月；華北交通株式会社『華北交通の運営と将来』1945年10月。
注：1939年4月と1945年6月の現業機関には「鉄路局等」が含まれる。

補図1 華北交通鉄路医院の日本人社員の病類別新患者の構成（単位：％）

出所：華北交通株式会社『華北交通統計月報』1944年6月。

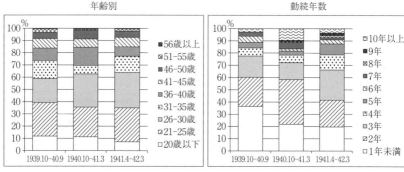

補図 2　死亡者の年齢別・勤続年数別構成（単位：％）

出所：華北交通株式会社『統計年報』各年度版。
注：死亡率は共済社員数（1939 年 10 月-40 年 9 月 30,426 人，1940 年 10 月-41 年 3 月 35,964 人，1941 年 4 月-42 年 3 月 39,664 人）を基準として推計。

前の 1936 年度満鉄社員と 1939 年度華北交通社員の被診療率（千人当たり被診療数）を比較してみれば，日本人の場合，1,588.8 から 2,768.6 へ上昇し，中国人も 537 から 1,201.2 へ高くなった[4]。そのうち，外傷の罹病率は日本人約 3 倍，中国人約 10 倍も増加し，戦場での勤務環境が想像できる。また「不慣の水質食物」のため，日本人においては胃腸系疾患の罹病率が高かった（6,237 人，千人当たり 135.4 → 8,466 人，千人当たり 413.2）。また日本人に限られるが，性病の罹病率が 36 年度に比べて 2 倍以上となった（5,974 人，千人当たり 129.7 → 6,036 人，千人当たり 288.5）。その後，社員全体の罹病者と罹病率は 1939 年に 24 万 4,577 人，千人当たり 2,693.7 から 1940 年に 27 万 1,697 人，千人当たり 2,613.2，1941 年に 31 万 5,600 人，千人当たり 2,679.3 へ増加した[5]。資料的に日本人に限られるが，補図 1 をみれば，消化器疾患

---

3) 華北交通の人的運営については林采成「戦時期華北交通の人的運用の展開」『経営史学』42-1，2007 年，3-26 頁と同『華北交通の日中戦争史：中国華北における日本帝国の輸送戦とその歴史的意義』日本経済評論社，2016 年を参照されたい。

4) 村瀬渉「社員の保健状態から観た北支の生活環境」華北交通社員会『興亜』第 15 号，1940 年 9 月，32 頁。

5) 村瀬渉「健康あっての御奉公，不摂生は一生の損」華北交通社員会『興亜』第 34 号，1942 年 4 月，20 頁。患者数は罹病率から推計した。患者数＝【罹病率×｛(前年度末従事員数＋当年度末従事員数)÷2｝】／1000。ただし，1939 年度は，会社設立時の従事員数と当年度末従事員数を用いる。

が全身病や皮膚病とともに最も多かった。とはいえ、社員病死の主要因となったのは比率的に全体の3-5％を占めるに過ぎなかった結核であった。

社員共済組合を基準ととする死亡者数と死亡率は1939年10月-40年9月年178人、千人当たり5.9、1940年10月-41年3月115人、千人当たり6.4、1941年4月-42年3月219人、千人当たり5.5であった。そのうち、結核性疾患（肺湿潤、肺結核、その他の結核）を死因とするケースは同期間に88人、62人、111人であって、全体の5割を占めていた[6]。1941年4月から42年3月までの廃疾者、すなわち疾病などのため労働力としての価値を喪失したもの62人のうち53人が結核性疾患に罹っていた。戦場たる中国華北では中国軍の実弾でもなく風土病でもない結核が、華北交通社員にとって最大の「敵」であったのである。とくに、その犠牲になったのはおもに青少年の社員であったことに注目しなければならない。補図2をみれば、年齢的に死亡者の6割以上が30歳以下の青少年層であり、勤続年数では3年未満のものが多く死亡しており、とくに1939年10月から40年9月までは1年未満36.5％、2年目23.6％、3年目17.4％を占め、慣れない環境の下で職場と宿舎で共同生活していた不熟練の青少年層が結核などに罹り、命を落としたことがわかる。

こうした社員の健康悪化に対し、華北交通は保健・衛生に力を入れた。鉄道の占領とともに、戦前の鉄道ごとの鉄路医院を診療所へと再編して日本人医療陣をもって運営してきたが、会社の設立に際して、補表3のようにそれを再び鉄路医院と改称し、主要都市と沿線の40ヵ所（1940年3月）に鉄路医院と分院を設置してそれ以外にも僻地の社員および家族のために巡回診療班を置いた。その医療陣として日本から医師を100人以上を募集するとともに、中国人医師を雇用して彼らの日本留学をも実施した。これらの医療施設

---

[6] 例えば、1941年度（1941年4月-42年3月）の死因を見れば、コレラ1人、アメーバ赤痢1人、マラリア1人、カラアザール1人、その他流行病地方病1人、肺湿潤19人、肺結核73人、その他の結核19人、悪性腫瘍1人、血液病及造血器疾患1人、全身病及内支分泌腺疾患1人、急性中毒2人、脳出血2人、精神病及神経系の疾患13人、扁桃腺疾患2人、心臓疾患7人、その他の血行器の疾患2人、肺炎9人、喘息1人、肋膜炎15人、下痢及腸炎2人、虫様突起炎1人、その他の消化器疾患20人、腎臓炎5人、その他の泌尿生殖器疾患1人、外傷3人、病名不詳の疾患2人、外因死3人、自殺1人、戦病死9人、合計219人であった。華北交通株式会社『統計年報』1941年度版。

補表 3　華北交通における鉄路医院の利用状況

	医院数	病室数	病床数	従事員数（人）				医師一人当患者人数（人）	看護婦一人当患者数（人）	患者取扱数（千人）			1日平均患者取扱数（人）			
				計	医師	看護婦	その他			計	外来患者	入院患者延人数	計	外来		入院
														新患	再来	
1939	40	200	674	887	157	299	431	859	451	1,405	1,241	163	4,266	735	3,531	448
1940	44	380	1,091	1,335	227	419	689	719	389	1,747	1,515	232	5,190	863	4,327	635
1941	45	384	1,277	1,472	260	434	778	755	452	2,153	1,865	288	6,301	1,033	5,268	796
1942	45	440	1,453	1,794	245	604	945	896	368	2,434	2,102	332	7,149	1,152	5,997	911
1943.4	48	407	1,506	1,801	263	609	929	688	297	181	153	28	6,963	1,379	5,584	925
1943.5	48	409	1,591	1,782	253	605	924	746	312	168	161	6	6,449	1,112	5,337	888
1943.6	48	403	1,518	1,782	254	623	905	816	333	186	179	7	7,166	1,188	5,978	937

出所：華北交通株式会社『華北交通統計月報』1944 年 6 月。

補表 4　華北交通における共済組合の構成と給与（単位：千人，千円）

	共済醵金								給与金		貸付金	
	職員		準職員		雇員		計					
	人員	金額	人員	金額	人員	金額	人員	金額	人員	金額	人員	金額
1939 年度	85	453	47	129	139	268	271	850	15	284	0.7	263
1940 年度	109	587	62	174	189	366	360	1,127	24	1,160	0.1	504
1941 年度	129	709	66	179	215	422	410	1,310	34	1,608	3.3	896
1942 年度	151	842	69	191	241	513	461	1,545	51	2,962	3.3	1,515
1943 年 4 月	13	82	6	19	21	45	40	147	5	317	0.4	193
1943 年 5 月	13	83	6	23	21	50	40	156	5	284	0.3	170
1943 年 6 月	12	74	8	22	24	62	44	158	4	260	0.2	124
1943 年 7 月	14	86	6	18	19	44	40	148	6	383	0.4	128
1943 年 8 月	15	87	6	17	19	43	40	147	6	383	0.3	167
1943 年 9 月	14	87	6	17	20	43	40	147	5	356	0.4	255
1943 年 10 月	14	98	6	19	19	42	39	158	7	487	0.4	219

出所：華北交通株式会社『華北交通統計月報』1944 年 6 月。
注：1939-1942 年度は延人数であるため，1943 年の月間人数を組合員として把握できる。というものの，全従事員に比べてその人数が少ないことから，組合員数が全従事員の 80-90% に達していた日本国鉄，台湾国鉄，朝鮮国鉄，満鉄とは異なっていることに注意しなければならない。

は社員だけでなく社員家族はもとより社員外の一般人に対して医療サービスを提供した。本社総務室内には保健課（→保健処）を設置し，保健医療業務を総括した。当然，これらの施設利用において日本人を中心として行われたことはいうまでもない。鉄路医院の民族別月間平均利用状況，すなわち被診療率（＝患者数÷社員数，千人当たり被診療数）を見れば，外来患者の場合，1939 年に日本人 1,959，中国人 537，1941 年に日本人 1,471，中国人 414，1943 年 8 月に日本人 1,476，中国人 482，入院患者延人員の場合，1939 年に日本人 346，中国人 37，1941 年に日本人 303，中国人 43，1943 年 8 月に日本人 378，中国人 39 であった[7]。

　このような医療制度の利用に際して社員らの便宜を図るため，補表 4 のような満鉄の社員共済制度を導入し，社員は方針としては無料，その家族は月額 5 円程度にすることにした。実際には医療費に対する共済給与率（1939 年

---

7)　華北交通株式会社『華北交通統計月報』1944 年 6 月。

10月-40年9月）は社員の場合82.1％（薬85.9％，注射85.4％，入院料82.2％，手術82.2％，処置89.4％，附添料68.1％，その他68.8％），社員家族46.0％であった[8]。共済組合の給与は社員および家族の治療料・入院料だけでなく分娩手当金，扶助金，特症手当金，特症旅費，病傷救済金，弔慰金・葬祭料，罹災給与金，年功金としても実施された。この制度のほかにも，華北交通は社員および社員家族の生命保険団体加入を推進し，社員の福祉増進と貯蓄奨励を同時に図った[9]。というものの，共済社員数が1939年10月-40年9月に3万426人，1940年10月-41年3月に3万5,964人，1941年4月-42年3月に3万9,664人であり，傭員層を含んでいないことから，おもに日本人に限定された制度であったといえよう。

　こうした中，従事員の体力低下が著しくなると，華北交通は1943年4月に社員会から体育管理業務を引き受けるとともに，「社員体力管理に関する規程」（1943年9月17日）を制定して社員の健康増進を重視した。まず，16-25歳の男子社員や，17-20歳の女子社員を対象として体力検定を実施，社員の体力基準表を作成し，体力検定の最低合格基準を置いた。所定の健康診断の結果によって虚弱者として判断される社員に対しては，積極的に治療を受けさせた。そのほか，社員の体力増進のため，体操，武道，角道，国防競技，射撃，馬術，水泳の7種社技を指定し，「体力練成」を促した[10]。保健科学研究所においては施設拡充を図りながら，予防医学だけでなく，社員の健康増進などに対しても研究を進めた[11]。いよいよ決戦輸送体制のなかでは，1945年7月1日に鉄路医院の機構を廃して保院に改めると同時に，健康管理規程を制定して予防業務の確立を試みた[12]。また，日本人社員に対する従来の共済制度を廃止して，全社員に対する医療サービスは会社給付に切り替えられた。

　以上のように，満鉄は労働者の個々の身体に対して把握し，その事前・事後の管理を図った。そのなかで，日本人は業務上，生活上，中国人より「安

---

8)　華北交通株式会社『統計年報』各年度版。
9)　華北交通社員会「華北交通新聞」『興亜』第11号，1940年5月，32頁。
10)　有田孝之「社員体力管理について」『興亜』第53号，1943年11月，2-4頁。
11)　瀧田順吾「心身の健康は生活の工夫から生まれる」『興亜』第52号，1943年10月，17頁。
12)　華北交通株式会社『華北交通の運営と将来』1945年10月。

楽」であったものの，これ自体が彼らの健康を蝕む要因となり，より多くの近代医療が払われた。しかし，中国人は組織内部のヒエラルキーのなかで底辺を形成しただけに，衛生管理でも非常に低廉な費用をもって管理された。それが賃金の格差を上回る給付の格差をもたらし，近代医療への中国人の利用は身体の外的損傷を中心として行われていた。このような植民地雇用構造の差別性にもかかわらず，現場の肉体労働は中国人の身体に対して病原体への抵抗力を増やし，「健康」を維持させた。まさに植民地雇用構造という「文明」が来したアイロニーといわざるを得ない。

コラム⑨　南満医学堂から満州医科大学へ

　満州において肺ペストが猖獗した後，現地医療陣の確保が要請され，衛生事業を重視する後藤新平初代総裁の意をも受けて奉天（現在の瀋陽）満鉄医院に南満医学堂の設置が決定された。この奉天医院は1907年4月に大連病院奉天出張所として設置され，同奉天分院と改称されていた。1911年5月に専門学校たる南満医学堂が設立されると，大連医院長河西健次が医学堂長を兼務することとなり，当時の奉天分院はペスト隔離室を利用して教室を急造し，同年10月に本科学生日本人20人，予科生徒中国人8人に入学を許可した。年内に中国人生徒を収容する予科教室，寄宿舎，基礎医学教室などの建物が竣工された。分院自体も1912年8月には医院規程の改正によって内科，外科，眼科，産婦人科，歯科，口腔科の5部を開設する奉天医院に改められた。

　山田基の回顧（1936）によれば，山田が学堂長に就任する1914年11月頃「学生生徒の数は百数十名，教授は予科及基礎科担当の教授以外としては大連及奉天の満鉄医院医長全部がこれに当たり，船頭多くして船山に登るの憾があった」。そのため，山田学堂長は「当時奉天医院医長のみで臨床科の教授上毫も支障なきのみか，専任教授主義を貫徹するに非ざれば統制上万事が円滑に運ばない」ことから，「少なからざる物議」があっても臨床科教授のうち大連医院関係者の教授職を解いた。さらに，「事務系統の人々も整理し，雑然たる人事行政を革新」した。財政運営においても「経営上各科の予算を決定して，各科の経営をその科予算の範囲内にて実行」した。とはいえ，予算不足を免れず，経費も大に緊縮されたため，講堂，図書館，練武場などの新築も不可能であった。

　そこで，山田学堂長は1915年9月に医学堂二階の廊下（T字形をなす）で第1回卒業式（卒業生10人）を兼ねて開堂式を挙行し，満鉄側に講堂の必要性を訴えた。「正面に講壇，その左右両翼には来賓席と職員席正面には学生が講壇に向かって列立し，告辞，祝辞，答辞型の如く進行して漸く式を済ませた」。後藤新平，張作霖をはじめとする「日支知名の紳士百余名」が列席し「当時の奉天には珍しき盛儀」であったと

いう。それだけに，中村雄治郎総裁から「廊下式場」への「お叱り」も式後あったものの，この「苦肉策」が効いて「ペスト隔離室を模様換へして健武館を作り，平日は練武場とし又祝祭，入学，卒業等の式場」として使えることとなった。「病院本館の左右両翼に外来診療所が新設され，又支那人病棟，精神病棟，看護婦寄宿舎，病院炊事場，伝染病棟，普通病棟等続々新築され，南満医学堂の陣容も略々整ひ，奉天新市街広漠たる平野の一角を占有することになった」。医学堂側は教育だけでなく研究機関の充実をも図り，「南満医学堂に行けば支那に於ける医学衛生に関する凡てを知ることが出来得るやうにしたい」ため「漢薬，支那食料品類，支那医書等の蒐集」に注力し，なお「物理療法科を新設」して「主任者の養成及建築物の造営」にも着手した。当時奉天市街には日本人居留民が5,000人内外に過ぎず，中国人は30万人にも達したことから，中国人看護婦を促成して中国人患者の吸収にも努めた。

　そうした中，原内閣の高等教育拡張政策に基づいて帝国大学と別種の大学設置を認める大学令が1918年12月に勅令第388号として発布されると，日本内地では官立学校の増設や医学専門学校の大学昇格などが企てられた。また，北京でもアメリカのロックフェラー財団が医科大学の設立を推進していた。これに刺激され，南満医学堂側もその対策「委員会」を設けて同様の立場であった旅順工科学堂とともに，大学への昇格運動を進めた。とはいえ，満鉄においては「時期早朝一点張り」であったのに対し，山田学堂長は1920年5月に文部省より，1922年に大学昇格の決まっている長崎医学専門学校長の就任依頼を受けたこともあり，退職前に大学昇格問題を片付けるため，文部省への返事を保留して会社幹部へ昇格促進運動を展開し，満鉄重役会議における昇格決議を得た。1920年8月に山田の長崎転任に際して稲葉逸好が学堂長兼附属医院長に就任し，南満医学堂の組織変更の上，満州医科大学の設立に関する認可の件を内閣総理大臣宛に申請し，1922年5月に関東庁指令第468号によって医科大学設立が認可された。稲葉学堂長が満州医科大学長を兼務したことはいうまでもない。

　満州医科大学は満鉄地方部衛生課の所属であった南満医学堂と異なって社長の直属となり，予科（3年制）と学部（4年制）のほかにも，南満医学堂廃止後の中国人に対する実地医術を教育する専門部（4年制）と中国人の入学志願者に対する日本語を教習させる予備科（1年制）を設置した（江田いづみ 2004）。南満医学堂時代からの医院の看護婦養成所があり，1937年からは新しく薬学専門部が設置された。医科大学の教育は男子学生を対象とするものであって，1924年1月に中国人学生生徒に限って女子の入学が許可された。1929年3月に大学および専門部の第1回卒業生が輩出され，1945年3月まで第17回の卒業式が挙行された。南満医学堂から満州

コラム⑨-図1　満州医科大学付属病院

絵葉書『奉天の隆盛―満州国の荒野に栄ゆる』より。

　医科大学の閉学に至るまでの34年間、医師約2,680人、薬剤師約300人が輩出され、そのうち約1,000人の医師と70人程度の薬剤師が中国人であった。看護婦も約1,000人が養成されたが、そのうち中国人の人数は不明であるが、看護婦養成所の始まりが現地の中国人看護婦を育成するためであったことから、中国人は相当数に達すると考えられる。

　医科大学の教科としては解剖学、生理学、薬理学、医化学、法医学、衛生学、病理学、寄生虫学、東亜医学、微生物学、内科学、外科学、産婦人科学、小児科学、皮膚泌尿器科学、精神神経科学、歯科学が教えられ、そのためにそれぞれ1-2人の教授、助教授、講師、助手が配置されていた。江田いづみ（2004）によれば、満州医科大学は教育、診療という本来の業務以外にも満州、蒙古への医事衛生調査を行い、診療・調査の報告を残すなど、「開拓衛生」に深くかかわっていた。大学構成員だけでなく満鉄衛生研究所などからの派遣もあり、関東軍軍医部長や現地配置の特務機関などからの援助を受けて全域にわたる衛生調査などが重ねられてきた。

　この満州医科大学も日本の敗戦に伴って中国側に渡されたが、その道のりは中国内戦と絡み合って極めて複雑なものとならざるを得なかった。佐々木統一郎の回顧によれば、1945年8月18日にソ連軍が奉天に入城すると予想されると、「奉天市は一朝にして不穏と流言の巷と化し」在奉居留民会は1938年5月以来の守中清学長を初代会長に推し、治安の回復と難民の救済を図った。ソ連軍の占領下で国民政府軍よりいち早く満州へ進駐した中国共産軍によって満州医科大学が45年10月に管理された

が，その翌月にはソ連軍の管理に入り，病院施設の一部が陸軍病院として利用された。

橋本満次の回顧（1951）によれば，すでに中ソ友好同盟条約（1945年8月14日）が締結され，病院も満鉄本社とともに中ソ合弁の長春鉄路公司の奉天鉄道局に移管されることとなったため，守中学長は居留民会長を辞任し，大学に帰任した。満州医科大学は接収によって中ソ合弁の鉄路公司の経営に移管されて理事会が「鉄路医科大学」の管理に当たった。理事長には鉄路公司の衛生処長（ソ連軍医）が就任し，理事には守中（日本），トカチェンコ（ソ連），張伯森（中国）が当たって，その体制の下にそれぞれの専門科が設けられ，日本人，ソ連人，中国人学生の教育や一般診療を行った。ソ連軍が1946年3月に奉天を撤退し，国民政府軍が進駐し，1946年4月29日に満州医科大学は中国政府によって正式に接収され，国立鉄路医学院と改称され，交通部の経営と教育部の監督を受けることとなった。交通部の陳理事長，陶学院長が大学の経営に当たり，守中学長は顧問に留用された。その中で日本人の引揚が計画されたが，科学技術者は大体留用されることとなり，教授陣に対して全員留用の決定が下された。

1946年8月には教育部に移管され，国立瀋陽医学院に改められ，徐誦明が学院長に就任し，「病理学，小児科学等には中国人教授，細菌学，外科，X線科等には西欧人教授も加はり，研究所の新設等満大の設備と実績を中核として東洋医学興隆の拠点として発展を企図されたが内戦に禍され21年［1946年：引用］には学生，助手，看護婦事務員関係者，佐々木，高森，平山，鈴木，緒方教授。22年度［1947年度］には看護婦，助講師，守中，三浦，久保（道）各教授。23年度［1948年度］には山中，工藤，橋本，久保（久），寺田，原，藤浪，柚木，山崎，伏木，広木，田村，白岩，前原，薬学石田教授と武内（生理）助教授を残し殆ど全部の日本人教職員が留用解除後髪を引かれる思ひで帰国した」（橋本満次 1951）。中でも，1948年3月には第2回瀋陽医学院卒業式が行われ，満大第21回生が卒業した。瀋陽医学院は1948年に中国医科大学によって私立の遼寧医学院とともに合併された。

資料：満洲医科大学『満洲医科大学一覧』1934年。
　　　山田基「南満医学堂を回顧す」黒田源次編『満州医科大学二十五年史』満州医科大学，1936年，315-320頁。
　　　橋本満次「終戦後の満大余談」宮永主基男外編『満州医科大学四十周年記念誌』満州医科大学輔仁同窓会，1951年，7-9頁。
　　　江田いづみ「満州医科大学と『開拓衛生』」慶応義塾経済学会『三田学会雑誌』97-2，2004年7月，281-293頁。

終章 帝国日本下での「健康のパラドックス」

IT産業や航空宇宙産業が存在しなかった20世紀前半において、鉄道は、まさしく唯一の総合的科学技術産業だったといってよい。しかも、近代化の地理的拡張に直接結び付く存在であり、その意味で、鉄道は、帝国日本の拡張の最先端産業であった。しかも鉄道は圧倒的なマンパワーを必要としたから、そこに従事した人々の階層も民族も、極めて多様であった。鉄道員の健康を分析することは、産業史、経営史、社会史、文化史等々、東アジアの近代化と帝国日本の実態を知る様々な知的試みに、大きなインパクトを与える営みなのである。沙河口（現在の遼寧省大連市西部）にあった、満鉄工場の機関車組立職場（南満州鉄道株式会社『南満洲鉄道沿線写真帖』1940年より）。

終章　帝国日本下での「健康のパラドックス」 | 319

　本書を閉じるに当たって，労働対策の一環として日本帝国で展開された労働衛生の実態と，状況対応的に行われた鉄道当局の政策とその結果の分析から何が明らかになったのか，論点を整理しておこう．

第1節　労働職場と疾病

　働く有機体としての労働者の身体は，労働現場，言い換えれば労働環境によって至大な影響を被った．鉄道の場合，日勤は鉄道労働者の44％（日本国鉄）にすぎず，その他は様々な交代勤務，昼夜乗務などの勤務形態をとっており，作業環境も屋内事務から機関車運転，工事現場に至るまで，とてつもなく多様であった．それを支えるため，内部ではヒエラルキー組織が構築され，判任官以上の官吏制度に雇員・傭人といった現業員が加えられた形での身分制度が採用され，全国鉄道の中央集権的管理体制が整えられた．これがまさに国有化の結果としてもたらされたことはいうまでもない．株式会社の形態をとっていた満鉄や華北交通でも，日本人を中心とする職員，準職員，雇員，傭人からなる身分制をもって集権的な鉄道運営を行っていた．

　鉄道員の職業病として，機関手は神経衰弱・気管支炎・結膜炎，機関助手は神経衰弱・肋膜炎，車掌は肺結核・肋膜炎，出札掛は肺結核・脚気，改札掛は肺結核・肋膜炎・脚気，電信掛は肺結核・肋膜炎・脚気，電車運転手は神経衰弱，水火夫は脚気が上げられた．機関手，機関助手，電車運転手のように運転に当たる者には神経衰弱が多く発生し，車掌，出札，改札掛，電信掛のように室内で運動不足がちな職務従事員には，肺結核，肋膜炎などの結核性疾患がとくに発生した．このように特定の職務と疾病との相関関係が強いことも確認できる．

　ここで常識的に考えると，労働強度が低く危険に晒される機会の少ない身分や職場は，そうでない現場に比べより安全であり，また体力的には，若い鉄道員の方が壮年のそれより相対的に健康であったと推測するだろう．

　ところが，職務中の事故や疾病による傷病は，低い身分の現業員のなかで多く発生したものの，私傷病をもふくむ罹病率から見ると，必ずしも安楽な

生活を行う者よりも，むしろ屋外で肉体労働を行う低い身分層が健康であったことが判明した。すなわち国鉄では，保線区の従事員がもっとも健康であり，その次が運輸・運転，電気，船舶の順であり，工場の従事員の健康が一番悪いというある種の逆説（a kind of paradox）が観察されるのである。時期によってこの順序が部分的に変わることはあったが，長期的に見て一貫する特徴であった。この実態は逓信員のケースでも確認でき，むしろ上位身分層の死亡率が現業員たる下位身分層よりも高かったのである。石原修の工場衛生調査においても，最も近代化された紡績工場の女工の死亡率が製糸や織物より高かったことに注目しなければならない。

　このように，鉄道員の健康状態は，植民地における身分的ヒエラルキーと系統別配置が民族的格差（ethnic disparity）とオーバーラップする植民地雇用構造（colonial employment system）から期待される「常識」("common knowledge")とは異ならざるを得なかった。その最大要因は結核という慢性伝染病にあり，「南国」台湾では鉄道運営の初期段階でマラリアがその役割をはたした。亜熱帯の気候に慣れなかった日本人の罹患が多かったわけである。台湾以外で最大の死因であった「国民病」結核は，その治療剤たるストレプトマイシンがまだ開発されていなかったことから，鉄道員の密集した室内で生活している屋内労働者が死亡する確率がもっとも高かった。そして，栄養供給が足りず，長時間労働が強いられた戦時下では，若年層の日本人従事員の罹患が多くなった。労働環境だけでなく勤務外でも共同寝食が多かったため，結核に晒される危険性が高かったのである。もちろん労働現場の差があり，満鉄の場合，衛生対策が採られていた大連工場に関しては，他の現場に比べて従事員の罹患率や死亡率は低かったとも考えられるが，満鉄の結核罹患率は全体的に見て他の鉄道をはるかに上回っている。

第2節　内外からのショックと鉄道当局の対応

　鉄道の労働衛生システムが，最初から完全なものであったわけではない。植民地鉄道に対してベーシック・モデルとなっていたのが当然国鉄の労働衛

終章　帝国日本下での「健康のパラドックス」 | 321

図終-1　日本帝国圏鉄道の民族別死亡率（単位：千人当たり死亡者数）

凡例：日本国鉄／台湾国鉄（日）／台湾国鉄（台）／朝鮮国鉄（日）／朝鮮国鉄（朝）／満鉄（日）／満鉄（中）

出所：図1-9；図2-11；図5-7；図6-5；図7-4。

生システムだったが，これは大家族主義（familism）に基づいて保健課を指導機関ないし管掌部署として，医療機関とそれを経済的に支える保険機関たる救済組合制度からなっており，ドイツ労働保険を理想的モデルとして導入されたものであった。もちろん，その導入背景には様々な要因があったものの，国有化措置に伴って私鉄17社を統合しなければならず，内部の分裂や労働者の抵抗を事前に封じ込めるためにも，国鉄大家族主義イデオロギーの具現としての常磐病院と救済組合の設置が必要とされたのである。

とはいえ，病院運営の結果，救済組合が破産状態に至ると，国営すなわち鉄道省自らによる病院運営体制に代わった。第一次大戦期に実質賃金が低下する中，友愛会などの影響を受けて国鉄労働運動が始まり，労使関係が不安定になることを国鉄当局は警戒し，医療体制の確立に傾注したのである。にもかかわらず，1918年のスペイン・インフルエンザが大流行すると，図終-1のように多くの従業員が罹患し死んでいったため，既存の医療システムでは到底対応できなかった。この事態は結果として医療体制の強化をもたらし，「医療の社会化」に先立って国鉄は年金制度を導入し，救済組合も共済組合に改められた。このような制度的拡充は台湾，朝鮮，満鉄でも見られる現象であった。これが鉄道労働者の実質賃金の上昇とともに，労働移動率の低下をもたらす要因の一つにもなった。鉄道医療施設の内部化（internalization）

は欧米鉄道より進んだが，これは鉄道と医療の両施設の導入が欧米に比べて遅れただけに，外部医療施設の良好なサービスを廉価で確保し難かったからである。ある種の後進性（backwardness）であろうが，植民地においてはこの医療施設が先端であったことはいうまでもない。

　総力戦が勃発すると，それ以前とは全く異なる状況がもたらされた。すなわち，労働力全般の流動化が進み，勤続年数および年齢が低下するなど労働力の希釈化（labor dilution）が進行したのである。それを克服することは戦時下の経営資源の不足や過重な業務負担のため不可能であったが，フリンジ・ベネフィットの強化策の一環として労働衛生システムはその重要性を増した。すなわち，共済組合の強制加入も高等官の一部にまで拡大されており，その事業範囲も多角化した。これは「医療の社会化」がこの時期に大きく進んでおり，戦時期中の体力管理が強化されたこととも軌を一にする。

　このような国鉄労働衛生システムの段階的な展開が，植民地でもあらわれたことはいうまでもない。日本国鉄で共済組合が設置されてから，多少の時間差を置きながらも，大家族主義の具体化が台湾や朝鮮でも適用され，さらに年金制度や私傷病への医療費支援が決定されると，これらの制度も植民地鉄道に適用された。台湾や朝鮮の場合は，植民地鉄道でありながらも，満鉄のような株式会社の経営形態とは異なった，あくまでも官営としての国有鉄道であったから，こうした拡充制度はほぼ同時代的に適用された。満鉄でも，初期の経営不安に関する懸念が解消された1915年には，社員共済組合制度が設置され，この支援内容は国鉄以上のものであったが，日本人を中心に展開され，現地民への対応はきわめて制限された。

　以上の動向を整理すると，日本国鉄に関しては，国有化措置に伴う国鉄大家族主義の理念的創出とそれに基づく制度的工夫として労働衛生に関する制度的枠組みが設けられ，第一次世界大戦の労使関係の不安定化やスペイン・インフルエンザといったショックを受けて洗練化され，総力戦の勃発に伴ってさらに拡充するという，三つの局面が見られる。このような三つの局面を経て展開された労働衛生対策は台湾や朝鮮にも見られた。これに対し，満鉄では満州事変のショックも大きく，満州国国有鉄道の委託経営という形で満鉄の労働衛生システムが全満州の鉄道にも適用されたことから，満鉄当局の

労働衛生対策は四つの局面を有した。

第3節　植民地雇用構造と対応策

　日本国鉄は，鉄道運営を支えるため，基本的に国籍だけでなく民族的にも日本人によって構成されたきわめて均質な鉄道組織であった。これに比べて植民地鉄道では，下層現場労働力として現地人の採用が行われた。彼らは学歴と技術レベルが低いことから昇進の機会が相対的に与えられず，賃金も日本人の半分程度にとどまっていた。注意すべきは日本人がミドル・マネジメント以上のみに配置されたわけでなく，下層の労働力としても配置されたことは欧米の植民地鉄道では珍しい現象であったということである。

　これらの植民地鉄道を運営するため，日本から鉄道技術が伝播された。そのために日本人の採用が重点的に行われた。ヒエラルキーの中で上・中層部はもとより，下層部の現場にまで学歴に応じて日本人が配置され，現地人の採用はそれを補助する下層部の労働力に限定された。日本人6割：現地人4割という民族別構成比が台湾，朝鮮，満鉄に適用された。この点は，低賃金の現地人を多く採用し，欧米人の比率が数％に過ぎなかった欧米系植民地鉄道とは「類型」を異にしている。日本の鉄道帝国主義はイギリスの自治主義と異なっていただけでなく，フランスの統合主義を超えて本国民の移住を前提とする「定住型統合主義」であったともいえよう。

　しかし，長期勤続者が生じて，さらに教育の普及に伴って一定の学歴を持つ現地人の採用が始まると，現地人が雇員や判任官層へ昇進するケースも見られ始め，この現象は戦時期には比較的顕著になった。とはいえ，判任官層現地人の比率はきわめて制限されていたことも事実である。

　こうした植民地雇用構造（colonial employment system）は戦時下賃金格差の縮小や現地民の官吏登用・昇格を伴うものであったが，相対的に希少性の高くなった日本人を鉄道管理運営上の核心部署ないし技術部署に配置することによって対応しようとし，植民地雇用構造が完全に変容することはなかった。この構造の上に労働衛生対策が採られると，日本内地では見られない格差

図終-2 共済組合員の一人当たり給付額（単位：円）

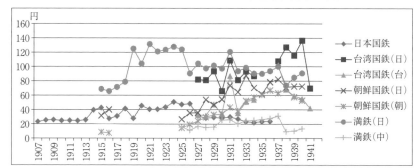

出所：図1-14；図2-9；図5-10；図6-14；図7-14。

（disparity）が生じた。つまり、現地民の公傷病率が高かっただけでなく、労働衛生システムを経済的に支えるための救済組合ないし共済組合において、現地人への適用は、図終-2のように日本人に比べて遅れて実施され、しかもその給付額でも民族別格差が存在していたのである。

朝鮮国鉄の場合、朝鮮人の民籍制度が整備された後の1915年から、朝鮮人による共済組合の加入が可能となった。その反面、台湾国鉄や満鉄では中国人に対する共済組合制度の適用は1925年になるまでは実施されることはなかった。台湾国鉄の「台湾人」には植民地住民として日本の国籍が与えられ、満鉄の中国人は中国の国籍であったことから、会社の経営形態や従業員の国籍が問題になったわけではなく、民族的に中国人（ethnic Chinese）であったことが重要なポイントであった。逆に民族的に朝鮮人（ethnic Koreans）であった半島の従事員に対しては植民地統合政策ともいえる大家族主義がいち早く適用されたともいえよう。これは同じ植民地でありながら、帝国の中での朝鮮の位置づけ（presence）が異なっていたことを反映しているとも思われる。問題は、なぜ台湾でも満州でも1925年という時点で民族別に中国人に対して大家族主義が適用されたのかということだが、やはり、1920年代の中国では5・4運動などをきっかけとして民族主義が噴出し、これが国共合作を通じて近代国家を生み出す力となりつつあったことが重要であったのだろう。

とはいえ、台湾国鉄と満鉄との間に大きな溝があることも事実である。満

鉄では同じ社員組合制度ではなく,「互助共済」「同仁共済」が別個のものとして実施された。要するに,民族間の差別構造は台湾国鉄より明確であったのである。この点から見ると,日本帝国という国籍内にあった「台湾人」や朝鮮人の場合,日本人とともに一つの共済組合に加入できたのに対し,のちに「満州人」となる中国人は外国人として認識されて別枠で処理されたのである。賃金を基準として掛け金と補給金が積み立てられたため,給付額も民族別に格差を示したことはいうまでもないが,なかでも満鉄の給付金格差がもっとも大きかった。

　また,台湾の場合,共済組合への「本島人」の加入が朝鮮のように早期実施されず,1925年になってからようやく実現された。また,病院の設置も朝鮮や満鉄に遅れて実施され,1935年になってかろうじて共済組合内に医療部が設置されることとなり,総力戦の下での1940年に鉄道病院が初めて設置された。他の鉄道に比べて要員数が少なく,中国大陸部・ソ連と繋がってその路線が帝国の生命線として認識されていた朝鮮国鉄や満鉄よりも,重要性が低くなっていたことも勘案されなければならない。

　鉄道業務では,植民地雇用構造それ自体から規定され,植民地住民は身分別に傭人(傭員),雇員といった下層の身分を中心として配置され,職務系統別には保線(工務)・建築,駅・列車といった特定の技術を要しない部署に現業員として多く配置され,その後に工場(工機),機関(運転)・検車などにも現業員としてその数が増えた。このことから公務上の危険な作業をさせられることが多く,場合によって命を落とすことも多かったものの,屋外の肉体労働が主な勤務内容となった。

　その結果,植民地住民の共済組合の加入時期,さらに同一の共済組合へ加入できるか否か,給付金の規模や医療施設の利用程度などといったさまざまなレベルでの民族的格差(ethnic disparity)があったにもかかわらず,逆説的にも私傷病の領域ではむしろ現地人の死亡率は日本人のそれに比べて低くなり,植民地住民が相対的に健康な身体をもっていたことは注目に値する。最大死因が結核などの伝染病であったため,室内勤務と密集生活(鉄道村・鉄道町・寄宿舎)を共有していた日本人の死亡率が組織内部では高かったという事実は,一種のアイロニーであった。このような衛生問題は,山海関内以

南の華北交通でもあらわれた。図終-1の死亡率を見ると、植民地鉄道の日本人の死亡率は現地民に比べて高かっただけでなく、日本国鉄の日本人に比べても高かった。1920年代以降死亡率は低下したものの、このような傾向が変わることはなかった。植民地勤務のリスクが高かっただけに、図終-2のように共済組合員一人当たり給付額でも植民地鉄道の日本人に対して日本国鉄より多額の給付額が支給されたのである。

第4節　総力戦下の鉄道員と労働衛生管理

　戦争の勃発によって国鉄はそれまでの労働力の供給ができず、激しい流動化に直面せざるを得なかった。すなわち、兵員としての流出や、実質賃金の低下による殷賑産業への転職などが増えて離職率が急増し、そのなかでも鉄道輸送の増加に対応するため、離職率を上回る水準へと採用率が上昇した。その結果として人的構成の変化が生じて年齢と勤続年数の低下があり、このことが「質的低下」と「体力低下」という問題を起した。年少職員の非熟練が長時間労働や鉄道投資の不足と相まって多くの事故発生の原因となり、公傷病率の増加を来した。それに加えて、実質賃金の低下と象徴される生活水準の低下や、日米開戦後の食糧不足が続き、職員の罹病率は上昇せざるを得なかった。

　系統別罹病率は業務上の死傷病率と異なる部分があるものの、基本的に作業環境と勤務形態によって影響されるものであったことは変わらなかった。疾患別に消火器疾患、伝染病、呼吸器疾患という三大疾患が公傷を除いて戦前からの三大死因であったことから、疾患による死亡率が最終的にきわめて高くなったと思われる。これらの疾病は年齢や勤続年数と相関関係を示した。年少従事員の身体は若いため、最も健康と考えられがちであるが、しかし、発育途上の若年層は摂取栄養に限界があるまま長時間労働に携わり、休憩の時間も長くなかったため、疾病に最も露出されていたのである。極限的な状況の下で若年層鉄道員を中心に結核の罹病者が急増したことは大きな問題として浮上した。

当然，戦時下の国鉄衛生対策もこの年齢層に対して重点的に行われたことは言うまでもない。まず，手当・賞与などを通じて賃金統制のなかでも賃金引上げを行った。また，共済組合の多様な機能を活用し，フリンジ・ベネフィットの拡大を図った。政府補給金を拡大し，できる限り組合員の負担を低くした上，財源を拡充し，さらに組合への加入を判任官と奏任官一部にまで強制化した。これらの措置に基づいて退職年金の引上，購買部，住宅部を通じてフリンジ・ベネフィットを拡大し，生活安定化を期した。しかしながら，それにしても物不足はなかなか解消できず，悪性荷物事故が発生したため，国鉄当局はたびたび生活必需品を中心として特別配給を行った。

　鉄道当局は負傷と罹病に対しては当然医療サービスを拡大し，年少職員を主なターゲットとして個々人の身体を管理しようとした。採用時の身体検査と定期健診が従来より行われたが，戦時下では結核検査の義務化，健民修練の励行，適正考査の実施，勤労科学研究室の設置が新しく実施された。しかし，体力低下に対しては特別な施設の拡充，栄養の根本的向上，作業環境の改善などが行われずに，規律と体操を中心とする健民修練を通じて筋骨薄弱者と結核要注意者という弱い身体を健康な身体に変えようとした。ついに米軍の上陸が予測されると，国鉄の医療機構は隊組織へと編成され，自活自戦態勢に備えなければならなかった。

　こうして，鉄道員の身体は総力戦の下で「戦闘力」として再認識され，その制度的拡充が戦後国鉄の労働衛生対策が進められる歴史的前提となったことはいうまでもない。医療陣および各種医療品が足りず，特定の感染症に対する治療剤がなかったにもかかわらず，鉄道病院やサナトリウムが増設されており，労働者への体力検査，各種疾病管理が制度的に拡充された。労働力の保全が戦時輸送の遂行にとって必須的要素となったため，「不足の経済」という物的制約の中でも労働衛生体制・産業医体制は制度的に強化された。

　台湾，朝鮮，満州などの植民地鉄道においても戦時下で大きな変化が生じたことに注目しなければならない。戦争の勃発に伴って軍事輸送を筆頭として生産力拡充事業が実施され，植民地鉄道は膨大な輸送需要に直面した。こうした中，多くの労働者が採用され，労働集約的鉄道運営が行われたが，戦時下の日本人の不足を補うため，現地人が鉄道分業のなかで主に下層部の労

働力として大量採用され，民族別構成において現地人がマジョリティとなったのである。現地人の場合でも，使い捨てではなく有能かつ健康な労働力としての重要性は総力戦の下で崩れることはなく，むしろ強調されたのである。しかしながら，中間管理層以上への現地人の昇格はごく一部に限ってのみ許され，主要管理部署や上層部門に対しては相対的に少なくなった日本人が集中的に配置され，戦時下での鉄道運営権が日本人によって最後まで握られていた。ともあれ，朝鮮や台湾で現地人の入隊が制度的に進められる中，数的にマジョリティとなり「戦闘力」として重視されるべき現地人鉄道員への身体的管理も強化されたことも確かである。

第5節　産業医学，植民地医学研究としての鉄道医研究

「産業医」（industrial physician）として登場した鉄道医は，おもに特定地域で不特定の患者を対象とする開業医とは異なる性格を有した。鉄道医は労働現場の近くに配置され，日常的医療サービスの提供，医務事務の処理だけでなく，労働衛生の全般にわたる保健衛生調査会，保健事務協議会，医務打合会，院長会議，治療所主任会議，薬剤長会議，衛生技術官会議，衛生試験所主任会議を開催し，労働衛生政策を決議した。鉄道医は労働力の使用価値を発揮する身体の重要性が認識されるにしたがって，その重要性を増してゆく。この点で，日本医療衛生史上，日本国鉄の鉄道医は先駆的な存在であったといわざるを得ない。外部からの医療サービスが調達できなかったため，内部からの調達方法が模索されたわけであるが，内部化の観点から見れば，日本国鉄は直営医療機関として世界でもっとも進んでいた。

　鉄道医らは大学医学部を卒業する場合もあったが，その多くは医学専門学校を卒業し，判任官の身分，場合によって雇員として採用された。鉄道医の身分は，最初は嘱託医であった日本国鉄の人事制度の枠外に位置づけられたが，スペイン・インフルエンザをきっかけとして待遇官吏となり，さらに戦時下で鉄道医官制が成立して官吏制度のなかに包摂された。これが労働衛生のバイタリティが鉄道組織において刻印される過程であったことは論を待た

ない。川上武（1965）が指摘しているように，鉄道医制度が身体の病気だけでなく心の病気をも予防し，「労務管理」に寄与したことはいうまでもない。

日本国鉄の鉄道医制度の外郭として日本鉄道医協会（後に，日本鉄道医学会）が創立され，帝国大学医学部関係者を頂点として鉄道医協会および地方医会の総会と病院集談会を通じて，鉄道労働衛生に必要な「学知」が生産され伝播されることとなった。理事などが鉄道院（省）顧問を務めるなど，日本鉄道医協会は私設団体とはいえ国鉄の労働衛生制度を支える知的基盤であった。医療施設の整備如何によってその時差もあったが，こうした鉄道医体制は植民地にも導入されることとなった。

植民地鉄道では労働衛生システムの整備に際して類似の動きが確認できたとはいえ，鉄道医の身分やその採用方式ではやや異なる側面が見られた。とりわけ，労働医療システムの整備が遅れていた台湾国有鉄道では，長期間にわたって嘱託医制度が採られた。朝鮮では日本の海外進出を医療面で支えた同人会の医療陣から鉄道医が調達され始め，鉄道病院が成立してからは，日本内地とほぼ同様の動きが見られた。鉄道医という身分は解放後韓国鉄道にも残っていた。その反面，満鉄においてはその前史が野戦鉄道にあったことからも，軍医療体制から始まり，のちには独自の医療教育機関が整えられた。とりわけ，満鉄は他の鉄道とは異なって南満医学堂（後の満州医科大学）をはじめ医療陣の育成に直接関わった。華北交通においては満鉄医療の延長とも考えられるが，中国人の既存医療陣の活用も見逃すことができない。

今までの研究史上，帝国医学ないし植民地医学の成立を検討する際，おもに開業医の教育や病院の設置あるいは漢方医との葛藤などを中心として分析が進められたが，上述のように，これらとは異なった産業医の流れが存在したことが判明した。満鉄では軍医との関係も見られる。植民地医学の形成は単線的というより複線的な歴史的経路があったともいえよう。

第6節　近代化の経験と戦後の労働衛生管理

これらの鉄道当局の対応が，労働衛生管理体制を整備する過程であったこ

図終-3 共済組合員の一人当たり給付額の民族間格差（単位：％）

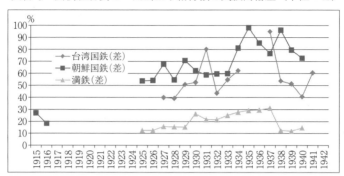

出所：図終-2。
注：民族間格差とは日本人一人当たり給付額を 100 とする現地人一人当たり給付額の比率。

とはいうまでもない。当時の医療水準が H1N1 亜型ウイルスを病原体とするスペイン・インフルエンザや，治療剤たるストレプトマイシンが未開発の状態であった結核などに対して無力であり，適した治療が行われず，最終的に，当時最も賢明な対策としての隔離（quarantine）が実施されるしかなかったことも事実である。しかし，死亡率の全般的低下，罹患率の上昇から見て，疾病に罹って適した治療を受け，労働力としての使用価値を回復してゆく労働衛生の実態が確認できており，段階的な対応を通じて事前予防衛生体制が洗練化するプロセスが見られた。

それだけでなく，鉄道病院の設置や共済組合制度の実施は，他分野に比べて「医療の社会化」を具現する先駆的制度であって，他分野でも労働衛生管理システムが導入される契機を作った。日本内地はもとより，植民地でもそれ以上の斬新なものであった。いわゆる産業医体制が早い段階に植民地へ導入され，死亡率と廃疾率の長期的低下傾向を見た。もちろん，植民地の台湾・朝鮮では罹患率とは異なって延患者数を基準とする被診療率が下がる傾向を示し，罹患者自体が比率的に減った可能性もある。この傾向が戦時期になるとやや変わり，青少年従事員を中心とした体力低下とともに，結核の蔓延現象が生じたことも事実である。

これらの分析は，衛生警察を中心とする公衆衛生史や，開業医を中心とする医療史とは相対的に異なる戦前労働衛生史の側面を明らかにするものであ

図終-4　日本帝国圏鉄道の労働衛生体制の概念図

国有鉄道			国策会社	
日本	朝鮮	台湾	満州	華北
総務課体力課	総務課人事係	庶務課福務係	地方部衛生課・総務局保健課	総務局厚生課・保健課
鉄道病院	鉄道病院	鉄道病院	鉄道医院	鉄道医院
共済組合	共済組合	共済組合	共済組合(日)	共済組合(日・一部中)
衛生研究所			同人共済(中)	
日本鉄道医協会			衛生研究所	保健科学研究所
			医科大学	

注：組織再編に伴って労働衛生の担当部署の名は変わりつつあったが，戦時期の部署名を提示する。

る。国鉄をモデルとする労働衛生政策の展開は，格差，差別，不平等といった植民地的構造を持ちながら，植民地たる台湾，朝鮮，半植民地ないし占領地たる中国大陸へと大きな影響を及ぼした。そのなかで植民地近代性（colonial modernity）が浸透されたのである。とくに外部から適した医療システムを見つけることが難しかった日本では，国有化措置とともに，いち早く鉄道病院の成立を見て，欧米諸国より進んだ内部医療システムを構築し，これが植民地にも適用された。もちろん医療システムや共済制度の利用に際しても，植民地本国たる日本と植民地・半植民地たる台湾，朝鮮，中国との間には制度的差が存在し，植民地内部でも差が確認できる。これが図終-3で見られるように，共済組合員の一人当たり給付額の民族間格差として数量的にあらわれる。全体的に民族間格差は1930年代まで縮まる傾向が確認できる中，台湾国鉄および朝鮮国鉄と満鉄との間には大きな差があり，日本人を基準として朝鮮人のほうが「台湾人」より多くの額を受けていることがわかる。この傾向は鉄道医療システムの導入においても確認できる。

以上のように，雇用構造から現業員の健康状態は歪んだ形であらわれ，それに適した共済組合制度が結果的に成立したのである。その中で，日本的鉄道運営方式ともいえる労働集約的鉄道運営に当たっていた鉄道員の身体は個々のレベルで管理される身体となった。

図終-4に注目すれば，それぞれの地域がやや異なるシステムを構築したことがわかる。日本では総裁官房保健課を中心に労働衛生政策が講じられて実施された。その具体的な機構となったのが鉄道病院と共済組合であった。これを医学的に衛生研究所や日本鉄道医協会が支えたのである。朝鮮，台湾

の場合，国有鉄道としての日本国鉄を基準として，植民地の労働衛生管理体制が整えられた。朝鮮が台湾より後から日本の植民地になったにもかかわらず，朝鮮ではいち早く，現地人の共済組合への加入が実現され，また鉄道病院が設置されたが，台湾では両方ともずいぶん遅れて実現された。台湾人に対して共済組合が適用されるまでにはかなりの時間差があり，鉄道病院の設置は戦時期に入ってようやく実現された。こうした点で，朝鮮において，日本に近い制度がより早く定着したといわざるを得ない。これらに対し，満鉄は共済組合が民族別に分離され，内部での医科大学を含む形をとっている。さらに，広範囲の地域にわたって鉄道病院・医院ネットワークを構築したのである。満鉄のこの特徴は株式会社でありながら，単なる利潤追求に専念せず，付属地などに対する植民地政府としての性格から生じたのだろうが，満州国の樹立後にはこのような体系的性格はやや弱くなる。このような労働衛生体制は華北交通に移転されるが，中国人の場合，多くの従事員が共済組合に加入できなかった。朝鮮国鉄は1917年から24年まで満鉄に委託経営されたが，その期間中，満鉄の社員共済組合制度が朝鮮でも実施されたため，朝鮮は委託経営を通じて満鉄の経験を取り入れることができた。

　帝国の崩壊によって一挙にこれらの制度の民族間格差は解消されて，制度としての労働衛生管理制度が労働対策の一環として残ったことは見逃すことができない。にもかかわらず，それを支えるほどのマンパワーがなかったという点で，連続と断絶（continuity and discontinuity）が同時に存在したといわざるを得ない。解放後には，それまでの鉄道医療制度がそれぞれの地域にも受け継がれて機能した。日本人医療陣の引揚とともに，医療陣の空白が発生したが，アメリカあるいはソ連といった外国の援助を受け，現地医師の自国調達が可能となったことで，これらの断絶的側面が埋められた。旧満鉄では他の地域に比べて医療陣の長期間留用が行われ，国共内戦期の戦時医療に日本人医療陣が携わった。ともあれ，解放後にも植民地期の鉄道病院が優れた医療システムとして残り，鉄道員の健康な身体作りを支えたことはいうまでもない。

　以上のような鉄道当局による労働衛生システムの構築は，東アジア社会経済史においていかなる意味を有するだろうか。その意義を考察するため，図

図終-5 東アジアにおける労働衛生体制・産業医体制の歴史的形成図

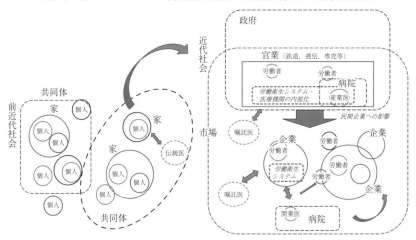

終-5に基づいて考えてみよう。

近代国家の成立に際して多発した感染症のパンデミックは公衆衛生学的対応を要請し、衛生警察を中心とする行政衛生機構が成立した。その一方で、医師開業免許制度の導入とともに、近代的医学教育制度が整えられ、開業医を機軸とする一般医療システムが構築された。これに対し、労働衛生体制・産業医体制の形成は歴史的に異なる経路を示している。前近代社会では、人間の身体は家や共同体の中で労働の傍らに「保養」されるべきものであったが、近代国家の成立に伴って「労働力」として疎外された。その過程で多くの身体は保養されることなく、工場や住居の汚染された空間によって傷付けられて病み、労働市場から放出された。労働力の保全とは、自己資金に基づく労働者個々人の自己責任であったといえよう。しかしながら、衛生知識が乏しくしかも低賃金を免れなかった労働者個々人にとって、この自己責任は極端な場合、生存機会の喪失を意味しかねない。一部の資産家の温情主義（paternalism）や宗教団体の隣人愛（good-neighborliness）が施されることもあったが、それらのみでは労働者を対象とする保健医療サービスは決して充分とならず、この矛盾を捉え始めた国家権力は最終的に社会政策の見地から、身体を「自由放任」すべきではなく「管理」すべきものとして認識し始めた。

従順する労働力の無限供給を想定しない限り，資本蓄積や社会統合のためには，労働衛生管理を含む広い意味での労働力保全をいかに実現するかは解決すべき課題であり，今日の進行形の課題でもある。

労働衛生管理は労働力保全の一目標として制度化される中，その具体的なプロセスは各国の資本主義の進展や国家権力のあり方によって規定されるだろう。本書が取り上げている鉄道労働衛生システムは，海外から移植された鉄道技術のように，プロイセン邦有鉄道などの欧米諸国をモデルに導入され，第一に労災対策としての実施されたものの，第二に感染症の蔓延や戦争の勃発などを契機に現地化し，労働者の日常生活や家族にまで浸透し，さらに洗練化した。国有鉄道という特質から国家権力からの規定力が強く，市場による医療サービスを拒むわけではないものの，組織の内部で医療機関を設置し，それを支える保険制度の基盤を整えた。戦後までを射程に入れて考えると，保健医療システムの提供方式が市場指向へ変わっていく中で，後発地域たる東アジアでは，市場での医療機関が充実していないことから，当初の鉄道当局ひいては国家機関が直接医療サービスを提供せざるを得なかった。その結果，短期間内に欧米諸国より幅広い内部化を実現できた。これがまさに「後発性」(backwardness) を示すことはいうまでもない。

鉄道員は「上から」「管理される身体」として認識され，労使対立をきっかけとしてその制度的拡充が進んだ。この介入の程度は総力戦下で人的資源として「国民」の身体が重視されるにつれ，強化された。戦時期には労使一体化が「上から」強いられ，戦力の最大化に応じて「管理される身体」をめぐる制度的設定は強調された。既存の労使関係を前提にその安定化を図るものとして位置づけられ，当然階層性ないし身分性が強く反映されたに違いないが，その格差は戦時中に縮まっており，戦後には労働民主化によって大きく改善された。さらに，時期的には労使対立的な局面をもちながらも，長期的に見て労使協調主義を強く帯びる日本的労使関係とも結合されていく。今，東アジアの至る所で確立している「健康医療組合」に対して鉄道業の「共済組合」はその原型の一つにもなっている。「管理される身体」は「社員」たる身分を持つ現地人にとってごく自然なものとしてわれわれの認識に埋め込まれている。労働力の保全への国家的介入は，ある社会経済が要求す

る労働者の供給を保障する過程でもあった。

　もちろん，この「管理される身体」は，近代国家の成立から見て，経済ロジックのみによっては解明できず，近代的制度として国民動員手段ともなる学校や軍隊，さらに何よりもそれを労働衛生的に支える保健医療ネットワークの成立に伴って生み出されたことはいうまでもない。そこで政府と企業の両面的性格を持つ官業部門とは，広い意味での国家機構の一部でありまた大量の労働力を抱えたことから，専ら収益性を追及するというよりは利潤の一部を犠牲してまでも，いち早く労働衛生管理システムを導入することが比較的容易であった。このような国家権力による労働衛生的介入は，鉄道に限らず，政府機関および官業（通信，専売など）全般で見られる現象であった。これに関連し，満鉄は鉄道附属地への行政監督を含めて植民地政府的性格をも持つ国策会社であったことに留意しなければならない。

　東アジアにおける「管理される身体」の始まりは，市場ないし民間企業における「下から」の成立を否定するわけではないものの，「上から」デザインされたものであったといえよう。この点でも，資本主義の多様性論争の中で，東アジアの経済発展の特徴としてよく指摘される国家権力の主導性[1]が，福祉国家を全面的に展開できるほどの財政力や社会的コンセンサスが得られなかったにもかかわらず，労働衛生管理などの保健医療制度でも広く見られるのではなかろうか。国家権力によって生み出された「管理される身体」をめぐる制度設計は，その後も改変されつつ，1980年代以来の規制撤廃（deregulation）や社会主義圏の市場経済的改革によって官業の民営化が全世界的に広まる中，市場的要素が強くなってきた。とはいえ，経済水準に比べて先行した国民皆保険制度といった国家の主導性は，東アジアの政治体制や国民動員と絡み合って，消えることはないだろう。今のところ，効率の良くかつ廉価な保健医療システムが比較的定着している。

　「管理される身体」をめぐる制度的枠組みは，帝国主義の下では異民族を統合する手段ともなり，民族という境界を越えて進行し，さらに戦後にも現

---

1) David Hundt and Jitendra Uttam, ed., *Varieties of Capitalism in Asia: Beyond the Developmental State*, London; Palgrave Macmillan, 2017.

地に残り，高度成長に伴って社会全体へと広がった。この近代的制度作りが東アジアにおいては日本で先行され，植民地性を帯びながら，朝鮮，台湾，中国大陸へ波及されたため，当然矛盾を抱えざるを得ず，民族的格差が階層性とオーバーラップして現れた。近代的なものへの移行は人間生活にかかわる富の増産だけでなく，その富の生産と分配をめぐる制度的近代化，その基底を担当する労働者への「身体的管理」を伴ったのである。この過程の帝国主義的展開は近代性の歪曲を伴い，エスニック的に雇われる身体は戦時下の同化政策の進行につれて彼らの元の文化や言語とともに，変わるべきものとして捉えられたことも事実である。この議論にはより広い社会文化史的分析を要し，本書の社会経済的実証を超えるものである[2]が，いずれにせよ，おもに現地人の労働者は「管理される」側に置かれたため，「管理する」側の引揚によって戦後保健医療の空白をもたらし，日本人の留用，米ソからの支援，応急養成などを通じて独立後の現地医療陣はこれに対応しなければならなかった。

この点で，近年東アジアでは日本支配下の歴史認識をめぐって様々な論争が展開され，論争はもはや歴史学の枠を超えて内政と強いかかわりを持ち，外交の主要な対象にもなりつつある。このような状況を打開するためにも冷静な視覚から歴史的事実に基づく歴史の客観性をできる限り確保しなければならない。本書は従来あまり考察されてこなかった労働衛生に関する比較史を指向することで，むしろ植民地・占領地における植民地性を否応なしに客観的に問い直すことになるだろう。

さらに歴史上，マラリア，結核，HIV・エイズ（AIDS）といった感染症の蔓延への組織的対応が保健医療システムを改める契機ともなっているが，以上のような労働衛生管理システムの強化，その関連医療人の育成・再教育，関連医療施設の整備と機能強化といった「管理される身体」をめぐる制度作りの歴史的課題は今日開発途上国で切実にその整備が要請される現代的課題

---

[2] 宮田節子『朝鮮民衆と「皇民化」政策』未来社，1985 年；林景明『日本統治下 台湾の「皇民化」教育―私は十五歳で「学徒兵」となった』高文研，1997 年；藤森智子『日本統治下台湾の「国語」普及運動：国語講習所の成立とその影響』慶應義塾大学出版会，2016 年。

でもある。とはいえ，身体への介入とは常に完全なものにならないことはもとより，ミクロな生物世界への知的操作は進行形にならざるを得ない。戦前にはインフルエンザウイルスや結核菌に対する把握が充分ではなかったため，管理されたといっても，場合によっては病死者の大量発生は避けられなかった。当然，このような限界を戦後医学が乗り越え，労働者の身体管理も大きく進んだことも事実であるが，常にその限界を完全に克服できないことは，有機体としての身体の定めではなかろうか[3]。

---

3) 「あなたは，顔に汗を流して糧を得，ついに，あなたは土に帰る。あなたはそこから取られたのだから。あなたはちりだから，ちりに帰らなければならない。」（創世記3：19）。

附表1 日本国有鉄道における従事員の

	合計	公傷病	小計	伝染病・寄生虫病	癌その他の腫瘍	神経系疾患	私傷病 視聴器疾患
1907	7.17	2.25	4.93				
1908	9.52						
1909	9.76						
1910	8.84	2.37	6.47	0.32		0.78	
1911	8.41	2.55	5.86	0.28		0.80	
1912	8.01	2.48	5.52	0.44		0.58	
1913	7.05	2.16	4.89	0.32		0.59	
1914	8.54	2.42	6.12	0.36		0.81	
1915	7.58	1.50	6.08	0.77		0.62	
1916	7.61	1.80	5.81	0.80		0.57	
1917	8.28	2.35	5.93	0.43		0.63	
1918	13.72	2.66	11.06	0.46		0.84	
1919	11.95	2.48	9.47	0.56		0.71	
1920	9.90	2.17	7.73	0.72		0.82	
1921	9.44	1.93	7.52	2.88	0.17	0.86	0.00
1922	8.65	1.63	7.01	2.84	0.17	0.57	0.00
1923	8.56	2.18	6.38	2.52	0.11	0.61	0.00
1924	7.57	1.50	6.07	2.41	0.10	0.58	0.01
1925	6.93	1.33	5.60	2.12	0.15	0.59	0.00
1926	6.78	1.32	5.46	2.29	0.20	0.58	0.01
1927	6.70	1.01	5.27	2.35	0.10	0.56	0.01
1928	6.79	1.24	5.15	2.35	0.18	0.51	0.01
1929	6.40	1.01	5.39	2.38	0.16	0.46	0.00
1930	6.27	0.91	5.36	2.05	0.19	0.58	0.01
1931	5.94	0.69	5.25	2.21	0.18	0.44	0.01
1932	5.76	0.65	5.10	2.06	0.15	0.58	0.02
1933	5.84	0.91	4.92	1.88	0.15	0.58	0.02
1934	5.20	0.81	4.39	1.49	0.27	0.56	0.01
1935	5.24	1.07	4.17	1.49	0.19	0.50	0.00
1936	4.68	0.84	3.84	1.25	0.17	0.50	0.04
1937	5.71	1.04	4.67	1.33	0.13	0.45	0.01
1938	6.86	1.38	5.48	1.48	0.17	0.52	0.01
1939	6.90	1.22	5.69	1.70	0.19	0.56	0.01
1940	6.17	1.01	5.16				
1941	5.94	1.05	4.90				
1942		1.10					
1943		1.43					
1944							
1945		3.95					

出所:図1-9,図1-10,図2-11。
注:共済組合資料より推計。

死因別死亡率（千人当たり死亡数）

循環器疾患	呼吸器疾患	消化器疾患	泌尿生殖器疾患	皮膚・運動器官疾患	急性・慢性中毒	傷痍	その他
						0.26	4.67
0.42	2.32	0.99	0.30			0.48	0.87
0.39	2.13	0.91	0.31			0.28	0.69
0.28	2.17	0.93	0.15			0.31	0.66
0.39	1.61	0.91	0.26			0.40	0.41
0.56	2.16	0.97	0.25			0.30	0.71
0.42	2.06	1.10	0.25			0.26	0.59
0.39	1.91	1.09	0.17			0.48	0.38
0.46	2.19	1.06	0.22			0.37	0.93
0.44	4.68	1.13	0.22			0.47	3.29
0.39	5.41	1.01	0.21			0.50	0.08
0.38	3.19	1.34	0.25			0.38	0.07
0.54	0.95	0.84	0.23	0.10	0.01	0.37	0.57
0.40	0.86	0.96	0.21	0.01	0.00	0.37	0.63
0.53	0.79	0.92	0.28	0.09	0.02	0.47	0.13
0.50	0.75	0.88	0.26	0.09	0.02	0.34	0.12
0.39	0.76	0.66	0.28	0.05	0.04	0.42	0.14
0.32	0.68	0.63	0.21	0.03	0.01	0.31	0.19
0.35	0.74	0.82	0.20	0.03	0.03	0.42	0.10
0.40	0.69	0.66	0.19	0.02	0.03	0.40	0.11
0.42	0.69	0.55	0.16	0.05	0.03	0.43	0.06
0.36	0.69	0.62	0.27	0.03	0.01	0.48	0.07
0.41	0.67	0.62	0.26	0.01	0.00	0.36	0.09
0.52	0.50	0.65	0.16	0.03	0.01	0.38	0.04
0.44	0.57	0.60	0.19	0.02	0.02	0.39	0.08
0.36	0.50	0.65	0.20	0.02	0.00	0.29	0.05
0.37	0.45	0.52	0.22	0.08	0.04	0.30	0.01
0.25	0.49	0.55	0.20	0.10	0.01	0.26	0.01
0.29	0.66	0.54	0.21	0.07	0.02	0.96	0.00
0.28	0.71	0.59	0.18	0.06	0.02	1.45	0.00
0.33	0.81	0.56	0.18	0.08	0.02	1.25	0.00

附表2　台湾国有鉄道における従事員の死亡率（千人当たり死亡数）

	公傷病			私傷病			合計		
	日本人	台湾人	計	日本人	台湾人	計	日本人	台湾人	計
1909									8.32
1910									10.64
1911									13.08
1912									16.31
1913									14.08
1914									11.25
1915									9.56
1916									11.67
1917									13.20
1918									15.84
1919									16.51
1920									13.35
1921									10.97
1922									8.11
1923									11.38
1924									11.59
1925									6.36
1926									6.61
1927							8.87	7.43	7.51
1928			0.85			6.71	7.92	7.26	7.56
1929			0.52			5.98	8.07	5.08	6.49
1930			0.97			6.06	8.28	6.67	7.03
1931			1.02			6.02	7.33	6.75	7.05
1932	1.07	0.47	0.78	4.28	3.52	3.92	5.35	3.99	4.70
1933			0.98			6.12	7.75	6.36	7.11
1934			0.64			4.69	5.85	4.69	5.32
1935			0.84			5.23			6.07
1936			0.81			4.68			5.49
1937			0.54			6.44	10.11	4.91	7.89
1938	1.30	0.78	1.06	9.60	5.43	7.70	10.91	6.20	8.76
1939	0.70	0.78	0.74	9.09	5.00	6.93	9.79	5.78	7.67
1940	0.18	1.45	0.92	5.82	6.08	5.97	6.00	7.53	6.89
1941	0.33	1.06	0.77	6.92	3.82	5.04	7.25	4.88	5.81

出所：図5-7。
注：共済組合資料より推計。

附表3　朝鮮国有鉄道における従事員の死亡率（千人当たり死亡数）

	公傷病			私傷病			合計		
	日本人	朝鮮人	計	日本人	朝鮮人	計	日本人	朝鮮人	計
1910	0.22	1.23	0.99			7.92			8.91
1911	0.62	0.36	0.68			7.05			7.73
1912	0.96	2.25	1.27			8.49			9.76
1913	0.69	2.89	1.14			6.84			7.97
1914	0.90	2.36	0.79			9.91			10.71
1915	0.78	3.32	1.78	8.99	5.13	7.47	9.78	8.44	9.25
1916	0.98	1.81	1.31	8.47	4.52	6.91	9.45	6.33	8.22
1917	0.54	1.24	1.04			4.95			5.99
1918	0.74	2.95	3.35			8.57			11.92
1919	0.95	1.44	1.86			11.15			13.01
1920	0.71	1.08	1.42			9.83			11.25
1921	1.27	0.93	1.45			9.23			10.68
1922	1.32	1.06	2.05			10.11			12.16
1923	1.40	0.89	1.71			7.38			9.10
1924	1.42	0.18	0.90						
1925	1.45	1.70	1.58	8.91	4.54	6.77	10.36	6.24	8.34
1926	1.71	0.74	1.24	9.06	4.78	7.00	10.77	5.51	8.24
1927	1.06	0.68	0.88	10.43	4.93	7.84	11.49	5.61	8.72
1928	1.25	1.85	1.53	8.58	4.94	6.86	9.82	6.80	8.39
1929	0.42	1.13	0.73	9.69	8.40	9.10	10.11	9.52	9.83
1930	1.16	1.40	1.35	9.13	5.26	7.21	10.29	6.66	8.56
1931	1.41	1.00	1.70	8.24	5.89	6.64	9.66	6.89	8.34
1932	1.42	1.28	1.36	8.93	6.56	7.81	10.36	7.84	9.16
1933	0.78	1.47	1.10	8.17	8.22	8.19	8.95	9.69	9.30
1934	1.03	1.39	2.02	5.82	7.04	5.56	6.85	8.43	7.58
1935	0.58	1.07	0.80	7.32	6.54	6.97	7.90	7.61	7.77
1936	1.21	1.60	1.38	7.03	5.65	6.44	8.25	7.25	7.81
1937	1.21	1.71	1.42	7.99	5.12	6.76	9.20	6.83	8.18
1938			2.34			6.43	8.71	8.85	8.77
1939			1.64			6.41	9.61	6.07	8.04
1940			2.37						
1941			2.54						

出所：図6-5。
注：共済組合資料より推計。

附表4　南満州鉄道株式会社における従事員の死亡率（千人当たり死亡数）

	公傷病		私傷病		合計	
	日本人	中国人	日本人	中国人	日本人	中国人
1915					6.17	
1916					8.10	
1917	0.84	1.19	8.26		9.10	
1918	0.89	1.23	10.94		11.83	
1919	0.87	1.11	15.67		16.54	
1920	0.55	2.36	11.96		12.51	
1921	0.69	1.60	9.85		10.54	
1922	1.09	0.98	6.23		7.31	
1923	1.03	2.19	5.57		6.60	
1924	0.85	2.67	6.20		7.05	
1925	0.75	1.37	6.59	0.35	7.33	1.72
1926	1.15	2.20	5.29	4.62	6.44	6.82
1927	1.21	2.14	7.06	4.67	8.27	6.80
1928	0.96	2.82	7.80	6.26	8.76	9.08
1929	0.74	3.28	7.82	3.86	8.56	7.14
1930	0.60	1.32	5.55	5.79	6.15	7.11
1931	0.78	2.09	6.09	5.07	6.87	7.16
1932	0.29	1.40	5.98	4.62	6.27	6.02
1933	1.15	1.15	6.49	5.11	7.64	6.27
1934	0.25	0.16	7.58	7.46	7.82	7.61
1935	0.63	0.70	7.51	7.29	8.14	7.99
1936					7.26	5.62
1937					4.71	7.14
1938					5.28	5.75
1939					7.91	6.40
1940						7.87

出所：図7-4。
注：共済組合資料より推計。満鉄の場合，国鉄と異なって民族別に共済組合が組織されたため，全従事員の数値が推計できない。

あとがき

　日本に留学して以来，筆者の主な研究対象は鉄道であった。子供の頃から身近な存在だった韓国・朝鮮国鉄の経済史研究から始まり，次は，華交互助会から東京大学経済学部資料室に寄贈された一次資料を利用して華北交通を分析し，さらに帝国圏鉄道の補給基地たる日本国鉄を研究し，今のところは，満鉄や台湾国鉄を分析している。

　あたかも，鉄道が地図の上に点と線で表示されて繋がっているように，筆者の研究範囲も，戦前の日本帝国の膨張に従って東アジアの諸鉄道へと広がりつつある。それに伴い，韓国，日本，中国，台湾，アメリカの各種図書館や公文書館に足を運んで，そこに残る政策文書や公刊資料を発掘すると同時に，鉄道の内部統計にも目を通してきた。

　そうした資料のなかでも，『鉄道統計資料』あるいは『鉄道年報』などといったタイトルで公刊された統計類には，鉄道の建設，運輸，運転，経理，資材などに関する統計がどの地域でも膨大に残っており，鉄道のマンパワーたる職員・社員についても詳しいデータが収録されている。経済史家として，普通は労使関係あるいは労務対策の分析といった観点から職務別従事員および賃金などといった数字を拾ってきたのだが，ある日，共済組合とそれに関する給付件数および金額が毎年掲載されており，私には馴染みのない日本語の病名が旧字体でずらりと書かれることに気付き始めた。しかもこうした記録は特定の鉄道に限らず，帝国圏内の鉄道で一般的にみられるものなのである。

　そうした病名はいったい何であり，なぜこのように詳細に記録されているだろうか。これまでも，日本国鉄の「現業委員会」について考察する中で，「共済組合」という制度が労使関係で重要な役割を果たしたことはわかっているつもりであったが，そのような病名がいかなる意味をもつのかと興味をかき立てられた。そしてその歴史的意義を探るため，職員・社員統計，衛生統計，共済組合統計という三つの統計をつなげてみることによって，死亡率や罹患率の動向が推計でき，鉄道当局は働いている個々人の身体までを射程

に入れて労務管理を行っていたことが明らかになってきた。例えば筆者が従来中心的に検討してきた戦時期には、結核の蔓延や栄養失調が大きな問題となっていて、鉄道員の身体管理は鉄道全般に浸透し、日本内地だけでなく植民地でもそれが重要な課題となっていたのである。帝国日本にとって鉄道員の健康というのは想像以上に重要であり、この問題への政策当局の懸念や配慮が大きかったことが読み取れるのである。

　それらの資料を推計・整理し、分析を進め、その成果の一部を順次発表してきた（"The Development of Labor Hygiene in Colonial Korea, 1910-1945: The Health Conditions of Korean National Railways（KNR）Employees," *Seoul Journal of Korean Studies*, vol.24, no.1, 2011, p.51 – 86；「鉄道員과 身体：戦前期 日本国鉄労働衛生의 実態와 政策」『亜細亜研究』55-3, 2012 年, 149-182 頁；"Railroad Workers and World War I: Labor Hygiene and the Policies of Japanese National Railways," Tosh Minohara, Tze-ki Hon and Evan Dawley ed., *The Decade of the Great War*, Leiden: Brill, 2014, pp. 415-438.）。

　このように順次分析していくに従って、ある種のアイロニカルな実態が浮かび上がってきた。すなわち、より「収奪」され、その身体的損傷が甚だしくなるべき下層部の現業員や植民地住民の身体が相対的に良好であったという事実である。「常識的」な解釈とは異なる結果は直感的に受け入れ難いところがあるが、まさにそこにこそ、一面的な歴史評価を下すことに慎重であるべき強く捻られた「近代化」「植民地化」構造が潜んでいたといわざるを得ない。しばしばマスコミが書き立てるような、歴史の複雑性を捉えない歴史評価に対しては強い違和感を感じざるを得ない。その捻じられた複雑な構造を前提に東アジア近代史を振り返らない限り、「他者」への認識だけでなく過去の「自我」との和解もできないのではないか。

　そうした思いから、恥ずかしい限りのものではあるけれど、一冊の研究書として上梓し、社会経済史、鉄道史、労働史、医療衛生史などといった専門家の方々からの厳しい批判と率直なコメントを乞う次第である。

　本書の研究に当たっては、前職場たるソウル大学校日本研究所に在勤中、韓国研究財団・基礎研究支援人文社会（一般研究）「近代東アジアにおける疾病、衛生、そして生活水準：日本、朝鮮、中国」（KRF -2009-327-A00004）

の支援を得た。また，公益財団法人住友財団からも「日本帝国における労働衛生の展開——日朝両地域の逓信職員の健康と疾病」について「2011年度アジア諸国における日本関連研究助成」をいただいた。これらの支援があったからそこ，日本，中国，台湾などでの現地調査が可能になったことは言うまでもない。こうして，筆者の研究は伝統的な産業史から徐々に離れていき，労働史を経て鉄道員の「管理される身体」にまで分析の射程が深まっていったわけだが，その経緯の中で社会経済史とのかかわりについて大変有益なお教えをいただいた武田晴人先生に感謝を申し上げる。また，内外学会の報告ではソウル大学校経済学部李澈義氏と中央研究院近代史研究所劉士永氏より貴重なコメントをいただいた。ソウル大学校留学中であった張日洙氏（韓国首尔貨幣経紀株式会社上海代表処主席代表）には各種統計を入力していただいた。日本交通医学会からは東京鉄道病院の貴重な写真を提供していただいた。

　本書の刊行に際しては京都大学学術出版会の鈴木哲也氏と桃夭舎の高瀬桃子氏にたいへんお世話になった。コラムの設定や写真・地図の提示などによって鉄道労働衛生の実態が理解し易くなったとすれば，それは鈴木氏の助言なしにはあり得なかっただろう。また，平成30年度独立行政法人日本学術振興会科学研究費補助金（研究成果公開促進費「学術図書」18HP5251）の支援を受けた。ここに謝意を表明するものである。

2018年11月21日
林采成

参考文献

資料

U・S・M「『熟練工』といふこと」『台湾鉄道』1940年10月，28-30頁。
朝日新聞社『大阪朝日新聞』各日号。
有田孝之「社員体力管理について」『興亜』第53号，1943年11月，2-4頁。
飯田重左衛門「台湾鉄道医院組織構成の予定計画概要」『台湾鉄道』1940年2月，10-15頁。
飯田重左衛門「台湾鉄道診療所創立初年度の業務概況に就て」『交通時代』7-12，1936年12月号，66-67頁。
飯田重左衛門「『鉄道省の三大指示事項実現の具体的方策』を読み我台湾鉄道の当該事項の中の一に論究す」『台湾鉄道』1934年10月，9-20頁。
伊能繁次郎『鉄道職員　鉄道常識叢書第12篇』鉄道研究社，1935年。
岩崎衛二（姫路鉄道治療所鉄道医）「鉄道職員疾病統計を見て病類別様式改正の必要を論ず」『日本鉄道医協会雑誌』15-6，1929年6月，9-27頁。
岩田穣（満鉄調査役）「鉄道労働者の罹病率に関する考察」『労働科学研究』4-4，1927年12月，145-274頁。
植村隆秀（名古屋鉄道治療所鉄道医）「工場，会社，鉄道等に採用する人員の身体検査標準に就て」『日本鉄道医協会雑誌』8-6，1922年6月，16-25頁。
内田秋夫（大阪鉄道病院理学的治療科医学士）・仲田一雄（第二内科兼務医学士）「職員採用身体検査に於ける『レントゲン』間接撮影成績」『日本鉄道医協会雑誌』28-2，1942年2月，14-21頁。
宇津木哲夫（札幌鉄道病院外科鉄道医）「札幌駅構内痰壺内結核菌検査成績」『日本鉄道医協会雑誌』26-3，1940年3月25日，18-21頁。
運輸省『国有鉄道の現状：国有鉄道実相報告書』1947年。
運輸省『国有鉄道陸運統計』各年度版。
運輸省『鉄道要覧』1960年度版。
運輸調査局『労働交通論』1948年。
運輸通信省『運輸通信公報』第375号，1945年2月8日。
運輸通信省『鉄道貨物輸送計画案』1945年3月25日。
運輸通信省鉄道総局総務局体力課「健民修練事後指導実施要綱」『日本鉄道医学会雑誌』30-3，1944年3月，62-66頁。
江口寛治「結核療養所の設置」『朝鮮鉄道夜話』二水閣，1936年。
エッチ・オー生「医務機関の整備に就て」『台湾鉄道』1919年11月，6-8頁。
大内桃太郎（仙台鉄道病院外科鉄道医）「最近八カ年間に於ける国鉄従事員の公傷患者と年齢に就て（特に事変前と事変後に於ける比較）」『日本鉄道医協会雑誌』28-9，1942年9月，1-8頁。
大阪鉄道局『大阪鉄道局史』1950年。
大谷留五郎『朝鮮鉄道概論』帝国地方行政学会朝鮮本部，1929年。
大町昇「診療所設備に就き提言」『台湾鉄道』1916年4月，17-21頁。
大道良太（鉄道院理事）「疾病救済の実施に就て」『日本鉄道医協会雑誌』2-4，1916年4月，1-14

参考文献

大和田福徳（釜山地方鉄道局長）「鉄道と親切」『朝鮮鉄道協会会誌』1942 年 9 月，8-11 頁。
加賀山之雄（鉄道省制度課長）「戦力確保と荷物事故」『鉄道軌道統制会会報』1943 年 6 月，31-34 頁。
影近清毅「業務災害に対する扶助制度」『日本鉄道医協会雑誌』4-5，1918 年 5 月，1-11 頁。
影近清毅（鉄道省事務官）「大正十二年度中ニ於ケル医事衛生ニ関スル施設事項」『日本鉄道医協会雑誌』10-9，1924 年 9 月，1-6 頁。
影近清毅（鉄道省事務官）「大正十三年度中に於ける医事衛生に関する施設事項」『日本鉄道医学会雑誌』11-4，1925 年 4 月，1-4 頁。
柏原兵太郎『統制経済下の貨物運送』交通研究所，1940 年 12 月。
華北交通『華北交通統計月報』1944 年 6 月。
華北交通株式会社『華北交通の運営と将来』1945 年 10 月。
華北交通株式会社『統計年報』各年度版。
華北交通株式会社総裁室総務部『華北交通会社従業員表』1944 年 11 月。
華北交通株式会社編纂委員会『華北交通株式会社創立史』興亜院華北連絡部，1941 年。
華北交通社員会「華北交通新聞」『興亜』第 11 号，1940 年 5 月，32 頁。
華北交通社員会「資材局」『興亜』第 27 号，1941 年 9 月，6-7 頁。
軽部一右衛門「医療機関の改善に就て」『台湾鉄道』1927 年 11 月，54-59 頁。
韓国経済企画院『第一次国富統計調査総合報告書』1968 年。
韓国交通部『韓国交通年鑑』1960 年度版。
関東局『関東局人口動態統計』各年度版。
関東長官官房文書課『関東庁人口動態統計』各年度版。
北川睦男（大阪鉄道病院内科医学士）・吉田潔（医学士）「鉄道職員軽症肺結核患者療養所療法成績（第一回報告）」『日本鉄道医協会雑誌』28-8，1942 年 8 月，1-8 頁。
京郷新聞社『京郷新聞』各日号。
久保田茂「2．内地鉄道 ①大東亜戦争間における軍事輸送記録 其の一」『軍事鉄道記録』第 3 巻，防衛研究所戦史編纂資料室所蔵。
クリスティー著・矢内原忠雄訳『奉天三十年』岩波書店，1938 年。
黒田源次編『満州医科大学二十五年史』満州医科大学，1936 年。
黄華平『近代中国鉄路史研究（1876-1949）』合肥工業大学出版社，2016 年。
工作課共済編「台北高雄両工場の傷病統計（其の一）」『台湾鉄道』1930 年 3 月，42-51 頁。
工作課共済編「台北高雄両工場の傷病統計（其の二）」『台湾鉄道』1930 年 4 月，84-93 頁。
厚生大臣官房統計調査部編『結核統計資料』日本衛生統計協会，1951 年。
許斐多七・山田功（鉄道医）「花柳病の現状竝にその対策」『日本鉄道医学会雑誌』30-3，1944 年 3 月，42-465 頁。
小林原義三郎（鉄道省要員局体力課）「体力課録事：国鉄職員と栄養管理の概念」『日本鉄道医学会雑誌』29-10，1943 年 11 月，32 頁。
小林鉄太郎「本邦鉄道労働事情」『社会政策時報』27，1922 年 11 月 1 日，33-57 頁。
斉藤義八（鉄道監）「適正考査講習会に於ける開会の辞」『日本鉄道医学会雑誌』30-1，1944 年 1 月，29-30 頁。

坂野長三郎（鉄道院官房保健課嘱託）「健康診断の成績に就て」『日本鉄道医協会雑誌』2-9，1916年9月，1-11頁．

柴間之祐（官房保健課長）「国有鉄道に於ける職員死傷事故の減少と増福施設」『現業調査資料』3-5，1929年5月，1-13頁．

彰化診療所 I 生「診療所近況」『台湾鉄道』1937年4月，71-73頁．

庶務課厚生係「鮮鉄人と結核」朝鮮総督府鉄道局局友会『局友』1942年4月，52頁．

翠霖生「部員の欠勤によって被る損耗一百万円当局者の一考を累はす」『台湾鉄道』1920年9月，17-21頁．

鮮交会『朝鮮交通史』1986年．

大正写真工芸所『最新満洲写真帖』1935年．

台北工場長「台北工場職工夫現在人員年齢に就て」『台湾鉄道』1918年7月，29-33頁．

台湾省行政長官公署統計室編『台湾省五十一年来統計提要』台湾省政府主計処，1994年．

台湾総督府『台湾現勢要覧』各年度版．

台湾総督府官房情報課『大東亜戦争と台湾』1943年．

台湾総督府警務局『台湾衛生要覧』1925年度版．

台湾総督府警務局衛生課『マラリア防遏誌』1932年．

台湾総督府警務局衛生課編『台湾の衛生』1939年度版．

台湾総督府交通局鉄道部『台湾総督府交通局鉄道職員共済組合事業成績』各年度版．

台湾総督府交通局鉄道部『台湾総督府交通局鉄道部年報』各年度版．

台湾総督府交通局鉄道部『台湾鉄道史』上巻・中巻・下巻，1910-1911年．

台湾総督府交通局鉄道部庶務課編『職員公傷病統計』各年度版．

台湾総督府鉄道部『台湾総督府鉄道部年報』各年度版．

台湾総督府鉄道部『領台二十年記念台湾鉄道要覧』1915年．

台湾日日新報社『台湾日日新報』各日号．

高折茂（門司鉄道病院内科）「各国鉄道医療機関の比較」『日本鉄道医協会雑誌』24-7，1938年7月25日，1-35頁．

高松泰三「鉄道院の各工場に於ける職工の負傷に関する数字的観察」『日本鉄道医協会雑誌』4-8，1918年8月25日，1-5頁．

瀧田順吾「心身の健康は生活の工夫から生まれる」『興亜』第52号，1943年10月，17頁．

伊達文次（札幌鉄道病理学的治療科医長兼第一内科医員鉄道医）「札幌鉄道局管内職員結核症発生に関する調査（其一）：札幌鉄道局管内職員に施行せる『ツベルクリン』皮内反応検査成績に就て」『日本鉄道医協会雑誌』25-7，1939年9月25日，12-37頁．

伊達文次（札幌鉄道病理学的治療科医長兼第一内科医員鉄道医）「札幌鉄道局管内職員結核症発生に関する調査（其二）：札幌鉄道局某課職員に施行せる赤血球沈降反応及『ツベルクリン』皮内反応検査成績並びに之に依る精密健康診断成績に就て」『日本鉄道医協会雑誌』26-3，1940年3月25日，1-17頁．

伊達文次（札幌鉄道病理学的治療科医長兼第一内科医員鉄道医）「札幌鉄道局管内職員結核症発生に関する調査（其三）：再び札幌鉄道局某課職員に施行せる赤血球沈降反応，『ツベルクリン』皮内反応，胸部『レ』線検査，喀痰検査成績と之等に基く結核患者検出成績に就て」『日本鉄道医協会雑誌』27-3，1941年3月25日，1-17頁．

伊達文次(札幌鉄道病院理学的治療科医長兼第一内科医員鉄道医)「札幌鉄道局管内職員結核症発生に関する調査(其四):札幌鉄道病院内科に於ける職員初発内科結核症の調査」『日本鉄道医協会雑誌』27-5,1941年5月,7-37頁.

伊達文次(札幌鉄道病院理学的治療科医長兼第一内科医員鉄道医)「札幌鉄道局管内職員結核症発生に関する調査(其五):某鉄道教習所電信科生徒の入所時検診成績と結核症発病状況に就て」『日本鉄道医協会雑誌』29-7・8,1943年8月,22-29頁.

伊達文次(札幌鉄道病院理学的治療科医長兼第一内科医員鉄道医)・坂本楯旗(札幌鉄道局総務部保健課鉄道医)「札幌鉄道局管内某駅電信掛集団検診成績に就て」『日本鉄道医協会雑誌』28-7,1942年7月,10-15頁.

伊達文次(札幌鉄道病院理学的治療科医長鉄道医)・戸田力(第一内科医長鉄道医)「北海道における若年鉄道職員集団検診成績に就て」『日本鉄道医協会雑誌』29-6,1943年6月,21-28頁.

大連商工会議所『満州経済統計年報』各年度版.

谷脇琢磨(門司鉄道病院眼科鉄道医)「門司鉄道病院に於ける最近十ヵ年の『トラコーマ』の統計的観察」『日本鉄道医協会雑誌』28-3,1942年3月,27-32頁.

朝鮮総督府鉄道局『朝鮮鉄道(交通)状況』各年度版.

朝鮮総督府鉄道局『朝鮮鉄道史』1915年.

朝鮮総督府鉄道局『朝鮮鉄道史 第1巻創始時代』1937年.

朝鮮総督府鉄道局『朝鮮鉄道四十年略史』1940年.

朝鮮総督府鉄道局『年報』各年度版.

朝鮮総督府鉄道局編『朝鮮鉄道史』第1巻,1929年.

朝鮮総督府鉄道局庶務課『朝鮮総督府鉄道局現業員共済組合事業概況』各年度版.

朝鮮總督府鐵道局庶務課『朝鮮総督府鉄道局現業共済組合概況』各年度版.

朝鮮鉄道協会「京城駅旅客座談会」(続)『朝鮮鉄道協会会誌』1940年2月,41頁.

角田耕六「現業従事員の総罹病統計に就て」『日本鉄道医協会雑誌』19-5,1933年5月,7-10頁.

角田耕六(仙台鉄道局衛生嘱託)「鉄道職員罹病論」『日本鉄道医協会雑誌』21-1,1935年1月,10-49頁.

角田耕六(仙台鉄道局)「肺結核の統計的観察竝患者内報成績」1930年11月18日『日本鉄道医協会雑誌』17-5,1931年5月,31-34頁.

帝国鉄道庁『帝国鉄道庁年報』1907年.

鉄道院「鉄道医嘱託に関する件」『日本鉄道医協会雑誌』1-3,1915年5月20日,65頁.

鉄道院『鉄道院統計図表』各年度版.

鉄道院『鉄道院年報』各年度版.

鉄道院『鉄道統計資料』各年度版.

鉄道院総裁官房保健課『鉄道現業員待遇事例』1919年12月.

鉄道軌道統制会「日通の事故防止策」『鉄道軌道統制会会報』1943年4月,97-98頁.

鉄道給与研究会編『国鉄賃金講話』交通経済社,1954年.

鉄道省『国有十年:本邦鉄道国有後の施設並成績』1920年.

鉄道省『国有鉄道従事員待遇施設』1930年12月.

鉄道省『鉄道統計』各年度版.

鉄道省『鉄道統計資料』各年度版.

鉄道省編『日本鉄道史』上篇・中篇・下篇，1921年。
鉄道省官房文書課編「第八十一回帝国議会質疑応答資料」1943年1月28日，『八田嘉明文書』442。
鉄道省官房保健課「国有鉄道ノ保健衛生施設」『日本鉄道医協会雑誌』12-7，1926年7月，12-45頁。
鉄道省官房保健課「国有鉄道保健衛生施設」(続)『日本鉄道医協会雑誌』12-8，1926年8月，21-38頁。
鉄道省官房保健課「国有鉄道保健衛生施設」『日本鉄道医協会雑誌』12-9，1926年9月，13-19頁。
鉄道省官房保健課「大正十二年大震災に於ける国有鉄道医療機関の業績(承前)」『日本鉄道医協会雑誌』10-1，1924年1月，1-11頁。
鉄道省官房保健課「大正十二年大震災に於ける国有鉄道医療機関の業績(承前終)」『日本鉄道医協会雑誌』10-2，1924年2月，1-15頁。
鉄道省官房保健課「大正十二年大震災に於ける国有鉄道医療機関の業績」『日本鉄道医協会雑誌』9-11・12，1923年12月，1-18頁。
鉄道省要員局体力課「体力課録事：B・C・Gについて」『日本鉄道医学会雑誌』29-7・8，1943年8月，30-32頁。
鉄道総局総務局体力課「官庁職員結核対策要綱次官会議に於て決定す」『日本鉄道医学会雑誌』30-3，1944年3月，58-62頁。
鉄道総局総務局体力課「鉄道防空救護に就て」『日本鉄道医学会雑誌』30-2，1944年2月，18-19頁。
鉄道総局保健課「満州の衛生事情」南満州鉄道株式会社総裁室人事課『新入社員執務要覧』1938年4月，233-248頁。
鐵道大臣官房現業調査課「勤務方法別より見た現業従事員」『現業調査資料』4-3，1930年5月31日，11-18頁。
鉄道大臣官房現業調査課『労務統計　第三輯　勤続年数(上巻)』1932年10月。
鉄道大臣官房現業調査課『労務統計　第四輯　勤続年数(下巻)』1932年10月。
鉄道大臣官房現業調査課『労務統計　第五輯　年齢，配偶関係，教育程度』1932年10月。
鉄道大臣官房保健課『共済組合事業成績』各年度版。
鉄道大臣官房保健課『国鉄共済組合三十年史』1938年。
鉄道大臣官房保健課「国有鉄道に於ける第六回結核予防デー実施概要」『日本鉄道医協会雑誌』16-10，1930年10月，22-24頁。
鉄道大臣官房保健課『職員疾病統計』各年度版。
鉄道大臣官房保健課「流行性感冒予防施設概要」『日本鉄道医協会雑誌』8-10，1922年8月，1-9頁。
鉄道大臣官房保健課「流行性感冒予防施設概要(承前)」『日本鉄道医協会雑誌』8-11，1922年11月，1-8頁。
鉄道大臣官房保健課「流行性感冒予防施設概要(承前終)」『日本鉄道医協会雑誌』8-12，1922年12月，1-11頁。
寺沼政雄(音威子府鉄道診療所鉄道医)「工場に於ける肺結核殊に所謂結核菌保有者に就て」『日本鉄道医協会雑誌』27-1，1941年1月，27-35頁。
暉峻義等「産業と結核」『労働科学』19-9，1942年9月，770-821頁。

東亜日報社『東亜日報』各日号.

東京鉄道病院「回顧十五年」『日本鉄道医協会雑誌』11-11, 1925 年 11 月, 11-25 頁.

東京都感染症情報センター「結核菌の電子顕微鏡写真」(微生物部病原細菌科撮影), 2017 年 8 月 1 日 (http://idsc.tokyo-eiken.go.jp/diseases/tb/tb-dks/).

東北財経委員会調査統計処編『旧満州経済統計資料:『偽満時期東北経済統計』1931〜1945 年』柏書房, 1991 年.

内閣「運輸通信省官制中ヲ改正シ○大東亜戦争ニ際シ臨時ニ運輸通信省ニ副鉄道官補ヲ置ク」1945 年 3 月 15 日『公文類聚・第六十九編・昭和二十年・第二十五巻・官職十九・官制十九(運輸通信省二)』国立公文書館所蔵.

内藤正寿(名古屋鉄道病院外科鉄道医)「最近二ヶ年間に於ける公傷廃療患者の統計的観察」『日本鉄道医協会雑誌』29-10, 1940 年 10 月, 8-14 頁.

内藤正寿(名古屋鉄道病院外科鉄道医)「支那事変勃発前後に於ける公傷廃療患者の比較」『日本鉄道医協会雑誌』26-11, 1940 年 11 月, 11-17 頁.

中沢一郎(長野鉄道診療所鉄道医)「職員定期健康診断時検せる集団的『レ』線検査成績」『日本鉄道医協会雑誌』26-8, 1940 年 8 月 25 日, 34-41 頁.

中村善雄(神奈川県七里ヶ濱恵風園療養所所長鉄道嘱託医)・四宮ふぢ・山口喜美・一林なを(医局員)「鉄道省委託患者治療成績報告竝に其の所見(第一回)」『日本鉄道医協会雑誌』23-6, 1937 年 6 月, 6-22 頁.

日本国鉄大阪鉄道局『大阪鉄道局史』1950 年.

日本国有鉄道『鉄道統計年報』各年度版.

日本国有鉄道『鉄道要覧』各年度版.

日本国有鉄道『日本国有鉄道百年史　第五巻』1972 年.

日本国有鉄道『日本国有鉄道百年史　第十巻』1973 年.

日本国有鉄道『日本陸運十年史　II』1951 年.

日本国有鉄道運輸総局運送局配車課『配車統計』1949 年度版.

日本国有鉄道厚生局『国鉄共済組合五十年史』国鉄共済組合, 1958 年.

日本国有鉄道中央鉄道病院『中央鉄道病院史:新病院完成記念』1980 年.

日本政府「JACAR(アジア歴史資料センター) Ref.A03022396600, 御署名原本・昭和十四年・勅令第六一九号・大正八年勅令第二百五十七号(鉄道省鉄道医ニ関スル件)改正(国立公文書館)」.

日本政府「JACAR(アジア歴史資料センター) Ref.A03022295800, 御署名原本・昭和十九年・勅令第四一一号・運輸通信省官制中改正ノ件(国立公文書館)」.

日本政府『公文類聚・第六十九編・昭和二十年・第六十五巻・交通・通信(郵便・電信電話), 運輸(鉄道・航空・船舶)』国立公文書館所蔵.

日本鉄道医学会「講習会情報」『日本鉄道医学会雑誌』30-2, 1944 年 2 月, 23-24 頁.

日本鉄道医学会「国鉄の健民修練施行概況」『日本鉄道医学会雑誌』30-1, 1944 年 1 月, 27-28 頁.

日本鉄道医学会「体力課事業成績概況(1943 年 11 月 15 日編)」『日本鉄道医学会雑誌』30-1, 1944 年 1 月, 23-24 頁.

日本鉄道医学会「適正考査講習会開催記事」『日本鉄道医学会雑誌』30-1, 1944 年 1 月, 28-30 頁.

日本鉄道医協会「衛生嘱託打合会」『日本鉄道医協会雑誌』5-2, 1919 年, 35-37 頁.

日本鉄道医協会「神戸鉄道病院創立第十周年記念式記事」『日本鉄道医協会雑誌』11-5, 1925 年 5

月，17-23 頁。
日本鉄道医協会「雑報」『日本鉄道医協会雑誌』11-6，1925 年 6 月，32-37 頁。
日本鉄道医協会「仙台鉄道局管内調剤事務打合会」『日本鉄道医協会雑誌』15-11，1929 年 11 月，58-60 頁。
日本鉄道医協会「第十一回東北鉄道医総会」『日本鉄道医協会雑誌』18-7，1932 年 7 月，56-57 頁。
日本鉄道医協会「鉄道医制制定に関する件」「雑報」『日本鉄道医協会雑誌』5-6，1919 年 6 月，24 頁。
日本鉄道医協会「鉄道医の定員」『日本鉄道医協会雑誌』5-6，1919 年 6 月，24 頁。
日本鉄道医協会「鉄道院運輸従事員の勤務時間緩和」『日本鉄道医協会雑誌』5-7，1919 年 7 月，33 頁。
日本鉄道医協会「東京鉄道病院看護婦養成規程中改正の件」『日本鉄道医協会雑誌』2-5，1916 年 5 月，32 頁。
日本鉄道医協会「東京鉄道病院新築経過報告」『日本鉄道医協会雑誌』14-3，1928 年 3 月，55-57 頁。
日本鉄道医協会「東京鉄道病院創立十年記念式記事」『日本鉄道医協会雑誌』7-6，1921 年 6 月，32-38 頁。
日本鉄道医協会「日本鉄道医学会第 28 回総会会誌」『日本鉄道医協会雑誌』28-4，1942 年 4 月，1-20 頁。
日本鉄道医協会「日本鉄道医協会第一次総会記事」『日本鉄道医協会雑誌』1-3，1915 年 5 月，83-94 頁。
日本鉄道医協会「保健課事務一般」『日本鉄道医協会雑誌』3-10，1917 年 10 月，19-26 頁。
日本鉄道医協会「保健事務協議会」『日本鉄道医協会雑誌』3-2，1917 年 2 月，20-32 頁。
日本鉄道医協会「保健事務協議会」『日本鉄道医協会雑誌』3-11，1917 年 11 月，23-29 頁。
日本鉄道医協会「本会成立の経過」『日本鉄道医協会雑誌』第 1 号，1914 年 12 月，94 頁。
日本統計協会編『日本長期統計総覧』2006 年。
羽生国彦『台湾の交通を語る』台湾交通問題調査研究会，1937 年。
林原憲貞「朝鮮人工場労働者に関する統計的考察」1923 年 12 月，満鉄京城鉄道局庶務課調査係編『業務資料 第 1 輯』1924 年。
原田勝正編・解説『大東亜縦貫鉄道関係書類』不二出版，1988 年。
原田忠男（神戸鉄道病院外科）「外傷患者（鉄道院公傷負傷者）一千名に関する諸種の統計的観察」『日本鉄道医協会雑誌』5-2，1919 年 2 月，1-12 頁。
原田忠男（神戸鉄道病院外科）「外傷患者（鉄道院公傷負傷者）一千名に関する諸種の統計的観察（承前）」『日本鉄道医協会雑誌』5-3，1919 年 3 月，1-12 頁。
東田敏夫「我が国に於ける産業と結核に関する史的考察」『労働科学』20-6，1943 年 6 月，401-425 頁。
福田正男（鉄道省保健課長）「鉄道従事員の衛生思想涵養と『清浄第一』」『日本鉄道医協会雑誌』7-6，1921 年 6 月，1-4 頁。
福田正男（鉄道省保健課長）「鉄道に於ける保健衛生事業の発展に就て」『日本鉄道医協会雑誌』8-2，1922 年 2 月，1-8 頁。
釜山地方鉄道局長「徴兵検査の結果」『朝鮮鉄道協会会誌』1938 年 9 月，83 頁。

富士貞吉（嘱託医学博士）「保健国策に対する我等の決意」『台湾鉄道』1936年10月，12-14頁。
松井甚四郎（札幌鉄道病院）「北海道鉄道管理局管内に於ける鉄道従業員の肺結核及び其他の結核症に就て」『日本鉄道医協会雑誌』5-10, 1919年10月, 1-3頁。
松本浩太郎（鉄道省保健課技師）「鉄道職員の生命に関する統計的観察（第一報告）」『日本鉄道医協会雑誌』27-11, 1941年11月, 16-31頁。
松本浩太郎「鉄道職員の生命に関する統計的観察」（第三報）『日本鉄道医学会雑誌』29-10, 1943年11月, 1-4頁。
馬渡一得（鉄道省官房保健課鉄道医）「従事員の心身に及ぼす鉄道労務の影響に就て」『日本鉄道医協会雑誌』16-1, 1930年1月, 1-37頁。
馬渡一得『鉄道衛生』鉄道時報局，1940年。
馬渡一得（鉄道省官房保健課鉄道医）「鉄道従事員の健康状態に就て」（第一回報告）『日本鉄道医協会雑誌』14-9, 1928年9月, 1-9頁。
馬渡一得（鉄道省官房保健課鉄道医）「鉄道従事員の健康状態に就て」（第二回報告）『日本鉄道医協会雑誌』15-2, 1929年2月, 1-6頁。
馬渡一得（鉄道省大臣官房保健課技師）「鉄道に於ける職業的疾患」（第八回大阪鉄道医会総会特別講演）『日本鉄道医協会雑誌』20-8, 1934年8月, 1-9頁。
馬渡一得（鉄道省官房保健課）「廃疾年金者の転帰に就て」『日本鉄道医協会雑誌』22-6, 1936年6月, 1-6頁。
満州医科大学輔仁同窓会『満州医科大学四十周年記念誌』満州医科大学輔仁同窓会，1951年。
満鉄社員会「満鉄春秋」『協和』16-2, 1942年1月15日号，1頁。
水野直樹編『戦時期　植民地統治資料4』柏書房，1998年，247頁。
南満州鉄道株式会社『帝国議会説明資料』各年度版。
南満州鉄道株式会社『統計年報』各年度版。
南満州鉄道株式会社『満鉄在籍社員統計』1944年9月末現在。
南満州鉄道株式会社『満鉄要覧』1943年。
南満州鉄道株式会社『南満州鉄道株式会社十年史』1919年。
南満州鉄道株式会社『南満州鉄道株式会社第三次十年史』1938年。
南満州鉄道株式会社『南満州鉄道株式会社第四次十年史』1986年。
南満州鉄道株式会社経済調査課『満州経済統計図表』1934年。
南満州鉄道株式会社広報課『満鉄保健一覧』1941年12月30日。
南満州鉄道株式会社重役会，特第9号の87「専任身体検査医設置に関する件」1934年11月27日（1-4「昭和九年度下半期重役会議決議録」HM335-1-3-2，小田原市立図書館所蔵『山崎元幹満鉄関係資料』雄松堂フィルム出版，マイクロフィルム版74番）。
南満州鉄道株式会社総務部人事課『共済統計概要』各年度版。
南満州鉄道株式会社総務部労務課『共済事業成績概要』各年度版。
南満州鉄道株式会社地方部衛生課『共済社員殊に鉄道従事員の肺結核の統計的観察』1924年3月。
南満州鉄道株式会社地方部衛生課「満鉄医院一覧」1933年。
南満州鉄道株式会社地方部衛生課『南満州鉄道附属地衛生概況』1928年度。
南満州鉄道株式会社調査課『満州参考物価統計』1931年。
宮島幹之助『南方経論と厚生問題』人文書院，1943年。

宮本正治（東京鉄道局技師）「鉄道従事員の厚生問題」『日本鉄道医協会雑誌』26-5，1940年5月25日，16-28頁。

武藤昌知（名古屋鉄道病院内科医学博士）「本局諮問案『結核予防対策』に対する意見」1930年11月18日『日本鉄道医協会雑誌』17-3，1931年3月，42-59頁。

村瀬渉「健康あっての御奉公，不摂生は一生の損」華北交通社員会『興亜』第34号，1942年4月，20頁。

村瀬渉「社員の保健状態から観た北支の生活環境」華北交通社員会『興亜』第15号，1940年9月，32頁。

森尾人志『朝鮮の鉄道陣営』1936年。

森川生（庶務課）「嘱託医別医事統計に就て」『台湾鉄道』1931年6月，19-26頁。

柳澤謙（予防会結核研究所）「体力課録事：B・C・G接種について」『日本鉄道医学会雑誌』29-9，1943年9月，27-30頁。

山川浩・田代義一（官房保健課）「吾国有鉄道従事員の保健状態に就て（二）」『日本鉄道医協会雑誌』24-9，1938年9月，7-11頁。

山川浩・田代義一（官房保健課）「吾国有鉄道従事員の保健状態に就て（三）」『日本鉄道医協会雑誌』24-10，1938年10月，17-22頁。

山川浩・田代義一（官房保健課）「吾国有鉄道従事員の保健状態に就て（四）」『日本鉄道医協会雑誌』25-1，1939年1月，5-14頁。

郵政省共済組合・日本電信電話公社共済組合員『逓信共済組合事業史』郵政福祉研究会，1971年。

渡邉慶之進『台湾鉄道読本』春秋社，1939年。

研究書

Arnold, David, *Colonizing the Body: State Medicine and Epidemic Disease in Nineteenth-century India*, Oakland, CA.: University of California Press, 1993.

Gussow, Zachary, *Leprosy, Racism and Public Health: Social Policy and Chronic Disease Control*, Boulder, CO.: Westview Press, 1989.

Hays, J.N., *The Burdens of Disease: Epidemics and Human Response in Western History*, New Brunswick: Rutgers University Press, 1998.

Riley, James C., *Sick, not Dead: the Health of British Workingmen during the Mortality Decline*, Baltimore, MD.: Johns Hopkins Univ. Press, 1997.

Rogaski, Ruth, *Hygienic Modernity: Meanings of Health and Disease in Treaty-Port China*, Oakland, CA.: University of California Press, 2004.

青木純一『結核の社会史：国民病対策の組織化と結核患者の実像を追って』御茶の水書房，2004年。

青木正和『結核の歴史』講談社，2003年。

飯島渉『マラリアと帝国』東京大学出版会，2005年。

石原修『衛生学上ヨリ見タル女工之現況 付録 女工と結核』国家医学会，1914年。

猪飼周平『病院の世紀の理論』有斐閣，2010年。

林采成『華北交通の日中戦争史：中国華北における輸送戦の実態とその歴史的意義』日本経済評論社，2016年。

林采成『戦時経済と鉄道運営：「植民地」朝鮮から「分断」韓国への歴史的経路を探る』東京大学

出版会，2005 年。
禹宗杬『「身分の取引」と日本の雇用慣行』日本経済評論社，2004 年。
外務省経済協力局民間援助支援室『NGO のマラリア対策ベーシック・ハンドブック』2006 年。
篭山京編集・解説『女工と結核』光生館，1970 年。
川上武『現代日本医療史：開業医制の変遷』勁草書房，1965 年。
呉成哲『植民地期初等教育의［の］形成』教育科学社，2000 年。
高成鳳『植民地鉄道と民衆生活』法政大学出版局，1999 年。
小林丈広『近代日本と公衆衛生：都市社会史の試み』雄山閣出版，2001 年。
蔡龍保『推動時代的巨輪：日治中期的台湾国有鉄路（1910-1936）』台湾書房，2007 年。
佐口和郎『日本における産業民主主義の前提：労使懇談制度から産業報国会へ』東京大学出版会，1991 年。
シヴェルブシュ，ヴォルフガング著・加藤二郎訳『鉄道旅行の歴史：19 世紀における空間と時間の工業化』法政大学出版局，2011 年。
申東源『韓国近代保健医療史』한울［ハンウル］，1997 年。
新村拓編『日本医療史』吉川弘文館，2006 年。
宣在源『近代朝鮮の雇用システムと日本：制度の移植と生成』東京大学出版会，2006 年。
高橋泰隆『日本植民地鉄道史論：台湾，朝鮮，満州，華北，華中鉄道の経営史的研究』日本経済評論社，1995 年。
滝尾英二『朝鮮ハンセン病死：日本植民地下の小鹿島』未来社，2001 年。
崔在聖『植民地朝鮮의［の］社会経済와［と］金融組合』2006 年。
鄭在貞『日帝侵略과［と］韓国鉄道 1892-1945』서울［ソウル］大学校出版部，1999 年（→鄭在貞著・三橋広夫訳『帝国日本の植民地支配と韓国鉄道』明石書店，2008 年）。
鄭晄旭『韓国近代金融研究：朝鮮殖産銀行과［と］植民地経済』歴史批評社，2004 年。
日本交通医学会創立 100 周年記念事業実行委員会『日本交通医学会創立 100 周年記念誌』2014 年。
朴潤栽『韓国近代医学의［の］起源』慧眼，2005 年。
速水融『日本を襲ったスペイン・インフルエンザ：人類とウイルスの第一次世界戦争』藤原書店，2006 年。
廣川和花『近代日本のハンセン病問題と地域社会』大阪大学出版会，2011 年。
福田眞人『結核という文化：病の比較文化史』中央公論新社，2001 年。
福田真人『結核の文化史：近代日本における病のイメージ』名古屋大学出版会，1995 年。
藤原壮介『戦前における国鉄労働政策の変遷』日本労働協会調査研究部，1960 年。
布野修司・韓三建・朴重信・趙聖民『韓国近代都市景観の形成：日本人移住漁村と鉄道町』京都大学学術出版会，2010 年。
ヘッドリク，D.R. 著・原田勝正・多田博一・老川慶喜訳『帝国の手先：ヨーロッパ膨張と技術』日本経済評論社，1989 年。
法政大学大原社会問題研究所『太平洋戦争下の労働者状態：日本労働年鑑特集版』東洋経済新報社，1964 年。
保原喜志夫『産業医制度の研究』北海道大学図書刊行会，1998 年。
松村高夫『日本帝国主義下の植民地労働史』不二出版，2007 年。
松村高夫・解学詩・江田憲治編著『満鉄労働史の研究』日本経済評論社，2004 年。

見市雅俊・斉藤修・脇村孝平・飯島渉編『疾病・開発・帝国医療』東京大学出版会，2001 年．
南亮進『鉄道と電力』東洋経済新報社，1965 年．
村山隆志『鉄道医　走る：お客さまの安全・安心を支えて』交通新聞社，2011 年．
ヤーノシュ，コルナイ著・盛田常夫・門脇延行編訳『反均衡と不足の経済学』日本評論社，1983 年．
横田陽子『技術から見た日本衛生行政史』晃洋書房，2011 年．
延世大学校産学協力団（建築工学科建築歴史理論研究室）『旧竜山鉄道病院本館　記録化調査報告書』文化財庁，2012 年 9 月．
李尚仁著編『帝國與現代醫學』聯經，2008 年．
脇村孝平『飢饉・疾病・植民地統治』名古屋大学出版会，2002 年．

研究論文

Lim, Chaisung, "Health and Diseases of Laborers in Colonial Korea: Focusing on the Cases of the Bureau of Posts and Telecommunications, the Japanese Government General of Korea," *The Review of Korean Studies*, 19-1, June 2016, pp. 75-110.

Lim, Chaisung, "Railroad Workers and World War I: Labor Hygiene and the Policies of Japanese National Railways," Tosh Minohara, Tze-ki Hon and Evan Dawley ed., *The Decade of the Great War*, Leiden: Brill, 2014, pp. 415-438.

Lim, Chaisung, "The Pandemic of the Spanish Influenza in Colonial Korea," *Korea Journal*, Vol.51. No.4, Winter, 2011, pp.59-88.

Lim, Chaisung, "The Development of Labor Hygiene in Colonial Korea, 1910-1945: The Health Conditions of Korean National Railways (KNR) Employees," *Seoul Journal of Korean Studies*, vol.24, no.1, 2011, p.51-86.

石谷誓子「日本におけるスペイン風邪の流行と既存の結核との変遷」『三田学会雑誌』99-3，2006 年 10 月，83-102 頁．

林采成「近代鉄道인프라스틱처의 [インフラストラクチャーの] 運営과 ユ [とその] 特徴：韓日比較의 [の] 視点에서 [から]」韓国経営史学会『経営史学』25-1，2010 年 3 月．

林采成「書評 鄭在貞著，三橋広夫訳『帝国日本の植民地支配と韓国鉄道：1892-1945』」『経営史学』45-3，2010 年 12 月，71-73 頁．

林采成「戦時期華北交通の人的運用の展開」『経営史学』42-1，2017 年，3-26 頁．

林采成「戦前国鉄における現業委員会の構成と運営：大家族主義に包摂された国鉄労使関係の実態」『経営史学』48-3，2013 年，27-50 頁．

林采成「戦前日本逓信業における労働衛生システムの成立と変容」『立教経済学研究』72-4，2019 年 3 月．

林采成「戦争の衝撃と国鉄の人的運用」『歴史と経済』53-1，2010 年 10 月，46-62 頁．

林采成「鉄道員과 [と] 身体：戦前期日本国鉄労働衛生의 [の] 実態와 [と] 政策」『亜細亜研究』55-3，2012 年，149-182 頁．

林采成「鉄道業の展開：推計と実態」須永徳武編著『植民地台湾の経済基盤と産業』日本経済評論社，2015 年．

林采成「日本国鉄の戦時動員と陸運転移の展開」『経営史学』46-1，2011 年 6 月，3-28 頁．

林采成「満鉄における鉄道業の展開：効率性と収益性の視点より」『歴史と経済』55-4，2013 年 7

月13日，1-15頁．
江田いづみ「満州医科大学と『開拓衛生』」慶応義塾経済学会『三田学会雑誌』97-2，2004年7月，281-293頁．
大里浩秋「同仁会と『同仁』」神奈川大学『人文学研究所報』39，2006年3月，47-105頁．
岡部牧夫「満鉄研究の歩みと課題」岡部牧夫編『南満州鉄道会社の研究』日本経済評論社，2008年．
株本千鶴「内務省衛生局技術官僚の特性：官僚制における専門性についての一考察」『参加と批評』第4号，2010年3月，253-307頁．
趙亨根「植民地体制와 [と] 医療的 規律化」『近代主体와 [と] 植民地規律権力』文学과 [と] 知性社，1997年．
金景林「日帝下朝鮮鉄道12年計画線에 [に] 関한 [する] 研究」『経済史学』12，1988年，59-119頁．
金洛年・朴基炷「解放前後（1936-1956年）서울의 [ソウルの] 物価과 [と] 賃金」『経済史学』42，2007年，71-105頁．
坂口誠「近代大阪のペスト流行，1905-1910年」『三田学会雑誌』94-4，2005年1月，99-120頁．
蔡龍保「戦時体制下台湾総督府交通局鉄道部的官制改革（1937-1945）」『台湾師大歴史学報』42，2009年12月，317-319頁．
シャール，サンドラ「『瘴気』（ミアマス）と『国民の心身の健康』：戦前日本の繊維工業における産業衛生と女性労働者統制の政策をめぐって」『大原社会問題研究所雑誌』610，2009年8月，1-19頁．
辛圭煥「20世紀前半，京城と北京における衛生・医療制度の形成と衛生統計」『歴史学研究』834，2007年11月，16-26頁．
鄭根埴「'植民地的近代' 와 [と] 身体의 [の] 政治：日帝下 癩療養院을 [を] 中心으로 [として]」『韓国社会史学会論文集』51，文学과 [と] 知性社，1997年．
友部謙一「近代日本におけるジフテリア疾病統計の分析」『三田学会雑誌』97-4，2005年1月，37-54頁．
永島剛「感染症統計にみる都市の生活環境：大正期東京の腸チフスを事例として」『三田学会雑誌』97-4，2005年1月，79-98頁．
永島剛「大正期日本における発疹チフス1914年」『三田学会雑誌』99-3，2006年10月，41-60頁．
朴熙振・車明洙「人口」金洛年・朴基炷・朴二沢・車明洙『韓国의 [の] 長期統計Ⅰ』海南，2018年，77-111頁．
橋谷弘「朝鮮鉄道の満鉄への委託経営をめぐって：第一次大戦前後の日帝植民地政策の一断面」『朝鮮史研究会論文集』19，1982年3月，151-184頁．
馬場わかな「日本における赤痢の流行と感染症対策の変遷 1890-1930」『三田学会雑誌』99-3，2006年10月，103-120頁．
原朗「『満州』における経済統制政策の展開：満鉄改組と満業設立をめぐって」安藤良雄編『日本経済政策史論 下』東京大学出版会，1976年．
范燕秋「新医学在台湾的実践（1898-1906）」李尚仁著編『帝國興現代醫學』聯經，2008年．
許粋烈「日帝下実質賃金（変動）推計」『経済史学』5，1981年．
松藤元「日本の鉄道労働衛生学の歴史」『労働科学』68-3，1992年，102-114頁．

松本武祝「植民地期朝鮮農村における衛生・医療事業の展開」『商経論叢』34-4, 1999年3月, 1-35頁。

松本武祝「植民地朝鮮における衛生・医療制度の改編と朝鮮人社会の反応」『歴史学研究』834, 2007年11月, 5-15頁。

劉士永「台湾における植民地医学の形成とその特質」『疾病・開発・帝国医療：アジアにおける病気と医療の歴史学』東京大学出版会, 2001年。

歴史学研究会編集委員会「特集　東アジアにおける医療・衛生の制度化と植民地近代性：特集によせて」『歴史学研究』834, 2007年11月, 1-4頁。

索　引

■事項・地名索引

BCG 接種　→結核予防ワクチン（BCG）接種
H1N1 亜型ウイルス　330　→スペイン・インフルエンザ
JR 大阪鉄道病院　151
JR 札幌病院　151
JR 仙台病院　151
JR 東京総合病院　151

悪性荷物事故　101, 327
アジア・太平洋戦争　33, 81, 112
天津弁事処　303
有馬　55
鞍山製鉄所　271, 288
安全委員会　59
飯塚　55
医員　161
医学　14
医学専門学校　156, 165
医科大学　165
イギリス　323
医事衛生研究会　173
医師開業免許制度　14
医事研究会　173
医事集談会　173
医制　14
異動率　→労働異動率
井戸水　106, 242
医務打合会　328
医務室　21
医薬研究会　173
医療機関→直営医療機関
医療の社会化　21, 160, 330
医療部　9, 156, 207
仁川病院　236
うがい薬　51

運転　35
　──事故　47, 86-87, 107
　──機能測定　103, 136
運輸　35, 61, 122, 195, 235
運輸高等看護学校　257
運輸省　33
運輸通信省　33
衛生委員制度　14
衛生員配置規程　288
衛生課　13
衛生学　3
衛生管理　3, 8, 16
衛生技術官会議　167
衛生行政　14
　──機構　14
衛生組合　14
衛生警察　16, 333
衛生研究所　291, 331
衛生現代性　13
衛生試験所　55
　──主任会議　167
衛生思想　72
衛生嘱託打合会　42
栄養　12, 326
駅　37, 47, 89, 225, 239, 272
　──舎　113
応召　111, 136, 222, 270
大蔵省預金部　98
大阪　126
大阪鉄道医会　172
大阪鉄道病院近江分室　141
大宮工場　41, 71　→鉄道工場
瘧（おこり）　211
温情主義　333
温水坪温泉休養所　243
温泉保養院　290

海岸線　187
開業医　21, 161, 330
外傷　60, 93, 198, 241, 286, 298
海南海軍特務部総監　214
開発原病　18
各管理局保健掛及衛生嘱託医打合会　167
喀痰検査　141, 171
学徒報国隊員の給与　106
隔離　134, 330
学歴　86, 226
掛金　38, 98-99, 204, 244
貸付部　101
家族治療　245
華中鉄道株式会社　6
脚気　62, 92, 286
家庭医生婦　289
華北　307
華北交通株式会社　3, 6, 303, 332
樺太庁鉄道　98
仮病院　157
花柳病　241 →性病
花蓮港　201
花蓮鉄路医院　260
看護婦　52, 109, 156, 165, 168, 238, 313
　──養成所　257, 313
　──養成制度　43, 157, 238
官舎　63, 209, 242
患者の種類　43, 53
官設鉄道病院→鉄道病院
関節リウマチ　92
感染症　125, 199, 334 →急性伝染病
官庁職員結核対策要綱　104
関東軍　268, 291, 303
　──軍医部　314
　──鉄道線区司令部　303
関東州　276
関東大震災　33, 156
寒熱症　211
感冒　92, 286
官房保健課　134
「管理される身体」　3, 334
官立工場治療所　43
黄色近代化　17

企画院　303
機関区　89, 113, 225, 239, 272
　──従事員採用規程　105
気管支カタル　92, 255
機関車乗務員　35, 106, 127, 234, 286
機関手　35, 63, 128, 319
希釈化→労働力の希釈化
寄宿舎　134, 145, 253, 325
寄生虫病　68, 91, 241
北里研究所　70
北支那方面軍　303
吉林　289
吉林東洋医院　290
救急班／救護所／救護班／救護病院　107, 156
救済金　38, 58, 204, 245, 246, 298
救済組合　38, 43, 156, 244, 321
急性伝染病　14-15, 50, 68, 125, 231, 253, 254 →感染症
給付／給付制度　58, 205, 218, 295
給与　97, 245, 310
　現物──　275
休養率　194
共済基金貸付　296
共済組合　8, 22, 98, 134, 156, 160, 203, 322
　──員　51, 194
　──購買部　111
　──事業概要　193
　──制度　38, 243
　交通局──　246
　社員共済──　322
　鉄道局──　246
　鉄道局現業員──　246
　鉄道職員──　9
『共済事業成績概要』　283
共済制度　295
『共済統計概要』　283
教習所　129
行政簡素化　112
共同休憩所　134
居留民会　314
京元線　5, 219
宜蘭線　187

規律権力　17
金州　289
勤続年数　11, 132, 164, 279, 307, 322
近代性　3, 14-15, 331
勤務形態　4, 36, 86, 234, 286
勤労科学研究室　106
勤労局　113
空襲　113
倉敷労働科学研究所　21
「グラム予防法」　212
クループ性肺炎　125
軍医　237, 288
軍医学　211
軍事輸送　83, 268, 327
警察衛生体制　15
京城鉄道工場　231 →鉄道工場
京城鉄道病院　257 →ソウル運輸病院、ソウル交通病院
京釜鉄道　5
結核　41, 95, 104, 119, 131, 199, 233, 241, 254, 281, 286, 307, 320
　——菌　125, 129
　——撲滅運動　20
　——予防心得　139
　——予防法　20, 139
　——予防ワクチン（BCG）接種　142-143
　女工と——　20, 119, 144
　肺——　41, 61, 91, 125, 127-128, 131, 286
決号作戦集中計画　115
決戦作戦に応ずる交通作戦準備要綱　115
決戦増送総力発揮運動　113
決戦輸送体制　310
現業（現場業務）　253
　——委員会　8
　——員　122, 319
　——員傷病調査　283
　——機関／部門　251, 272
健康医療組合　334
健康管理規程　310
健康状態　39
健康診断　131, 135, 209

——規程　290
——成績　171
健康保険制度　98
検車　225
——区　239, 285
現物給与　275 →給与
健民修練及体力章検制度　135
健民修練所　104
雇員　36, 190, 223, 274, 304
公衆衛生学　3, 333
公衆衛生史　330
公主嶺　289
公傷　39
——事故　39, 155
——者　106
——病　122, 125, 154, 195, 229, 254
——病発生率　47, 155
工場　35, 225, 239 →鉄道工場
——医　21, 158
——医局　21
——衛生調査資料　144
——治療所　156
工場法　20, 42
厚生省　103
甲仙埔採脳拓殖会社　211
甲仙埔山地　212
『交通医学』　179, 258
交通局共済組合　246 →共済組合
交通診療所　241
交通病院　241
——職制　258
高等官　36, 190, 223, 274, 304
購買部　57, 100-101
神戸　133
神戸鉄道病院　47, 52
神戸鉄道病院大阪分院　52, 172
効率化　46, 83, 121
呼吸器疾患　50, 91, 124-125, 241, 253-254, 280
国際郵便　250
国策会社　14, 335
国鉄救済組合　133
国鉄大家族主義　8, 31, 133
国鉄労働史　81

国内戦場化に伴う運輸緊急対策に関する件　116
国民義勇戦闘隊編成令　109
国民勤労報国隊員　106
国民健康保険法　98
国民政府軍　314
国民体力管理制度　103
国民体力法　135
国民病　119, 125
国有化　33, 153
　——措置　321, 331
国有鉄道共済組合規則　63
国有鉄道体操実施心得　104
国有鉄道必勝運営体制整備に関する件　108, 113
国有鉄道必勝運営体制の確立に関する件　108, 113
国立瀋陽医学院　315
国立ソウル病院　259
国立鉄路医学院　315
互助共済　325
湖南線　5, 219
コレラ　70, 125, 211, 241

災害医学　170
採血検査　212
財政金融基本方針要綱　98
採用　187
　——率　46, 85, 188, 222, 251, 270
作業環境　60, 91, 128, 196, 240, 287
札幌　62, 91, 126, 133, 173
札幌鉄道病院　52, 131, 137
サナトリウム　78, 142, 158, 243, 327
産業医　158, 169, 328, 333
　——医局　21
　——制度　22, 158
『産業医学』　21
産業革命　3, 218
歯科医師　171
歯牙病　241
事故防止研究会　59
自殺　139, 307
私傷病　9, 50, 122, 125, 154, 229, 254, 319

疾病退職率　202 →廃疾率
自動連結器　49
支那駐屯軍　303
耳鼻咽喉疾患　241, 286
ジフテリア　75, 241
死亡給付金　196, 254
死亡率　41, 49, 67, 107, 125, 141, 155, 196, 227, 278
資本集約度　83
社員共済規程　295
社員共済組合制度　322
社員共済制度　294, 309
社員体力管理　310
沙河口　289
車掌　35, 89, 124, 191, 240, 319
集集線　187
住宅部　102, 111
集談会　173
授産部　246
巡回診療班　307
循環器疾患　50, 125, 198, 232
傷痍　38, 88, 125, 204, 232, 280
傷害事故防止委員会　59
消化器疾患　50, 91, 124-125, 241, 253-254, 280, 286, 306
彰化診療所　209
昇給　55, 192
猩紅熱　75, 241
消毒班規程　44
消費部　242, 246
賞与　55, 97, 111, 193, 227, 327
省立台北医院　260
昭和恐慌　33, 187, 193, 221
職員救済組合医療規程　56
職員健康診断成績　218
職員健康保険法　98
職員採用時身体検査　104
『職員疾病統計』　59, 135
職業病　63, 169
嘱託医　237, 255, 258
　——制度　205, 329
殖民医学　16, 186
植民地
　——性　3, 14

──的近代性（colonial modernity）／植民地での近代化（modernization in colony） 18, 331
──的雇用構造 193, 195, 225, 320, 323
──鉄道 11, 19, 265, 329
職務外傷 286
食糧 275
女工と結核 20, 119, 144 →結核
職工 48, 227, 255, 270
庶務課衛生嘱託 41
白いペスト 126 →結核
城津鉄道事務所 243
神経系・感覚器疾患 50, 91, 125, 253, 280
神経痛 61, 92, 243
人事局保健課 291
新生物 59, 125, 198, 232, 281
身体検査 41, 103, 135, 156, 290
──規程 290
──並健康診断規程 43
身体的管理 22, 105, 336
身体的規律 217
新陳代謝疾患 125
診療所 78, 102, 138, 158, 205, 240, 290, 307
「スソリサン」（寒戦の義） 211
ストレプトマイシン 143, 330 →結核
スペイン・インフルエンザ 51, 69, 71, 194, 201, 251, 276, 321, 330
皇土鉄道作戦準備要領（案） 114
生産力拡充計画 83, 221
「西班牙感冒」→スペイン・インフルエンザ
性病 95, 306
西部管理局 46
政府給与金 57, 99, 204
西洋医学 14
世界大恐慌 33, 221, 293
赤痢 70, 125, 206, 241
赤血球沈降速度計定 103, 136
船員保険法 98
戦時医学及防空救護講習会 174
戦時動員 34, 111
戦時服務規律 108
戦時防空医学講習会 174
戦時防毒指導員養成講習会 174
全身病 306
仙台 62, 126, 133, 173
仙台鉄道局 139
仙台鉄道病院 52, 88, 172
全島警務課長会議 212
戦闘隊組織 116
専売医 158
船舶 35, 64, 93, 320
占有率→民族別従事員占有率
線路工手 61, 89, 127
総合鉄道病院 241 →鉄道病院
総裁官房保健課 51, 69, 331
操車場 106, 113
相州七里ヶ濱恵風園療養所 129, 141
総督府鉄道局 223 →朝鮮総督府鉄道局
奏任官 36, 78, 162, 223
総務局保健課 291
総力戦 109, 169, 210, 322
ソウル運輸病院 257
ソウル交通病院 257
ソ連 315, 325
ソ連軍 314

第一次世界大戦 33, 45, 47, 135, 187, 219, 272
大学医学部 165
大学令 313
大家族主義 52, 204, 321
大規模空襲下における陸上輸送力確保に関する件 114
大規模空襲に対する陸運要員強化要領 115
待遇官吏 207
退職年金 57, 99, 204, 247
退職率 46, 85, 188, 222, 251, 270 →離職率
体操 63, 104, 175, 310
隊組織 108, 224, 327
台東線 187
台北診療所 207

台北鉄道医院　207-208, 260
台北鉄路医院　260
平渓線　187
大陸派遣医員　172
体力課　103
体力管理　103
体力検査　135
体力検定　310
体力増進　310
体力低下　86, 102, 105
大連　288, 290
大連医院　260, 288-289, 293
大連大学附属中山医院　260
大連病院　312
大連窯業　267
台湾国鉄　3, 6, 185, 276
台湾出兵　211
台湾人　7, 188, 199, 265, 325
台湾総督府警務局衛生課　211, 213
台湾総督府中央研究所　201
台湾総督府鉄道部　6, 186, 207
台湾総督府鉄道部職員救済組合　203
台湾地方病及伝染病調査委員会　211
台湾鉄道線区司令部　186
台湾鉄路管理局　260
丹毒　75, 125
チチハル　290
「地物整理」　213
地方課　290
地方行政権　268
地方部衛生課　289-290
中央大学校竜山病院　259
中国　5, 83, 111, 204, 219, 260, 267, 324
中国医科大学　315
中国華北→華北
中国共産軍　314
中国人　12, 265, 272, 280, 293, 309, 312
　　――人社員　278, 297 →民族別従事員占有率
中国長春鉄路大連中央医院　260
中ソ友好同盟条約　315
中長路大連総医院　260
弔慰　245, 310
調剤事務打合会　42

長時間労働　105, 144, 326
潮州線　187
長春　289
長春鉄路公司　315
朝鮮国鉄　218-219, 265
朝鮮産業調査委員会　220
朝鮮人　7, 219, 223, 255, 265, 324
　　――の従事員占有率　223, 233
朝鮮総督府通信局　250
朝鮮総督府鉄道局（朝鮮国有鉄道）　6, 257
朝鮮総督府鉄道局現業員共済組合事業概況　231
朝鮮鉄道12年計画　220-221
腸チフス　41, 75, 125, 206, 209, 241
徴兵検査　10, 235
貯金部　246
直営医療機関　43, 55, 65, 134, 157-158, 161
勅任官　36, 74, 223
治療所　41, 133
　　――主任会議　167
賃金　13, 55, 84, 97, 163, 192, 226, 275, 327
　　――格差　275
ツベルクリン反応／ツベルクリン皮内反応検査　104, 136
手当　55, 97, 111, 193, 327
定期健康診断　104, 136, 210
帝国医療　18
帝国大学医学部　19
帝国鉄道協会　156
帝国鉄道庁　38
定住型統合主義　323
逓信医　158
逓信省帝国鉄道庁　33
適正考査　106
　　――講習会　106, 175
鉄道医　9, 52, 170, 258, 328
鉄道医官　167
　　――制　167, 328
　　――補　167
鉄道医嘱託　160
鉄道医制度　160

鉄道医療　151
　　——機関　206
　　——施設　321
鉄道院　33, 170, 177, 244
鉄道衛生　19, 170, 176
　　——衛生史　13
『鉄道衛生』　13
鉄道衛生規程　209
鉄道貨物輸送計画策定綱領　113
鉄道看護学校　259
鉄道官補　116
鉄道義勇戦闘隊　109
鉄道共済組合医療部　207
鉄道教習所体制　111
鉄道局現業員共済組合　246
鉄道局保健掛　42
『鉄道現業傷病調査成績』　283
鉄道工場　11, 41, 93, 113, 127, 201, 272, 278 →工場
　　——の負傷率　48
鉄道国有化→国有化
鉄道事務所　225
鉄道出張所　191, 272
鉄道省　33, 101, 129, 162
　　——衛生試験所　106
　　——官房保健課　60
　　——保健課　173
鉄道傷痍記章規程　106
鉄道職員共済組合　9
鉄道嘱託医　41, 102, 157, 170
　　——制度　156, 179
鉄道診療所　5, 157, 241
鉄道総局　270
鉄道大臣官房保健課　172
鉄道調剤長会議　167
鉄道治療所　43, 133, 157
鉄道動員　111, 303
鉄道病院　5, 22, 41, 108, 126, 133, 157, 169, 238, 257, 327
　　JR大阪鉄道病院　151
　　JR札幌病院　151
　　JR仙台病院　151
　　JR東京総合病院　151
　　大阪鉄道病院近江分室　141

京城鉄道病院　257
神戸鉄道病院　47, 52
札幌鉄道病院　52, 131, 137
仙台鉄道病院　52, 88, 172
台北鉄道病院　260
東京鉄道病院　43, 52, 156, 172
常盤病院　41, 133, 156
名古屋セントラル病院　151
名古屋鉄道病院　52, 88, 137, 172
新潟仮鉄道病院　173
広島鉄道病院　173
門司鉄道病院　52, 172
竜山鉄道病院　237, 257
鉄道防空救護体系　107
鉄道町　325
鉄道村　233, 325
鉄道療養所　133, 157, 243
鉄道労働衛生　20, 22, 32, 171, 329
　　——学　32, 151
徹夜作業　285, 287
鉄路医院　260, 307
鉄路医科大学　315
鉄路総局　268, 270
電車運転手　61, 126, 319
電信　73, 250
　　——掛　62, 90, 126, 319
伝染病　41, 68, 91, 125, 229, 241, 280, 320, 326 →急性伝染病
「伝染病予防費及『マラリア』防遏費負担区分及び補助に関する件」　213
電話　73, 250
同化主義　11
統監府鉄道管理局　244
東京　31, 62, 77, 91, 126
東京大空襲　107
東京鉄道医会　172
東京鉄道局　103, 107, 135
東京鉄道病院　43, 52, 156, 172
同仁会　237, 288
同仁共済　295, 325
東清鉄道　5, 267
東北鉄道医会　172
常盤病院　41, 133, 156
特症者　295 →肺結核

特症手当金　57, 246, 296
特症旅費　246, 295-296
独身宿舎／独身寮　196, 233, 253, 287
トラコーマ／トラホーム　95, 241
十和田健民修練所　104

内部医療機関　158, 258
内部教育　111
　——制度　82
　　鉄道省大臣官房養成科　111
内報制度　142
長崎医学専門学校　313
名古屋　91, 126, 133
名古屋セントラル病院　151
名古屋鉄道医会　172
名古屋鉄道局　139
名古屋鉄道病院　52, 88, 137, 172
南方鉄道　112
南満医学堂　312-313, 329
南満瓦斯　267
新潟仮鉄道病院　173
新潟鉄道医会　172
日米開戦　86-87, 112, 326
日露戦争　5, 267
日清戦争　5, 211
日中全面戦争／日中戦争　5, 33, 83, 89, 131, 166, 222, 270, 303
日本国鉄　3, 113, 201, 203, 223, 229, 270, 286, 319
日本産業衛生協会　119
日本人　7, 188, 224, 253, 255, 272, 276, 309
　——居留民　313
　——社員　287, 297 →民族別従業員占有率
　——中心主義　12
日本的鉄道運営システム　6
日本鉄道医学会　179, 329
日本鉄道医協会　38, 44, 169, 176, 178, 329, 331
日本鉄道医協会雑誌　152, 167, 176
入院料　245, 295
入営　111, 136, 222, 270

熱帯医学研究所　214
熱帯熱　211
年金／年金制度　57, 204, 247
年齢　11, 39, 132, 279, 322
登別　55

肺炎　41, 255
　——カタル　125
配給統制　100
肺結核　41, 61, 91, 125, 127-128, 131, 232, 286 →結核
廃疾率　277
配置率→民族別従業員配置率
白色近代化　17
麻疹　75, 241
破傷風　125
発疹チフス　241
ハマダラカ　199, 211
パラチフス　75, 125, 241
ハルビン　290
判任官　36, 109, 162, 190, 223, 251, 319
東アジア保健衛生史　21
被診療率　60, 194, 240, 306
必勝運営体制本部　115
泌尿生殖器疾患　50, 59, 125
皮膚・運動器疾患　59, 125, 154, 241, 280, 307
百日咳　241
病院長会議　167
疲労調査　107
広島鉄道病院　173
副鉄道官補　114, 116
撫順炭鉱　271, 288
撫順病院　290
扶助　57, 245
負傷率　96, 236
「不足の経済」　6, 82, 327
物資動員計画　221
踏切看守　127
フランス　323
フリンジ・ベネフィット　10, 97, 111, 193, 248, 327
プロイセン国有鉄道　334

ペスト　　211, 241
別府　　55
防空救護　　107
奉公会　　8, 112
防災組合　　59
紡績　　20
　　——工場　　144
奉天　　288-289
補給金　　38
北支事務局　　303
北鮮線／北鮮鉄道　　268, 272
保健院　　310
保健衛生制度　　19
保健衛生調査会　　328
保健課　　42, 82, 134, 156, 309
保健事務打合会　　167
保健事務協議会　　42, 167, 328
保健錠　　106
保険制度　　334
補助金　　213, 244
保線　　35, 122, 191, 225, 325
　　——区　　89, 191, 239, 272
北海道鉄道医会　　172
本土決戦　　114

馬山交通療養所　　257
馬山鉄道療養所　　243
マスク材料　　51, 69
マラリア　　19, 199, 211, 241
　　——防遏会議　　201
　　——防遏規則　　201, 212
満州／満州国　　268, 276, 291, 322, 332
　　——人　　7, 325
満州医科大学　　290, 313, 329
　　——附属病院　　290
　　——薬学専門部　　313
満州産業開発計画　　268
満州事変　　5, 6, 33, 221, 269
満州重工業開発株式会社　　268
慢性伝染病　　68, 125, 231, 353
満鉄　　3, 6, 113, 199, 202, 260, 267
　　——委託経営　　219, 223, 239, 245
　　——衛生研究所　　291, 314

　　——社員　　268
　　——総裁　　303
　　——の労働異動率　　269
未治解雇者　　146
三日熱　　211
満電　　267
南満州鉄道株式会社→満鉄
『南満州鉄道附属地衛生概況』　　283
南満州保養院　　289
身分　　10, 12, 36, 73, 114, 160, 189, 192, 223, 230, 272, 303
民政局通信部臨時鉄道掛　　186
民族的不平等　　248, 266
民族別従事員占有率　　190, 231, 271
民族別従事員配置率　　189, 191, 233, 271
民籍制度　　245, 324
明快錠　　106
眼およびその付属器病　　241
門司　　126, 133
門司鉄道医会　　172
門司鉄道病院　　52, 172

薬剤官　　288
薬剤師　　52, 171
野戦鉄道提理部　　5, 269, 288
薬価諸料金規則　　288
郵便　　74, 250
輸送危機　　113
輸送力拡充4ヵ年計画　　111
要員整備委員会　　112
傭人／傭員　　36, 190, 223, 269, 274, 304
養成科→内部教育
予防医学　　17
予防注射　　16, 209, 242
四日熱型　　211

羅津　　290
竜山鉄道病院　　237, 257
リウマチ　　91, 93
罹患率　　194, 196, 251-252, 258→罹病率
陸運転嫁輸送　　6, 303
陸軍省臨時台湾鉄道隊　　186

離職率　46, 222, 270, 326　→退職率
罹病率　61, 62, 64, 92, 107, 234, 278, 286, 293, 306, 319, 326　→罹患率
流行性感冒　75, 125, 206, 241　→スペイン・インフルエンザ
寮　129, 287
遼寧医学院　315
療養所　41, 55
　──の設置　20
旅費　97, 275
臨時家族手当　109
臨時軍用鉄道監部　5, 237
臨時震災事務室　156
隣人愛　333
列車　37, 225
　──区　153, 191, 239
レントゲン検査　104, 136
連絡船　87
労災対策　334
労使一体化　334
労使関係　10
労使協調主義　334
労働医　160
労働異動率　46, 85, 188, 222, 251, 269
労働運動　321

労働衛生　9-10, 20, 37, 217, 320, 328-329
　──制度　21
『労働科学』　21
『労働科学研究』　21
労働強化　11
労働現場　283, 319
労働災害　22
労働者年金保険法　98
労働集約的鉄道運営　12, 34, 82, 111, 221, 331
　──方式　7
労働生産性　33, 35, 83, 187
労働力
　──の流動化　10, 86, 111, 221, 269, 322
　──の希釈化／労働力の質の低下　81, 86, 189, 280, 322
　──保全対策　81, 97
肋膜炎　63, 91, 138, 255
ロシア人　265

ワイルス氏病　75, 125
ワクチン注射　51, 69, 72

■人名索引

Arnold, David　19
Rogaski, Ruth　17

青木純一　120
青木正和　120
青山胤通　170, 176
阿部賚夫　179
飯島渉　18, 186, 200, 213
石原修　20, 32, 119, 144, 320
石原雅一　178
伊藤一彦　11
今村保　238
林采成　8, 10, 12-13, 82

井村英次郎　170, 177-178
禹宗杬　81
梅津小次郎　178
江尻襄次郎　207
江田いづみ　12, 266
江田憲治　11, 266

郭洪茂　11
解学詩　11, 266
川上武　158, 329
北里柴三郎　170, 176
栗本庸勝　170, 176-178
高成鳳　218

黄華平　　13
児玉語一　　178
後藤新平　　16, 21, 312

斉藤修　　18
蔡龍保　　9, 185
佐口和郎　　81
佐々木統一郎　　314
佐々木四方志　　237
佐藤三吉　　38, 170, 177-176
シャール, サンドラ　　120
申時雨　　258
申東源　　17, 217
徐相元　　258
仙石貢　　177-178

高折茂　　158
高橋貞碩　　178
高橋泰隆　　11-12, 218
田代義徳　　178
伊達文次　　137
田中半之助　　207
張作霖　　312
趙亨根　　217
鄭根埴　　217
鄭在貞　　10, 218
暉峻義等　　119
徳永幹雄　　207
戸塚巻藏　　178

内藤楽　　170, 177-178

橋本満次　　315

羽鳥重郎　　212
速水保彦　　207
速水裕　　51
原田忠男　　47
范燕秋　　16

東田敏夫　　120
福田正男　　51, 72
福田眞人　　120
藤原壮介　　8, 32
古瀬彰　　152
朴章熙　　258
朴潤栽　　17, 217
星亮一　　152

松藤元　　32, 151
松村普　　207
松村高夫　　11, 266
松本武祝　　17, 217
馬渡一得　　61
見市雅俊　　18, 186
宮田哲雄　　178
三輪徳寛　　178
武藤昌知　　129, 137
村山隆志　　9, 20, 151
毛受英二　　207
山口秀高　　170, 177-178
山田基　　312

李在珪　　257
李尚仁　　186
劉士永　　16
篭山京　　144

脇村孝平　　18-19

[著者紹介]

林　采成（いむ　ちぇそん）
立教大学経済学部教授
1969年，ソウル生まれ。1992年，韓国ソウル大学校国際経済学科卒業。1995年，同大学院農経済学研究科修士課程修了。2002年，東京大学大学院経済学研究科博士課程修了（経済学博士）。韓国・現代経済研究院研究委員，大統領諮問政策委員会専門委員，培材大学校日本学科助教授，ソウル大学校日本研究所副教授を経て，2015年より現職。
主要著書　『戦時経済と鉄道運営：「植民地」朝鮮から「分断」韓国への歴史的経路を探る』東京大学出版会，2005年。
「植民地台湾에서의 鉄道業의 展開와 그 特徴：推計와 実態」『経済史学』54号，2013年。
"The Pandemic of the Spanish Influenza in Colonial Korea," *Korea Journal*, 51-4 , Winter, 2011, pp.59-88.
『華北交通の日中戦争史』日本経済評論社，2016年。

鉄道員と身体
——帝国の労働衛生　　　　　　　　　　　　　　　©Chaisung Lim

2019年1月20日　初版第一刷発行

著　者　　林　　采　成
発行人　　末　原　達　郎

発行所　　京都大学学術出版会

京都市左京区吉田近衛町69番地
京都大学吉田南構内（〒606-8315）
電話（075）761-6182
FAX（075）761-6190
Home page http://www.kyoto-up.or.jp
振替 01000-8-64677

ISBN 978-4-8140-0184-2

印刷・製本　亜細亜印刷株式会社
装幀　森華

Printed in Japan

定価はカバーに表示してあります

本書のコピー，スキャン，デジタル化等の無断複製は著作権法上での例外を除き禁じられています。本書を代行業者等の第三者に依頼してスキャンやデジタル化することは，たとえ個人や家庭内での利用でも著作権法違反です。